혁명의 해부

자끄 엘륄 지음
황 종 대 옮김

Copyright ⓒ Jacques Ellul

Original published in France under the title ;
　　　Autopsie de la révolution
Copyright ⓒ Éditions de la Table Ronde, 2008

Used and translated by the permission of la Table Ronde.
Korean Edition Copyright ⓒ 2013 Daejanggan Publisher. in Daejeon, South Korea.

혁명의 해부

지은이	자끄 엘륄 Jacques Ellul
옮긴이	황종대
초판발행	2013년 2월 6일

펴낸이	배용하
책임편집	배용하
등록	제364-2008-000013호
펴낸곳	도서출판 대장간
	www.daejanggan.org
등록한곳	대전광역시 동구 삼성동 285-16
편집부	전화 (042) 673-7424
영업부	전화 (042) 673-7424 전송 (042) 623-1424

ISBN　978-89-7071-282-6

이 책의 한국어판 저작권은 Table Ronde와 독점 계약한 대장간에 있습니다.
기록된 형태의 허락 없이는 무단 전재와 복제를 금합니다.

 값 18,000원

혁명의 해부
Autopsie de la révolution

차 례,

역자 서문 • 5
추천의 글 • 9
서 문 • 15
제1장, 저항에서 혁명으로 : 역사를 거스르는 혁명 • 19
　1. 저항 • 21
　2. 저항에서 혁명으로 • 63
　3. 두 가지 추가적인 이미지 • 86

제2장, 역사 속의 혁명: 신화와 모형 • 95
　1. 절대화 : 근본적인 혁명 • 98
　2. 신화와 모형 • 123
　3. 혁명의 정의定義 • 142

제3장, 역사 속의 혁명: 변질된 혁명 • 161
　1. 일반화된 혁명 • 163
　2. 일반화의 결과 • 181
　3. 역사의 의미는 무엇이었는가? • 203

제4장, 혁명의 일상화 • 233
1. 어휘에 대한 고찰 • 241
2. 정치적 일상화 • 273
3. 혁명의 신학 • 292

제5장, 진정으로 필요한 혁명 • 313
1. 이 시대에 필요한 혁명이 존재하는가? • 315
2. 필요한 혁명의 특성들 • 333
3. 혁명의 목적 • 358
4. 혁명의 궁극적 목표 • 375

요약 • 401
엘륄저서 • 414

역자 서문

"기술 사회에 대항한 혁명은 모든 영역에서 효율성의 감소, 개인 행복의 퇴보, 공동 생산 체계의 축소 및 대중문화의 점진적 소멸을 각오해야 할 것이다."

〈혁명의 해부, 제5장 "진정으로 필요한 혁명"에서〉

이 책은 자끄 엘륄의 혁명을 주제로 한 삼부작(『혁명의 해부』대장간 역간, 『혁명에서 반란으로』, 『인간을 위한 혁명』대장간 역간) 중 첫 번째 책이다.1) 자끄 엘륄은 잘 알려진 바와 같이, 한 때는 마르크스주의자였고, 세계대전 당시에는 나찌에 대항하여 레지스탕스 활동을 하기도 하였다. 엘륄이 이 책을 저술하던 당시의 프랑스 사회는 여전히 68년 5월의 영향력 아래 있었고, 젊은 프랑스 지성인들 사이에서는 혁명에 대한 열띤 토론이 있었을 것이다. 여러 시대와 사상을 거치면서 그는 "혁명"이라는 단어의 의미가 어떻게 변했고, 어떻게 사용됐는지를 보아왔을 것이다. 따라서 이 책에서 엘륄은 무엇보다도 역사를 통해 혁명의 정의를 내리려 하였고, 우리 시대의 거짓된 혁명을 벗겨 내려 하였다.

우리는 "혁명"이라는 단어의 홍수 속에 살고 있다. 혁명적 변화, 혁명적 사고, 혁명적 교육 체계, 혁명적 작품… 그리고 혁명을 상품화하고, 소비한다. 기업은 새로운 제품을 출시하면서, 이 제품이 우리의 삶을 혁명적으로 변화시킬 것이라고 광고한다. 정치인들 역시 자신의 정책을 통해서 이 사회가 혁명적으로 변화할 것이라고 주장한다. 혁명은 지금 우리 삶 깊숙이 들어와 있고, 모든 영역에서 우리의 사고와 행동에 영향을 미치고 있다.

그러나 우리 사회에 근본적으로 필요한 혁명이 무엇인지, 무엇이 진정한 혁명인지에 대해서 만족할만한 답을 주는 사람을 찾기는 어려운 것이 사실이다. 이 시대의 많은 지성인이 우리 사회의 문제를 이야기하고, 그 문제의 해결책으로 혁명 혹은 혁명적 변화를 이야기한다. 그러나 그들의 문제제기는 많은 경우에 본질을 벗어나고 있다. 그 이유는 많은 이들이 문제의 본질을 찾기 위한 고통스러운 숙고의 시간을 보내기보다는, 단편적 현상에 집중하고 대중적 요구를 만족하게 하는 쉬운 답을 찾으려 하기 때문일 것이다.

엘륄은 결코 타협하는 지성인이 아니었다. 자신의 학문적 방법론에서도, 자신의 삶에서도, 그는 어떤 타협도 허락하지 않았다. 그는 우리 시대가 가진 문제의 본질을 찾으려 했고, 그 본질 위에 궁극적이고 진정으로 필요한 대답을 주려고 했다. 이 때문에 독자들은 엘륄의 글을 읽는 데에서 인내가 필요할지도 모르겠다. 이 책에서도 엘륄은 어쩌면 독자들이 지루하게 느낄지도 모를 역사적 고찰로부터 시작하고, 이론적 근거와 사회 현상들을 하나하나 분석해 나간다. 이 모든 것은 혁명의 정확한 의미를 발견하고, 이 시대에 맞는 혁명이 무엇인지를 찾아내려고 필수 불가결한 작업이었을 것이다.

아울러 엘륄은 우리 시대에 필요한 혁명을 하려면 우리가 치러야 할 대가가 있음을 분명하게 이야기하고 있다. 우리 시대의 문제는 우리의 욕심과 욕망 가운데 있을 것이다. 더 많은 돈을 버는 것, 더 많은 권력을 갖는 것, 더 큰 자아실현, 극대화된 쾌락… 아무것도 포기하지 않는 욕심과 욕망은 인류의 공동의 가치, 공동체적 삶을 파괴하고 있으며, 나아가 우리가 사는 환경, 지구를 황폐화하고 있다. 우리는 극도로 첨단화된 자본주의 사회에서 오늘도 내 욕심과 욕망을 위해 이웃을 죽이는 일을 서슴없이 하고 있다. 이것은 우리와 우리의 자녀를 고통으로 몰아넣고 있으며, 환경을 파괴하고 지구를 신음하도록 한다. 우리는 엘륄이 이야기한 대가사회적 효율성의 감소, 개인 행복의 퇴보, 생산 체계의 축소, 대중문화의 포기를 치르기 전까지, 이 고통이 더욱 심화하는 것을 보게 될 것이다.

그래서 이 시대의 많은 사람은 혁명을 원할 것이다. 그러나 진정으로 필요한 혁명이 무엇인지, 무엇을 목표로 해야 하는지, 무엇에 대해서 혁명을 해야 하는지는 여전히 많은 혼란을 하고 있다. 때로 혁명을 시도한다 하더라도, 혹은 혁명적 변화를 시도한다 하더라도, 그것이 이 사회의 본질적이고 근본적인 문제에 대한 것인지에 대해서는 의문을 던질 수밖에 없을 것이다. 나아가 그들이 원하는 혁명이 이 사회에 진정한 변화를 가져올 수 있을지, 그리고 그 변화가 지속적일지에 대해서도 확신할 수가 없다. 변화가 사회의 근본적인 부분이 아니라 현상에 대한 것이라면, 그 변화는 분명히 근본적인 변화를 가져 올 수도 없을 것이고, 지속할 수도 없을 것이다. 이러한 관점에서 이 책은 이 시대를 사는 독자들에게 분명히 깊은 통찰을 줄 수 있다.

이러한 우리 사회의 문제는 고스란히 한국 교회에 이식되었다. 오늘날 많은 사람은 교회에도 혁명이 있어야 한다고, 아니면 혁명적 변화가 있어야 한다고 주장하고 있다. 첨단의 자본주의, 물질만능주의, 성장주의가 교회 내에 들어와 있다는 것은 이미 많은 사람이 공감하는 문제이다. 교회 내의 성도들은 어떠한가? 각 개인은 교회 안에서 하나님 앞의 개인으로서의 가치와 소중함을 상실한 채, 교회의 성장과 생산성의 극대화, 프로그램의 효율성을 위해서 소비되고 있지 않은가? 마치 "모던 타임즈"의

찰리 채플린과 같이, 성도들은 똑같은 예배와 프로그램의 반복 가운데 끊임없이 소비되고 있으며, 대중의 익명성 가운데 개인의 상실을 경험하고 있지 않은가? 나아가 한국 교회는 자본주의 사회, 그리고 기술사회에 대한 선전의 도구로 전락하지 않았는가? 기술사회의 병폐를 여과 없이 수용한 한국 교회에, 그리고 예언자적 역할을 상실한 한국 교회에, 엘륄 읽기는 분명히 한국 교회가 나아가야 할 한 부분을 조명하고 있다.

이 책은 역자로서 나의 첫 번째 작품이다. 엘륄의 책은 프랑스인들 사이에서도 어려운 책으로 평가되고 있다. 특히 이 책은 당시 역사적인 세세한 부분들과 사회적 사건들을 기술하고 있어서 한국 독자들이 이해하기에는 더욱 어려운 부분들이 많을 것으로 여겨진다. 그래서 이 책이 나오기까지 많은 시간이 걸렸다. 오랜 산고 가운데 나온 이 책이 독자들에게 중요한 통찰을 줄 수 있기를 간절한 마음으로 바란다.

아울러 오랜 시간 동안 인내의 수고를 아끼지 않았고, 여러 방법으로 격려와 도움을 주셨던 대장간 배용하 대표님께 감사를 드리고 싶다. 그리고 이 책의 번역에서 조언을 아끼지 않았던 에스켈파라클레 박삼종 대표님께도 깊은 감사를 표한다. 누구보다도 물심양면으로 성원해 주셨던 부모님과, 아이를 갖고 무거운 몸으로 나를 위해 헌신해 주었던 아내 지영에게 마음 깊이 감사와 사랑의 말을 전하고 싶다.

2012년 12월
황종대

---

1) 『자끄 엘륄, 대화의 사상』 참조, 프레데릭 호농 지음, 임형권 역, 도서출판 대장간, 2011년. 69~80쪽.

추천의 글

자끄 엘륄은 정치 사상가로서, 오늘날 현대 사회의 기술 현상에 대한 저작으로 잘 알려진 작가이다. 법률과 역사에 대한 그의 사상은, 그의 수많은 정치적 사상에 관한 저작으로부터 나왔다.1) 그의 여러 저작 가운데에 혁명적 사상에 대한 여러 저작이 있으며, 그 가운데 혁명의 실패 원인과 성공의 조건에 대한 저작들도 찾아볼 수 있다.2) 그의 친구인 베르나르 샤르보노Bernard Charbonneau 역시 이후에 출간한 자신의 저작 속에서, 똑같은 혁명의 문제를 자기 나름의 방식으로 다루었다. 이 두 사람은 왜 혁명들이 지금까지 혁명의 본질적 목적이라는 관점에서 모두 실패했는지, 왜 저항의 나약함과 현존하는 질서에 잠식되어 막혀 있는지에 대해서 질문하면서, 똑같은 방향으로 이 문제를 숙고하였다. 이 두 작가 모두 사회 결정주의나 자연 결정주의 속에 인간의 능력을 가두지 않는 역사적 분석을 위해서, 혁명에서 항상 제기되는 문제인 인간의 자유라는 관점에서 논의를 시작한다.

이 주제는 자끄 엘륄의 여러 저작에서 다루어지지만, 특별히 이 책 『혁명의 해부』에서 잘 드러난다. 비록 이 글은 종종 너무 긴 설명이 있고, 당시 사건들을 너무 많이 인용하지만, 혁명이라는 주제를 훌륭하게 설명한다. 여기에서는 혁명 현상을 역사적 사회학적 관점에서뿐만 아니라 도덕적이고 정치적인 관점에서도 접근한다. 첫 번째 관점에서, 자끄 엘륄은 주목할만한 역사 문화적 기초 위에 무엇이 저항과 혁명을 구분 짓고 연결하는지를 보여준다. 그는 혁명이 어떤 사상이나 조직을 통해 진행되는 반면, 저항은 무엇보다도 본능적이라는 부분에 대해 이야기한다. 그러나 이 둘은 모두 때로는 이상적인 과거를 지향하여 일어나고, 때로는 근본적인 미래를 지향하여 일어나지만, 우리가 던지는 모든 가정假定에서는 기존 질서를 다시 세우는 것을 목표로 한다. 이것이 왜 혁명이 전통적인 사회에서 불가능한지를 보여준다. 전통적인 사회는 암묵적 질서를 통해 유지되며, 때로는 반동적인 동시에 진보적인 저항들에 의해 종말을 맞기도 한다. 모든 것은 1776년미국 혁명은 첫 번째 근대혁명이다과 1789년부터 변하기 시작했고, 이때부터 문명의 발전을 통해 정당성을 부여 받은 새로운 사회 질서를 창조하는 것이 가능한 것으로 여겨졌다. 19세기에 들어와서 국가는 이러한 변화의 주요한 주동자가 되었으며, 이것은 유럽 지식인층에 "정치적 환상"을 주었다. 1960~1970년의 기간에 혁명은 인류를 억압으로부터 자유롭게 해 주는 존재로서, 그리고 정치적인 신화로서 추앙받게 되었다. 이것은 죠르쥬 소렐(Georges Sorel)에 의하면 이미 오래전에 시작되었다 이제 혁명은 진보라는 우회로 위에서 역사를 쓰게 된다.

이러한 역사적 논의 뒤에, 자끄 엘륄은 왜 20세기 혁명이 역사적 의미를 가지려 함에도 어떤 의미도 갖지 못하는 이유를 보여주고 있다. 역사적 결정주의만을 실현하는 혁명은 더는 역사적 의미에서의 혁명일 수 없다. 여기에서 당대의 우지적 문화적 엘리트들이 신봉했던 마르크스 이데올로기를 본질적으로 비판하고 있다. 1968년 사건의 시대에 쓰인 이 책에는, 당시 지배적인 사상에 대한 분명한 반작용이 있다. 이 사상은 당시 대학가의 사상을 지배하였던 사상이었고, 오늘날 승리한 자본주의의 관점에서는 우리와 상당한 괴리가 있는 것으로 보인다. 그러나 역설적이게도 역사의 쓰레기통 속에 버려진 사회주의자들의 실패한 혁명은 반대로 엘륄의 주제가 된다. 역사적 의미에서 혁명은 변절할 뿐이다 오늘날 이 시대 좌파의 모든 슬로건들은 분명히 구시대의 것으로 보인다. 그러나 어떤 면에서 이

슬로건들이 30년 전부터 지속하여 온 우리 사회의 변화에 대항함에 따라, 그들은 혁명의 의미를 다시 발견하게 되었다. 이제 유일한 진정한 혁명은, 인류의 미래를 위해 발전에 기초하여 세워진 사회적 질서에 대항하여 반작용으로 선언될 혁명일 것이다.3)

자끄 엘륄이 분석한 의미를 잘 이해하기 위해서는 당시의 지적인 맥락을 잘 이해해야 한다. 따라서 세계화되는 자본주의에 잠식당하는 우리의 실제 상황은 다루어지지 않았을 수도 있다. 그렇다고 이 책의 독서가 오늘날 실재적인 문제와 관련이 없다는 것을 의미하지 않는다. 엘륄은 마르크스주의 주장으로부터 출발한다. 이 주장은 오늘날 19세기로부터 물려받은 혁명 개념들로써, 좌파와 극좌파의 정치적 삶 속에 살아 있다. 그러나 이것은 20세기의 새로운 삶의 형태와는 큰 괴리가 있는 것으로 보인다. 그것은 한 세기 동안 큰 사회 정치학적 변혁이 있었기 때문이다. 인간은 기술의 힘 덕분에 이제 인류를 파괴할 힘을 갖게 되었고, 우리가 사는 이 사회를 이해할 수 있도록 해 주었던 전통적 특징들을 완전히 잃어버리게 되었다. 생물학이나 나노테크놀로지의 발전에도 불구하고, 혹은 복잡한 국제 통화의 복합적 발전에도 불구하고, 세상은 더욱더 불투명해졌다. 오늘날, 엘륄이 이 책을 쓰던 시기와는 대조적으로, 영광의 30년의 이데올로기와 같은 성장의 이데올로기 때문에 더는 어떤 사상의 움직임도 일으킬 수 없게 되었다. 모든 사회는 성장의 이데올로기를 기준으로 평가되고, 그 이데올로기 안에서 산다. 오직 경제적인 동시에 정치적인 선전을 위한 슬로건만이 무수히 반복될 뿐이다 – 너 자신을 적응하라! 마치 인간이 이러한 발전에 적응하는 것이 가능한 것처럼 이야기하며, 마치 인간이 언제나 끔찍하게도 빠른 사회적 변화를 소망해 왔던 것처럼 주장한다! 그러나 여기에 적응하는 것은 불가능하다. 그리고 무엇에 적응하라는 말인가? 차라리 신보수주의의 슬로건에 적응하는 것이 쉬울 것이다!

　이러한 변화에 직면하여, 혁명에 대한 희망과의 괴리라는 비극이 나타난다. 그래서 새로운 의미가 있는 혁명을 새롭게 창안해야 한다. 그래서 이 시대에 필요한 혁명은 경제 성장과 개발이라는 실재 역사의 흐름을 거슬러서 나타날 것이다.4) 그래서 혁명은 가장 발전한 나라에서 먼저 일어나야 한다. 그리고 우리가 역사적으로 유일하게 긍정적이라고 평가하는 친환경 운동이 이미 30년 전에 가장 발전한 나라들에서 시작된 것도 절대 우연이 아니다. 이후에 1970년대 초에 공공장소public space에 대해서 주의를 기울이게 되었고, 몇몇 진보적 저작들은 인간 조건과 같은 자연적인 관점에서 산업혁명에 대한 진정한 문제들을 제기했다. 1980년에서 1990년까지는 경제성장이라는 지배적 이데올로기에 사로잡혔기 때문에, 이 문제는 2000년대 초에야 수많은 재앙의 표식을 이끌고 다시 나타나게 되었다. 이제부터 성장이라는 질식된 논리를 공개적으로 비판하는 것이 가능해졌다. 이러한 공통의 인식으로 말미암아, 이제부터 조직적인 생태적 비평이 가능해졌다. 새로운 "녹색 불"5)은 "지속 가능한 개발"을 낳았다. 생태학적 비평의 회복은 오늘날 "녹색" 생산품에 대한 광고의 풍자적인 형태로 나타나며, 실현 가능성이 없는 정치적 공약으로 나타난다 - 그 유명한 그르넬 드 랑비론느멍6)이 2007년 이후에 보여준 수많은 예는 그러한 정치적 공약이 불가능함을 잘 보여준다. 환경보호는 역설적으로 구조적 문제가 되었고, 이 문제는 인류가 역사상 처음으로 인식한 환경 파괴로부터 나온다. 이 환경 파괴로 말미암아 수많은 조직이 넘쳐나게 되었고, 이 문제를 해결하기 위해 대규모 과학 기술에 의존하게 되었으며, 사이버 공간으로 연결되는 범세계적 국가의 수립을 기대하게 되었다.

　하지만, 우리는, 생태계의 파괴로 나타나는 결과를 경감시키고, 동시에 세계화를 지향하는 질서 체계에 대한 문제 제기를 통해 희망을 발견할 수 있다. 어쩌면 자끄 엘륄은 이러한 문제제기에서 혁명을 다시 생각할 수 있는 기회가 주어질 것이라고 이야기했을지도 모른다. 역사, 즉 죽음의 역사에 대항하여, 우리는 인간적인 삶을 위해서 저항해야 한다.

시몬 샤르보노 Simon Charbonneau[7]

---

1) 특별히 그의 저작 『정치적 착각』(대장간역간)과 『선전』(대장간역간)을 참고할 것.
2) 『혁명의 해부』, 『혁명에서 저항으로』, 『인간을 위한 혁명』(대장간역간)
3) 개발에 대한 비평을 살펴보려면 세르쥬 라투슈(Serge Latouche)의 저작들을 살펴보기 바란다.
4) "오늘날의 진정한 혁명은 조직의 성장과 발전에 대항하여 나타나야 한다"(이 책 제5장 ®필요한 혁명©의 ™3. 혁명의 목적∏을 보시오)
5) 베르나르 샤르보노(Bernard Charbonneau), 『녹색 불』 Le Feu vert, Edition Karthala, 1980.
[역주] 현대의 기술-과학적 체계의 전체주의의 경향에 저항하기 위해 생태학적 운동(혹은 친환경 운동)의 필요성을 역설한 책.
6) [역주] 그르넬 드 랑비론느멍(Grennelle de l'environnement)은 프랑스의 지속 가능한 개발을 지속적으로 추진하기 위해 환경부장관 정 루이 보를루(Jean Louis Borloo)에 의해서 2007년 시행된정책을 일컫는 말이다.
7) [역주] 보르도 대학 환경법교수, 환경운동가

서 문

역사는 저항, 혁명, 반역, 반란, 봉기, 내란, 쿠데타 등으로 얽혀 있다.[1] 인간은 저항의 역사 안에서 존재한다. 그리고 저항은 역사에서 우연히 일어나는 사건이 아니다. 저항은 역사에서 끊임없이 반복되었고, 위기의 순간에만 터져 나왔던 것이 아니라 역사의 흐름 속에서 끊임없이 나타났다.

역사에서 혁명은 어떤 정상적인 것, 민중의 삶, 권력 혹은 문명의 질서를 거스른 적이 없었다. 혁명은 1649년, 1785년, 1917년의 간략한 도식을

---

[1] 역사는 이러한 것들로 가득하다. 여기에서 몇 가지 예를 살펴보자. 17세기, 1601부터 1610년까지, 소위 러시아의 '혼란의 시대'에는 반란이 끊이지 않았다. 1610년에는 시크의 저항이 있었고, 1620~1630년까지는 중국 명 왕조의 반란이 있었으며, 1631년에는 디종과 엑상프로방스 지역에서 봉기가 일어났다. 또한, 1635년에는 보르도에서 반란이 일어났고, 1636년에는 크로컹의 반란, 1637년에는 일본에서 아와 쿠사의 반란이 있었고, 1639년에는 뉴-피에의 반란이 있었으며, 1640~1644년까지는 명 왕조에 대항한 지속적인 반란들이 결국 명 왕조를 무너뜨렸다. 이어서 1640년에는 카탈루냐가 스페인을 대항하여 일어나서 1652년까지 지속하였고, 같은 해 1640년에 포르투갈 혁명이 시작되었는데, 이 혁명은 때로는 점진적으로 때로는 폭발적으로 1668년까지 지속하였다. 1641년이 되자 이러한 혼란은 유럽 전역에 퍼져 나갔고, 아일랜드, 스위스, 독일, 러시아에서는 농민혁명이 일어났으며, 1643년에는 루에르그 혁명이 일어났고, 1645년에는 몽펠리에에서, 1647년에는 나폴리에서 마사니엘로가 스페인 부왕에 대항하여 1년 동안 저항했다. 1648년 역시 격렬한 혁명의 시기였다. 1640년에 시작된 영국혁명은 1648년부터 1653년까지 매우 독특한 방식으로 전개되었는데, 이 혁명을 우리는 특별히 "첫 번째 근대 부르주아 대혁명"으로 부를 수 있다. 1648년부터 1652년까지는 프랑스 혁명전선이, 1648년부터 1654년까지 우크라이나 혁명이 일어났으며, 러시아 민중봉기가 같은 해에 모스크바, 코슬로브, 톰스크 등지에서 일어났다. 그리고 1648년에는 마라트의 힌두교도들이 자신들을 침략한 몽골에 대항하여 봉기를 일으켰고, 1649년에는 모스크바에서 일어났던 반란이 다시 시작되었고, 1650년에는 네덜란드에서 노브고로드와 귀욤이 반란을 일으켰고, 1653년에는 스위스 농민전쟁이 일어났으며, 1662년에는 블로뉴 사람들과 모스크바 사람들이 화폐 문제로 반란을 일으켰고, 1664년에서 1670년까지 오디오스 대혁명이 일어났고, 1670년부터 1671년까지 스텐카 라진과 보헤미아 농민들의 대혁명이 일어났으며, 1673년에서 1681년까지 중국 동북부 지역에 큰 반란이 있었다. 1675년에 들어와서 수많은 새로운 저항들이 일어나

설명하는 것으로는 충분하지 않다. 여기에서는 실제 역사에서 일어난 사건들을 좀 더 세세하게 살펴보면서, 인간의 역사에서 지속해 온 실제 혁명을 이야기할 것이다. 역사에서 평화로운 시기와 고통의 시기를 구분하려는 것은 헛된 시도이다. 혁명은 기관차처럼 쉬지 않고 달리는 인간 문명의 부속품 같은 것이다.

우리는 혁명을 정의하면서, 다음의 실제적인 질문 앞에서 멈추게 된다. 이 '혁명'이라는 단어는 우리에게 무엇을 말하는가? 사람들은 이 네 개의 음절2)을 들을 때 무엇을 생각하는가? 카밀로 토레스3)는 "모든 그리스도인은 혁명적이어야 한다"라고 주장했다. 물론 그렇다. 그러나 이것이

서, 브르따뉴와 보르도에서는 빠삐에 땡브레(Papier timbré, 루이 14세가 다스리던 당시 세금 문제로 말미암아 프랑스 서부 지역에서 발생한 저항)라고 불리는 저항이 있었고, 카미자르의 종교 반란 이후 시크와 마라뜨의 반란이 퍼져나갔으며, 1679년에는 아일랜드 혁명이 일어났다.

다른 시대도 살펴보자. 1770년에서 1850년까지 세계 도처에서 반란, 반역, 저항, 혁명이 일어났다. 1768년에는 제네바에서 민주혁명이 있었으며, 1770년에서 1783년까지는 영국과 전쟁을 시작한 미국 혁명이 있었고, 1772년에는 스웨덴에서 왕족 혁명이 일어났고, 1780년에서 1783년까지는 영국과 아일랜드에서 여러 혁명이 일어났다. 또한, 페루에서는 인디언들의 혁명이 일어났으며, 1781년에는 뉴그라나다의 봉기와 프라이부르그의 혁명이 있었으며, 1782년에는 제네바에서 또 다른 혁명이 일어났고, 1783년에서 1787년까지 네덜란드 공화국에서 여러 저항이 있었다. 그리고 1787년에서 1790년까지는 네덜란드 오스트리아인들이 저항했고, 1788년에서 1794년까지는 프랑스령 기아나에서 저항이 있었고, 폴란드 혁명이 있었다. 1789년에는 프랑스 혁명이 시작되었고, 스웨덴에서는 민주화가 시작되었으며, 1791년에는 폴란드 혁명이 있었고, 1792년에는 벨기에와 라인(독일) 혁명이 다시 일어났으며, 앤틸리스 제도에서는 저항이 일반화되었다. 1794년에는 아일랜드 반란이 일어났고, 1795년에는 네덜란드와 제네바에서 혁명이 일어났고, 런던과 버밍햄 등지와 콘스탄티노플과 스미른에서 봉기가 일어났다. 1796년에는 이탈리아 연방국가 내에서 혁명이 일어났고, 1797년에는 영국 어부들이 저항했으며, 1798년에는 스위스와 아일랜드에서 혁명이 일어났고, 1799년에는 이오니아 섬과 말타 섬에서 혁명이 일어났다. 1810년에는 스페인 식민지들의 반란이 일어나서 1825년에 그들의 독립을 쟁취하였고, 똑같이 1810년에서 1829년까지는 발칸민족들의 독립전쟁이 있었고, 1820년에는 이탈리아와 스페인 혁명이 있었고, 1821년에는 그리스 혁명, 1830년에는 프랑스, 벨기에, 폴란드 혁명의 불이 타올랐다…. 그리고 1848년에 이르렀다.

2) [역주] 프랑스어로 혁명은 Ré-vol-lu-tion(레-볼-루-숑) 이렇게 4개의 음절로 이루어진다.
3) [역주] 카밀로 토레스 레스트레포(Camilo Torres Restrepo, 1929~1966). 사회학자. 콜롬비아 혁명군에 가담하였으며, 콜롬비아 극빈자들의 권리를 대변한 인물.

히틀러주의나 마르크스주의자, 무정부주의자나 스탈린주의자가 되는 것을 의미하는가? 그리스도인은 어떤 혁명을 추구해야 하고, 어떤 행위에 참여해야 하는가? 누가 혁명적 선언을 받아들이는가? 혁명을 한 단어로 정의할 수는 없으며, 사전적 정의를 내리는 것은 더욱 불가능하다. 그러나 우리는 내려진 정의를 받아들이고 신뢰하며, 이 정의에 빠져들어 행동으로 옮긴다. 매 시기에 각각의 인류는 언제나 다른 혁명의 정의를 내렸지만, 이 정의定義들에는 비슷한 부분이 있었다. 그리고 서로 의미에 영향을 끼쳤기는 했지만, 매번 독특한 정의定義가 있었다. 이것은 마치 시대에 따라서 사랑의 정의가 다른 것과 같다. 그래서 혁명이라는 단어를 남용하지 않으려면 혁명에 대해서 더는 이야기하지 말아야 하는가? 이것은 매우 중요한 질문이다. 혁명은 거룩하거나 범접할 수 없는 그 어떤 대상이 아니라, 인간적 실재일 뿐이다. 그러나 이 혁명을 이해하려면, 무엇보다도 매 혁명의 순간마다 당시 사람들이 받아들이고 이야기한 그대로 혁명의 의미를 받아들여야만 한다.

   이 책에서는 혁명에 대한 하나의 정의를 찾는 것으로 시작하기보다는, 대부분 사회학 연구의 훌륭한 출발점으로 여겨지는 유명론唯名論으로 시작할 것이다. 각 시대의 사람들이 이해한 대로, 혹은 시대마다 불린 다양한 명칭으로 혁명을 인정해야 한다. 1830년의 혁명을 혁명이 아니었다고 말하는 것은, 분명히 어리석은 일이고 혁명을 주의 깊게 살펴보지 않은 것이다. 혁명을 실행했던 각 시대의 사람들은, 그들의 행동을 결정적인 혁명적 행위로 받아들였다. 그 시대의 사람들이 경험을 통해 느끼고 확신하며 우리에게 전수한 것들을 역사적 실재로 인정해야만 한다. 그리고 나는 여기에서 혁명의 전반적인 사회학을 다루지는 않을 것이다. 대신에 역사적으로 매우 다양하게 나타났던 현상들을 조심스럽게 살펴보려 한다. 이 시도는 다양한 혁명의 사회학을 하려는 것이 아니다. 그리고 혁명의 일반적 역사를 기술하려는 시도는 더더욱 아니다! 이 책의 초점은 현재 우리 시대에 맞추어져 있다. 이러한 역사적이고 사회학적인 연구는 오늘날의 혁명적 상황과 앞으로 일어날 수도 있는 혁명에 대한 고찰을 위한 일부분에 불과하다. 이러한 전제에서 독자들은 혁명을 고찰하는 것이 서로 상반되어 보이는 혁명의 모형과 역사에 관한 것이라는 사실을 쉽게 이해하지 못할 것이다. 따라서 처음 세 장에서 독자들은 이 글이 역사적 고찰에 관한 것이라는 인상을 받게 될 것이다. 왜냐하면, 첫 번째 장이 1789년에서 끝나고, 두 번째 장이 1789년의 진행에 대해서 다루며, 마지막 세 번째 장에서는 이 시기 이후의 혁명에 대해서 이야기하기 때문이다.

그러나 이것이 전부는 아니다. 왜냐하면, 첫 번째 장은 저항과 혁명 사이의 직접적인 관계도 다루기 때문이다. 두 번째 장은 혁명에 대한 지적 인식에 대해서 다루고, 세 번째 장은 '역사의 흐름 속'에 위치하게 될 특수한 혁명의 유형에 대해서 다루게 될 것이다. 그리고 저항과 혁명의 두 가지 방향성은 실제적인 상황을 이해하는 데 필요하다. 그래서 이것은 역사적인 동시에 개념적이다. 나는 이 두 가지가 어떤 점에서 맞닿아 있는지 안다. 그러나 여기에서 나는 사회학적 현상들을 다양한 방법을 통해서 이해해야 한다고 생각한다. 우리가 과거를 통해서 배워야 할 중요한 교훈은, 우리 시대의 특수성을 잘 이해하는 한편, 우리가 가진 사물에 대한 실제적인 관점을 과거를 정당화하는 데에 사용하지 않도록 주의하는 것이다.

р제1장. 저항에서 혁명으로
: 역사를 거스르는 혁명

1. 저항

까뮈는 그의 유명한 저서, 『반항하는 인간』에서 형이상학적 저항과 역사적 저항을 구분하고 있다. 이 책에서 그는 먼저 형이상학적 저항의 의미를 찾는 것으로 시작하고 있다. 까뮈는 자신의 인간 감성으로 저항을 이야기하고 있다. 그러나 그의 문학적 저술로 시작한 저항에 대한 놀랄만한 분석은 어느 수준까지는 분명히 사실이다. 그럼에도, 그의 분석은 여전히 인간의 실존에 다다르지 못했다. 그의 이야기처럼 우리는 계속해서 분명히 프로메테우스에 대해서 이야기할 수 있겠지만, 이 책에서는 크로컹4)의 반란과의 어떤 공통점도 찾을 수 없다. 까뮈는 이러한 역사적으로 실재했던 반란을 고려하지 않았으며, 그럴 의지도 없었다. 만일 우리가 순수문학을 인정하지 않거나 혹은 독립적이라고 믿지 않는다면(그러나 오늘날의 유행은 문학의 순수성을 받아들인다. 물론, 나 역시 순수문학의 가능성을 인정하며, 순수문학을 통해서 나 자신을 돌아본다!), 역사적인 저항은 없다고 이야기해야 한다. 그리고 결국 정신적 상태를 이야기하고 철학적 입장을 취할 수밖에 없는 형이상학적 저항에는 어떤 중요성도 부여할 수 없게 된다. 그렇지 않다면, 이 역사적 저항은 역사 속의 저항처럼 살고 주장하는 사람에게만 가능한 것이 된다. 저항에 대한 가능한 유일한 분석은 역사적 분석이다. 이 분석만이 유일하게 인생을 직면하는 인간의 태도 속에서, 이 질문에 대한 대답 혹은 대답의 요소들을 발견하게 해준다. 형이상학적 분석에서 역사적 분석으로 다시 들어가는 것은 불합리하다. 아마도 현대 언어의 과

---

4) [역주] Croquants; 중세 프랑스에서 일어났던 농민 반란.

장 속에서는 이 역사적 분석, 저항의 역사가 첫 번째로 혹은 그 어느 것보다 더 잘 연상될 것이다. 어쨌든 이 두 저항형이상학적 저항과 역사적 저항을 구분하는 것은 받아들일 수 없다. 이 두 저항은 실제로는 하나이며, 단 하나의 살아있는 가치를 가진다.

모든 역사적 저항에서 우리는 참을 수 없는 감정과 비난이라는 두 가지 일관된 특징을 발견해 온 것으로 보인다.

* * *

저항은 터져 나오고, 인간은 저항하는 사람이 되며, 한 집단은 저항한다. 이것은 어떤 행위, 상황 혹은 관계가 더는 참을 수 없는 한계에 도달했을 때에 일어난다. 그 한계의 순간까지는 불의와 비참함, 배고픔 그리고 압제와 모욕을 참아내는 것이 가능했다. 그러나 어느 순간 급작스럽게, 때로는 별로 중요하지 않은 사실 때문에, 다른 것들보다 중요하지 않은 사실에 대해서, 저항하는 사람은 더는 인내할 수 없게 된다. 그는 한계에 도달한 것이다. 이런 의미에서 더는 계속해서 견딜 수 없다…. "우리는 비참한 상태로 전락했습니다. 우리는 압제 받고 있으며, 너무 과중한 노역을 견디고 있고, 모욕을 받고 있으며, 인간다운 대우를 받지 못하고 있습니다. 그리고 비참하고 슬픈 현실을 참아내는 가운데 노예처럼 취급받으면서도 고통을 호소할 수 없었습니다. 우리는 지금까지 이러한 고통들을 견뎌왔습니다. 그러나 폐하, 우리는 점점 더 이 비참한 지옥으로 들어가고 있으며, 더는 견딜 수 없으며, 인내의 한계를 넘어섰습니다. 우리는 지금 이 고통이 지속하는 것보다 차라리 죽는 것이 나은 끔찍한 상황에 와 있습니다…."5)

---

5) 1905년 짜르에게 보낸 세인트 피터스부르그 노동자들의 청원, 『혁명의 사회학』에서 데꾸플레(Découflé)가 언급함, 1968년, 29쪽.

이 비참한 글은 저항에 대한 모든 가능한 선언을 잘 요약하고 있다. 바로 지금 이 생활로는 일분일초마저 참을 수 없게 되었다. 우리는 날마다 끊임없이 계속되는 이 상황을 더는 견딜 수 없다. 물론, 날마다 눈물로 견디거나 인내가 있다손 해도, 참을 수 있는 능력은 이미 그 한계를 넘어섰다. 만약 이 상황이 지속한다면 저항하는 사람은 죽음 외에는 다른 방법이 없다는 것을 희미하게 느낄 것이다. 만일 그가 아니라고 부정한다 할지라도, 그의 부정은 원리나 개념에 따른 것이 아니라 단지 더는 지금처럼 살 수 없어서 그런 것이다. 그는 오직 자신의 생존을 위해 방어하는 것이다. "그는 자신의 존재 한 부분의 온전함을 위해 싸운다." 그는 절망의 선에 있다. 다음에 인용하는 까뮈의 글은 이 점을 잘 지적하고 있다. "절망적인 상황들은 너무 오래 지속되어 왔다. 지금까지는 참을 수 있었지만 더는 안 된다.… 당신들은 이 선을 넘어서는 안된다.… 이 거부는 한계점이 존재하고 있음을 말해준다." 그러나 애석하게도, 까뮈는 이 사실로부터 곧바로 저항이 정당하다는 느낌을 내포하고 있다고 결론을 내린다. 그리고 이 추론으로부터 논지를 전개해간다. 그것은 문자 그대로의 의미처럼 참지 못한다는 것만을 의미한다. 그 이상의 의미는 없는 것으로 보인다. 그러나 인간으로 행동하게 하는 이 극한의 고통은 인간을 역사 속으로 인도한다. 이 고통에 대한 즉각적인 거부는 실제로 역사 속의 외침이다. 우리는 역사에서 이 거부에 대한 자세한 사실을 확인할 수 있다. 1797년에 스핏헤드에서 일어난 영국 함대의 반란이, 이후 러시아의 포템킨 사건처럼 "열악한 식사 때문에, 자유가 없었기 때문에" 일어났다는 이유로, 혁명이 시기상조라고 이야기할 수는 없다. 이러한 주장은 오늘날 레닌주의에 젖어 있고, 최소한의 저항을 시도하려 하며, 여러 다른 사상들위엄 있고, 심오한 사상들 아래에서 혁명을 일으키려는 지식인들의 전통에서 나온다. "역사를 역사 자체의 척도로 재구성하고 모형화하려면, 통합적이고 전체적인 관점에서 혁명 계획을 고려하고 시작해야 한다. 민중봉기는 역사에 무관심하고, 더는 견딜 수 없는 일상의 상황만을 보여줄 뿐이다. 이 근본적인 차원의 가장 기본적인 부분에 의해서 혁명 계획과는 구분된다."6) 어떤 경우에도 저항하는 사람이 계급에 대한 이론적 관점이나 역사에 대한 일반적 개념 등이 없어서 혁명 계획에 충분히 접근하지 못한 것이 아니다. 나는 역사를 통찰할 수 있는 능력이 혁명을 완벽하게 비인간화시키는 반면, 민중봉기의 저항은 인간의 표현에 그친다는 사실을 분명하게 이야기할 수 있다. 이것은 형이상학적 인간의 표현이 아니라, 역사에서 인간 스스로 하는 인간적 표현이다. 그리고 다음의 변하지 않는 선언만으로도 이 주장을 증거할 수 있다. "더는 지금처럼 견딜 수 없다." 말하자면, 실제로 앞에서 언급된 두 가지 단순한 동기의 한계를 넘어선 것이다. 인간은 '더 견디는 것'이 불가능하기 때문에 저항한다. 그러나 이것은 감정의 문제가 아니다. 이제부터 저항하는 사람이나 혁명 지도자의 심리 속에서 이 저항에 대한 설명이나 이유를 찾는 시도는 무의미한 것이 된다. 심리학적 뉘앙스로 가득 찬 수많은 "스파르타쿠스의 삶, 생 쥐스트7)의 삶"에 대한 저작들은, 이러한 심리학적 연구가 불필요하다고 믿게 한다. 그리고 최근에 에른스트8)가 쓴 토마스 뮌처의 실패와 스티론9)이 저술한 낫 터너의 고백10)은 심리분석학뿐만 아니라 사회 심리학까지 그 한계가 있음을 잘 보여주고 있다. 모든 사람은 이처럼 불가능한 삶을 살아오고 있다. 역사는 이렇게 이어졌지만, 더는 지금처럼 지속할 수 없다. 여기에는

---

6) 데쿠플레, 앞의 책에서 인용됨.
7) [역주] 루이 앙토안느 레옹 드 생 쥐스트(Louis Antoine Léon de Saint-Just, 1767년 출생, 1794년 7월 28일 단두대에서 처형됨). 프랑스 혁명 당시 정치인. 국민의회에 선출된 젊은 정치인 중의 한 명으로 로베스피에르의 지지자였음.
8) [역주] 에른스트 블로흐(Ernst Bloch, 1885~1977). 독일의 철학자.
9) [역주] 윌리엄 클락 스티론 Jr(William Clark Styron Jr., 1925~2006). 미국 저술가; 수필가.
10) 에른스트 블로흐, 토마스 뮌처, édition française 1966; 윌리엄 스티론, 낫 터너의 고백, 1968.

우리가 명확하게 어떤 결과가 나타날지 예측할 수 있게 하는 상황논리, 기계자동화에 대한 중요성, 현실적인 이유가 있다. 우리는 점점 더 억압받을 것이며, 점점 더 굶주릴 것이다. 저항하는 사람은 분명하게 앞으로 다가올 상황을 거부한다. 단지, 이 미래에 대한 거부를 통해 저항하는 사람은 역사의 흐름에 등장하게 된다. 그는 10년 전보다 오늘이 더 불행하다고 주장한다. 그리고 이 상황에 대한 인내는 이 상황을 더 악화시키기만 할 뿐이라고 이야기할 것이다. 그는 자신의 역사를 숙명처럼 받아들이고, 좌절 속에서 저항한다. 그는 무엇을 저항하는가? 단순히 오늘의 배고픔에 대해서 저항하는가? 사실은 내일의 배고픔에 대한 거부이다. 이것이 바로 저항이 역사 속에 닻을 내리는 이유이다. 이것만이 인간이 거부하는 역사이다.

우리는 매우 빈번하게 저항에 가치를 부여하고자 자유를 이야기하지만, 그 의미는 우리의 역사적 경험에 의해서 퇴색된다. 우리에게 자유는 철학이나 정치학의 소재가 되어왔다. 한나 아렌트[11])는 자신의 저서에서 이 오해를 드러낸다. 그렇지만, 18세기 이전의 자유는 지금과는 다른 무게를 가지고 있었고, 직접적으로 인간적이었다. 자유란 운명을 받아들이지 않는 사람이 뛰쳐나가는 것이었고, 이것은 우리에게 압제자의 이미지를 떠올리게 하였다. 그래서 압제자에 대항한 싸움은 부수적이고 간접적일 수밖에 없었다. 그러나 혁명은 항상 건설적이다. 혁명은 우리가 외치는 미래를 향해 터져 나와야 하는 반면, 저항은 미래를 향한 희망 없이 파괴하는 격렬한 봉기이다. 이것이 저항하는 사람이 빈번하게 생사와 연결된 음모에 연루되는 이유이다. 반면 혁명가들은 함부로 맹세하지 않는다. 스타로빈스키[12])의 멋진 표현을 빌자면, "맹세라는 원초적 행위를 통해

---

11) [역주] 한나 아렌트(Hannah Arendt, 1906~1975). 독일의 정치이론가.
12) [역주] 장 스타로빈스키(Jean Starobinski, 1920년 스위스 제네바 출생). 사상의 역사에 대한 전문가이자 문학 이론가. 고전문학과 의학을 전공하였음

각 저항하는 사람은 자신의 죽음에 동의한다. 인간이 추구하는 최종적 목표인 자유 때문에, 비본질, 말하자면 자유롭지 않은 모든 사람의 희생의 대가 혹은 죽음의 대가를 치르는 것을 받아들이는 것이다." 따라서 저항하는 사람의 마음속에 저항이 시작되고 발전하는 동안, 좌절이라는 감정이 존재하게 된다. 혁명은 언제나 희망으로 가득 찬 행위이다. 죽음은 여기에 우연한 방식으로 끼어들 수 있다. 저항의 중심에 죽음이 존재한다.

모든 저항은 이것을 이야기한다. 플로렌스의 치옴피Ciompi의 한 지도자는 다음과 같이 선언했다. "지금 우리는 기근과 억압으로 고통받고 있다. 이제 더는 이런 지옥에 살지 않을 것이다." 여기에는 무니에13)가 이야기했던 모든 저항에 도사리는 위험이 그대로 나타난다. "저항에는 언제나 희생과 죽음에 도취하는 위험이 있다. 죽음은 다른 방법을 모색하지 않아도 되는 쉬운 방법이고 하나의 유행일뿐이다." 저항하는 사람 대부분은 무엇보다도 압제자의 죽음에 만족하거나, 아니면 자신의 목숨을 대가로 치르기 때문에, 적절한 방법을 찾지 못하고 실패한다. 그러나 또한, 마르크스가 자주 이야기했던 것처럼, 절대적 비참함의 해결을 위해 절대적 자유를 찾는 것은 애초에 불가능한 일이었는지 모른다. 그 이유는 저항이 영원히 지속할 수 없는 그 어떤 것도 견디거나 인내하지 않으며, 그러한 인내를 요구하지 않기 때문이다.

미국에서 수많은 흑인 노예의 저항이 있었다. 리치몬드의 가브리엘 프로서Gabriel Prosser(1800), 볼 피어비Bole Ferebee(1807), 덴마크 베시Denmark Vesey(Charleston, 1822), 데이빗 워커David Walker(1829), 낫 터너Nat Turner(Virginie, 1831), 찰스 데슬런Charles Deslones(1838)이 그런 저항을 일으켰다.14) 그러나 이러한 저항들은 교수형이라는 극단적인 결과만을 가져

---

13) [역주] 엠마뉴엘 무니에(Emmanuel Mounier, 1905~1950). 프랑스 철학가로 「에스프리 *Esprit*」誌의 창간자이며, 인격주의를 주창함
14) Apteker, 미국 노예들의 저항, 1526년에서 1860년, 1958.

왔다. 이 사실이 주는 커다란 좌절 때문에, 이 저항들은 희망 없는 저항으로 남게 됐다.

다른 한편으로 유행하는 현대 혁명 이론 가운데에서, 일련의 방법으로 역사를 조합하려고 효율성을 추구하는 기계적 레닌주의자들을 비판하는 사람들은, 마치 자신들이 이미 동의한 이 역사를 원하지 않는 사람인 동시에, 날이 밝으면 태양이 뜬다는 사실처럼 명백하게 예측할 수 있는 하나의 잠음으로 여겨질 뿐이다. 여기에서 왜 저항이 반동적인 동시에 계몽주의적인지 알 수 있다. 저항은 언제나 지금까지 살아왔던 것을 거부하지만, 더 만족스러웠던 과거를 위해, "가난한 사람들의 고통을 덜어주고, 모든 것을 이전의 자리로 되돌리는 것…"이라는 의미에서 언제나 반동적이다. "좋은 전통으로 돌아가는 것이고… 과거의 전통적인 과세 방식을 원하며… 전통적인 방법으로 다스리는 왕에 만족한다." "그것은 국가가 번영하던 시절로 돌아가는 것을 의미한다." 이것은 17세기 프랑스 혁명가들이 이야기한 것이다. 러시아 혁명가들 또한 이렇게 주장했다. "그들은 농민들이 가졌던 이전의 자유를 다시 돌려줄 수 있는 짜르를 원했다."15) 그리고 16세기에도 이와 같은 문제를 갖고 있었다. 독일 농민들의 저항은 "그들이 과거 자유인이었을 때의 그 시점으로 모든 것을 되돌리려고" 일어났다.16) 똑같이 중세시기에 일어난 골리아드Goliard의 저항도 사회 전체에 원인을 두는 것처럼 보였지만, 실제로는 여전히 전통주의였고, 반동적이었다.17) 이렇게 본다면, 저항을 역사적이라고 이야기하기에도 무리가 있다. 우리는 역사를 진보하는 것만으로 생각한다. 그러나 이 시대의

---

15) 무니에의 여러 저서에서 이와 유사한 여러 선언이 인용되었다. 『분노한 농민들 *Fureurs Paysannes*』, Calmann-Levy, 1967.
16) 에른스트 블로흐(E. Bloche), 토마 뮌처(Thomas Münzer), 혁명의 신학자.
17) 알렉산드르 벡스리야르(Vexliard), 『방랑의 사회학 소개 *Introduction à la sociologie du vagabondage*』.

사람들에게 역사는 행복했던 어느 한 시점으로 돌아가는 것을 의미했다. 진실은 과거에서 발견된다. 그것은 진보를 거부하는 것이 아니었고, 오히려 자유가 있었고 먹을 것이 있었던 시절을 재건하는 것을 의미했다. 상황이 더 악화하는 것을 막아야 했다. 결국, 저항하는 사람들이 참을 수 없었던 것은, 그러한 상황이 더 지속하는 것이었다. 그들은 역사의 일반적인 흐름을 되돌려야 했다.

그러나 우리는 이 사실에서 거부에는 언제나 계몽주의적 요소[18]가 나타남을 볼 수 있다. 그것은 우리가 이처럼 잘못 이해되는 저항이라는 모험의 일반적인 흐름을 어떻게 되돌려야 할지 알지 못하기 때문이다. 그리고 우리가 이 불확실한 모험을 통해 어떻게 일반적인 흐름을 되돌릴 수 있을지를 모르기 때문이다. 우리가 이 저항을 자세하게 연구할 때마다 항상 놀라운 문제를 발견하게 된다. 봉기하는 농민들, 소금세를 징수하는 사람들, 성을 불태우는 사람들, 군대를 공격하는 사람들, 이 사람들은 도대체 무엇을 상상할 수 있었을까? 이들은 인내할 수 있는 한계에 도달하여 봉기했다…. 그 이후에는 어떻게 되었는가? 우리는 저항에 어떤 이유가 있다는 사실 그 이상을 보게 될 것이다. 그렇다면, 그들은 무엇을 희망할 수 있었을까? 그들은 모든 저항에서 저항하는 사람들이 언제나 학살을 당하고 죽임을 당했던 사실을 몰랐을까? 때로 그들은 작은 승리를 거두기도 하였다. 자! 바로 이때 저항하는 무리는 혼란스러워하고, 이 저항을 지속하는 것은 불가능하게 된다. 이론가는 여기에서 이렇게 이야기할 것이다. "그들에겐 교리이론가 없었다…." 물론 나는 여기에 동의한다. 그들은 돌려놓아야 했던 운명의 흐름에 대항하여 저항했지만, 이 흐름을 정확히

---

[18] 혁명적 메시아주의는 페레이라 드 퀘이로즈(M. I. Pereira de Queiroz)의 『인간과 사회 *L' Homme et la Société*』의 『몇몇 남아메리카 부족에서의 메시아적 운동들 *Mouvements messianiques dans quelques tribus sud-américaines*』, 1968에서 (여기에서 우리가 이야기하는 모든 저항의 주제를 발견할 수 있다) 구체적 방식의 서구적 체계 밖에서 연구되었다.

파악하지는 못했다. 그리고 이 역사가 그들이 현재 경험하고 있고, 예상하는 것과 같이 계속해서 흘러갈 것을 거부한다는 사실에서, 결국 그들은 어떤 미래도 예측할 수 없게 된다. 미래는 현재의 상태가 더 심각해진 상태가 될 것이고, 현재와 같은 상태가 지속하는 것을 더는 원하지 않기에, 저항하는 사람에게는 미래가 없다. 이것이 바로 저항하는 사람이 수동적일 수밖에 없는 이유이다. 그리고 이것은 저항이 일시적으로 성공했을 때이거나, 아니면 실패하려 할 때이다. 이 외의 다른 저항에서도 우리는 미래가 없다는 사실을 확인할 뿐이다. 그러나 동시에 이것은 거의 모든 저항에 나타나는 계몽주의를 설명한다. 합리적인 미래도, 현재에서 생각할 수 있는 긍정적인 변혁은 없기에 우리는 바로 마지막 단계로 비약한다. 그 마지막 단계는 우리가 표현할 수 있는 절대적인 미래이며, 우리가 원하지 않는 현재 상황이 더는 지속하지 않는 사회이며, 우리가 계속해서 상상하는 완벽했던 과거의 상태를 다시 회복하는 것이다. 이 과거는 우리가 잃어버린 행복했던 과거이다. 저항은 바로 이 행복했던 과거를 향해 나아간다. 이것은 꿈을 꾸는 것이고, 절대적으로 자유롭고 평등한 사회를 바라보는 것이다. 그리고 이 과거는 천년왕국을 말하는 것이고, 그리스도의 죽음을 통해서 가난한 사람들을 위한 완벽한 사회를 만드는 것이다. 또한, 라이텐의 얀John de Leiden이나 토마스 뮌처가 농민들과 함께한 봉기이며, 피요르의 요아킴19)의 반란이다. "보편적 회복에 들어가는 일시적인 반란이며, 모든 것이 태초의 상태로 돌아가는 종말론적 회귀이다." 그리고 이것은 노르망디 지역의 뉘-피에Nu-pieds의 저항이 추구한 것이고, 사도행전에서 나타난 평등한 공산주의가 정확하게 적용되는 것을 원하는 '고통받는 군대'가 바라는 것이었다. 그러나 똑같은 인디언들의 집단 항쟁에서 알프레드 메트로Métraux는 다음과 같은 사실을 발견했다. "잉카 제

---

19) [역주] John of Fiore (1130년경~1202). 가톨릭신학자, 시토회 수도사.

국은 재건될 것이고, 새로운 페루에 새로운 행복이 넘쳐나게 될 것이다." 하지만, 이때에 역사상 무엇인가가 실현되었다고 믿는 것은 착각일 것이다. 우리는 여전히 고통받는 인간의 마음속에 바로 나타나는 신화 속에 사는 것이며, 신화의 시대 속으로 들어가는 것이다. 심화한 고통의 상태에서 인간은 저항으로 반응하는 동시에 신화 속으로 들어간다. 오직 상상할 수 없는 행위만이, 그리고 절대적 필요에서 나온 것이지만 그 자체만으로는 희망이 없는 행위만이, 받아들이는 현실에 대해 보상할 수 있다. 이처럼 저항은 아무것도 없는 것에서 나오지 않는다. 까뮈는 긍정을 통해서 절대부정의 균형을 잡으려 하였지만, 이것은 스스로를 기만하는 것이었다. 그러나 이것은 형이상학적이다. 저항이 아무리 완벽한 적법성을 가지고 있고, 목표를 제시할 수 있어도 역사적 실재를 변화시키지 못한다. 그러나 무니에는 다음과 같이 기술하였다. "폭동 이후의 미래는 폭동의 동력과도 다를 뿐만 아니라 타인의 목적과는 다른 것이다." 똑같이 저항이 일시적으로 성공을 거두었을 때, 저항하는 사람들은 성공 이후에 무엇을 해야 할지 전혀 몰랐다. 절대 권력을 가졌으나 아무것도 하지 못하고 무너진 판초 비야Pancho Villa나 이자성Li Tzu Chang(1644)이 그랬다. 저항하는 사람들은 절대로 싸워야 할 적과 개선해야 할 비참함의 좁은 시야를 벗어나지 못했다. 또한, 함께 저항하는 다른 지역의 세력들을 규합하지도 못했다. 저항하는 사람들은 자신의 지역을 넘어서 그 이상을 바라보지 못했다. 스파르타쿠스, 자끄(Jacques), 토마스 뮌처, 토레번(Torreben), 가울레(Gaulé) 등의 저항이 그러했다 그리고 이 특징들에서 저항이 절대로 작은 혁명이 아니며, 아니면 성공할 수 없었던 혁명이 아니었다는 사실에 주목해야 한다. 이것은 다른 범주이다. "농민들은 분노한 것이다. 그들은 혁명가가 아니다" 무니에, "그들의 봉기는 혁명의 시도가 아니었다." 1780년에 일어난 투팍 아마루Tupac Amaru의 페루 인디언 대저항은 분명히 이런 한계를 가지고 있었다.

 또한, 저항은 국가라는 또 다른 차원에서 생각할 수 있으며, 국가 전체를 전복할 수도 있다. 저항은 분명히 정복되거나 진압되지 않고, 저항의 원인을 제공한 사회 권력과 구조를 파괴하는 것으로 나타날 수 있다. 그러나 저항의 어떤 범위와 성공의 여부도 저항을 혁명으로 만들 수는 없다. 스파르타쿠스의 저항과 판초 비야의 저항 사이에는 분명히 실패와 성공이라는 차이가 있다. 그러나 훨씬 더 중요한 원인이 있는데, 그것은 더는 견딜 수 없는 사회와 희망 없는 미래에 대항하여 폭발하는 모험이라는 것이다. 판초 비야는 권력을 잡았지만, 권력의 쟁취 이후 무엇을 해야 할지 알지 못했다. 그에게는 조직을 세우고 다스리고 결정하는 능력이 없었다. 여기에서 우리는 저항과 혁명 사이에 유목 생활과 정착 생활 사이에 나타나는 대립이 있음을 볼 수 있다. 유목민은 도시를 침략할 수 있으나 그 이후에 도시를 어떻게 다스릴지 모른다. 그래서 도시를 침략하고 불태우고 노략질을 일삼지만, 여전히 유목민으로 남아서 정복한 성 밖에 텐트를 치고 산다. 저항하는 사람은 종종 자신의 저항이 성공하려는 순간에 멈춘다. 그는 불가능하게 여겼던 미래 앞에서 멈춘다. 그는 역사를 새롭게 장식하지 못한다. 우리는 승리의 문이 열려 있었지만, 계속해서 전진하지 않고 로마 앞에서 저항을 멈춘 스파르타쿠스를 의아하게 생각한다. 그는 로마를 정복하려는 순간에 있었지만, 로마를 정복하지는 않았다. 이것은 의심할 여지없이 혁명가가 되지 않은 저항하는 사람의 어리석음이다. 그는 로마에서 무엇을 해야 했을까? 그는 단지 저항하는 무리의 수장으로 남아야 했을까? 그는 권력 앞에서 물러섰으며, 사회가 정비돼야 한다는 필요 앞에서 물러섰다. 그는 다시 재건해야 할 질서 앞에서 물러선 것이다. 스파르타쿠스는 정부를 어떻게 조직하고 기관을 어떻게 정비할지에 대한 어떤 의식도 가지고 있지 않았다. 그는 분명하게 자신의 한계를 인식하고 있었으며, 승리를 저버리고 다시 산으로 돌아갔다. 그의 저항은 로마 사회에 어떤 새로운 원리도 가져다주지 못했다. 때때로 저항은 스파르타쿠스의 저항처럼 마지막 단계에까지 다다른다. 그리고 우리는 한 사회가 이상하게 붕괴하는 것을 보게 된다. 에트루리아인과 마야인들에게서 우리는 이와 유사한 것을 볼 수 있다.

로마가 아직 세력이 약할 때에 에트루리아 왕국은 전성기였다. 그때에 에트루리아 왕국의 붕괴를 초래하는 큰 위기가 있었다. 그리스와의 전쟁도 갈로아프랑스 민족의 침입도 그들의 세력을 약화시킬 수 없었다. 그러나 기원전 5세기 초의 반세기 동안, 에트루리아 왕국 대부분에서 사회적이라고 이야기할 수도 없고, 정치적이라고 이야기할 수도 없는 수많은 저항이 일어났다. 이 이상한 저항들은 에트루리아 동맹에 문제를 제기하며, 도시와 도시 사이의 갈등으로 확대되었다. 오랫동안, 매우 다양한 체제와 족장들이 세워지며 혼란의 시기가 지속하였다. 이 저항들은 에트루리아의 질서와 동맹관계, 그리고 경제활동을 파괴한다는 의미에서는 성공하였다. 그러나 모호하게 계승된 저항들은 권력을 쟁취했지만, 이후 새로운 시스템이나 적절한 권력을 세우지 못했다. 그리고 이 혼란을 틈타 그리스는 전쟁을 승리로 이끌었고, 로마는 독립을 쟁취하였다. 하지만, 에트루리아의 몰락을 가져온 저항은 혁명이 아니었다. 그 누구도 새로운 질서에 대한 관점을 갖지 못했고, 누구도 상황을 개선할 수 없었다. 에트루리아의 종말의 이유는 890년에 집단적으로 도시와 자신들이 살던 영역을 버리고 떠난 마야왕국의 이상한 종말의 이유와 똑같다. 이들의 종말은 전쟁이나 전염병 혹은 기근에 의한 것이 아니었다. 전문가들은 사제들이 지배하는 카스트 제도에 대항하여 일어난 농민 저항이 원인이라는 가설을 지지한다. 이것은 언제나 수많은 신전 건설로 지쳐 있던 농민들의 봉기였다. 그리고 "엄청난 공사로 노역을 착취하는 상상을 초월하는 광기… 상상할 수 없는 정도의 착취의 광기"에 대항한 저항이었다. 따라서 이들이 성공한 저항은 부나 권력에 대한 저항이 아니라, 헛되고 과도한 신전 공사에 대한 것이다…. 이 성공한 저항은 새로운 질서를 세우지 않았고, 도시와 신전을 버리고 빠른 속도로 사회와 문명의 붕괴를 가져왔다. 이처럼 승리한 저항은 오직 자신의 근원과 기원만을 신뢰하는 저항 자체에만 충실할 뿐이었다. 그리고 저항의 승리가 가져올 사회의 붕괴를 대가로 아주 잠깐만 자유를 누렸을 뿐이다.

저항이 가져오는 승리는 결국 어떤 결과도 가져오지 못한다. 정복자이든 피정복자든 저항하는 사람은 죽음을 향해 갈 뿐이다. 저항하는 사람은 자신이 무엇을 신뢰하는지 의식하지 못하지만, 일반적으로 그것은 삶보다 죽음을 선호하게 된다는 것을 의미한다. 운명을 피하려는 절망적인 시도를 하고, 동시에 무의식적인 선택을 통해 모든 저항을 합리화한다. 곧바로 나타나는 다양한 동기들은 실제 저항히는 사람의 마음속 깊이 자리잡은 저항이 적법하다고 느끼는 감정을 변화시키지 못한다. 그러나 불가능한 미래는 놀랄만한 결과들을 가져온다. 무엇보다도 여기에는 계획의 부재라는 것이 관련되어 있다. 정확히 무엇을 하는지, 어디로 가는지 모른 채 저항에 투신한다. 우리는 곧바로 삶을 더 이어갈 수 없게 되고, 과거에 대한 즉각적인 거부로 말미암아 예측할 수 없는 방향으로 나가게 된다. 분명히 저항하는 동안에 수많은 목표가 나타날 수 있다. 저항 중에 다양한 모습으로 나타나는 여러가지 목표들이 바로 저항의 특징 중의 하나이다. 우리는 세금 징수자를 약탈하거나, 빵을 얻으려고 빵집을 탈취한다. 그리고 저항은 일정 기간 스스로 식료품을 조달하면서 방향성을 바꾸고, 지도자들은 언제나 즉각적이고 지역적이긴 하지만, 다양한 행동을 제안한다. 그러나 매우 자주, 저항은 시위자들을 잡아들이는 것과 같은 새로운 형태의 억압 때문에 두 번째 위기를 맞게 된다. 그리고 그들은 자유를 요구하려고 다시 저항하게 된다. 시위자들을 심판하려 하면 그 심판을 막으려는 저항을 시도한다. 그리고 때때로 권력자권력자는 저항의 진짜 원인이 아니다가 저항하는 사람들을 만족하게 하려 할 때에, 완전히 다른 요구로 세워진 기준으로, 다시 저항이 일어나게 된다. 이러한 총체적인 불확실성이라는 저항의 특징은, 저항에 계획이 없다는 점과 함께 만족할만한 청사진을 제시할 수 없다는 점을 나타낸다. 이러한 이유로 말미암아, 저항은 '거부'인 것이다. 저항은 실제로 '찬성'인 적이 없었다. 그러나 이 '거부' 일어날 것 같은 진보에 대한 거부는 우리가 자주 말하는 진보를 겨냥한다. 이 진보는 우리가 저항에 대해서 이야기한 모든 것에서 나타나며, 저항의 역사에 따라서 확인된다. 많은 저항이 진보 현상 때문에 나타나며, 이 현상에 반하여 나타난다. 우리는 기계에 대항하여 나타나는 노동자들의 저항이 시기마다 계속해서 나타난다는 사실을 간과해서는 안 된다. 우리는 1832년의 저항 뿐만 아니라, 옹글 블루Ongles bleu, 소작인 조합-역주의 새로운 직업에 대한 저항이나, 15세기 직조 기계에 대한 저항, 방적기계 제니에 대항하는 영국인들의 저항과, 첫 번째 증기선에 대항하여 일어난 론Rhône 지역의 노동자들의 저항들도 이야기해야 한다. 이것들은 당시 악마의 발명으로 여겨졌으며, 이 발명에 따른 실업에 대한 불만으로 저항이 나타났다. 이 저항은 우리가 진보의 상징으로 여긴 모든 것에 대항하여 일어났다. 그러나 이 저항을 왕에게 내는 세금이나, 중세에 일어났던 새로운 조세에 대항한 저항들과 같다고 여겨서는 안 된다. 14~15세기에 전 유럽에서 왕실 재정은 엄청난 대중 봉기를 불러일으켰다. 스칸디나비아에서와 같이 부르고뉴에서, 플랑드르에서와 같이 보배지Beauvaisie;프랑스의 북부 도시-역주에서, 아라곤에서와 같이 영국에서 많은 대중 봉기를 불러일으켰다. 이러한 저항들이 일어나게 된 원인은 세금의 과중함보다는 새로운 세금 부과와 새로운 왕의 세금징수원의 출현 때문이었다. 이 저항들은 중앙화되어 있는 권력, 그리고 멀리 있는 권력에 대한 거부였다.

　이 저항들은 숨어 있던 사고의 표현이었을까, 아니면 교육의 부재 때문에 일어난 사건들이었을까? 그럴지도 모르지만, 분명한 것은 저항이 일어났다는 사실이다. 17세기 대부분의 저항은 국가의 발전 때문에 일어났다. 국가의 발전이라는 진보를 통해서 행정 조직이 개선되고, 그 기능들이 확장되었다. 이러한 확장들은 더 많은 재정이 필요했다. 일반인들의 눈에는 엄청난 재정이 필요한 발전은 불필요하게 보였다. 사람들은 기술 발전의 필요와 마찬가지로 행정 조직의 필요와 중앙화의 필요를 이해하지 못했다. "저항은 정치적으로 역행하는 개체주의적인 운동이었고, 근대 국가의 발전과 중앙화, 그리고 통합주의에 대항하여 일어난 것이다" 그러나 무니에는 여기에 사회적 차원의 내용은 찾아볼 수 없다고 덧붙인다. 이 같은 저항은 프랑스뉘-피에 Nu-pieds에서와 같이 러시아에서 스텐카 라진 Stenka Razin의 중앙화와 행정조직의 체계화 노력에 대한 저항 또는 중국 명 왕조에 말기의 모습에서 찾아볼 수 있다.

　같은 방식으로 가울레[20]는 루이 14세가 죽은 이후에 마르티니크의 혼란한 상황을 수습하려고 내려온 행정관료들에 대항해서 저항을 시작했다. 파견된 행정관들은 사회 경제 체제를 합리적인 방식으로 변화시키길 원했고, 경제적 악순환 고리를 끊길 원했으며, 권력을 정상화시키려 했다. 그들은 국가의 근본을 흔들어 사회를 혼란스럽게 만드는 자들로 여겨졌다. 이 같은 현상은 또다시 반작용적인 저항을 불러일으켰다. 프랑스 혁명의 발단은 무엇보다도 진보를 추구하던 국가에 대항하여 일어난 반작용이었다. 이것은 권력에 대항하여 일어난 의회의 싸움이었고, 전제군주에 의해서 주도되는 진보에 대항하여 부르주아들의 권익을 보호하려는

---

[20] 쁘띠 정(Petit Jean), 『가울레, 1717년의 마르티니크 저항 le Goulé, révolte de la Matinique en 1717』, 1966.

싸움이었다. 1780년에서 1789년까지의 모든 혁명은 반동적인 혁명이었다. 이 시기의 정부는 모든 영역에서 괄목할만한 변혁을 시도했을 정도로 진보적이었다. 그러나 대중은 전통적인 조직과 특권, 그리고 이미 구축된 환경을 지키기를 원했고, 진보를 거부했다. 이 정부 권력은 전제적이라고 불렸는데, 정부가 전제적일수록 개혁이 훨씬 더 자유로웠으며, 동시에 권력은 점점 더 합리적인 것을 원했다.

모든 나라에서 '새로움'은 견딜 수 없었다. 저항은 진보를 거스르는 것이다.

* * *

저항의 두 번째 큰 축은 비난이라고 이야기할 수 있는데, 이 비난은 저항이 존재하는 방식이다. 저항이 존재하려면 적이 누구인지, 그리고 이 불행의 책임자가 누구인지 분명하고 명확한 인식이 있어야 한다. 저항하는 사람에게는 타인을 향한 비난, 인간에게 있는 불공평에 대한 인식, 자신이 당하는 불공평함을 해소하려는 의지, 책임감, 이 모든 것이 있다. 여기에서 저항의 대상은 구체적이어야 한다. 너무 모호해서도 안 되고, 너무 광범위해서도 안 된다. '우리On'21)나 '그들ils'과 같이 모호한 대상을 고발하는 단계에 머물러 있는 한, 저항은 일어나지 않는다. 이러한 '우리'나 '그들'을 향한 분노는 단지 저항에 유리한 환경을 만들 수 있을 뿐이다. 인간은 농사에 필요한 씨앗을 독점하는 사람들, 자본을 유통하지 않는 사람들, 군대를 징집하는 사람들, 재판하고 처벌하는 사람들…, 베일에 싸여 있는 '그들'을 비난한다. 그러나 구체적으로 저항하는 대상의 얼굴이 드러나지 않는 한, 저항은 일어날 수 없다. '그들'이 갑자기 '어떤 특

---

21) [역주] 비인칭 주어. 프랑스어에서는 일반적인 사람들 혹은 나를 포함한 불특정다수를 지시할 때 쓰인다.

정한 사람'이 되어야 한다. 그래서 이 비난과 아무런 관계없는 무고한 여행자가 대중이 잘못 이해한 글이나 말 때문에 이 모든 원한과 분노에 대해 촉매작용을 하게 되고, 모든 불행의 속죄양과 속죄 염소로 지목되게 될 것이다.22) 저항으로 빚어진 비극과 극복할 수 없는 권력의 실추는 '어떤 특정한 사람'으로 부터 온다. 이 상황은 운명으로 받아들여지게 된다. 그러나 이 운명은 누군가가 책임져야 한다. 누군가 구체적인 사람을 비난해야 하며, 고발해야 한다. 저항은 사회적 분석을 통해서 비참함을 책임지는 추상적 존재국가, 저 멀리 있는 신화적 존재왕, 어느 정도 막연한 집단예를 들면, 어떤 계급을 비난하는 것으로 만족할 수 없다. 저항은 순식간에 나타난다. 순식간에 책임을 지는 사람이 있어야 하고, 그 자리에 있는 사람을 비난하게 된다. 이 저항이 막바지, 종말에 이를수록 저항하는 사람의 고발은 더욱 구체적이 된다. 저항을 가져온 비극의 창조자인 대적은 손이 닿는 곳이나 팔을 뻗으면 닿을 곳에 있다. 왜냐하면, 그는 속죄양이며 사람들의 죄를 지고 희생당하는 숫염소이기 때문이다. 그리고 결정적으로 저항하는 사람이 학살하는 적은, 그 육체와 피가 무엇이든 분명히 모든 미움을 받고 저주받는 상징이 된다. 구체적인 대상에 대한 비난 속에 있는 근본적인 사실에는 세 가지 주요한 표식특징이 있다. 우리는 이미 저항 현상이 국가의 현상과 아주 긴밀한 관계가 있음을 이야기했으며보편적 관계가 없음에도 불구하고, 러시아와 중국과 마찬가지로 서유럽에서도 그러한 모습을 찾아 볼 수 있다. 현대 국가의 경우, 국가의 무게가 너무 커져 버렸다. 반면에 자유인에게까지 그 영역을 넓히려는 억압적이고 독재적인 국가는 "러시아 위기의 원인을 국가의 근본적인 발전에 두는 것"과 똑

---

22) 내가 여기서 이야기하는 것은 전혀 상상이 아니다. 이것은 매우 빈번하게 모든 저항에서 나타나는 사실이다. 뉴-피에(Nu-pieds)의 저항이 처음 시작되었을 때에 뿌뻰(Poupine)의 학살이 그 예이다.

같은 현상이 나타난다. 중국처럼 매우 잘 조직된 국가는 그 조직이 너무 과도해질 뿐 아니라 실재에 대해 어떤 고려도 할 수 없게 되고, 경제 사회적 분야에 대해 더는 그 해답을 주지 못하게 된다. 그래서 국가의 발전은 역설적으로 저항을 양산하게 되어 소위 국가의 위기라고 부르는 것을 낳게 되고, "국가의 행위는 저항의 동기와 같이 사회에 대항하는 것 그 이상 以上으로 보이게 된다." 그러나 중국과 러시아의 국가는 우리가 주목하는 시기 17세기의 사회적 갈등을 생산하는 주체로 보인다. "프랑스, 러시아 그리고 중국의 17세기 저항은 국가에 대한 반응이었다." 무니에 이 주제는 내가 보기에 이론의 여지없이 역사적 분석이 강하게 뒷받침하고 있다. 그리고 이 이론은 일반화시키지 않아도 다른 많은 시기에 보편적으로 적용할 수 있다. 그러나 우리는 최종적으로 다음과 같은 이유로 이러한 결론에 도달하게 된다. 국가는 추상적인 존재이다. 만일 이것이 저항의 진정한 핵심이고, 문제의 핵이라면, 저항하는 사람은 속죄염소가 필요하다는 이유로 국가를 하나의 추상으로 여길 수 없다. 그러나 저항하는 사람은 국가의 관료들을 공격할 것이고, 이 관료들은 저항하는 사람 가까이에 있기 때문에 가장 큰 미움을 사는 사람이 된다. 국가의 관료는 국가의 얼굴 그 자체가 되기 때문이다. 그가 비록 온화한 집행관일 수도 있고, 겸손한 사람일 수도 있지만, 그는 사람들이 미워하는 모든 것의 성육신이 되고, 사람들은 이 사실을 추상적으로 받아들인다. 이러한 관료는 군인을 모집하는 사람일 수도 있으며, 재정을 거두어들이는 사람일 수도 있고, 재판관일 수도 있으며, 대중의 분노에 의해서 학살당하게 될 세금징수원일 수도 있다. 희생자는 개인이어야 한다. 사실 국가라는 추상적 존재에 대해서는 저항이 일어나지 않는다. 이것이 저항하는 사람이 전통적으로 왕이나 짜르를 공격하지 않는 이유이다. 왕이나 짜르는 매우 멀리 있고, 구체적이지 않다. 그리고 구체적인 대상이 아니다. 저항의 단계혁명까지 나아가지 못한 단계에서는 이러한 문제제기가 나타나지 않는다.

이 저항의 뜻 깊은 실체의 두 번째 표식특징은 사회적 지위 혹은 사회적 계층에 큰 중요성을 두지 않는다는 사실이다.23) 오늘날은 모든 봉기, 반란, 저항을 사회적 계층의 대립으로 해석하는 것이 유행이다. 그러나 역사적 관점으로 볼 때 이 해석은 정확하지 않다. 우리가 언급할 수 있는 사건들에서 계급을 다시 이야기하려면 매우 강한 충격이 필요하다. 빈번하게 저항하는 집단들은 겉으로 볼 때 극단적으로 대립하는 사회적 계급에 속한 사람들로 구성되는데, 계급 이론에 의하면 이들은 서로 적대자가 됐어야 했다.

여기에 우리가 합리적으로 일반화시킬 수 있는 논지가 있다. 18세기까지의 저항과 혁명은 진정으로 계층 간의 갈등으로 드러난 것이 아니었다. 14세기 혁명 운동들에서는 '농민-부르주아-귀족' 또는 '직공-부르주아' 간의 연대를 쉽게 찾아볼 수 있다. 카보치안은 부르주아와 노동자들이었고, 치옴피는 귀족과 노동자들이었다. 이 시기 대부분의 이탈리아 도시에서 귀족들은 '포폴로 미니토'와 연대하였다. 공공재산연맹은 귀족 단체였지만 대중의 지지를 받았다. 플랑드르의 민중봉기는 언제나 귀족 출신의 지도자가 있었다. 그리고 카젤24)의 연구는 에띠엔 마르셀25)의 운동에 귀족들이 동의가 있었다는 사실을 잘 보여주고 있다.26) "귀족은 혁명의 희생양이 아니다. 오히려 그들은 혁명을 움직이는 사람들이다. 비난을 받고 수치를 당하는 사람들은 왕실 수입을 자신들의 사적 용도로 전환시킨 사

---

23) '사회적 계급'이라는 단어는 일반적으로 역사적 의미에서, 18세기 이전의 사회적 계층화를 설명하는 데에 적절하지 않다.
24) [역주] 레몽 카젤(Raymond Cazelles, 1917~1985). 프랑스 문학가이며 역사학자. 14세기 문학으로 박사학위를 받음.
25) [역주] 에띠엔느 마르셀(Etienne Marcel, 1302~1310년 사이에 태어난 것으로 추정, 1358년 7월 31일 파리에서 사망). 프랑스 군주제의 회복을 위해서 싸웠던 사람이었으며, 100년 전쟁 동안 큰 역할을 하였음.
26) 카젤(Cazelles), 「14세기 중반의 혁명 운동들 *Revue historique*」, 1962.

람들이었다.… 구원을 원하는 사람들은 지식인 계층이었다.… 이들은 자신의 재산을 보호하려는 사람들이었다.…" 이것이 저항하는 민중의 소망이었다. 성직자 역시 혁명에 연루되었고, 극히 드물게 혁명에 적대적이기도 하였다. 그러나 이들은 때때로 혁명을 이끄는 지도자가 되기도 하였다. 그리고 이것은 낮은 지위의 성직자에게만 해당한 것이 아니라 주교들 또한 그러했다! 성직자들은 그들의 생각을 표현하는 동시에 '폭도'로 바뀌었다. 이것은 16세기에 결정적으로 나타난다. 한 저명한 역사가는 사회적 특수성의 영향으로 다음과 같이 인식했다. "사회 문제가 종교 전쟁에 끼친 영향 때문에, 자유로운 노동자들이나 자본주의자가 된 귀족 정부에 의한 피해자들이 개신교 민병대를 모집하는 데에 일조했다고 쉽게 결론 지을 수 있었을 것이다.… 그리고 장인들은 귀스Guise를 추종했지만, 그것은 실제로 생각보다 훨씬 복잡한 문제였다. 개신교인 사장들이 있었고, 소수의 파리 시민들이 가장 강력한 연대 중의 하나를 형성하고 있었다.…"27)

예를 들면, 프롱드 시기에는 귀족과 부르주아, 대영주와 농민들 등이 연대하였다. 17세기 대부분의 반란에서 부르주아 집단을 찾아볼 수 있었는데, 높은 계급의 부르주아나 저항을 이끈 낮은 계급의 부르주아가 같이 부르주아 집단을 이룬 것을 볼 수 있다. 부르주아가 집단을 이루면 농민들이나 '노동자'들이 뒤따른다. 한편, 귀족이나 성직자들이 이끈 저항들도 볼 수 있다. 그리고 이 저항들이 특별히 중요한 것은 귀족이나 성직자들이 때로는 주동자가 되었고, 때로는 추종자가 되기도 했다는 것이다. 예를 들면, 한 지역의 영주가 개인적인 이유로 저항을 하고, 그가 자신의 농민들을 선동한다고 믿는 것은 매우 피상적인 관찰이다. 수많은 저항이

---

27) 하우저(H. Hauser), 『16세기 프랑스 역사의 근원 Sources de l'Histoire de France au XVIème siècle』, t.III, 1948.

그와는 반대로 일어났다. 봉기하고 '소문을 만들어내며' 또한 전투를 이끌 지도자를 찾는 사람은 바로 농민이었다. 이 저항의 지도자는 뉘-피에의 저항에서처럼 성직자가 될 수도 있지만, 주요한 귀족 집단의 압력으로 좋은 군대를 구성하고자 영주가 지도자가 될 수 있다. 얼마나 많은 경우에 대영주가 억압에 대항하여 보호하는 농민들의 저항과 중앙 권력 사이에 연루되는지 모른다. 이런 현상은 17세기까지 이어졌다. 결국, 모든 반란에 대한 비난은 하나의 라이트모티브사건이나 상황을 나타내거나 암시할 수 있게 반복적으로 나타내는 중심 주제나 사건-역주를 다시 제기한다. "만일 귀족들이 반란에 참여하지 않았다면, 이 반란은 분명히 그 끝까지 갈 수 있었을 것이다." 그리고 이것은 특별히 프랑스에서만 나타나는 현상은 아니다. 모든 시대의 저항은 어디에서나 가시적인 경제적 이익이나 사회적 구분의 이해타산 없이 여러 사회적 계급이 혼합되어 나타나는 것을 볼 수 있다. 물론, 영주들을 대항한 저항이 있을 수 있고, 도시에 대항한 농민들의 저항이 있을 수 있으며이것은 일반적이었고, 또한 거주자의 사회적 조건이 어떠하든 그러했다, 또한 부르주아와 부유한 농민 사이의 대립이 있을 수도 있다. 그러나 공통적인 억압에 대항하여 부유한 사람들과 가난한 사람들 사이에 연합이 있을 수도 있다.이처럼 1660년에는 부유한 코자끄 정착민과 코자끄 유목민, 그리고 가난한 사람들이 러시아 정부를 대항하여 연대를 조직하였다.

관계에 대해 이야기를 하면, 13세기 저항 운동에서 나타난 다양한 '계급' 사이의 연대에 대한 이야기를 종종 거론하게 된다. 어디에서나 귀족들은 농민들과 연합했다. 여기에서 성직자의 역할을 강조해야 하는데, 성직자들은 반란의 수장이었다. 우스[28]는 그의 연구를 통해 현대의 폭력적인 분위기 속에서 이 폭력적 분위기에 대항하는 일반적인 불복종의 사고방식 속에 빠져있는 우리 자신을 발견한다고 강조하고 있다. 씨앗의 저항

---

28) 우스(Hours), 「13세기 리용 민중 반란과 민중 감정 *Cahier d' Histoire*」, 1964.

곡식의 종자를 얻기 위한 저항-역주이나 세금 걷는 자들에 대한 반란 또는 징병자들에 대한 저항은 계급투쟁을 나타낸다기보다는 오히려 같은 집단의 모든 구성원 사이의 '수직적 연대'를 드러낸다.

혁명 현상들을 계급적 갈등의 표현으로 해석하는 관점이 깊이 있는 분석이라고 확신해서는 안 된다. 오히려 겉으로 드러나지 않는 내면으로 들어가야 한다. 우리가 해석을 일반화하면, 그것은 반대로 매우 단순하고, 독단적이며 비현실적인 분석이 될 뿐이다.

그리고 '대혁명'에 대해서 이야기하는 것도 단순하지 않다! 전제 군주에 대항한 귀족들의 반란이 있었는가? 그리고 이 반란은 부유한 부르주아의 반란이 아니었는가? 1787-1788 다양한 영향을 받아 형성된 대중적 폭발을 야기시킨 저항 자체는 특정한 계급을 통해 나타나지 않는다. 귀족혁명은 1787년에 일어나기 시작해서 절대왕정까지 이어졌다. 부르주아들특히 법률가들은 자신들이 받아들이기 어려운 개혁에 항거하였고, 그들의 저항 이면에는 큰 두려움이 자리 잡고 있었다. 그리고 파리의 민중 봉기가 있었다. 이 두 저항 운동 모두 저항이 일어나기 이전의 다른 저항의 영향 없이 나타났다고 보기에는 무리가 있다. 사실은 귀족 혁명이 일반화된 행위로 변화한 것이다.29) "누가 이 저항들을 시작했는가?"라는 질문을 던져보자. "16세기, 17세기 그리고 18세기에 저항을 시작한 사람들은 가장 가난한 자들도 아니었고, 가장 소외된 사람들도 아니었다. 지도자, 왕자, 귀족, 파리 의회에 의한 운동이 매우 빈번하게 일어났다. 이 저항은 빈곤한 자들에게서 나온 것도 아니고, 본질적으로 계급투쟁도 아니다. 주요한 민중 혁명들은 먼저 지도층에 의해서 시작되었다. 이들은 혁명을 이끌거나 음모를 꾸민 것이 아니라 혁명의 분위기를 조성하고 고발하였으며, 갈등의 상황이나 불공정의 상황 또는 비참한 상황에 대해서 문제제기를 하였

---

29) 고드쇼(Godechot), 『1700년에서 1799년까지의 혁명들』, 1965.

다. 더욱이 이미 우리가 이야기한 것처럼 저항이 반동적이라면, 이 지도층은 그들이 더 큰 특권을 갖고 있었던 과거로 돌아가길 가장 원하는 사람들이 된다. 그러나 대중은 매번 이 저항의 상황에 개입하여, 그들의 '계급의 적' 저항의 지도층의 편에 서서 더욱 더 명백하고 받아들일 수 없는 적에 대항한다. 저항에서 명백함은 매우 중요한 역할을 한다.30) 그러나 계급은 구체적이고 식별할 수 있는 적이 아니다. 계급은 추상적이다. 이 계급이 혁명의 동기가 되려면 대중이 이미 일정 수준의 교육을 받아야 하고, 의식이 있어야 한다. 그리고 현실에 대한 폭로가 있어야 하고, '이론적-실제적'으로 진정한 적이 명시되어야 한다.

일반적으로 전통적인 저항의 원인이 사회적 불평등이 아니라는 근대 역사학자들의 주장이 바로 여기에 근거하고 있다.

오늘날 사회적 문제와 이 사회적 문제를 저항에 이용하는 것이 18세기 이전의 저항에서는 나타나지 않았음을 받아들이기는 쉽지 않다. 그것은 '민중'이 주기적으로 그들의 주인을 대항하여 저항한 것이 사실이기 때문이다. 그러나 역사적 민중을 가난한 사람들과 동일시해서는 안 된다. 예를 들어, 로마의 평민과 귀족들의 갈등은 전혀 가난한 자들과 부자들의 갈등이라고 볼 수 없다. 모든 혁명에는 사회적 원인이 있다는 사고는 마르크스주의를 통해 등장한 순진하고 단순한 생각이다. 여기에는 역사적 근거가 없다. 혁명에서 사회적 문제는 18세기 말 이후에야 주요한 역할을 하게 된다. 사회적 문제가 혁명의 주요한 원인이 되려면, 가난은 인간의 운명이 아니며, '귀족계급', '특권층'과 그 외의 사람들로의 구분은 매우 '부자연스러운 것'임을 확신하고 있어야 한다. 다른 말로 하자면, 경제적 성장이 비참함에 대한 문제를 제기했어야 했고, 모든 사람에게 가능한 풍요로움이 있어야 한다고 이야기했어야 했다. 이것을 통해서 가난과 불공

---

30) [역주] 앞에서 이야기한 것처럼 저항해야 할 대상이 명백해야 함을 의미함.

평한 분배는 혁명의 원인이 된다. 18세기 말 이전까지는 이것이 혁명의 원이 되지 못했다.

이제 마지막 요소그 영향력이 명백하게 보이지만, 구체적으로 대답할 수 없는 요소, 바로 '가치'라는 요소가 남아있다. 우리는 저항 운동에서 까뮈가 가치에 부여하는 중요성을 잘 알고 있다. 까뮈는 비난이라는 사실에 대해서는 주장한 적이 없고, 단지 다음과 같이 간단하게 언급했을 뿐이다. "모든 저항에서 침입자에 대한 혐오의 감정과 동시에 인간은 자신의 전 존재를 완전하게 그리고 즉각적으로 저항에 투신한다. 그래서 가치에 대한 평가가 암묵적으로 개입하게 된다.… 바람직한 것과 그렇지 않은 것이 대립한다. 모든 가치가 저항으로 이어지는 것은 아니다. 그러나 모든 저항은 하나의 가치를 내세운다. 아무리 혼란스럽다 할지라도 저항 운동으로부터 의식화가 나타나게 된다. 어느 순간 갑자기 인간 안에 저항 속에서 자신을 정당화할 수 있는 무엇인가가 나타나는데, 그것은 바로 지각知覺이다.… 만일 한 인간이 저항 운동에서 자신의 죽음을 받아들인다면, 그는 여기에서 자신의 운명이라고 여기는 하나의 가치를 위해 그 자신을 희생했음을 나타내는 것이다.… 그는 여전히 불확실한 가치의 이름으로 행동하고 있지만, 그 가치를 통해서 모든 사람과 함께하고 있다는 감정을 갖게 된다.… 그러나 이 가치의 기초는 저항 그 자체이다. 사람들의 연대는 저항 운동에 기초하고 있고, 저항하는 사람에게 이 저항 운동은 공모共謀 안에서만 정당성을 찾을 수 있다." 이 글은 까뮈의 입장을 명확히 나타내고 있다. 그리고 우리는 이 철학자의 생각을 아주 잘 이해할 수 있다. 저항이라는 결정적인 행위가 가치의 이름으로 행해진다고 여기는 것은 더 큰 위안을 준다. 불행하게도 이 가치는 지각없고 혼동되며 암묵적인 가치, 즉 저항 자체와 연결될 때에만 결정적이다. 이 철학자는 그 자신의 한 부분에서만 가치를 가지게 된다고 추측하고 추론하며, 어떤 의미에서는 가치를 고안해내고 있다. 나는 우리가 가치를 구별해 낼 수 있다고 확신하지 못한다. 만일 저항이 지속하는 것에 대한 진정한 거부라면, 만일 저항이 막다른 길에 몰린 영혼의 반응 차원이라면, 그리고 만일 이 저항이 더는 불가능한 삶의 연장에 대한 거부라면, 여기에는 어떤 가치도 없다. 여기에는 단순한 불가능성만 있을 뿐이다.

그러나 우리가 부르주아나 귀족들의 혁명만을 이야기한하면, 이것은 보통 자신에 갇혀 변화를 거부하는 것이며, 저항으로의 모험을 거절하는 것이다. 여기에서 나는 가치를 찾을 수 없다. 그리고 우리가 비난의 중심적 견해를 생각하면, 그리고 속죄양의 대상을 지정하려 한다면, 여기에서 우리는 여전히 이 가치를 구별해 내는 데에 더욱 어려움을 겪을 것이다. 그리고 자신을 정당화하려 하고, 일어난 잘못된 일에서 자신의 결백을 주장하려 할 것이며 타인을 정죄할 것이다. 이렇게 저항에서 연대 또는 공모를 통해 나오는 가치에 대해서 분명히 주장하는 것이 까뮈의 논지의 한 부분이다. 그러나 그는 이 저항 역시 무엇인가에 대항하는 것이며, 연대를 파기하는 것이고, 가치의 파괴임을 때때로 너무 쉽게 잊어버린다. 빌라도는 예수를 정죄할 때, 유대민족의 저항에 굴복한다. 나는 물론 유대민족이 가진 가치가 무엇인지, 바라바와의 공모 또한 어떤 가치가 있는지 잘 알고 있다. 그러나 이 가치는 무고한 자의 희생에서 나왔다. 분명히 나는 저항의 희생자가 죄가 없음을 이야기하려는 것이 아니다! 비록 저항이 정의를 외친다고 해도, 또 저항이 압제와 비극 그리고 재난의 진짜 죄인을 정죄한다 해도진짜 죄인을 정죄하는 것은 자주 일어나는 일이 아니다! 얼마나 많은 마녀가 반란의 시기에 페스트나 가뭄의 원인으로 지목되어 죽임을 당했는가…, 그 시초에는 타인에게 자신의 죄를 전가하고 분노를 통해서 자신을 정화하려는 의도가 있다. 우리는 여기에서 어떤 가치를 찾을 수 있는가? 나는 이것이 실제로 철학적으로 고안된 것일 수 있다는 두려움이 있다. 분명히, 저항이 기록으로 남을 때 모든 저항운동에서 하나의 가치가 나타나는데, 그것은 바로 자유이다. 적어도 서구에서는 이 자유라는 가치는 원칙이나 일반적 선언을 통해서 나타나는 것이 아니고, 매우 구체적인 힘으로 가장 고귀하고 가장 실제적인 단계에서 나타난다. 말하자면, 땅을 세금으로부터 자유롭게 하는 것이며… 자유, 그것은 세금에 대항한 싸움이거나 고발하는 사람에 대한 싸움으로, 낡은 헌장을 보존하고자 하는 의지이다.

17세기까지 항상 등장하는 이 단어들(저항, 갈등, 반란, 동요)은 새로운 질서를 향한 노력도 정부나 사회의 새로운 형태에 대한 의지도 아니었다. 이 단어들이 비록 자유에 대한 '반추' 때문일지라도, 혹은 이때부터 이 단어들이 전적으로 시작되었다 할지라도, 이것은 새로운 자유의 출현이 아니었다.

우리는 지금까지 12세기에서 18세기까지 계속해서 흘러온 저항의 흐름을 살펴보았다. 이 저항의 흐름은 또한 유목민들이 광활한 지역 여기저기를 다닐 수 있는 자유를 지키려는 의지이기도 했다. 소작인들의 반란, 코자끄의 난, 인디언들의 저항, 노예들의 반란, 피정복자의 정복자에 대한 반란, 이시[31]의 경이로운 모험. 나는 구체적인 자유(이 자유는 절대 가치일 수 없다!)가 저항 속에 나타나는 유일한 '사상'이라고 믿는다. 그리고 이 사상은 저항의 관점을 완전히 바꿀 수 있는 사회적 정의에 대한 사상까지 포함한다. 그러나 우리가 여기서 살펴보는 역사적 기간에 우리는 이 자유에 대한 의미 이상을 생각할 수 없고, 그 자유의 가치를 통해서 저항의 핵심적인 원인과 결정적인 계기를 만들 수도 없다.

* * *

저항의 상황과 원인을 살펴보면, 저항은 어떤 특수한 상황이 만들어지

---

31) 크뢰베(Kroeber), Ishi, 1968. ([역주]이시-미국 야히(Yahi)인디언 종족의 마지막 인물.)

고 지속할 때에만 일어난다. 우리가 저항을 이해하려고 할 때, 우리는 언제나 한 인간이 있고, 이 저항을 일으키는 상황을 거부하는 계기가 되는 또 다른 상황을 보게 된다. 이 저항의 '원인' 가깝지도 멀지도 않은에 대해서 이야기하려는 것이 아니다. 이 원인은 우리가 이미 이야기했던 결정적으로 거부하는 인간 내면의 비밀 속에 존재한다. 그러나 이 부정은 주어진 환경에 대한 것이고, 저항의 계기를 제시하는 기능으로서 지속한다. 이것은 '상황'에 대해 이해하는 것일 뿐 저항의 구조를 이야기하는 것이 아니다. 그래서 사람들은 이 문제를 혼동하고 비판한다.

지난 반세기 동안 역사학자들은 구조적인 방식 안에서 저항과 혁명을 정의하려 하였다. 계급과 계급투쟁의 이데올로기는 우리가 역사적 현상을 다른 방식으로 이해하지 못하도록 우리의 생각을 강하게 물들였다. 그리고 우리가 그 이데올로기적 틀에서 벗어난다 해도, 모든 것이 사회적 차원의 일정한 구조 안에 존재하다는 확신은 그대로 남아 있다. 그래서 우리는 저항을 구조적 틀 안에서 정의하려고 한다. 대다수의 역사학자가 이 이론을 지지하지만, 최근의 연구들은 이 해석적인 형식에 의문을 제기하고 있다. 혁명을 정의하려는 구조의 연구에 대한 예를 몇 가지만 들면 다음과 같다.

어떤 사람들은 다음과 같이 이야기한다. "매우 불평등한 사회인도 카스트 제도와 같이에서 또는 그 반대로 절대 평등사회원시사회에서 저항정신은 거의 나타나지 않는다. 사회에서 저항 정신은 이론적 평등으로 실재하는 거대한 불평등을 감추는 집단 내에서만 나타난다." 이것은 정확하지 않다. 우리는 분명히 저항과 혁명을 혼동한다. 카스트 사회에서 수많은 저항이 있었다. 그리고 귀르비치[32]는 '원시' 사회에 마술이 저항의 한 형태

---

[32] [역주] 조르쥬 귀르비치(Georges Gurvitch, 1894~1965). 러시아 출신 프랑스 사회학자. 러시아 혁명에 가담, 전쟁 기간에 서유럽으로 피신하였음.

라고 이야기한다. 똑같이, 데꾸플레는 '가난이 만연한' 사회에서는 실제 혁명 계획이 나타나지 않는다고 이야기한다. 그 이유는 비주류의 가난한 자들여기서 가난한 자들은 소외된 자들과는 다르다은 혁명 계획의 조건을 만들 수 있는 최소한의 열망을 갖지 못하기 때문이다. 점점 확산하는 비주류 사람들의 소망은 혁명 계획의 구체화를 막는 가난의 문화를 포함하고 있다. 비록 이 분석이 매우 정교하다 할지라도 현실과는 거리가 있어 보인다. 저항이 있었지만, 이것은 단순한 저항이었고, 소외된 집단이라는 테두리를 넘어가지 못했으며, 여기에 혁명 계획은 없었다.이집트의 히브리인은 매우 중요한 예이다 그리고 데꾸플레는 이 잘못된 분석에서 특별히 두 가지 결과를 도출해낸다. "비주류성은 명백하게 불법적인 비주류에게 영향을 미친다." 그러나 모든 저항의 역사는 저항하는 집단들이 저항의 적법성에 대한 분명한 의식이 있다는 사실을 드러낸다. 그리고 자신의 주장을 다음의 주장으로 뒷받침한다. "비주류의 가난한 자들은 그들의 한계 상황에서 저항으로 뛰쳐나올 힘이 없다." 여기서 데꾸플레는 분명히 저항과 혁명을 혼동하고 있다. 우리는 저항에는 계획이 없다는 것을 다시 이야기하게 된다. 그렇다면, 모든 저항이 하는 것은 무엇이며, 비주류의 가난한 자들예를 들면, 아메리카 흑인들의 저항은 정확히 누구를 말하는 것이며, 소외된 가난한 자들은 무엇을 하는가? 보통의 가난에서는, 소외된 가난한 자들에게서 저항이 일어나는 경향이 있지만, 지속적인 가난의 상황에서산업사회의 예 혁명이 일어나는 경향이 있는 것으로 보인다. 그 이유는 사회 전반적인 경제 발전의 조건에서만 혁명이 구축되고 조직되며, 비주류 안에서 혁명 계획이 세워지기 때문이다. 역사적 사실은 데꾸플레의 사회학적 분석을 뒷받침해 주지 못하는 것으로 보인다.

또 다른 사람들은 법률적 상황과 경제적 상황의 대조를 통해 혁명을 설명하려고 한다. 법적 지위가 향상됨에 반해 경제적 조건이 변하지 않는 상황에서 저항이 일어나는 경향이 있었다. 그 이유는 경제적 비참함이 정치적 권리가 향상되고 법적 활동이 가능해진 사람들에게 점점 더 참을 수 없는 것이 되기 때문이었다. 반대로 경제적 지위가 향상되었지만, 법적 지위는 변화가 없을 때, 혁명이 일어나는 경향이 있었다. 18세기 말 부르주아는 잘 알려진 예이다. 이 설명은 분명히 사실이지만, 그럼에도, 매우 모호하며 충분한 설명을 주지 못한다. 이러한 사회 구조의 변화는 환영받는 것일 수 있기 때문에 어떠한 사건도 유발할 수 없다. 이 분석을 정당화하려면 모든 혁명이 실재하는 사회적 구조의 차이에서 일어난다는 것을 증명해야 할 뿐만 아니라, 이 유형의 모든 구조가 혁명을 유발한다는 것 역시 증명해야 한다. 이 분석은 실제와는 매우 거리가 있다! 이 논지는 너무 허술해서 중요한 요소들을 도출해 낼 수 없다. 그리고 우리는 앙리 쟌느33)의 혁명을 조건화하는 사회적 구조에 대한 분석에 대해서도 똑같이 비판할 것이다. 혁명은 제도적 유형의 이중적 무능함 때문에 일어나는 것으로 보인다. 그 하나는 지도 계급들의 기능적 역할을 지속할 수 없는 무능함이고, 다른 하나는 사회적 갈등을 조정할 수 없는 권위 체제의 무능함이다. 이것은 혁명이 저항의 힘으로 시작되는 것이 아니라 오히려 권력 계급과 정부라는 두 가지 형태로의 기능 상실에서 일어난다는 이론으로 다시 돌아오게 한다. 그러나 앙리 쟌느34)는 이 무능함이 기술의 진보에 동화될 수 없는 무능함과 이 기술진보를 현존하는 구조에 담을 수 없는 무능함으로부터 온다고 생각했다. 이것이 오그번Ogburn의 문화지체이론이다. 하나의 명제혁명은 이미 위태로운 권력이나 무능한 권력에 의해서 발생하게 된다는 명제를 구조에 대한 분석이나 특별히 그것의 일반화로 발전시키기는 어렵다. 많은 저항과 몇몇 혁명은 지도 계급이나 권력의 구조가 순전히 사회를 관리

---

33) H. Janne, 『혁명 현상에 대한 사회적 모델』, 역사, 경제, 사회, 문명, 1960. 다음 장에서 이 분석에 대해서 자세하게 다룰 것이다.
34) [역주] 벨기에 사회학자.

감독하기만 하려는 경향을 보이고 있던 사회에서나, 혹은 어떠한 최신의 기술적 발전을 수용하지 못했던 사회에서 일어났다. 그러면 어떻게 동화되지 못한 기술적 진보와 혁명의 관계를 나타낼 수 있을까? 이 부분에 대해서 역사적 사실들은 여전히 어떤 확신도, 어떤 일반화도 제공하지 못한다. 결정적으로 혁명은 구조적인 현상이 아니라 여러 상황의 복합적인 현상이다. 그리고 저항은 더욱 복합적이다. 분명히 그러한 구조는 혁명이나 저항의 상황에 좋은 조건이 될 수는 있지만, 어떤 필요한 증거도 제시하지 못한다. 만일 좀 더 현실에 근접하려면, 상황과 사건을 분석할 수 있는 복합적 현상에 집중해야 한다. 그러면 바로 상황과 원인 사이에서 저항이 현실화될 수 있는 가능성을 발견하게 된다. 우리가 '구조적' 이라고 부르는 요소들을 '상황' 으로 이야기할 수 있다면, 우리는 여기에 동의할 수 있다. 법률적인 것과 경제 사이의 불균형, 계급의 문제, 기술의 진보를 수용할 수 없는 어려움, 중앙 권력의 약화, 지도 계급의 무능함 등은 민족 감정의 발아나 계급 갈등처럼 절대 똑같지 않은 상황을 특징짓는 수많은 다른 요소들과 함께 상황이 된다. 우리는 분명히 특수한 역사적 다양성 속에서 공통적이고, 모든 환경에 유효하고, 구조가 될 수 있는 단 하나의 지배적인 요소를 찾을 수 없다. 반면에 우리가 혁명적 현상을 이해하기 원한다면, 우리는 이 혁명적 현상이 나타나는 일반적인 사회를 고려해야 한다. 그리고 어떤 하나의 정치적·사회적 혹은 경제적 요소가 마치 그것만이 유일하고 주도적이고 결정적인 혁명의 요소인 것처럼 따로 분리해서 보면 안 된다. 모든 요소를 관계적인 요소로 고려해야 한다. 그렇게 우리는 저항과 혁명이 가능할 수 있었던 실제적 상황을 구분해낼 수 있다.

여기에서 말하는 상황들은 법률적·재정적 기구의 불균형처럼 수없이 많다. 1636년, 쌩통쥬Saintonge 지역의 주민들은 보르도 주민들과 세금의 분배 문제로 갈등 관계에 놓이게 되었다. 그리고 도시민들은 농민들로부터 문화나 지역 사회의 파산을 일으키는 원인으로 여겨졌다. 매우 빈번하게 이 지역은 질병과 기근으로 황폐화되었다. 때로는 환경적 재난으로 말미암아, 그리고 이 재난이 반복됨에 따라 재정 약화에 따른 경제 규모가 감소하는 상황이 일어났다. 수년간에 걸쳐 가뭄이 일어나기도 하고 극심한 추위도 있었다. 분명히 저항은 기근이나 전염병을 통해서 나타나기도 한다. 그러나 이것은 여전히 하늘에 대한 저항이고, 신들의 불공평함과 또한 미래의 불확실성, 즉 홍수나 우박으로 나타나는 우발적인 것 앞에서 더는 견딜 수 없는 것에 대한 저항이다. 그래서 저항에 앞서 대대적인 속죄 예식과 더불어 종교적 행렬과 탄원이 먼저 일어나게 되고, 이후에 아무런 소득이 없을 때 저항이 나타나게 된다. 같은 순서로 심각한 전염병 때문에 저항이 일어났는데, 흑사병이 그 대표적인 예이다. 흑사병에 대한 책임자로 지목된 유대인과 부자들을 향해 폭력이 분출되었고, 이들은 제대로 먹지 못한 가난한 사람들의 증오 대상이 되었다 사람들은 미래도 없고 끝도 없는 두려움과 공포에 사로잡혔다. 자끄리의 난은 분명히 가장 주요한 저항이었다. 매우 끔찍했지만, 제한적이었고 맹목적이었으며 산발적으로 일어났으며, 자신을 제외한 다른 모든 것에 대한 총체적인 불안과 분노로 표출되었다. 매우 빈번하게 시골 지역에서 경제위기가 시작되었다. "일자리를 잃어버린 소작농들은, 프랑스 평야에서 자끄농민폭동을 일으켰던 농민들을 일컫는 말-역주가 되었고, 랑그독에서는 튀신Tuchins이 되었으며, 영국 남부에서는 롤라드파가 되었고, 파리에서는 마이요탱이 되었으며, 부르고뉴에서는 코키야드Coquillards가 되었다.…"파비에 Favier

"경제 위기는 곧 반란으로 이어진다." 이것은 가장 즉각적으로 받아들여지는 주장이다. 18세기의 가울레Gaoulé 역시 마르티니크의 경제적 혼란에서 야기된 것이다. 고드쇼35)는 18세기 말의 수많은 혁명이 경제적인

---

35) [역주] 자끄 고드쇼(Jacques Godechot, 1907~1989). 프랑스 역사학자.

위기에서 왔다고 결론지었다. 물가의 상승에 따른 공황미국, 1763-1770, 수확량 감소에 따른 공황유럽, 1770-1789, 공급 과잉으로 말미암은 몇몇 상품 가격의 붕괴프랑스, 1770-1789년의 포도주 등 원인이 무엇이든지 간에 매우 일반적으로 경제적 쇠퇴를 저항의 원인으로 보았다. 그러나 한 가지 분명히 간과해서는 안 되는 것은 바로 수많은 전쟁이다. 저항은 전쟁을 통해서 나타나고, 폭력에서 폭력이 나온다. 직접적으로는 군인들에 의해 황폐화된 지역에서 저항이 터져 나오고, 간접적으로는 세금의 증가로 말미암아 저항이 터져 나온다. 전쟁의 패배, 군인들의 기나긴 '순교적' 상황은 일반적이 되었고, 이 일반화된 상황을 통해 저항 운동이 일어났다. 우리는 이제 1917년의 혁명이 평화주의자나 혁명가들의 선전선동으로 나타났다기보다는 비참함과 전쟁의 피로 때문에, 그리고 5월 공격으로 말미암아 희망의 상실과 불필요한 희생에 대항한 원초적 요구에서 나왔음을 알고 있다.36)

그리고 종교의 혼란, 이성의 혼란, 모두가 공유하는 가치 또는 어떤 가치의 척도에 대한 믿음의 상실 또한 지배적인 현상이 될 수 있고, 다른 모든 것을 아우르는 환경적 현상이 될 수 있다. 종교적 갈등이 사회 경제적 요소에서 기인한다는 것은 전혀 증명되지 않은 사실이다. 이 종교적 갈등은 그 자체로 근본적인 것인 동시에 다른 것들에 결정적인 요소로 작용할 수 있다. 루터의 행동은 사회 전반에 봉기를 일으켰다. 루터의 사상은 당시에는 잘 알려지지 않았지만, 그의 항의는 은밀한 동요를 폭발시켰고, 즉각적으로 폭력적인 저항의 형태로 나타났다. 토마스 뮌쳐의 저항이나 샤프하우스Schaffhouse의 저항, 스위스와 독일의 일반화된 저항과 아나뱁티스트, 열광주의자Schwarmgeister, 뮌스터의 성령주의자들과 루벡의 울렌

---

36) 페드론치니, 1917년의 반란, 1968.
 [역주] 귀 페트론치니(Guy Pedroncini, 1924~2006). 프랑스 역사학자.

베버의 저항 역시 루터의 폭력적인 저항의 형태로 나타났다. 농민들의 지도자는 성직자나 대장장이였다.… 1521년부터 1535년까지 저항 운동은 끊이지 않았다.… 이 저항운동들의 의미를 사회적 저항으로 제한하려 하는 것은 의미 없는 짓이다. 그것은 무엇보다도 근본적으로 종교적이다. 그러나 믿음의 붕괴는 지금까지 견뎌왔던 사회 경제적 여건을 더는 견딜 수 없게 하였다. 사회와 경제는 저항을 일으키는 상황의 전제이지 저항을 일으키는 근본적 이유가 아니었고, 삶의 상실을 받아들이도록 했던 원인이었다. 가치의 상실은 실제 나타나는 사실이라기 보다는, 오히려 모든 것이 부조리하다는 사실을 보여주는 것이다. 이때부터 모든 것이 그 가치를 상실하게 되며, 결과적으로 인간의 조건은 전반적으로 견딜 수 없는 조건이 된다. 이 저항들을 종교가 지배 이데올로기이며 민중의 아편이라는 증거로 이해하는 것은, 혁명의 여러 면 중의 하나도 이해하지 못함을 의미한다.

우리가 이 사건들에서 무엇을 발견하든지 간에, 1580년에 네덜란드에서 일어난 왕에 대한 저항은 경제적·사회적 현상이라기보다는 종교적 현상이었다. 그 적대자들은 이 저항 전쟁의 의미로 분명하게 알고 있었다. 한 집단이 그 집단이 가진 가치의 특수성에 대해서 인식하게 될 때, 그리고 그 집단의 공통된 가치가 드러나게 될 때, 소위 혁명이 일어나야 하는 환경이 된다. 똑같이 우리가 폭력이 일반화된 것처럼 보이는 사회 속에 있을 때에, 해리스가 미국을 평가하는 것처럼[37] '폭력의 문화'가 하나의 일반적인 유형으로 자리 잡게 된다. 해리스는 어떻게 미국 사회의 분위기가 그 기원부터 폭력적이 되었는지 보여주며, 이 폭력이 가장 큰 인내의 목적임을 보여준다. 이것은 '자유로운' 사회 내에서의 노예의 증가

---

37) 해리스(Clarence J. Harris), 『기술적 우주와 도시의 무질서 *Aerospace Technologic and urban desorders*』, Philadelphie, 1968.

를 의미하며, 인디언들의 영역 안에 그들을 몰아내고 정착하는 것이고, 린치법38)을 다시 확인하는 것이며, 교회와 조합의 분리이며… 물리적이든 혹은 물리적이 아니든 폭력 그 자체만으로는 혁명할 수 있는 환경을 만들어 내지 못한다. 혁명이 가능한 환경을 주장하는 가치와 받아들여지는 현실 사이에 괴리가 있을 때에 만들어진다. 끊임없이 평등과 자유가 제창되고 선언되는 사회는, 실제로 어떤 사람들의 자유를 제한하고 평등을 가로막는다는 관점에서 폭력이 끊이지 않는 사회가 될 수 있다. 이 괴리에서 극도로 폭발할 수 있는 환경이 조성된다. 물론, 사회적 집단 사이의 긴장을 간과해서는 안 된다. 만일 우리가 여기에서 혁명의 열쇠를 찾지 못한다면, 예를 들면 '제삼자'나 귀족의 지지를 받으면서 결국 집단 간의 갈등을 유발하는 절대 권력의 역할 등을 살펴 보아야 한다. 특별히 18세기 말, 모든 나라에서 절대 권력과 귀족 계층 간의 갈등은 왕들이 귀족들에 대항하여 제3세력의 지지를 받거나오스트리아나 스웨덴 귀족들이 왕에 대항하여 대중을 선동하는 것으로 나타났다프랑스나 미국. 이 다양한 상황은 어떻게 해서라도 저항에 적합한 환경들을 만들어낸다. 저항에 적합한 환경들은 권력이나 중앙정부로부터 멀어지거나, 어떤 고립된 상황이 되거나, 의사소통이 어려워지거나, 경제적으로 취약해지거나, 국가의 요구가 그의 역할로 면제되지 않거나 혹은 종이나 노예의 수가 급격하게 늘어나는 상황17세기 로마와 러시아을 말한다. 무니에가 매우 확신에 차서 강조한 한 가지 조건은 사회적 유동성이다. 이 유동성의 존재는 종종 사회 내의 한 집단의 지위를 상승시키고자 저항을 유발할 수 있다. 그러나 이것은 저항이 혁명으로 발전하는 것을 가로막는다. 반면에 고착된 사회는 혁명을 유발한다. 그러나 여기서 나는 주로 유동적 사회에서 폐쇄된 사회로의 변화17세기 러시아처럼 진보적이거나 혹은 권력적인가 혁명을 유발한다고 주장하

---

38)[역주]주로 목을 매다는 형식의 법외 처형법.

고 싶다. 이 사회는 말하자면 유동성과 진보가 외부적인 요소나 사회적 합의에 따라서 멈춘 사회를 의미한다. 이러한 사회에서는 사회적 불균형이 문제되지 않는 경향을 보이고 있다. 이러한 사회는 사회적 합의가 분명하지 않아서 정치적 갈등이 있을 때에도, 이 합의가 정치적 합의로 해석되지 않을 때에도, 폐쇄된 사회로 변화된다. 이처럼 외적으로 사회 자체에 대한 일반적인 합의에 따라 폐쇄된 사회 내에서는 정부에 대한 이러한 반대는 전혀 중요하지 않다. 어쩌면 개인을 저항 전단계의 특수한 상태에 가져다 놓는 이 폐쇄성은 어느 정도 저항의 반동적 특성과 종말적 성격을 함께 설명하고 있다. 우리는 저항 현상의 계기가 무엇이든 간에 이 계기의 중요성을 인식하게 된다. 또한, 우리는 근본적으로 저항이 기회의 사건인지를 반문해 볼 수 있다.… 그래서 혹자는 다음과 같이 이야기했다. "이 상황들은 저항들을 설명하기에 충분하다. 17세기 프랑스, 러시아, 중국의 농민 저항 비슷한 조건에서 이러한 저항들은 어떤 사회에서도 일어날 수 있고, 어느 곳에서도 반복되는 분노의 급작스러운 폭발을 통해 절망의 위기를 일으킬 수 있다. 그리고 사회적 구조는 저항의 원인이 되지 못한다. 오류가 있을 수는 있지만, 사회는 어떤 경우에도 비난의 여지가 없는 제안을 할 것이다." 이 분석은 이 주장을 전적으로 뒷받침하는 것처럼 보인다. 그러나 저항과 주어진 상황의 관계를 일반화시킬 수 있는 하나의 법칙을 찾는 것은 불가능하다. 이 일반적인 법칙은 저항이 인간의 행위로 남기 때문에 어떤 환경에서, 그리고 어떤 계기를 통해서, 단지 적합한 자료가 될 수 있을 뿐이다. 다른 한편으로는 이미 우리가 이야기한 것처럼 기회는 다음의 두 단어로 구분할 수 있다. 상황(이 상황에 대해서는 방금 몇 가지 예를 들었다)과 계기 경제적으로 어려운 상황이나 큰 전염병의 상황 가운데 놓인 인간은 어떤 계기가 덧붙여질 때 즉각적으로 저항하게 된다. 이 모든 계기는 일일이 열거할 수 없을 정도로 너무나도 많다. 1918년에 루마니아에 주둔하고 있던 프랑스 군대는 극도의 추위 때문에 이전의 동맹국과 전쟁을 벌이고 독일군과 연합하는 것이 어리석은 일이라고 여기고 이것에 부정의 감정을 갖고 있었고, 전쟁이 끝난 이후에도 무장이 유지된 채로 남아 있는 것에 대해서 불의하다는 감정을 갖고 있었다. 그리고 흑해 함대에서 일어난 저항은 부활절에 쓸 숯을 만드는 것이 계기정말 매우 우발적이었다!가 되었다.… 그리고 예언자나 저명한 사람들의 종교적 예언이 계기가 되기도 했고토마스 뮌처, 낫 터너(Nat Turner), 여론을 불러일으키는 추문이 계기가 되기도 했다. 얼마나 많은 저항이 집정관에게 폭력 당한 루크레치아의 결과로 나타나는가. 그러나 저항은 억압의 상황이나 사건 없이는 나타나지 않는다. 에띠엔 마르쎌Etienne Marcel, 반 아트벨드Van Artevelde, 콜라 디 리엔조Cola di Rienzo, 토마스 뮌처, 왓 타일러Wat Tylor, 라이덴의 얀John of Leiden… 이들은 모두 '계기' 였다. 낫 터너의 고백은 봉기, 반란, 저항 그리고 혁명에서 지도자의 어떻게 점진적으로 확신을 갖게 되는지를 잘 보여준다. 그러나 이 고백에는 의식을 갖는 계기와 점진적인 성숙의 표현 외에는 아무것도 없다.… 그리고 지도자의 행위 만큼이나 중요한 것은 바로 사회 체제의 주변인의 존재이다. 이 주변인은 저항에 대한 하나의 예를 제시하기도 하며, 혹은 저항을 구체화하는 핵심적인 역할을 하기도 하고, 아니면 선동의 역할을 하기도 한다. 저항에서 주변인의 이러한 역할은 주목할 만한 계기를 만드는 것으로 보인다. 산적들의 존재가 이 주변인의 대표적인 예이다. 그러나 벡스리야르Vexliard가 이야기한 것처럼, '주변인' 이라는 단어는 항상 모호한 의미가 있다.39) 벡스리야르는 역사에서 내전을 일으키는 빨치산과 사회적 구조에 불만을 품고 산속으로 숨어들어 가는 사람들, 그리고 약탈하는 사람들을 이야기하고 있다. 압제의 시대에 이 산적들은 가난한 자들에 대한 연민을 가질 수 있

---

39) 벡스리야르(Vexliard), 같은 책, p.126과 그 이후.

었다. 이와는 반대로 산적들은 압제자로 여겨질 수도 있었다. 산적들은 산적 떼와의 관계를 통해 형성된 지역 지도자의 인도를 따라 움직인다. 그러나 우리는 이 산적 떼의 존재에서 그 약탈행위가 정치적 방향성을 가질 때 매우 빠르게 저항으로 넘어가는 것을 볼 수 있다. 3세기에서 5세기까지의 바고데40)가 그 예이다. 이 시대의 산적 무리는 지역 주민들의 마음을 사로잡아, 이 지역 주민들로 하여금 저항의 가장 중요한 핵심 역할을 하도록 하고, 저항을 확장하는 역할을 하도록 하여, 결국 군대를 형성하기에 이른다. 여기에서 산적의 우두머리는 정치적 저항의 수장이 된다. 이러한 현상은 1636년에서 1643년까지 중국 대혁명의 역사에서도 볼 수 있다. 산적들, 탈영병들, 농민들은 재정을 확보하고 종국에는 지도자가 나타나게 된다. 저항군을 모집한 이자성은 매우 빠른 시간에 황제가 되었다. 그리고 우두머리를 황제로 만든 무리는 곧바로 단순한 산적으로 전락하고 말았다.

거지들도 저항에서 산적들과 같이 하나의 역할을 한다. 때때로 거지들의 존재는 어떤 특별한 의도 없이 저항의 계기가 된다. 벡스리야르는 학대당한 거지들과 백성의 연대가 원인이 되어 일어났던 16세기에서 18세기 저항들을 열거했다. 이 저항들은 감옥에 갇힌 한 사람을 구해내려는 시도였고, 구걸하는 사람들의 구금을 막으려는 저항들41)이었다. 그리고 아르정송42)이 묘사한 "파리 하층민들에 대한 비이성적인 연민"과 거지들을 위한 시위가 곳곳에서 일어났다. 이 시위들은 스스로 사회적 지위를 지키지 못하는 사람들이나 자신의 이익을 지키지 못하는 집단들뿐만 아니라, 오히려 그와는 반대로 평범한 시기에 자신에게 도전이 될 수 있는

---

40) [역주] la Bagaude en Gaule, 3~5세기 후기 로마 시대의 갈로아 북서지역의 산적.
41) 벡스리야르(Vexliard), 같은 책, p. 205.
42) [역주] 아르정송 백작(Argenson, 1694~1757). 정부 관료이자 문학가로 루이 15세 때 외무부장관을 지냄. 역사와 문학에 대한 작품으로 유명함.

법 테두리 밖에 있는 사람들과 이방인들을 보호하려는 것이었다. 그러나 이러한 '비이성적인 열정'을 저항의 계기로 받아들여야 하는가? 아니면 이것은 차라리 국가수반의 개입에 대항한 반작용으로 볼 수 있지 않은가? 이 부랑자들강도들, 거지들, 난폭한 사람들 등등의 존재는 언제나 사회 내에서 저항의 계기를 만들 가능성을 갖고 있었다.43) 그러나 거지들은 저항에서 수동적인 역할만을 했을 뿐이다. 반면에 부랑자들은 백성을 저항에 참여하도록 독려하는 순간, 매우 능동적인 역할을 했다. 이것은 부랑하는 한 집단이 다니는 곳마다 모든 백성을 모을 때, 혹은 한 사람이 모든 민족의 중심이 될 때 나타날 수 있다. 볼로츠니코프Bolotnikov, 스텐카 라진Stenka Razin… 그리고 스파르타쿠스 이후 저항들… 한 명의 지도자가 저항 운동을 일으킬 때 전반적인 상황에 따라 저항의 성패가 좌우된다. 또한, 주요 인물의 영향 아래 이 지역 저 지역을 다니면서 무리의 수를 증가하도록 계속해서 요구받기도 하고, 지역 백성의 가입을 받아들여 군대를 이루기도 한다. 이러한 사건들은 3~5세기 로마 제국에서 끊임없이 일어났으며, 마찬가지로 13~15세기 중국에서 일어났다. 저항하는 사람의 선동과 저항군의 존재는 마음 중심으로부터 자신의 운명을 '거부'하게 만드는 새로운 계기가 되었다.

    이 계기는 또한 저항을 확산시키거나 혹은 다른 사람들과의 연대로 이어지게 하기도 한다. 이 현상은 실제로 연구되지는 않았지만, 분명히 존재한다. 1636년의 생퐁쥬의 반란 이후에 생퐁쥬 주민들은 페리고 지역으로 숨어들어 갔고, 다음해에 크로컹의 저항이 일어났다. 이 두 저항이 관련 있음은 거의 확실하다. 그리고 또한 1675년의 브르따뉴 농민들의 저항은 분명히 렌느와 보르도지역의 저항에 영향을 받아 일어났다. 이후에도 수많은 연대 파업이 있었다. 그러나 우리는 이 영향의 척도와 그 메커니

---

43) 코자끄에 대해서는 다음의 책을 보라. 무니에, 같은 책 p.164와 그 이후.

즘을 잘 알지 못한다. 우리는 과연 음모를 꾸며내는 전문적인 혁명가에 대해서 이야기할 수 있을까? 혹은 추격당하는 저항인들의 무용담에 대해서 이야기할 수 있을까? 일반적으로 저항에서 음모는 큰 영향을 미치지 못하는 것으로 보인다. 몇 가지 예외를 제외하고 음모가 저항을 불러일으키지 않는다는 것을 우리는 잘 알고 있다. 프랑 마쏘느리와 1789년 혁명의 수많은 근원에서 비밀 조직의 극단적인 영향이 알려진 이후에 우리는 현명하게도 이 모든 음모를 낭만주의라는 창고에 던져버렸다. 마찬가지로 고드쇼는 1790년에서 1794년까지 헝가리에서의 난무했던 음모들을 이야기했고, 자코방 등의 음모44)를 드러냈지만, 이러한 음모들은 혁명에 아무런 영향을 미치지 못했다. 이처럼, 우리는 어떤 점에서 음모에 대한 상상이 파리 꼬뮌을 설명하는 역할을 하는지 알고 있으며, 그 음모가 저항에 거의 아무런 역할을 하지 못한다는 사실도 알고 있다. 르페브르Lefebvre는 개별 단체로서 커다란 영향력이 있는 국제적 기구들과, 개별 단체로는 실제적인 영향력이 없는 국제노동자연맹 사이의 다른 차원의 영향력을 완벽하게 분석하였다.45) 그리고 블랑퀴Blanqui가 계속해서 세운 음모는 단 한 번도 저항으로 터져 나온 적이 없으며, 시나크Synarques의 음모 또한 저항으로 일어난 적이 없었다. 실제로 음모는 분명히 '왕궁의 혁명'이라 불리는 사건에서는 상당한 효과가 있었다. 독재자를 죽이는 것에서 음모는 여전히 최고의 방법이다. 그러나 이것은 저항과는 어떤 공통점을 찾아보기 어렵다. 음모자는 자신의 사고 구조와 문제에 갇혀 있기 때문에, 사회의 공통적인 상황을 느끼거나 보지 못한다. 혁명에 도달하는 데에 음모는 가장 나쁜 길이다. 레닌은 이것을 분명히 보여주었다. 여기에서 우리는 까뮈가 허무주의 음모자와 반란과 혁명의 저항자들을 같은

---

44) 고드쇼, 앞의 책, p.151.
45) 르페브르, 「꼬뮌 선언」, 1965.

위치에 놓는 실수를 범한 이유를 발견할 수 있다. 그 첫 번째 음모자들은 '형이상학적 저항자'일 것이며, 그것은 분명히 사실이다. 그러나 그들은 단지 음모를 꾸미는 사람들일 뿐이다. 형이상학적 저항자들은 그들의 철학적 차원에도 불구하고 16세기 음모자들과 상당히 유사하다. 음모는 한 사람을 죽이거나 한 건물을 파괴할 수는 있지만, 그 이상의 결과를 이끌어 내지는 못한다. 매우 드물게 저항의 기폭제 역할을 할 수는 있다. 그리고 나는 음모를 통해 저항이 발생하게 되면 그것은 우연한 결과이며 상황과 이 우연한 사고의 뜻밖의 만남이라고 이야기하고 싶다. 왜냐하면, 음모자는 분명하게 상황에 대한 어떠한 고려 없이 저항을 원하는 민중과 함께 상상적으로 관계를 맺은 것뿐이기 때문이다.

반면에 크로컹의 난이 암시한 것처럼, 이방인 즉 다른 지역에서 온 저항하는 사람이나 혁명 집단이 상당한 중요성이 있다. 우리는 1789년 이전의 프랑스 혁명에 영향을 준 타국 혁명가들, 즉 그들의 방황과 좌절된 희망, 저항의 의지를 이야기하면서 이 타국 혁명가들을 더욱 더 잘 이해할 수 있다. 혁명을 전파한 사람들의 예로, 1787년 네덜란드 반란의 실패 이후의 4만 여명의 네덜란드인이나, 프라이부르그, 제네바 등 여러 반란 이후의 만여 명의 벨기에인이나 스위스 민중 지도자들1781년을 이야기할 수 있을 것이다. 미라보Mirabeau 주위에도 이런 영향을 미치는 사람들을 많이 찾아볼 수 있었다. 이것은 분명한 사실이다. 그러나 미국 독립 전쟁에서 돌아온 프랑스 군인들의 영향이라는 주제에서 아주 흥미로운 점을 발견할 수 있다. 약 6천여 명의 군인들이 혁명적 사고를 가지고 그들의 고향에 돌아온다. 그리고 그들의 고향이 위치한 지역들이 1789년 지방 봉기가 일어난 지역들과 상당히 일치함을 알 수 있다.… 이것을 단순한 우연이라고 볼 수 있을까?46) 분명한 것은 인간 집단이라는 주어진 환경 속에서, 개인

---

46) 이 모든 질문에 대하여서는 다음의 책을 보라. 고드쇼, 앞의 책, p.110, 113, 273.

혹은 집단의 존재, 행동, 사상이 저항의 계기가 되었다는 것이다. 그러나 이것을 '패거리', '음모', '주동자' 등의 의미로 해석해서는 안 된다. 그들이 끼친 영향은 의도되거나 계산된 것이 아니었다. 오히려 저항하는 '자신의 존재 안에서' 자신이 속해 있었던 상황과 계기가 만난 것이다.

약간의 차이는 있지만 생도맹그Saint-Domingue 지역47)에서 확산했던 저항도 똑같다고 이야기할 수 있다. 1791년 생도밍그의 흑인 저항은 프랑스 혁명을 모방한 것이다. 그리고 1794년에는 농장주들을 대항한 흑인 저항이 시작되었는데, 이것은 국민의회가 선언한 자유 헌장에 영향을 받은 것이다.

반면에 계기는 몇 가지 사건들을 통해 나타날 수 있다. 중앙 권력의 독단적인 결정, 인두세의 증가, 소금에 대한 면세 특권의 폐지, 빈번한 군인들의 숙박 요구, 과중한 종교적 억압, 백성으로부터 신망받는 행정 감독관의 해임, 공인서의 의무화, 담배의 독점, 항해 특권에 대한 결정, 출판에 대한 지침, 프러시아에 군대에 내려진 발포 명령 등이 계기가 될 수 있다. 각각의 경우 그 자체는 그다지 중요한 사건이라 볼 수 없고, 반역으로도 여겨지지 않는다. 정부는 자신들의 결정에 아무런 문제가 없을 것이라고 확신한다. 왜냐하면, 지금까지 역사에서 수백 가지 같은 종류의 결정들이 문제없이 이루어졌기 때문이다. 그러나 단 한 순간, 이 결정 때문에 저항이 터져 나오게 된다. 결정을 내리는 정부에게 이 상황은 예상할 수 없었던 것이다. 어느 순간에도 그 결정의 결과를 정확히 예측할 수는 없었다.

마지막으로 특별히 잘못된 소식과 루머, 그리고 소문의 영향에 대해서 살펴보아야 한다. 새로운 세금 징수자가 파견된다는 잘못된 소식이나 왕이 새로운 세금을 신설했다는 잘못된 사실,48) 혹은 백성에게 커다란 공

---

47) [역주] 오늘날 아이트 공화국으로 1697년부터 1804년까지 프랑스 식민지로 있었다.
48) 무니에, 앞의 책, p.106-138.

포를 일으키는 잘못된 소식들이 있었다. 고드쇼49)가 그의 책에서 이야기한 '엄청난 잘못된 소문' —산적의 출현이나 농민을 살해하는 귀족들의 모임, 도시를 약탈하는 화적떼, 불확실한 소문의 증폭—은 분명히 우연하게 일어난 것들이다. 고드쇼는 여전히 이러한 사건들이 타인에게 공포를 불러일으키는 것이라고 이야기한다 저항을 유발하는 이러한 현상들은 가장 이해하기 어려운 현상 중의 하나이다. 그러나 나는 저항이 일어날 수 있는 상황에서 인간의 존재가 너무나 결정적이고 중요한 요소임을 강조하고 싶다.

---

49) 고드쇼, 앞의 책, p. 126, 303.

2. 저항에서 혁명으로

 우리는 앞에서 저항과 혁명을 역사에서 인식할 때, 그리고 저항과 혁명의 개념을 제대로 정립하지 않을 때, 어떤 점에서 저항과 혁명을 구분하기 어렵고 불분명하다는 사실을 살펴보았다. 저항이 혁명의 가능성을 열어준다는 것, 혁명이 저항의 결과라는 것, 혁명이 결정적으로 저항하는 사람에게서 온다는 전통적인 사고는 역사적으로 잘 드러난 사실이다. 그러나 혁명 사상은 새로운 것이다. 혁명적 '현상'은 근대 이전의 역사에서는 찾아볼 수 없다. 근대 사회에 들어와서야 혁명의 필요성과 혁명 정신이 동시에 나타났다. 분명히 지난 세기까지 저항과 혁명 사이에는 하나의 커다란 기원이 있었으며, 혁명은 저항에 그 뿌리를 두고 있었다. 우선 잘못된 차이점을 지워보자. 폭력의 정도가 저항과 혁명의 차이를 나타내는 첫 번째 특징일 수는 없다. 1968년 5월의 파리 소요를 예로 들어보자. "우리는 군대의 발포에 대항하여 돌을 던지거나 화염병을 투척하지 않았다.… 혁명은 일어나지 않았다.…" 이 얼마나 단순한 생각인가! 수백 명의 사람이 희생된 극도로 폭력적인 수많은 저항이 있었지만, 이 폭력적인 저항들은 혁명이 아니었다. 이와는 반대로, 비교적 적은 희생자를 낸 혁명들이 있었다. 폭력 시위가 일어나기 전에 1789년에서 1792년까지 혁명이 있었으며, 그때까지 희생된 사람은 극소수에 불과했다. 두 번째로, 성공 여부 또한 저항과 혁명의 차이점이라고 말할 수 없다. 저항은 실패하고 혁명은 성공한다는 생각이 잘못되었다는 것은 이미 많은 연구를 통해서 드러났다. 또한, 규모의 차이도 저항과 혁명의 구분점이 될 수 없다. 한 나라 전체에서 일어난 저항도 순전하게 저항으로만 남을 수 있다. 1794년에 프랑스 전 지역의 2/3가 혁명 정부에 대항하여 일어났을 때, 그것은 저항이었다. 이와는 반대로 혁명은 갈등을 최소화시키면서 일어날 수도 있다. 제네바의 혁명이 그랬다. 그래서 우리는 사회적으로 나타나는 결과의 극단성만을 고려해서는 안 된다. 어떤 혁명들은 경제적이고 사회적인 부분에서 근본적인 변화를 거의 가져오지 못했다. 1830년의 혁명이 그랬다. 반면에 어떤 저항들은 주목할 만한 변화를 가져왔다. 이처럼 지난 세기 동안 미국에서 일어났던 흑인 저항들은 정부로 하여금 극적인 변화를 가져오도록 했다. 여기에서부터 우리는 저항과 혁명의 비슷한 점, 그리고 최종적으로 혁명이 혁명 되도록 하는 점을 규정지으려 한다.

* * *

만일 혁명이 저항으로부터 나온다면, 저항의 많은 유형을 살펴보아야 하며,50) 결국 저항의 여러 유형을 저항의 특성으로 생각해야 한다. 결과적으로 이러한 관점에서 본다면 혁명의 자발성에 대한 질문은 잘못된 것이다. 혁명은 저항보다 음모나 계략과의 연관성이 적으며, 이것은 역사적 사실이다. 혁명은 은밀한 계책을 통해서 나오지 않는다. 그것은 자발적인 운동에 의해서 나타나며, 어떠한 계기를 통해 터져 나오게 된다. 그 어떤 혁명도 자발적으로 일어나지 않거나 어떤 계기가 없다면 불가능하다. 우리는 다른 차원에서 이 자발성을 다시 살펴보게 될 것이다. 그러나 우리가 염두에 두어야 할 저항과 혁명의 주요한 유사점은, 적어도 19세기까지는 이 둘저항과 혁명-이 역사를 거스른다는 것이다. 저항은 반동적인 운동이고 혁명은 진보적이라는 생각은 매우 위험한 생각이다. 그러나 혁명 또

---

50) 그래서 우리는 여기에서 이미 앞에서 저항으로 소개했던 몇몇 운동들을, 그 발전 단계에서 저항으로 다시 발견하게 될 것이다.

한 저항과 마찬가지로 전통적으로는 예측할 수 있었던 것, 즉 인간에게 약속된 진보에 대항하여 이루어졌다. 혁명은 미래로 나아가는 것에 대한 거부이다. 그 유명한 마르크스주의의 공식?"혁명은 역사의 동력이다"?은 현실과 맞지 않으며, 매우 커다란 오류이다. 혁명은 오히려 미래로 나아가려는 역사의 흐름을 방해하는 것이었다.

마키아벨리는 이미 혁명이 과거로 회귀하려는 특징을 갖고 있었음을 알고 있었다. 그는 혁명을 'Renovazione'라고 불렀으며, 복고復古: rénovation가 생각할 수 있는 유일한 변화라고 이야기했다. 수 세기 동안 혁명을 시도했던 사람들은 새로운 것을 바라지 않았다. 천문학적 용어인 '레볼루션Révolution'이라는 단어의 선택행성이 그의 출발자리로 다시 되돌아오는 주기를 의미함 역시 현상을 설명하는 것이었다. 혁명은 우리가 어렵게 떠나 왔던 그 지점으로 다시 돌아오게 한다. 이 단어 자체의 첫 번째 사용은 1660년 영국 전제 왕정의 복권을 그리고자 사용한 것으로 보인다. 크롬웰과 그의 정부가 행했던 행위를 혁명으로 볼 것이 아니라, 잔부의회殘部議會, Rump Parliament의 전복을 혁명의 행위로 보았다. 마찬가지로 스튜어트가 체포되었을 때, 그리고 윌리엄이 왕위에 올랐을 때, 우리는 1688년의 사건을 혁명이라고 이야기한다. 그래서 우리가 말하는 '명예혁명'은 그 갈등이 사라진 찬란했던 전제 왕권의 복권을 의미한다.

19세기까지 대부분의 혁명은 두 가지 목적이 있었던 것으로 보인다. 그 목적은 과거로 회귀하는 보수적인 것이었다. 다시 말하자면, 기존의 환경을 유지하는 것이었고, 그 이전의 상태그들이 생각하는 그 이전의 상태가 실재였든 상상이었든 간에로 돌아가는 것을 의미한다. 또는 '일반적인' 예측 가능한 미래를 현재를 기준으로 평가한 이후, 이 예측 가능한 미래를 가로막으려는 것으로 볼 수 있다. 그렇다면, 이 혁명들은 무엇을 얻으려는 것인가? 우리는 일반적으로 이 혁명들이 얻기 원하는 것을 명확히 알 수 없으며, 정해진 어떤 목적도 발견할 수 없다. 단지, 이 혁명에 거부拒否만이 있다는 사실을 발견할 뿐이다. 어떤 경우든 이 두 가지 가정과거로의 회귀와 예측 가능한 미래에 대한 거부에서 역사의 흐름을 돌리려는 공통적인 시도가 있을 뿐이다. 이 해석은 분명히 우리에게 낯선 것이다. 우리가 모든 혁명을 집단적인 운동으로 간주하기 때문에 혁명을 계급 간의 갈등, 영주로부터 독립권을 쟁취하려는 상인들의 주장들로 해석하는 데에 익숙해져 있다. 여기에 덧붙이자면 자유를 위한 혁명, 영주체제에 대항하여 '민주적' 권력의 조직, 그리고 그 결과로 역사의 발전이 있었다고 해석하는 데에 길들어 있다. 그러나 이 모든 것은 모더니스트들의 해석이다. 혁명은 오히려 집단적인 운동을 하는 사람들이 그들의 이익에 따라 영주제의 형태를 가진 사회를 세우려는 시도였다. 우리는 빈번하게 영주제에서 해방된 도시들이 그들 스스로 영주에게 종속됨을 선언하면서 다시 영주체제로 회귀하는 것을 간과한다. 제한적인 의미에서 다음과 같이 이야기할 수 있다. 영주에 대항한 노예들의 저항이 이와 같다. 노예들은 자유를 얻길 원한다 다른 한편으로 영주는 기술의 진보와 상권의 형성을 통한 이익을 받아들여야 하는 역사의 흐름의 정상적 진행을 가로막는다. 여기에서는 오직 누구에게 그 이익이 돌아가느냐 하는 문제만이 남게 된다. 우리는 우리가 살펴보려 했던 부르주아 저항의 목적에서 매우 멀리 왔다. 영국 토레번의 대혁명 또한 이와 같았다. 수많은 사람이 농민법이 혁명을 통해 나타난 것이라고 이야기했다. 아르모니카51) 지역의 자유, 부역 제도에 대한 더 근본적인 변화, 정의正義, 결혼, 상속 등에 대한 변화에 대해서 이야기한다. 그러나 실제로는 영주 구조와 봉건 구조는 전혀 다루지 않았고 사회 계급에 대해서는 크게 주장하지 않았다 혁명가들은 정치 체제의 전복을 전혀 요구하지 않았다. 그들은 왕정 국가와 절대 권력에 대해서는 어떠한 요구도 하지 않았다. 분명히 혁

---

51) [역주] 고대 프랑스 브르타뉴 지역의 이름.

명가들은 법관, 귀족, '새로운 세금'에 대항하여 일어났지만, 어떤 정확한 대안을 제시하거나 변혁을 요구하지 않았다. 그들은 과거의 익숙해진 모든 것을 받아들였다. 그들은 새로움, 과도함, 변화에 반대하여 일어난 것이다.

영국 혁명 역시 비록 왕은 죽였지만 같은 유형으로 볼 수 있다.[52] 영국 혁명이 보여준 것은 사회질서, 종교의 보존과 사유재산의 보장을 의미한다. 정부는 바뀔 수 있고, 권력을 쟁취한 집단은 다른 이익을 주장할 수 있다. 그러나 그 목적은 완전히 새로운 미래를 향한 전진이 아니라 오히려 과거로의 회귀이며, 역사의 정상적인 흐름을 멈추는 것이었다.

크롬웰은 스스로 '수호 경찰'로 묘사했다. 그리고 자유의 남발은 아무것도 제한할 수 없었던 루이 14세의 국가주의로 돌아가는 것이라고 주장했다. 이 갈등은 크롬웰과 평등파Levellers 사이에서 잘 나타난다. 이 평등파들이 근대 혁명가들이었으면 좋을 뻔했다. 평등파는 인민 사회주의 공화국 체제를 주창하며 국민 헌장을 세웠다. 평등파에 장인들, 영세 판매원들, 군인들이 참여했지만, 그들의 지도자는 귀족과 고위 관료들이었기 때문에 여기에서 진정한 계급투쟁을 이야기할 수 없다. 그리고 우리는 러시아의 스텐카 라진을 통해 진정한 혁명이 이루어졌다는 인상을 받게 된다. 스텐카 라진이 지나간 곳마다 자유에 대한 선언이 일어났다. 이 선언은 코자끄 농민들의 자유에 대한 선언과 똑같았다. 마을마다 자유 의회가 구성되었고, 각 의회의 수장들이 선출되었으며, 민주적이고 평등한 공화국이 세워졌다. 저항이 이렇게까지 진행된 적은 지금까지 한 번도 없었다! 그러나 이 혁명에서 모든 코자끄인들은 공통으로 두 가지 의견을 공유하였다. 짜르는 백성의 불행에 대한 책임자가 아니다. 그는 간신들에 의해 배신당한 것이다 혁명을 진행하는 동안 그들이 원했던 것은, 성모 마리아를

---
52) 뤼토(Lutaud), 평등주의자, 크롬웰과 공화국, 1967.

계속해서 섬기고, 단지 전통적인 유목민의 자유로운 삶과 전투가의 삶을 침해받지 않는 것이었다. 우리는 이 엄청난 봉기가 "더욱더 절대화되고 중앙화되는 러시아 국가 발전에 아무런 변화를 주지 못했다.… 이 봉기들은 러시아 사회 발전에 아무런 영향을 주지 못했다"라고 이야기할 수 있다.53) 이 모든 혁명은 역사를 단절시키지 않았으며, 역사를 새로운 길로 인도하는 혼란을 일으키지도 않았다. 반면에 우리는 수많은 천년왕국주의자들의 예를 들 수 있다. 그것은 마치 천년왕국주의자들이 기관을 설립하고, 권력을 갖게 되며, 전통적 권위로부터 지역을 해방할 때, 이것을 혁명이라 이야기할 수 있기 때문이다. 그러나 그들이 한 것은 결국 무엇이 었는가? 뮌처의 지휘 아래에 있던 농민들은 절대적인 과거, 원시의 순간, 인간이 자유롭고 평등했던 순간, 태초의 날, 즉 그 중심에 모든 인간이 평등했던 과거로 회귀하길 원했다.54) 같은 시대에 라이덴의 얀은 뮌스터 Münster: 아일랜드 지역에 '신정국가'를 세웠으나, 그는 역사에서 완전히 배제되어 있다. 이것을 공산주의의 전조라고 이야기하는 것은 이 사건을 잘못 해석하는 것이다. 이 혁명은 역사를 거스르는 것으로 보이는데, 왜냐하면 이 혁명이 즉각적으로 이 땅에 하나님 나라를 건설하려는 목적이 있었기 때문이다. 이 혁명의 중요한 목적은 부의 공유가 아니었고, 온 우주에 공의의 왕을 선포하는 것이었다. 그리고 더 엄격한 도덕법을 세우는 것이었으며, 혁명의 목적이 변질되기 전에 절대적인 복음을 세우는 것이었다.55)

그러나 이 모든 사건은 "피오르의 요아킴"Joachim of Fiore이나 "프레르 드 라 포브르 비"가난한 자의 형제들의 위대한 시도가 반복된 것일 뿐이다.56)

---

53) 무니에, 앞의 책, p. 234.
54) 에른스트 블로흐, 같은 책, p.234.
55) 도바레드(D'Aubar?de), 성인(聖人)들의 혁명, 1946, p 1520-1536.
56) 에제르테(Aegerter), 『중세의 이단들 Les hérésies au Moyen Age』 1939.

이러한 시도는 무수하게 많았다. 계몽주의자, 정치가, 농민, 부르주아 등 모두가 같은 방향을 가지고 있었다. 역사 밖의 혁명인 동시에 역사를 거스르는 혁명이 진행되고 있었다. 그리고 이 혁명들은 과거로 돌아가려는 시도인 동시에 절대적인 새로운 시작을 위한 노력이었다. 물론 우리는 현대적인 관점에서 이것이 다시 역사 속으로 들어왔으며, 이 역사는 집단과 대중에 의해 내재화된 역사일 뿐이라고 이야기할 수 있다. 그리고 혁명은 일상에서 삶의 의미를 상실하고 좌절을 경험한 개인들을 통해서 일어나며, 힘 있는 자들을 합리화하는 시대의 역사에 대항하여 일어났다고 이야기할 수 있다.…57) 이 해석은 혁명가들이 언제나 역사를 거부하려는 의도가 있다는 사실과, 혁명이 혁명가들의 눈에는 역사를 움직이는 수단이 아니라 오히려 역사를 부정하는 것이라는 사실을 절대로 드러내지 않는다. 그래서 우리는 더 깊이 있게 다양한 견해들을 살펴볼 때마다, 혁명들이 역사에서 어떻게 일어났으며, 어떤 방식을 취했고, 어떤 결과를 나타냈다고 이야기할 수 있다. 그러나 실제로 이 모든 해석은 무엇보다도 인간의 저항을 가정하는 혁명 운동의 구체적인 실체를 감추는 해석적인 주장일 뿐이다.

* * *

그렇다면, 저항과 혁명을 구분하는 것은 무엇인가? 나는 저항과 혁명을 구분하는 데에 두 가지 완전히 새로운 요소가 있다고 생각하는데, 그것은 이론과 기구機構이다. 저항은 원래 어떤 사상을 통해 나오는 것이 아니고 즉흥적이다. 모든 혁명은 혁명이라는 단어에 너무 정확한 의미를 부여하지 않는 하나의 주의主義와 계획, 프로그램, 이론의 요소를 내포한다. 우리가 이미 살펴보았던 것처럼 혁명이 일어나기 전에 이미 존재하는 사

---

57) 데꾸플레, 앞의 책, p. 43-49.

상이 혁명을 특징짓는 요소로 보인다. 때로는 저항 속에서 새로운 사상이 나타나기도 하지만, 이것은 언제나 저항이 진행되고 발전하는 동안 우연하게 나타난다. 다양한 관점에서 볼 때 혁명에는 저항이 가지지 못한 지적인 힘의 흐름이 있다. 그러나 다른 한편으로 혁명은 스스로 기구화하려 한다. 반면, 저항은 앞에서 언급한 것처럼 때때로 성공하게 될 때, 그 성공한 자리에서 멈추고 승리 안에 도취한다. 저항에서 혁명으로의 변화를 특징짓는 것은 새로운 조직새로운 사회가 아닌을 만들려는 노력이다. 그리고 일반적인 사람들의 눈에는 이 새로운 조직에 데귀플레가 이야기한 혁명 '관리자'가 존재한다. 비록 사람들에게 쉽게 받아들여지지는 않지만, 나는 저항과 혁명 관리자가 함께 있을 때에만 비로소 혁명이 일어난다고 생각한다. 군중과 저항하는 사람들만 있으면 저항은 혁명으로 넘어가지 못한다. 저항이 시작된 이후에 명령을 내리는 조직가가 반드시 있어야 한다.

* * *

계획, 이론, 주의主義, 원리… 나는 이 단어들의 차이를 잘 알고 있다. 그러나 이 단어들의 차이를 세세하게 이야기하고 싶지는 않다. "우리는 지금 온 세상을 뒤덮으려 했던 저항이 모든 기능을 상실하는 순간에 와 있다.… 자유에 대한 비이성적인 요구는 역설적이게도 저항하는 사람이 인간적으로 취할 수 있는 유일한 힘인 이성이라는 무기를 사용하게 할 것이다.… 저항 운동은 원래 짧은 시간 안에 멈춘다. 반면, 혁명은 사상에서 출발한다. 좀 더 정확히 말하자면, 저항이 단지 개인을 경험에서 사상으로 이끄는 운동인데 반해, 혁명은 역사적 경험 속에 사상을 주입시킨다." 58) 왕을 죽이려는 암살자는 어떤 사상에 영향을 받아 암살을 시도하지 않는다. 저항하는 사람은 왕을 처형한 사람들이나 앙리 3세와 4세 또는 폴

---

58) 까뮈, 앞의 책., p.132-136.

두메59)를 죽인 사람들과 같이 개인의 차원에 머무른다. 저항하는 사람은 제도의 개혁을 생각하지 않으며, 사회의 원리를 수정하려 하지 않는다. 그와는 반대로 혁명은 하나의 구체적인 사상이 있지만, 극단적인 천년왕국주의를 가지고 있지 않다. 그러나 이러한 사상은 매우 다양한 차원에서 나타날 수 있음을 알아야 한다. 이 사상은 가장 모호한 것에서 가장 구체적인 것까지 포괄하며, 가장 세부적인 것에서 가장 일반적인 것까지 아우른다. 혁명은 매우 불확실하지만, 구체적인 하나의 이데올로기에서 출발한다. 이것은 사르트르를 비롯한 많은 사람이 이야기했던 계획이 의미하는 것이다. 그래서 사상은 목적인 동시에 바라는 이미지이며, 안내자인 동시에 원하는 것이며, 이해할 수 있는 동시에 의사소통할 수 있는 것이다. 데꾸플레60)는 사상에 대하여 두 가지 유형의 계획에 대해서 이야기하고 있다. 하나는 수립된 계획이고, 다른 하나는 이 수립된 계획과 대조를 이루는 혁명 계획이다. 이 혁명 계획은 집단을 통해 나타나며, 집단의 분위기를 이성적인 표현을 통해 주의主義에 이끌리지 않도록 한다. 이 혁명 계획이 이야기하는 몇 가지 측면에서 혁명이 시작된다는 것이 이 혁명 계획의 본질이다. 혁명은 "우리 앞에 시작이라는 문제를 직면하게 하는 유일한 정치적 사건이다."61) 혁명은 이미 존재하는 것을 변화시키려는 시도가 아니다. 혁명은 개혁과는 아무런 관련이 없다. 혁명은 처음으로 다시 되돌리는 것이다. 혁명 계획은 이상주의자의 이론을 주장하는 것도 아니고, 사회의 여차여차한 요소를 변화시키려는 시도도 아니다. 혁명 계획은 언제나 출발점으로 가져 오며, 여기에서 모든 것은 새로운 출발점을 갖게 된다. 그리고 이 혁명 계획이 과거로 회귀하는 것이든, 처음의 위대

---

59) [역주] 죠셉 아타나스 폴 두메(Joseph Athanase Paul Doumer, 1857~1932). 프랑스 정치인으로 1931년 제3공화국 대통령으로 선출되었으나, 이듬해 러시아인 파벨 고르굴로프로부터 피격당해 사망하였음.
60) 데꾸플레(Decouplé), 앞의 책, p.19.
61) 이것은 한나 아렌트가 제시한 매우 탁월한 관점이다.

한 순간으로 돌아가는 것이든, 혹은 절대적으로 새롭게 시작하는 것이든 그 현상은 변하지 않는다. 이 혁명 계획의 초석을 놓는 어디에서나 혁명이 일어난다. 그렇지 않다면, 저항의 사건은 사회적인 사건이나 정치적인 사건 또는 비극적인 사건이 될 뿐, 여기에 혁명의 특성은 없다. 혁명은 우리가 분명히 이야기할 수 있는 완전히 새로운 역사이며, "이전에 전혀 만날 수 없었던 역사"이다. 그리고 이러한 의미에서 혁명은 자유와 관련이 있다고 이야기할 수 있다. 왜냐하면, 이 결정적이지만 보잘것없는 시작이 과거의 행위와 습관을 버리도록 요구하는 새로운 환경 속에서 인간의 자유를 내포하기 때문이다. 인간은 새로운 시작점에 놓였기에 자유롭게 된다. 이것은 반동적인 혁명인 동시에 역사의 흐름을 거스르는 것이다. 그리고 여기에서 인간에게 주어진 시작점은 인간이 아직 한 번도 경험하지 못했던 것이다. "이날 모든 것은 가능했고… 미래는 현실이 될 것이고… 말하자면, 시간을 넘어선 영원의 빛이었다." 미셸레[62]는 그의 저서 『혁명의 역사』에서 이처럼 이야기하였다. 동시에 과거와 대조적인 방식을 취하지 않고 오히려 과거를 다시 발견하는 것으로, 과거의 방식을 반복하거나 따라가는 것이 아니라 절대적인 출발점으로 돌아가는 것이다. 과거로의 회귀는 우리가 잘 알고 있는 지금의 실수를 다시 저지르지 않는 역사를 세우게 한다. 시작을 위해서는 절대적인 과거로 돌아가야 한다. 이것이 바로 혁명 계획이다. 그리고 혁명 계획의 표출 방식은 부차적이다. 따라서 혁명이 한 시대에 종지부를 찍는 것이라고 믿는 것은 완전히 잘못된 생각이다. 어떤 소요를 통해서 어떤 정치 제도가 끝이 날 때에, 이 소요는 혁명적인 사건이 아니다. 예를 들면, 15세기 이탈리아의 '도시 국가'의 소요는 중세 공동체와 정치적 자유에 대한 종말을 고했지만, 혁명은 아니었다. 혁명이 한 시대의 막을 내릴 수는 있지만, 한 시대의 종지부를 찍는 행

---

[62] [역주] 줄 미셸레(Jules Michelet, 1798~1874). 프랑스 역사학자.

위가 혁명적인 것은 아니다. 역사가 바로 세워질 때에만 소요가 한 시대의 막을 내리게 할 수 있다. 이 소요가 정상적인 역사의 흐름에 대해 거부의사를 표현할 때에도 마찬가지이다.

분명히 혁명 계획은 프로그램으로 나타날 수 있다. 쁘와뚜Poitou 지역의 크로컹은 쁘와뚜 농민들에게 공동체, 재정 등의 조직을 구성하도록 하였다. 그러나 그들은 마을로 내려가지 않았다. 크로컹은 장원 제도나 전제군주 제도의 전복을 꾀한 것은 아니었다. 그들은 단지 그들의 불만을 담은 편지를 전달하기 원했다.… 우리는 이미 브르타뉴 지역의 토레번 농민법에 대한 저항과 개혁의 프로그램이 상세하게 기술되었음을 살펴보았다. 러시아 혁명 시기에도 혁명 계획이 프로그램으로 나타났는데, 그 이유는 스텐카 라진이 혁명 계획을 진정한 프로그램으로 구체화했기 때문이다. 그러나 역사에서 되풀이된 일반적인 혁명 계획과 구체적으로 묘사된 혁명의 프로그램 사이에는 분명히 차이가 있다. 계획은 더 광범위하고 더 많은 것을 이끌 요소가 있으며, 더 많은 상상을 자극하고, 참여하는 사람의 범위를 더욱 광범위하게 한다. 반면에 프로그램은 더 구체적이고 혁명이 계몽주의와 신화 속으로 빠져 들어가는 것을 막으려 한다. 그러나 언제나 프로그램으로 충분할 수 없다. 만일 저항이 언제나 구체적이고, 실제로 경험하는 것이며, 감각적이라면, 그들의 마음속에 한 번 자리 잡은 이 혁명에는 분명히 신화적이고 이데올로기적인 요소를 포함하고 있기 때문이다. 여기에서 우리는 지적인 요소인 이론과 프로그램이 신화적 요소에 의해서 완성되어야 함을 볼 수 있다. 이러한 지적인 요소와 신화적 요소의 조합이 '혁명 계획'을 적절하게 이야기해 준다. 혁명에 참여하는 사람들에게 혁명은 절대적인 길이다. 그리고 혁명에 참여하는 사람들의 눈에 혁명은 역사의 절대적인 해결방식인 것이다. 이들은 이미 혁명을 시행하기 오래전에 혁명이 절대적인 방식이라고 믿게 된다. 혁명은 믿음의 대상이나 저항은 그렇지 않다. 이 저항의 '부르짖음'은 즉각적인 분노이고, 격노와 폭발이다. 그러나 혁명은 믿음의 대상이고, 거룩한 것이며, 행동으로 나타나기 전부터 관심의 대상이 되며 사랑받는다. 그리고 혁명은 사회의 다른 모든 분야에서는 이미 사라져버린 종교적 감정으로 가득 차 있다. 그래서 혁명은 점점 인간의 희망을 담아간다. 이것이 왜 혁명에는 절대로 있을 수 없었던 해학이 저항에 나타날 수 있는 이유이다. 저항은 잔인하고 살인적이지만 해학이 있다. 혁명의 모든 영웅은 비극적이고 심각했으며, 해학을 절대로 받아들이지 못했다. 혁명가들은 성스러운 비극에 참여한 것이다. 혁명가들이 혁명을 성스러운 비극으로 받아들이면서부터 혁명 계획의 특징이 나타나게 된다.

그러나 프로그램과 신화가 혁명 계획의 전부는 아니다. 혁명 계획을 이루려면 주의主義가 형성되고 이론적인 수준에 도달해야 한다. 그러나 이렇게 주의主義가 형성되고 이론적인 수준에 도달한 혁명 계획은 매우 드물다. 모든 종말론적 혁명을 제외하고, 혁명적 계획이 예를 들면 루소의 사회계약 같은 하나의 이론적 형태를 보이면, 우리는 또 다른 관점을 가지게 된다. 그러나 이 관점은 유일한 것도, 예외적인 것도 아니다. 그래서 저항을 통해 혁명을 특징지으려는 시도는 언어적 표현의 현상이자 행동을 미리 개념화시키는 현상일 뿐이다. 우리는 무엇인가 하기를 원하고, 원하는 것에 자신을 투신한다. 이러한 행위는 그 행위를 시작할 때에 생각할 수 없었던 모험이 아니다. 이 행위는 더 나은 미래로의 발전이며, 사회 집단 내에 깊이 내재되어 있는 상像, image의 표현이다. 또한 집단적 무의식에서 인식으로 드러난 것이며, 미래로 투영되는 역사적 기억을 다시 취하는 것이다. 이것이 왜 한 사회의 권력에 관한 문제와 경제적 구조에 대한 문제, 계급 간의 문제를 제기하는 것만으로 그 사회가 혁명 행위를 받아들일 준비가 되어있는지 알 수 없는 이유이다. 그 사회가 혁명의 개념화, 계획화 그리고 프로그램화의 노력이 가능한지를 스스로 자문해 봐야 한다. 그리고 우리는 여기에서 자발성이라는 문제에 우선 관점을 두어야 한다. 일반적으로 저항을 자발적 현상이라고 본다면, 자발적인 저항을 통해 나온 혁명은 어떤 문제도 해결할 수 없을 것이다. 왜냐하면, 이러한 혁명을 위해서는 하나의 사상이 있어야 하고, 무엇보다도 이 사상이 혁명 행위보다 우선해야 한다. 예전에 우리는 혁명을 준비하는 지적 요소에 대해서 많은 강조를 해 왔었는데, 이것은 1789년의 혁명과 18세기 이론들에 따른 것이다. 그러나 오늘날 우리는 이 관점을 너무나 간과하고 있다. 나는 여기서 혁명의 자발성에 대해서 이야기하려는 것이 아니다. 오히려 혁명에 순수한 자발성이란 있을 수 없다는 사실을 이야기하려 한다. 혁명에는 언제나 선행되는 사상이 있고, 그래서 영감靈感을 받게 된다. 여기에서 나는 선전宣傳, propaganda에 대한 이야기를 하려는 것이 아니고, 공통된 열망에 대한 매우 다양한 형태가 있음을 말하려는 것이다. 예를 들어, 1780년부터 유럽 전역에서 일어났던 혁명들은 모두 프랑스 혁명을 따라 일어났지만, 모든 혁명이 프랑스 혁명과 똑같이 나타난 것은 아니다. 모든 혁명은 자발적으로 일어났고, 혁명 사상이 국경을 넘어 전파되었을 뿐이다. 중세의 공동체 운동들도 그러했다. 상인들은 상품과 함께 새로운 사상을 가져왔고, 새로운 사상을 가져온 상인들과의 단순한 접촉만으로도 저항의 물결이 일어났다. 저항의 물결은 새로운 사상에 동화되기 위한 것이 아니라 그들 자신의 의지를 더 명확히 나타내려는 데에 그 목적이 있었다. 분명히 상황이 객관적으로 비교됨에 따라 저항이 일어난 인근 지역들과 매우 자주 비교되었을 것이다. 그러나 한 집단 내에서 혁명 사상은 자생적으로 만들어진다. 그리고 혁명 사상이 나타나게 되면서 이 집단은 혁명적이 된다. 그리고 단순히 부정否定을 이야기하고 단순히 숙명을 한탄하는 것을 멈추게 된다. 이러한 주의主義, 프로그램, 계획은 명확한 적의 존재를 통해 가능해진다. 국가는 이 혁명 사상을 가장 잘 구체화하는 존재로 보이며, 이것이 국가의 성장과 더불어 혁명이 성장하는 이유를 잘 말해준다. 일반적인 비참함, 널리 보편화되어 있는 압제나 일시적인 압제는 저항을 불러일으킨다. 그러나 조직이 형성되고 정치권력이 집중될 때, 이 조직과 정치권력에 대항해서 부정적인 사상이 터져 나오고, 비참함을 이유로 혁명이 일어난다. 이처럼 국가는 저항을 유발하고, 일어난 저항을 혁명으로 변화시키는 주요한 요소이다.

* * *

그러나 혁명이 조직화의 방향성을 갖고 있을 때에는 이데올로기적 요소와 마찬가지로 제도화의 요소를 포함하게 된다. 미국 혁명에서 최초로 자유를 제도화하려는 고민이 나타난다고 볼 수 있다. 물론, 미국 혁명의 목적은 혁명을 통해 얻은 권력을 헌법을 통해 확립하는 것이었다. 이때부터 조직가가 혁명의 중심에 등장하게 되었고, 이 조직가를 통해서 혁명은 혁명으로서 의미에 도달할 수 있었다. 그러나 이 혁명 역시 로베스피에르가 겪었던 문제점, 그리고 우리가 앞으로 보게 될 문제점들을 피해갈 수는 없었다. 그 문제점은 "만일 혁명이 공적 자유를 허용하지 않는 혁명적 제도의 창출을 목적으로 하고 있다면, 혁명을 완료하는 것이 바람직한가?"에 대한 것이다.

혁명에는 하나의 사상이 존재한다. 그 사상을 구체화해야 한다. 그래서 일시적인 조직이든 혹은 정교한 구조든 조직화를 시도해야 한다. 그것은 제도화되는 것이기 때문에 관리자에 의해 운영되는 것을 피할 수 없다. 다른 한편으로 이 관리자들은 자신들이 혁명의 주체가 아닐 때에 조직화의 이론을 완벽하게 받아들이곤 한다. 이 관리자들은 매우 자주 혁명을 악용한 사람으로, 혹은 혁명의 반역자로 비난받는다. 그러나 실제로 이 관리자들이 그 위치에 있지 않았다면 저항은 절대로 혁명의 단계에 도달하지 못했을 것이다. 주동자나 행동가가 혁명을 이끄는 것이 아니다. 물론, 각각의 저항에는 주동자들과 행동가가 있다. 프랑스 혁명을 이끈 사람들은 마라63)도 생 쥐스트도 아니었다. 엠마누엘 조셉 시예(Sieyès, 로베스피에르 그리고 나폴레옹이 혁명을 한 사람들이었다. 블랑키나 바쿠닌도 19세기 후반 혁명의 중심에 있지 않았다. 오히려 한 번도 혁명의 도화선에 불을 붙이지도 않았고, 한 번도 대중을 선동한 적도 없는 사람, 사무실에 있었던 조직 내의 사람이 혁명의 중심에 있었다. 때때로 혁명을 이끈 관리자들은 혁명의 첫 번째 세대였다. 뚜쌍 루베르튀르64)는 저항 노예의 지도자에서 정치적 지도자로 변신한 매우 드물지만 좋은 예이다. 그는 권력의 자리를 차지하고 행정 수반이 되었을 때에, 경제적 상황을 다시 호전시키고 안정시킬 수 있는 능력이 있었고, 결국 혁명의 반대세력이었던 농장주들로부터 지지를 얻어낼 수 있었다! 그러나 이 둘, 관리자와 농장주들이 연합할 때, 미티스와 라이덴의 안, 까보쉬(Caboche, 65), 크롬웰, 시몬 볼리바르66), 레닌 등… 이들의 시기에는 이 관리자들을 더 쉽게 구분해 낼 수 있었다. 바로 이 순간이 저항이 혁명으로 완성되는 순간이다. 그리고 특권층에 대항하여 저항하는 집단에 의해서, 지지되는 권력에 의해서, 근본적인 변화가 일어날 때, 이것을 우리는 혁명으로 받아들인다.

　모리스 뒤베르제67)가 이야기 한 다음의 중요한 구절을 생각해 보자.

---

63) [역주] 정 폴 마라(Jean-Paul Marat, 1743~1793). 프랑스 정치인, 의사, 물리학자, 저널리스트였음. 프랑스 혁명 기간에 국민의회에 참여하였고, 9월 대학살의 책임자로 알려져 있음.
64) [역주] 뚜쌍 루베르튀르(Toussaint Louverture, 1743~1803). 아이트 혁명 및 독립운동의 지도자로 이후에 생도밍그(당시의 아이티) 지도자가 된다.
65) [역주] 시몬 르쿠스텔리에((Simòn Lecoustellier) 1413년 까보시안의 난을 주동했던 인물.
66) [역주] 시몬 볼리바르(Simòn José Antonio de la Sant?sima Trinidad Bolivar, Palacios y Blanco, 1783~1830). 베네수엘라 독립운동가로 스페인의 식민지였던 콜롬비아, 파나마, 베네수엘라, 에콰도르를 독립시켰다.

"지금까지 혁명세력은 조직이 형성되고 중앙 권력화가 추진될 때에만 효율적이었다. 좌파는 다음의 두 가지 근본적으로 대립하는 논리 안에 갇혀 있다. 만일 그들이 자신의 사상을 작은 자급자족적인 집단에 기초한 사회에 적용한다면, 그들은 중앙화된 기구로의 발전을 거부할 것이며 결국 무능하다고 낙인찍힐 것이다. 그러나 만일 그들이 효율을 근거로 중앙화된 기구를 만든다면, 그들은 이율배반적이 될 것이다.…" 그리고 그들이 만든 기구는 절대로 사라지지 않으며, 그 이후에 계속해서 그 기구에 상응하는 것들을 만들어 내기에, 성공한 혁명에는 이율배반이라는 낙인이 찍히게 된다.

저항이 조직화하려는 시도를 멈출 때, 혁명은 두 가지 문제에 직면하게 된다. 첫 번째 문제는 힘에 대한 문제이다. 그 사회 내에 저항에 대항하는 모든 세력에 대해서 저항은 충분히 이 세력들을 뛰어넘는 충분한 힘을 모으는가? 저항이 혁명으로 넘어가는 바로 그 순간, 단순한 저항의 행위가 아니라 변혁을 지속하려 할 때, 나머지 사회 구성체는 가장 격렬하게 혁명을 거부한다는 사실을 간과해서는 안 된다. 그것이 "프롱드가 일으킨 바람"과 같은 종류의 혁명에 머물러 있는 한, 혁명을 거부하는 커다란 감정은 생기지 않는다.

혁명이 형태를 가지게 되고 모든 것을 제도화 될 때, 즉 혁명이 혁명 그 자체가 될 때, 결국 계속되는 혁명에 대한 거부가 일어나게 된다. 그리고 이 순간 순간, 실제적인 권력이 시험대에 오르게 된다. 토마스 뮌처와 라이덴의 얀이 그들의 왕국을 건설하고 조직화하기 시작한 때, 1848년의 혁명이 첫 번째 기구를 설립했을 때, 8월 4일 밤의 사건[68]이 일어난 날, 토

---

67) [역주] 모리스 뒤베르제(Maurice Duverger, 1917년 앙굴렘 출생). 프랑스 법률가이자 정치학자이며, 헌법 전공 교수.
68) [역주] 1789년 8월 4일은 프랑스 혁명에서 상징적인 날이다. 이 날의 회의를 통해 의회는 봉건적 구조와 특권을 폐지하였다.

레번 농민법이 선포된 날, 소련의 권력이 조직화한 날, 결국 그래서 최고의 폭력이 일어난 순간이 바로 이 순간이다. 만일 이 거부가 저항에 대한 것이라면, 우리가 잘 아는 힘의 시험대 안에서 그러한 저항은 언제나 진압될 것이며, 큰 동요를 일으키지 않을 것이다. 그러나 저항에서 벗어나 조직화하고 자리를 잡게 되면 사회적 제도는 위험을 감지하고 사회 전체가 이 저항에 대항하여 일어나는데, 그 이유는 저항 때문에 제도 자체가 삶과 죽음의 문제로 연결되기 때문이다.

그러나 두 번째 문제는 첫 번째 더 근본적이다. 저항은 스스로 자신에게서 벗어날 수 있는가? 저항은 폭력적 봉기를 끝낼 수 있거나 아니면 어떤 목표를 발견할 수 있는가? 일반적으로 저항은 우리가 살펴본 것처럼 성공 이후에 멈추게 되고 더는 무엇을 해야 할지 모른다. 망연자실의 감정에 사로잡혀 저항 자체에 갇혀 잠들게 되거나 슬픔에 도취하거나 혹은 피 흘리는 것을 즐기게 된다. 이것은 어떠한 점에서도 저항을 혁명으로 전환하지 못한다. 무리를 새로운 질서로 이끌고 전쟁에 대한 예찬을 건설에의 의지로 변화시키는 것, 그리고 새로운 권력을 어떤 방향으로 이끌지를 아는 것, 이 두 가지 작업에 혁명에 대한 비판이 자리 잡고 있다. 즉, 이론이 있을 때에만, 선행하는 이론이 있을 때에만 혁명할 수 있다고 여겨지는 한, 두 번째 문제가 일반적으로 받아들여진다. 그러나 문제는 여기에서 일반적으로 이 이론이 저항 이후에 우리가 맞닥뜨리는 사실의 환경과 정확하게 일치하지 않다는 데에 있다. 마르크스 이론을 1917년에 그대로 사용하는 것은 불가능했다. 마르크스 이론을 강력하게 실행하면서도 현실에 맞는 해석이 필요했으며 천재적인 이론의 조정자가 필요했다. 루소의 이론도 곧바로 적용하는 것이 불가능했다. 1790년 루소의 몇 가지 사상을 제도화시키고자 인내의 작업과 인정받는 관리자들이 필요했다. 이론이 이야기하는 그대로의 방식으로 실재에 적용하려 했던 사람들은 계속해서 실패했다. 혁명 계획은 언제나 상황에 잘 맞지 않는다. 그러나 혁명 계획 없이는 혁명가가 될 수 없다! 혁명이 역사의 '정상적' 진행에 대한 도전이라는 분명한 사실로부터 이론은 부수적인 것이 된다. 그리고 필요에 반대하는 이론을 주장하는 것은 불가능했다. 그러나 저항이 일어난 순간부터 환경은 다시 유동적이 되어, 상황에 적합하지 못했던 혁명은 이때부터 환경에 부합하기 시작한다. 그러나 제도나 사상은 여전히 그 시기의 사람들이 표현한 것과는 상당한 거리가 있었다. 만일 모든 이론가나 사상가가 실재에 근거해서 생각했다면(그리고 만일 그들이 진정으로 혁명가들이라면 어떻게 그렇게 하지 않을 수 있는가!), 저항이 끝나고 성공했을 때에, 상황들은 매우 광범위하게 변했을 것이다. 그리고 이 변화가 혁명 초기 이론가의 방향과 다른 방향에 있다는 사실을 염두에 두자. 혁명가들의 계획은 열차의 탈선을 막는 운전대가 아니다. 오히려 그와는 반대로 시작 당시에는 실현 불가능했지만, 이제는 가능해진 생각이다. 그러나 이제는 혁명의 계획, 이론 및 학설을 다시 이야기하고, 발전시키며 성숙시킬 뿐 아니라, 새롭게 구축된 계획, 이론, 학설을 이끌어갈 수 있는 사람들이 있어야 한다. 여기에서 혁명 계획이나 이론의 두 번째 적용점을 발견하게 된다. 이 혁명 계획이나 이론이 혁명의 시작에 존재하지 않았을 때에는, 혁명이 진행되는 동안 그 어떤 이론이나 계획도 새롭게 만들어 낼 수 없다. 이 점에서 마르크스의 혁명 프락시스(실천적행동) 이론에는 오류가 있다. 이 부분에 대해서는 이후에 다시 살펴볼 것이다.

성공적인 저항이 조직화될 때, 이 저항은 빠르게 종국으로 치닫는다. 17세기에 승리한 농민들은 각 지역에 이미 오래전부터 존재했던 조직을 모방하여 협의체와 연대를 구성하는 데에 만족했다. 이것은 혁명이 아니다. 저항의 시작에 있었던 이론이 실재에 적용되려면 사람들이 필요하다. 관리자들만이 처음 운동이 시작되었을 때의 본질을 잃어버리지 않고도 제도 속에서 행동 방식을 수정할 수 있었다. 관리자들은 절대적으로 이론만을 견지하지 않기 때문에, 그리고 저항이 가장 극렬할 때에 강하게 저항하지 않기 때문에 배반자와 반동분자로 보인다. 우리는 쉽게 이 긴장의 정도를 유지하는 것이 불가능하다는 것을 잊어버린다. 레닌은 정확하게 이 후퇴의 단계, 쇠퇴의 단계를 예상했다. 그리고 우리는 제도적 형태가 없다면 혁명은 무기력하게 무너진다는 사실도 쉽게 잊어버린다. 우선, 긴장의 정도를 유지하는 것이 불가능할 때 저항은 사회 체제의 발작으로 이어질 것이며, 제도적 형태가 없다면 저항은 쇠퇴하여 다시 일어설 수 없게 될 것이다. 결국, 여기에 혁명은 없게 된다. 혁명은 혁명의 지도자들이 사회 전체를 움직이고, 처음의 계획과 맹목적 저항의 모든 가능한 결과를 이끌어 낼 때에만 가능하다. 그리고 혁명 초기와 마찬가지로 자발적으로 구성된 기구들1936년 스페인의 무정부주의 위원회, 1905년과 1917년의 소련, 파리 꼬뮌의 공화국 방어 위원회, 1793년 쌍뀔로뜨69) 세력들은 민중 권력을 더 세련된 제도의 형태로 담아낼 수 있는 혁명의 관리자들의 손을 잡지 않을 때에 매우 빠른 속도로 자신들의 무능함, 부적합성, 불균형을 드러낸다. 그러나 이와 동시에 혁명의 관리자들은 저항을 또 다른 방향성으로 이끌어야 한다. 저항은 성공하는 순간부터, 선동에서 건설로 넘어가야 한다.

분명히 불가능한 운명에 대한 부정인 저항은 자유를 향한 힘이다. 확실하게 드러나지 않지만, 저항에는 언제나 자유를 향한 시도가 있었다. 혁명은 수백 가지 다른 목적을 가질 수 있다. 그리고 혁명이 저항에서 나왔다 할지라도, 그리고 혁명이 자유를 향한 외침에서 나왔다 할지라도, 여기에는 아주 큰 차이점이 있다. 저항은 자유 그 자체를 위한 운동이라는 것이다. 혁명도 자유를 얻으려고 상황을 구성하려 할 것이고, 안정적

---

69) [역주] 쌍뀔로뜨(Sans-culotte)는 수공업자, 장인, 소상인 및 근로자등을 의미하는 단어로 프랑스 혁명을 주도했던 사회 계층을 의미한다.

인 형태를 찾으려 할 것이다. 저항도 같은 운동이다. 혁명은 새로운 체제를 구축하려 한다.70) 반면에 저항은 절대군주 체제 또는 독재체제에서 그 체제의 변화를 시도하지 않고 일어날 수 있다. 혁명은 분명히 새로운 구조를 만들려고 하며, 새로운 정치 체제를 만들려고 한다. 혁명이 있으려면, 자유를 제도화하려는 노력이 있어야 한다. 혁명은 특히 제도와 체제 위에서 터져 나온다.

저항이 혁명으로 넘어가는 데에 가장 큰 고비는 분노한 사람들이 어떤 대가를 치르더라도 동요를 지속하고 저항을 고집하는 순간이다. 바로 그 순간부터 저항하는 사람들은 자신들의 힘에 눈이 멀고, 운동과 혁명을 혼동하면서 그들이 신성하게 여기는 가치를 위해 저항하게 되고, 현실과 가능한 것에 대한 관점을 완전하게 잃어버린다. 이 순간이 모든 것을 잃어버리는 순간인 동시에 저항의 신화가 되는 순간이다. 자유가 아니면 죽음을 달라. 의심할 여지없이 가장 찬양을 받는 순간이지만, 이 낭만주의는 혁명의 죽음을 가져온다. 이때문에 레닌은 좌파로 비난했고, 로베스피에르는 엉하제[Enragés: '분노한 사람들'이라는 의미로 프랑스 혁명 당시 완벽한 평등을 주장했던 더 근본적인 저항세력이었다. 이들은 로베스피에르에 의해 진압되었다]를 제거했다. 이상적으로 볼 때, 이것은 절대주의로 가는 길이다. 그러나 역사적으로 볼 때에는 반응이 시작된 것일 뿐이다. 이 상황에서 가장 어려운 것은 이 시점을 명확하게 인식하는 것, 혹은 '여전히 가능한' 것이 있는지를 계산하는 것, 혹은 모든 것을 파괴하는 대신에 더 전진하지 않고 정복한 지역을 조직화하는 것이다. 이것이 혁명을 관리하는 사람들의 역할이며, 혁명의 성공을 위해 가장 많은 시간을 할애하는 순간이다. 심리학적으로는 동요에서 통합으로 가는 길이고71), 사회 정치학의 관점에서는 전쟁의 구

---

70) 이 차이점은 아렌트 한나 아렌트에 의해서 특별히 조명된 부분이었다, 『혁명에 대한 소고 Essaie sur la réolution』, p. 43-47(Ed. Française, 1967).
71) 자끄 엘륄, 『선전』(대장간 역간)을 참고할 것. "동요의 선동에서 통합의 선동으로 이전되

조에서 정치의 구조로 가는 길이다. 만일 실패한다면, 다음의 두 가지 결과를 가져올 수 있다. 실패는 한 정부에서 다른 정부로의 단순한 교체의 결과를 가져올 수 있다. 아니면 혹은 한 지역을 전복시킨 이후에, 전제군주는 교수형에 처해지고, 공평과 박애의 정부가 선포되며, 혁명으로 넘어갈 수 없는 무능력함으로 말미암아, 독재로 전이되고, 새로운 신을 향한 우상숭배로 넘어가며, 사형이 남발되고, 장애물로 여겨지는 모든 것에 대해서 피를 흘리는 등… 이런 결과를 가져오게 된다. 그 이유는 혁명이 어느 순간에는 계속되는 저항을 대항해야 하기 때문이다. 혁명 초기에는 혁명의 근원인 저항 정신을 만족하게 하려 한다. 그러나 그 이후에는 이 저항 정신을 제거해야 한다. 이것은 혁명의 희석이 아니라 성공이다. 역사적으로 저항을 제도화시키지 않고 제한 없이 모든 것을 유지하려 했던 모든 혁명은 얻을 수 있었던 모든 것을 잃어버리는 결과를 가져왔다. "저항과 혁명의 성공 사이에는 축소할 수 없는 분명한 대립이 있다." 그러나 저항이 승리를 쟁취했을 때만, 그리고 정착되어 구체화하였을 때만 혁명이 된다. 또한, 이러한 혁명의 조건 때문에 저항하는 사람이 어느 순간 혁명에 대항하게 된다. 그리고 이것이 혁명이 집정관이나 나폴레옹을 통해 지속하는 이유이다. 이것은 반동도 아니고 1788년으로의 회귀도 아니다. 만일 성난 군중이 권력을 가졌다면 의심할 여지없이 1795년부터 유럽 동맹군은 승리를 거두게 되었을 것이고, 결국 1795년의 혁명은 지워졌을 것이고, 러시아의 스텐카 라진의 자취 이상을 남기지 못했을 것이다. 그러나 언제나 관리자들에 의해서 배반당한다는 감정이 있는 저항하는 사람들이 이러한 것을 이해하는 것은 불가능하다. 오직 어떤 때에 관료들이 변화를 시도하느냐의 문제일 뿐이다. 너무 일찍 시도하면 그들은 배반자가 된다. 가장 적절한 순간에 혁명을 이룰 수 있다. 까뮈는 다음과 같이 정리했다.

는 문제에 대하여 sur le probléme de la propagande d' agitation à la propagande d' intégration."

"신을 죽이고 교회를 짓는 것, 이것은 지속적으로 저항에 반대하는 행위이다. 절대 자유는 결국 절대적 의무의 감옥이 되고, 집단적인 고행을 의미하며, 종말의 역사가 된다. 저항의 세기였던 19세기와 마찬가지로, 저항은 모든 사람의 마음속에 정의와 도덕의 세기로 여겨지는 20세기에도 터져 나온다." 이 순간부터 혁명이 된다. 결국, 혁명은 다시 시작된다.

물론, 순수한 저항의 흐름은 혁명 이데올로기와 섞이지 않고 역사의 모든 순간에 지속하여왔다. 그러나 이 저항의 흐름을 우리 시대에 다시 해부해 볼 때, 저항은 무에서 나온 것이 아님을 알 수 있다. 무정부주의 역시 저항으로 나타났다. 그것은 적어도 이론이나 구조가 없었다. 무정부주의는 이처럼 계속 지속할 수 없는 불가능성에서 나왔다. 이 저항은 단 한 사람에 의해서 실행됐다. 저항하는 사람은 폭력을 찬양하는 동시에 혁명의 위협보다 더 큰 두려움을 유발하며, 더 큰 존경을 받았다. "라바숄Ravachol, 72)은 단두대에서 처형되었지만, 죽임을 당함으로 존경을 받았다."엠마뉴엘 베를르, 73)) 대혁명가들에 의해 멸시당했던 이 패배한 무정부주의는 이론으로 위장하려 했던, 지속하는 저항의 흐름이다. 네차예프74)는 이것을 드러내 보였다.

그리고 이 맥락 안에서 우리가 많이 살펴보지 않는 낯선 사회학적 범주를 발견할 수 있는데, 그것은 직업적인 혁명가들의 영역이다.75) 이 직업적 혁명가들은 일종의 혁명 관리자들의 조정을 받는 사람들이었다. 그러나 그들은 특별한 지위를 누렸다. 그들은 프랑스 혁명과 함께 나타났고,

---

72) [역주] 프랑소와 끌로디우스 쾨닝스타인(François Claudius Koënigstein, 1859~1892 단두대에서 처형됨). 무정부주의자.
73) [역주] 엠마뉴엘 베를르(Emmanuel Berl, 1892~1976). 프랑스 역사학자이며 저널리스트, 수필가.
74) [역주] 세르게이 겐나디예비치 네차예프(Netchaiev, 1847~1882). 러시아의 혁명가
75) 아이젠스타인(Eisenstein), 『첫 번째 직업 혁명가 *The firste professional revolutionnist : F. M. Bounarotti*』 (1761-1837), 1958.

이 프랑스 혁명을 시작한 사람으로 남아있다. 그들은 혁명을 연구하고 혁명의 이론을 만들며, 때때로 이 혁명을 선동하는 데에 그들의 삶을 보냈다. 그들은 혁명에 살았다. 지적으로뿐만 아니라 물질적으로도 그러했다. 이들은 18세기 말에는 문인들이었고, 19세기 초에는 예술적 자유분방함에 참여하였다. 이 전문적인 혁명가들의 전형적인 예로 마르크스를 이야기할 수 있다. 이 혁명가들은 완벽한 한량이었고, 진정한 '혁명 연금의 수혜자'였다. 이 직업적 혁명가들은 인생 대부분을 도서관과 클럽에서 보냈다. 그들은 직접적으로 혁명을 준비하지는 않았다. 그들은 사회의 분열에 대해서 분석했으며, 혁명에 적합한 상황들을 분류했다. 그러나 혁명이 터져 나왔을 때, 결국 이 직업적 혁명가들의 준비가 그들로 하여금 혁명에 결정적인 역할을 하도록 하였다. 그들은 관리자가 되었고, 조직가가 되었다. 이 직업적 혁명가들은 문제를 일으키는 사람들이 아니었고, 오히려 질서를 만드는 사람들이었다. 폭동이 지나간 이후에 그들은 조직을 재정비하였고, 이론적 준비 작업을 하였다. 그리고 특별히 혁명의 전문가들로 대중에게 이름을 알렸다. 그래서 그들은 매우 자연스럽게 권력으로 진입했다. 그러나 이후에 레닌을 통해 이 유형은 변하게 될 것이고, 행동하는 사람이 혁명을 지배하게 될 것이다. 이것이 바로 플레하노프76) · 카우츠키77)와 레닌 · 트로츠키78) 사이의 주요한 대조점이다.

---

76) [역주] 게오르기 발렌티노비치 플레하노프(1856~1918). 러시아 마르크스 사상의 기초를 닦음.
77) [역주] 카를 카우츠키(Karl Kautsky, 1854~1938). 독일 사민당의 사상가.
78) [역주] 레프 다비도비치 트로츠키(1879~1940). 소련의 정치가이자 사상가.

3. 두 가지 추가적인 이미지

우리는 마지막으로 '저항-혁명'의 무수한 예 중에서 선택한 전형적인 두 개의 이미지를 살펴보려 한다.

첫 번째는 1381년의 영국 저항에 대한 이미지이다.79) 이 저항은 농민 저항으로 평가되지만 사실 농민 저항과는 상당한 차이가 있다. 당시 에식스 주와 켄트 지방에서는 위클리프의 사상과 그의 추종자들인 롤라드파의 사상에 대해 수많은 설교가 행해졌다. 이 설교들은 인간의 공평과 평등을 주장하였고 과거로의 회귀특권층이 평등을 깨뜨리지 않았던 그 시기로의 회귀를 주장함를 주장하였다. 그러나 동시에 잘못된 재판과 왕의 정책 자문관들 그리고 악한 영주들을 공개적으로 고발하였다. 여기에 나타났던 설교의 주제는 저항의 분위기를 조성하였다. 물론 이 저항의 분위기가 몇 가지 행정 방침과 재정적인 유연성의 결여다른 지역에서 일을 찾고자 마을의 이탈을 금지한 것과 소득세의 부과 그리고 결국 인두세와 농민특별세의 창안의 결과로 나왔던 것은 사실이다. 그리고 영주들의 징세그들 개인의 창고를 위해서가 이 저항의 분위기에 일조한 것 또한 사실이었다.이것의 역할은 우리가 믿는 것보다는 그다지 중요하지 않다, 결국 농민들은 교역의 구조를 통해서 세금 자체를 바라보는 잘못된 관점에 대해 저항했다. 왓 타일러80)가 켄트 지역의 고향 마을에서 시작한 저항은 전설적인 사건이 되었다. 이 불길은 곧바로 다른 곳으

---

79) 이 사건은 일반적으로 쁘띠 뒤타이스(Petit-Dutaillis)의 연구 외에는 프랑스에 잘 알려져 있지 않다. 그래서 우리는 이 사건을 선택하였다. Lindsay, The peasant's Revolt of 1381; Wilkinson, The Peasant's Revolt of 1381, Speculum, 1940.을 참고할 것.
80) [역주] 왓 타일러(Wat Tayler, ?~1381). 영국 농민 출신으로 프랑스와의 전쟁에 참전하였음. 이후에 과도한 세금에 대항한 저항군의 지도자.

로 번졌다. 농민 집단은 영주의 저택과 도시들을 공격하였지만, 모든 사람을 공격 대상으로 삼은 것은 아니었고 일정한 기준을 가지고 있었던 것으로 보인다. 공격 대상은 일반적으로 약탈과 방화의 목표가 되었던 왕의 법률가, 자문가 그리고 장관들이었다. 때대로 교회들도 공격을 당하였고 수많은 문화재가 파괴당하였으며, 감옥을 공격해 죄수들을 석방하였는데, 이들을 통하여 저항군 조직이 강화되었다. 많은 도시와 마을에서 농민들은 사제들과 기사들의 적극적인 도움을 얻었다. 일반적으로 농민들은 중산층과 귀족들에게도 그다지 적대적이지 않았다. 저항을 일으킨 부유한 영주들은 민중을 자극했고, 이들은 케임브리지의 지도자가 되었다. 기사들은 종종 군사적 행동을 이끌었다. 실제로 이 저항의 동기에서도 행위에서도 "계급투쟁"은 존재하지 않았다. 이것은 런던에서 분명히 확인되었다. 이 저항하는 집단들은 런던을 향해 모여들었고, 윌킨슨이 증명한 것처럼 왕이 다스리던 도시를 침략한 이 집단들은 반역자들이 아니었다. 런던 시민 대다수는 이 반역의 세력과 연합하였다. 이들은 반역자들을 도와주고 동정해 주었다. 단지, 저항하는 지역의 사람들만이 자신들의 비참함을 농민들의 비참함과 똑같이 여길 수 있었던 것은 아니었다. 오히려 부르주아나 행정관들이 저항하는 사람을 더 잘 받아들일 수 있었다. 이 저항은 왕을 위한 저항으로 받아들여졌다. 그러나 런던 시민과의 연대는 저항의 목적을 상당히 바꾸어놓았다. 저항의 목적은 원래 농민들에게는 사회적이고 재정적인 것이었다. 그러나 부르주아들은 농민들의 고통을 이해하지 못했다. 런던 시민의 소요는 근본적으로 정치적이었고, 행정관들과 왕의 관료들에 관한 것이었다. 그러나 농민들과 런던 시민은 연합전선을 형성하였고, 그 순간에 농민들로 하여금 관료들을 "민중과 왕에 대한 반역자"로 고발하는 데에 전적인 동의를 하도록 요구하였다. 이들은 민중과 왕에 대한 반역자들을 법에 따라 처분하도록 요구하였고, 왕에 대한 변함없는 충성을 선언하였다. 우리는 여기에서 의심의 여지없이 저항이 왕에 대한 충성과 함께하고 있음을 추론할 수 있다. 저항하는 사람들은 오직 "왕이 심각하게 생각하지 않는 몇 가지 것들에 대해 왕에게 보여주길" 원했을 뿐이다. 그러나 이 연대는 지역 농민들의 봉기를 완전히 다른 것으로 변질시켰다. 농민 봉기의 성공은 역사에 한 점을 찍었던 무수한 반란 중의 하나일 뿐이었지만, 이 봉기는 런던 시민의 정치적인 선택으로 말미암아 완전히 다른 의미를 갖게 되었다. 여기에는 또 다른 일련의 사건들이 있었다. 저항군들은 자유롭게 왕을 알현하였고, 특수세 징수의 폐지를 약속받았고, 조세제도를 수정하였으며, 자유를 얻었고, 왕의 관료들을 처형시켰다. 이러한 화해의 태도는 대부분의 저항하는 사람들을 만족하게 했다. 저항 운동은 가장 손가락질을 받던 관료 중의 두 명이 사형에 처하면서 급격하게 진정되었다. 이 순간 런던 시민은 승리에 대한 쟁취를 바라보는 동시에 왕의 칙령도 얻어냈다. 이제 농민들과 런던 시민 사이의 공통된 목적은 사라지게 되었다. 농민들 대부분특히 에식스 지역의 농민들은 런던을 떠났다. 그러나 이 운동의 지도자였던 왓 타일러는 아직 승리를 얻지 못했다고 여겼다. 저항 운동의 목적을 정치적으로 변화시킨 과정은 그로 하여금 사회 전반에 혁명 프로그램을 형성하게 하였다. 동시에 왕의 저항군들의 완전한 사면에 대한 동의가 왓 타일러로 하여금 분명한 태도를 갖게 했을 수도 있었으며, 그 처음의 성공을 완벽하게 이용하길 원하도록 만들었다고 생각할 수도 있었다. 그는 윈체스터Winchester: 당시 왕궁이 있던 도시-역주에서 만들어지지 않은 모든 법의 폐지를 요구하였다. 즉, 법적 권력을 왕에게 귀속시켜 법적 권력의 중앙화를 요구한 것이다 결국 왕의 절대권력 이외의 다른 권력을 제거한 것이다. 주교의 권력을 박탈하였고, 교회의 재산을 주민들에게 나누어주었으며, 모든 노예를 해방했다. 결국, 이 프로그램은 교회에 대해 그리고 정치적 권력의 분산에 적대적이었다.

왓 타일러의 이러한 요구들은 원래 저항 운동의 의미와는 다른 완전히 새로운 '극단적인' 성격을 띠게 되었고, 이 새로운 성격의 운동은 대다수 농민의 요구와는 더는 일치하지 않게 되었다. 매우 흥미롭게도 이것은 노예 해방에 관련된 문제에서도 같았다. 지도자는 저항을 다시 일으켜 혁명으로 전환하려 하였으며, 구체적인 형태로 만들기 원했다. 그러나 왓 타일러에게 더는 저항을 혁명으로 전환하고 구체적인 형태로 만들어내기에 충분한 사람들이 없었다. 다른 사람들에게 이 프로그램은 봉기를 일으키고 반란을 일반적인 시민전쟁으로 변화시키는 계기일 뿐이었다. 타일러는 왕의 폭력적인 반응을 기다려야 했고, 그 기회를 틈타 흩어진 모든 무리가 다시 돌아오길 희망했다. 그는 혁명에 필요한 계기가 만들어지지 않았음을 인식하지 못했다. 불분명한 상황 속에서 그는 아무 이유 없이 처형되었다. 지도자를 잃어버린 저항은 곧바로 무너졌고, 농민들은 흩어졌으며, 리처드 왕은 그가 승인했던 조약을 폐기하였고, 왕의 군대는 매우 강력한 억압을 시행하였다. 이 사건은 매우 복합적이었고, 점진적으로 나타났지만, 혁명 계획으로 터져 나왔고, 지도자의 역할이 긍정적이었다기보다는 부정적이었다는 의미에서 혁명에 약간 못 미친 전형적인 저항이었다. 저항이 아닌 혁명은 동요가 있을 때에만 혹은 이끄는 지도자가 있을 때에만 터져 나오는 것이 아니다. 저항 운동의 형성에서 지도자의 역할과 유발하는 역할은 예측할 수 없다. 단지, 저항 운동이 점점 발전해 감에 따라 몇몇 조직과 지도자들이 혁명 운동으로의 발전에 중요성을 가지게 된 것이다. 어떤 경우든 지도자의 죽음은 그 지도자가 다른 사람으로 대체되지 않을 때 혁명 운동의 즉각적인 붕괴를 일으켰다. 이것이 바로 우리가 지도자의 '부정적인 역할'이라고 부르는 것이다. 저항은 모든 사회 '계층'이 연대하게 되면서 전형적인 것이 되며, 과거로의 회귀라는 관점에서 여전히 전형적이다. 과거로의 회귀는 말하자면 우리가 악한 관료들이것은 완전히 고전적인 관점으로… 이후

프랑스 절대 왕정에서와같이, 잘못된 보고를 받는 왕에서 좀 더 올바른 보고를 받는 왕으로 변하도록 요구된다에 대해서 비난하는 것으로, 여기에서 비난받는 관료들은 '진보주의자들' 이었으며, 민중을 향한 그들의 태도에서 자유로운 입장을 가졌고, 재정 구조를 완성하는 시도를 하였으며, 행정을 더 정비하고자 국가 기구를 제정하려고 하였다. 민중 전체가 견딜 수 없었던 것은 바로 이러한 진보였다.

* * *

다음의 두 번째 예는 부차적인 것이다. 왜냐하면, 이 예는 성공한 혁명이었고, 근대적인 형태를 보이고 있었으며, 혁명 현상들에 대한 극단적인 혼란을 보여주고, 새롭게 나타나는 혁명들에 나타나는 보수와 진보의 성격을 동시에 가졌기 때문이다. 이것은 메이지 유신1858-1877, 81)이라고 불리는 혁명에 관한 것이다. 우리가 일반적으로 떠오르는 일련의 이미지페리 제독이 에도에 도착했고, 일본은 곧바로 서구적 진보를 뛰어넘었다는 이미지를 거부한다면, 우리는 주목할 만한 새로운 사실들을 만나게 된다. 이 사실들의 복합성을 염두에 둘 때, 이 예를 몇 가지로 요약해 내기는 불가능할지라도 몇 가지 특징들은 파악해낼 수 있다. 일본에서는 적어도 1830년부터 서구에 대한 호의적인 흐름이 있었고, 경제적 개방과 산업화 그리고 서구 기술의 도입에 대해 호의적인 흐름이 있었다. 이 흐름은 정치적으로는 쇼군과 그의 각료들도식화시키자면, 막부로 대표된다. 수 세기 전부터 전통을 위한 존재로 전락한 일왕 주위에는 거대 봉건 영주들막부 중에도 언제나 영주들이 있었고, 쇼군은 가장 거대한 봉건 영주였다과 다이묘들이 있었고, 반외세주의자들로 가득했다. 결국, 개화파와 척화파의 첨예한 대립이 심화하였고, 여기에 쇼군의 지지자들과 황제의 지지자들 간의 갈등, 정치가들과 봉건영주 간

---

81) 다음의 연구를 참조할 것 : Paul Akamatsu, Meiji 1868, Calamann-Lévy, 1968.

의 갈등이 더해졌다. 그러나 우리가 흔히 본질적인 것으로 여기는 두 가지 요소가 여기에 결핍되어 있는데, 그것은 민중운동의 요소민중은 이 사건들 어디에도 존재하지 않으며, "어떤 순간에도 하나의 인간, 동력적인 요소로 나타나지 않는다"와 경제적 관점의 요소일본의 혁명은 경제적 요인에 의해서 일어나지 않았으며, 일본의 경제적 성장은 1800년부터 1880년까지 거침없이 지속하였다이다. 메이지유신 이전에 민중의 저항은 없었고, 단지 비참한 삶 때문에 몇몇 지엽적인 저항만이 있었을 뿐이었다. 말하자면, 1831년의 대저항은 민중에 의해 일어난 것이 아니라 부유한 상인들과 지방 귀족들의 정치 참여 요구 때문에 일어난 것이었다. 메이지유신 이후 1867년부터 진정한 의미의 민중 혁명은 없었다.

쇼군과 왕의 대결에서 왕이 승리하였다. 막부는 정복당했고, 그 이후 쇼군은 왕에 복종해야 했다. 반동의 힘이 승리했다. 그러나 다이묘는 쇼군과도 왕과도 연합하지 않았다. 반면에 1866년부터 1869년까지 정치 체제는 점진적으로 변하였고, 결국 권력 투쟁 가운데 왕 주위의 초기 세력들은 사라지고, 왕은 그 스스로 권력을 잡으려 하였다. 그러나 왕이 권력을 잡으려면 대영주 이외의 세력에게서 지지를 받아야 했으며, 효과적인 방식, 말하자면 '근대적인' 방식 그리고 기술적인 방식을 받아들여야 했다. 결국, 왕은 척화파와 반동분자들의 지지를 받으며 근대적 기술 방식을 받아들였지만, 권력을 잡으려면 외국 세력으로부터 지지를 받아야 했으며, 정치 체제의 변화를 추구할 수밖에 없었다! 메이지유신은 이렇게 일어났다. 상인과 서구 문명에 문을 연 사람도 황제였고, 애초 막부와 쇼군들이 상상했던 것보다 더 큰 사회적 정치적 구조의 변혁을 일으킨 사람도 왕이었고, '혁명적' 운동은 막부와 쇼군, 그리고 이들의 대표자들을 통해서 일어났지만, 이 운동이 일본 사회를 혁명의 '관리자들'에 의해 진정한 의미의 혁명 과정 속으로 인도하였다. 이것이야말로 진정으로 완성된 혁명의 존재이다. 정치적 체제의 변화, 지도 계급의 변화, 이데올로기의 변화, 사회 계층의 변화 그리고 경제 체제의 변화가 일어났다. 우리는 이 이상 더 큰 변화를 이룰 수 없다! 이 모든 기간, 왕 주위의 행정 각료들은 지속적으로 그리고 매우 빠른 속도로 교체되었다. 그러나 우리가 좀 더 살펴보게 되면, 변혁의 반대자들이 왕 주위의 우선적인 지지자들로 탈바꿈하는 것을 볼 수 있다. 왕은 한때 그 자신의 지지 세력이었으나 혁명 운동의 원인이 되었던 장원정책을 폐지해야 했다. 이 대영주들은 결국 제거되었다. 그러나 우리가 여기서 혼동하지 말아야 할 것은, 이 혁명이 사적 자본주의를 건설하기 위한 부르주아 형태의 혁명도 아니고, '계급투쟁적 혁명'도 아니며, 경제적 주도 계급의 정치권력으로의 편입을 위한 혁명도 아니었다는 사실이다. 이러한 모든 해석적 도식이 여기에서는 적용되지 않는다. 우리는 최초의 '기술-국가적' 혁명을 보고 있다. 그러나 흥미로운 것은 '역사 속의 도약'과 관련한 모든 반동적인 요소들이 이 혁명에서 발견된다는 것이다. 그래서 이 혁명은 척화파 그룹이 시작했지만, 이데올로기는 훨씬 더 이전의 과거로의 회귀를 원했다. 왕이 직접 통치했던 그 시대, 제거된 쇼군의 권력이 생성되기 이전 14세기의의 시대로 회귀하길 원했다. 메이지유신의 법들은 원래 전제 군주제와 과거의 회복을 끊임없이 추구했다. 결국, 이러한 반동적인 시대적 방향성 속에서 민중 운동이 일어났다. 첫 번째 저항의 물결은 1863년부터 진보주의자들의 개혁에 대항하여 민중을 봉기시킨 척화파에 의해서 일어났고, 이 봉기는 성공하였다. 외국인들의 추방, 왕으로의 모든 권력의 이양, 왕을 위한 여론 형성의 조항을 담는 정책이 실행되었다. 그러나 이 정책은 매우 짧은 순간 동안만 지속되었다. 반면에 혁명이 진행되는 동안 대영주들은 제거되었고, 결국 농민들이 반란을 일으켰다. 1867년과 1868년에 도처에서 농민들은 자신들의 영주를 보호하기 위해 저항하였고, 과거의 제도 쇼군 제도로의 회귀와 봉건제도의 고수를 위한 '진정한 민중 봉기'가 시작되었다. 그리고 농민들은 새로운 행정 제도와 모병 제도를 거부하였다. 1873년의 봉기는 근본적으로 왕에 대항하여 일어난 봉기였다.30만 명의 농민들이 루머 때문에 도읍 전체를 점령하였다

그리고 1875년부터 1877년까지는 대저항과 봉기의 시기였다. 이 이후에 혁명은 그 끝을 맞이하게 되었다. 이 저항과 봉기는 재정 개혁에 대항한 것이었으며, '정부의 독재'에 대항한 것이었고, '새로운 관료들의 잔인함'에 대항한 것이었다. 봉기들은 완전히 반동적이었으며, 마지막 영주들에 의해 주도되었다.그러나 이 영주들에 의해 시작된 것은 아니었다 민중은 기존의 질서를 수호하고자 저항하였으며, 예측할 수 없는 변화를 거부하려고 저항했다. 그리고 소작인들이 경제적인 이유로 저항했을 때에1873년, 소작인들은 대저항운동을 핵심적으로 이끌고 있었던 혁명적 지성인들에게 그 어떤 지지도 받지 못했다. 그러나 이 혁명적 지성인들은 원래 1830년 이후 막부의 개혁적 성향을 가지고 있던 사람들이었고, 더 정확히 말하자면 농민들의 비참한 상황 때문에 저항한 사람들이었다.

이 저항들을 통해서 혁명은 왕으로부터 다섯 가지 조항에 서약을 받은 헌장을 얻어냈다. "어떤 사안이든 대 의회를 구성하여 공중 토의를 통해서 결정되도록 하라. 높은 사람이나 비천한 사람이나 한마음으로 정부에 적극적으로 참여한다. 관료이든 군인이든 모든 국민은 누구나 자신의 뜻을 이룰 수 있으며 자신의 큰 뜻을 펼칠 수 있다. 이 일을 전 세계의 모든 사람에게 알려 왕의 업적이 칭송받을 것이다." 이것은 군주적 민주주의 건설을 의미하고 있으며, 국가 자본주의의 건설을 의미한다. 결국, 이 엄청난 혁명의 결과로 중앙화되고 기능화된 기술적인 근대 국가가 세워졌다. 다시 말하자면, 혁명의 결과로 국가가 나타났다. 이 국가는 근대화된 군대를 조직하였고, 저항하는 봉건 영주들을 제거하였다. 1869년에는 완

전한 하나의 행정 체계가 형성되었다. 재정은 안정되었고 새로운 경제 구조가 합의되었다. 우리는 일본의 이 변화를 습관적으로 자유주의외국인을 받아들이고, 상업을 장려하며, 종교적 자유를 허용함라고 이야기하였지만, 이 자유주의는 당시 대부분의 서구 체제보다 진보한 국가주의를 통해 나타난 자유주의이다. 자본은 본질적으로 정부의 관리 아래에 있었고, 편의에 의해서 사기업에 분배되었다. 봉건제의 폐지와 함께 소유권이 바뀌었고, 제도 아래에 지속하였던 채무 관계가 완전히 바뀌었다. 그러나 장원제도가 진정으로 사유재산제도로 바뀐 것은 아니었다. 국가 소유라는 전제하에 사유재산이 있었다. 가장 결정적인 변화는 지도층의 변화였다. 그러나 계급이 변화되었다고 이야기할 수는 없는데, 그 이유는 왕 주위의 권력을 잡은 사람들은 매우 다른 환경 출신들이었으며, 따라서 그들이 관료가 되었을 때에 그들 사이에 하나의 집단을 형성하여 소위 새로운 부르주아 집단이 형성되었기 때문이다. 여기에는 예전의 귀족들일반적으로 소귀족들과, 과거의 상인들 그리고 옛 영주 관료들이 있었다. 그들은 일반적으로 같은 지적 교육을 통해서, 그리고 학교나 문자를 사용하는 집단으로부터 받은 같은 이데올로기적 방향성을 통해 연대하는 경향을 보이고 있었다. 혁명은 "과거쇼군 시대 이전의 과거를 지향했던 사람들에 의해 일어났다. 즉, 근대적 문명이라는 측면에서 이 문명에 동화되는 탁월한 능력이 있었고, 자신의 행위를 역사적 차원에서 인식한 사람들에 의해 일어났다." 그러나 분명한 것은 메이지유신 속에 명확한 혁명 계획이 없었다는 것이다. 또한, 많은 '관리자'가 있었지만, 그들 중에 누구도 혁명을 이끌만한 의식을 하고 있지 못했을 뿐만 아니라 민초들의 저항에 의해 얻어진 결과 위에 혁명의 기초를 세우지 못했다. 이것은 혁명의 특징들을 가장 잘 나타내는 혁명메이지유신에 있어서 역사적 모순이 아닐 수 없다.…

제2장. 역사 속의 혁명: 신화와 모형

우리는 정확한 고찰을 가능하게 해 주는 유일한 자료인 역사적 경험을 통해 '저항-혁명'을 바라보는 총체적인 관점을 찾아보려 했다. 그러나 역사적 경험을 통한 고찰은 역사를 거스르는 태도로 여겨졌다. 다른 한편으로는 역사적 현상들을 고찰하고 돌이켜 헤아려보는 순간부터, 그리고 저항과 혁명을 역사 속의 사건으로 인식하는 순간부터, 모든 관점이 변하게 된다는 것을 인식하게 된다. 18세기까지 혁명 자체에 대해서 지적인 고찰을 할 때물론 이런 고찰은 매우 드문 현상이었지만 마키아벨리나 보댕, 혹은 홉스와 같은 학자들은 언제나 혁명적 고찰을 피하려 하였다. 그들의 관심은 '민중의 감정'을 가로막을 방법, 권력을 계속 유지할 방법 또는 문제를 줄이는 방법에 대한 것이었다. 혁명은 우발적인 정치적 사건으로 여겨져 왔다. 사실, 혁명 자체는 고찰, 연구 및 사고의 대상이 아니었다. 혁명은 지금도 달갑게 여겨지는 주제는 아니다. 그러나 지성인들마저 이 현상을 외면한다면, 혁명을 직접적으로 다루는 것은 불가능해질 것이다. 더욱이 혁명에 대한 왜곡된 상이 나타나게 될 것이고, 완전히 다른 관점에서 혁명을 바라보게 될 것이다. 혁명을 더는 민중에 의한 봉기로 볼 수 없을뿐더러 어떤 주의主義를 적용하기 위한 노력으로도 볼 수 없을 것이다. 이제부터 살펴볼 혁명은 아주 특별한 혁명의 순간에 나타난 것이다. 그러나 이후에 일반적인 혁명에 대한 고찰을 더욱 풍성하게 하기 위해 깊이 연구하고 분석할 것이다. 그래서 우리는 역사에서 해석하고 사유한 혁명의 두 가지 주제를 다룰 것이다. 그러나 한편으로는 혁명의 신화를 발전시키는 것이고, 다른 한편으로는 혁명의 모형을 구축하려는 시도이다. 그리고 이것은 지금까지 우리가 규정하지 못했던 혁명의 정의에 대한 문제를 통해 드러날 수 있다.

1. 절대화 : 근본적인 혁명

역사학자들은 다른 모든 혁명보다도 프랑스 혁명에 중요한 가치를 부여하고 있다. 또한, 고드쇼는 1789년의 프랑스 혁명이 실제로 1770년에서 1799년까지의 수많은 혁명의 흐름 중심에 있다고 주장하였다. 그럼에도, 지금부터 살펴보려는 혁명은 분명히 다른 모든 혁명보다도 우선적인 위치를 가진 프랑스 혁명에 대한 것이라기보다는 전체 서구 혁명에 관한 것이다. 프랑스 혁명은 다른 그 어떤 혁명보다도 사람의 마음을 사로잡았다. 이 프랑스 혁명은, 예를 들면 왕의 죽음의 원인이 되는 그러한 사건이 아니었다. 다른 많은 혁명은 왕의 죽음의 원인이 되었던 사건이었던 반면, 프랑스 혁명은 범죄와 심판으로 가득한 사건도 아니었고, 많은 피를 흘린 사건도 아니었다. 다른 어떤 혁명도 프랑스 혁명과 같은 결과를 얻지 못했다. 반면에, 한나 아렌트는 프랑스 혁명을 신랄하게 비판하기도 했다.[82] 우리는 혁명에 대해 우리가 받는 인상과 주장을 간과할 수 없다. 우리가 받는 인상과 주장을 역사적 관점의 오류로 취급하는 것은 아무런 의미가 없다. 비록 그렇다 할지라도 이 역사적 관점의 오류 또한 역사의 한 부분이다. 사람들은 1789년에서 1799년까지의 혁명에 특별한 지위를 부여한다. 이 특별한 지위 부여를 위해서 모든 요소를 사용한다. 원리의 범위

---

[82] 1789년의 프랑스 혁명에 영향을 주었던 미국 혁명이, 이후에 일어난 혁명의 발전에 어떠한 영향도 주지 못했다는 것은 분명한 사실이다. 이 혁명의 예에서도, '건국의 아버지'의 이론들도 유럽에 스며들지 못했다. 결국, 미국에 혁명이 없었던 것처럼 모든 것이 일어났다. 그리고 이것이 우리 현대인들이 하는 확신이다. 유일하게 선하고 진정한 혁명은 미국 혁명뿐이라고 여기는 한나 아렌트는 1789년의 혁명이 그 이후에 따라오는 혁명들의 모형이며 발화점이라고 여기는 역사적 몰이해로 스스로 자위하지 않는다.

와 선전의 사용, 세상을 구성하는 모든 것의 원인, 군사적 성공과 이 성공을 얻은 사람들, 산업 혁명의 새로운 방식의 사용, 다양한 제도적 시도, 상상과 아집, 선언과 행동의 모순 등, 프랑스 혁명에서 다루지 않고 넘어간 요소는 없었다. 이 혁명은 첫 번째로 일어난 전반적인 혁명이다. 그리고 성공한 매우 드문 혁명 중의 하나이다. 그리고 그 결과를 주목해보라! 여기에서 그 결과 중에서 한 가지만 이야기해 보자. 프랑스 혁명은 이후 마르크스가 심도 있게 분석하게 될 혁명의 모형이었다. 그렇다고 해서 이 프랑스 혁명이 마르크스가 최종적으로 계급투쟁 이론과 혁명 이론을 동시에 발견한 유일한 혁명이었다고 이야기할 수 없다. 마르크스는 자신에게 익숙해진 과정을 통해서이것은 분명히 유감스럽지만 모든 역사에 대해서 논하고, 역사의 전반적인 철학을 구성하고자 상당히 제한적인 역사의 분석에서 출발한다. 그러면서 프랑스 혁명의 역사를 통해 역사적 변증법에 대한 자신의 해석에 대한 중요한 두 가지 관점을 세운다. 그의 모든 분석은 프랑스 혁명의 특수성과 관련되어 있다. 이 프랑스 혁명에 실제 마르크스 운동의 모든 것이 있었다는 딘 한 가지 이유만으로 이 혁명에 특별한 지위를 부여한다. 나는 분명히 지금까지의 수많은 작가가 이야기했던 그 모든 것을 여기에 다시 주장하고 싶은 마음은 없다. 단지, 다음의 한 가지 점만을 강조하려 한다. 프랑스 혁명은 혁명의 고전적 형태와 이 혁명의 영향을 받아 나타나게 될 사이에 새로운 형태의 과도기에 있지만, 마르크스의 사상 안에서만 그 형태를 유지할 수 있을 것이다. 예를 들자면, 이 혁명은 저항과 혁명 사이의 관계와 같은 전통적인 특징들을 가장 극렬하게 잘 보여준다. 그리고 프랑스 혁명은 다른 그 어떤 혁명보다 더 혁명 이론이나 계획의 중요성을 잘 보여주며, 관리자와 조직가의 역할을 더 잘 보여준다. 물론, 이러한 관점을 주장하는 것은 불필요한 일이다. 왜냐하면, 이러한 관점은 저항의 자유주의적 계몽주의의 유산의 집합체이기 때문이다. 바로 이 점으로부터 바로크적 방식으로, "자유는 혁명의 심장이다"라고 주장할 수 있다. 로베스피에르는 그의 대연설에서 혁명정부의 원리에 대해 다음과 같이 이야기하였다. 1793년 12월 25일 "자유는 이 모든 혁명의 원리이다."83) "혁명은 자유를 침해하는 모든 적으로부터 자유를 얻기 위한 전쟁이다." 그리고 생 쥐스트는 혁명의 분석에서 자유의 신화에 사로잡힌 언어적 착란에서 벗어날 때, 혁명은 가장 신랄하고 정확한 표현으로 이야기할 수 있었다. 승리를 생각하는 순간부터 사람들은 두려움에 사로잡히기 시작한다. "두려움은 그 자신이 자유로웠다는 사실을 잊게 하였다." 그리고 이 사실은 혁명의 모든 것을 위험에 빠뜨린다. "두려움은 자유에 대한 질투였다." 한편으로 생 쥐스트는 자유를 낡은 것으로 만들었다. 공적인 자유는 존재하지 않으며, 만일 인간 안에 가치가 없다면 "자신이 자유를 만끽했었다는 사실을 인식하고자 마음의 기저에서 가치를 찾는다." "영혼이 힘을 잃어 더는 자유를 얻을 만한 힘이 없을 때에, 이 영혼들은 자유라는 이름을 사랑하고, 편안하게 그리고 대가를 치르지 않고 자유를 바라게 되지만, 더는 자유를 가치로 여기지는 않게 된다."

자유는 결국 개인에게만 주어진다. 여기에서 저항하는 사람의 자유에 대한 갈망과 혁명의 자유에 대한 사상이 만나게 된다. 그러나 압제자가 처단되고, 자유가 쟁취 되면, 너무 큰 환상을 가져서는 안 된다고 생 쥐스트는 지적한다. "열정은 자유의 영혼이지만, 시간이 지남에 따라 약해지고 소멸하게 된다. 우리는 단 한 순간만 고결할 뿐이다.… 한 국민이 자유를 쟁취하고 그들의 법을 제정한다면, 그 혁명은 이루어진 것이다…." 그

---

83) 그러나 우리는 아렌트(『저항에 대한 소고 *Essai sur la révolution*』 1장)의 "자유를 위한 혁명만이 존재한다"라는 일반화를 받아들일 수 없다. 그에 의하면, 혁명과 반란, 쿠데타, 봉기 사이에서 혁명의 차별점은, 혁명은 언제나 그리고 분명하게 자유를 추구한다는 것이다. 폭력은 자유를 위한 새로운 정치적 형태를 조직하려는 시도에서만 혁명적이다. 이것은 매우 미국적 사고로 보이지만, 사실 어떤 역사적 근거도 없다. 한 번 더 이야기하자면, 이것은 역사적 사실에 대한 고찰 없이 가치판단을 내리려는 데에서 나오는 선입견이다.

러나 가치와 자유는 같은 단어가 아니다. 가치는 자기훈련이다. 생 쥐스트는 이 특별한 문장을 통해서 모든 혁명 운동을 정의한다. "쟁취한 자유는 타락하게 되어 있다. 나는 여기에 대한 모든 것을 이야기했다."84) 이처럼 생 쥐스트는 다른 많은 것과 함께 혁명의 비극을 예견했다. 자유에 대한 열정은 모든 격분을 이끌어야 하는 동시에 자유 자신에 의해 자유를 파괴해야 했다. 이 명확한 사상은 이미 혁명을 다른 위치에 올려놓았다. 누구도 이전에 이런 방식으로 사고한 적이 없었다. 그러나 혁명 운동을 통해 자극을 받은 생 쥐스트의 사상에는 얼마나 많은 합리화가 있는지 모른다! 콩도르세[Condorcet, 85)는 "혁명적인 어휘는 그 혁명의 목표가 자유일 때에만 사용이 가능하다"라고 이야기했다. 이러한 교리적인 선언은 자연스럽게 자유의 모든 비극을 걷어내며, 우리로 하여금 다시 혁명의 일반적인 흐름 속으로 들어오게 한다. 그리고 우리는 이 혁명들 뒤에는 언제나 자유라는 모호한 신화가 있음을 알고 있다. 1789년의 혁명은 전통적인 신화의 집합체이며, 그 신화에서 벗어나지 못했다. 그 신화는 인간의 변화가 빠져 있는 변화된 삶이라는 불가능한 이미지이다. 단지 제도들만 바뀌었을 뿐이다. 혁명은 '사람을 변화시키는 것"에 이르지 못할 때, '삶의 변화'라는 어리석음으로 나타나게 된다. 그리고 우리는 공화국과 헌법을 선포하는 것으로 만족하게 된다. 이러한 이유로 우리는 아렌트의 유명한 고찰이 완전한 오해에 기초하고 있음을 이야기할 수 있다. 그녀는 자유와 제도를 혼동하였고, 자유로운 제도와 입헌군주제를 혼동하였다. 아렌트는 헌법 제정을 헌법에 대한 가장 고전적인 관점과 함께 매우 훌륭한 혁명적 행위로 여겼다. 그녀는 다른 사람들이 폭력에 의미를 부여하는 것과

---

84) 생 쥐스트(Saint-Just), 『혁명 정신 *L'Esprit de la Révolution*』, 1791.
85) [역주] 마리 장 앙투안 니콜라 드 콩도르세(Marie Jean Antoine Nicolas de Caritat, 1743년 ~1794년). 프랑스의 수학자이며 정치가. 프랑스 혁명 당시 국민의회의 의원. 지롱드 헌법 초안의 기초자.

마찬가지로, 조직에 의미를 부여하면서 혁명적 현상의 특수성을 제거하였다. 그러나 이 사실은 우리에게 어떤 점에서 1789년의 혁명이 전통적 반란과 관련이 있는지를 보여준다. 그 관련성은 결정적으로 자유에 대한 신화이지만, 그와 더불어 반동적인 특성도 있다. 프랑스 혁명의 모든 부분은 보수적인 동시에 반동적이다. 그리고 우리는 어떤 부분에서 국가의 일반 조례들이 보수적인지를 알고 있다. 그 누구도 정치 제도로서 왕을 문제로 제기한 적은 없었다. 헌법의 몇 가지 수정사항을 요구하거나 공동체적 삶의 구체적 변화를 요구하고, 또는 봉건제와 같은 과거로의 회귀를 요구하지만, 대부분 사람들은 왕에 대한 충성을 서약함으로 스스로 개혁을 제한한다. 가장 대담한 사람들 역시 이미 죽은 봉건 제도와 영주적 재판 제도의 개혁을 요구했을 뿐 아니라 감세도 요구했다.… 조서 안의 그 어떤 것도 혁명의 시작을 예측할 수 있는 단서를 주지 않았다. 역사의 흐름 속에서 큰 요구들이 있었지만, 어떤 경우에도 이 요구들은 사회-경제적 변화를 요구하지 않았고, 직공들의 자유 또한 요구하지 않았다. 이러한 요구의 소극성은 혁명의 보수적 성향을 드러낸다.

혁명가들은 단지 절대 군주의 횡포로 말미암아 어지럽혀진 전통적 질서를 회복해야 한다고 확신한 사람들이었다. 혁명을 가져온 이 운동은 혁명적이지 않았다…. "아니면 실수에 의한 것이다"라고 아렌트는 서사적으로 묘사했다! 옛제도를 파괴하려한 것이 아니라, 그것을 복구하려는 것이었다.86)

그러나 혁명에는 이 이상의 것들이 있었다. 기본적으로 이데올로기적인 요소가 있었고, 혁명 계획이 있었다. 잘못 이해된 루소 사상의 영향 아래에서 혁명은 결국 자연 국가로의 회귀라는 신화를 의미하는 것이 되었으며, 아직 정치·사회적 관계에 의해서 연결되지 않은 최초의 순간, 즉

---

86) 토크빌(Tocqueville), 『구 제도와 혁명 L'Ancien Régime et la Révolution』.

사회의 제로상태로 돌아가는 것으로 이해되었다. 이 이해는 그 첫 단추가 잘못 끼워졌기에 처음부터 다시 시작해야 한다. 권력은 대중의 절대 권력의 의지 위에서만 세워져 왔으며, 균형과 감시를 통해 다양하게 나타난 대중의 의지를 분별하려 했던 누구도 반대할 수 없었던 자연적인 권력에 의해서만 세워져 왔다. 그리고 과거로의 회귀는 혁명 기간에 모든 종류의 이데올로기에 가치를 부여한다. 그리고 이 회귀는 태초의 가장 이상적인 순간으로의 신화적 회귀를 말한다. 그러나 여기에서 이야기하는 '그 순간' in illo tempore이 원시 신화 속에 나타난 창조의 시작이라기보다는 사회의 시작을 의미한다. 그러나 이것도 역시 시민 사회의 역사적 순간으로의 회귀를 의미하며, 전제 군주나 봉건제를 넘어, 모든 인간이 평등한 시민이며 모두가 권력에 참여할 수 있는 시대로마제국로 돌아가는 것을 의미한다. 여기에서부터 부르투스와 카토의 이름이 나오게 되고, 이 위대한 이름들과 장엄한 연설들, 그리고 시민적 가치에 대한 찬양은 언제나 공화국의 영웅들과 호민관, 그리고 집정관을 통해 나타난다. 가장 전통적인 혁명들처럼 과거로 다시 돌아가려 했고, 이미 이야기했고, 이미 이루어졌고, 이미 본 것을 다시 실현하려 했다. 혁명은 신화적인 기원을 발견하는 동시에 역사적인 기원을 발견한다. 그리고 미래로 가는 길보다는 본질적으로 과거로 되돌아가는 길을 열려 한다. 이 과거로의 회귀는 때로는 노골적으로 선언되고 인식된다. 혁명가 중에 가장 영향력 있는 사람이었던 바뵈프[87]는 혁명을 다음과 같이 정의한다. "정치적 혁명이란 일반적으로 무엇을 말하는가? 귀족과 평민 사이의 전쟁이며, 부자와 가난한 자들 사이의 전쟁이다. 우리가 새로 시작하려는 사회의 목표로 가져오려는 혁명의 목적 역시 공통의 행복이다."민중의 법정 *Le Tribun du peuple*, n° 3 이 로마

---

[87] [역주] 프랑수아노엘 바뵈프(François-Noël Babeuf, 1760~1797). 프랑스 혁명 당시 정치가. 나폴레옹 정부에 의해 체포되어 단두대에서 처형되었음.

인의 투쟁은 더는 우리 사회의 역사가 아닌 또 다른 역사를 통해 혁명을 보도록 한다. 그리고 다른 관점에서 이 혁명을 보더라도 현존하는 혁명의 사상들과 실제로 매우 비슷함을 알 수 있다. 미셸레는 다음과 같이 이야기했다. "나는 혁명을 이렇게 정의한다. 법의 출현이며, 권리의 회복이며, 정의의 반응이다." 88)

우리는 이 간단한 도식에서 두 가지 큰 주제를 발견할 수 있다. 첫째는 법의 제정이다. 이것은 단지 합법적인 법률적 조정을 의미하는 것도 아니며, 구제도에서 법체계가 존재하지 않았음을 의미하는 것도 아니고, 오히려 사회적 조약의 시작은 선언하는 것이고, 이 조약으로부터 법의 지배가 가능해진다. 신화적인 관점 속에서는 지나간 역사의 구체적인 내용은 사라진다. 법의 제정은 주권자인 백성의 의지라고 볼 수 없으며, 오히려 앵글로 색슨의 법 이데올로기일 뿐이다. 이데올로기를 통해 법이 제정될 때 사실들은 존재하기도 하고 사라지기도 한다. 사회가 처음 형성되었던 시기로 다시 돌아가야 한다는 혁명가들의 웅장한 주장은 혁명가들의 분노와 몰이해를 잘 설명해 준다! 그들은 세상에 이미 적용되었어야 했을 법을 제정한다. 자, 여기에서 일어나는 사건들은 혁명가들의 믿음과 배치되며, 실제 사실들은 그들의 믿음대로 이루어지지 않는다. 이것은 부여할 만한 가치가 부족하기 때문이고, 음모와 악한 의지 때문이다. 그래서 원칙에 따라서 모든 사람에게 법이 다스리고 평등하고 공정하며 정의로우려면, 부족한 가치와 음모, 악한 의지를 깨뜨려야 한다. 결국, 핍박과 추방, 정죄는 실재와 법 사이의 간격을 메우려는 것이며, 장애물을 제거하려는 것이다. 그리고 현재와 최초 사회 사이의 역사의 단층을 제거하는 것보다 중요하지 않은 것들, 또는 최초 사회의 성격과 대립하는 이기적인 것들을 대표하는 모든 것을 제거하는 것이다. 그리고 시간의 침전물들을

---

88) 미셸레(Michelet), 『프랑스 혁명의 역사 *Histoire de la Révolution française*』, 서문.

대표하는 모든 것, 즉 귀족과 성직자, 습관과 의복, 특권사유법과 실용적 구조, 도그마의 절대성에 반하는 실용적 유연성, 정의의 강직함에 반하는 인간적 이해를 제거하는 것이다. 결국, 우리가 정죄하는 것들은 악으로 판결된 것이 아니라 오히려 이 사회의 순수한 첫 아침을 혼탁하게 하는 것이며 그 걸림돌이 되는 것이다.

그리고 미셸레는 동시에 '권리의 부활'을 이야기한다. 말하자면, 이것은 완전히 다른 계획을 통해서 역사를 돌리는 것이고, 역사적 순간, 즉 권리가 있었던 순간으로 돌아가는 것을 의미한다.

규제, 궤변, 행정, 정치적 농간의 극치 등, 이 모든 것은 권리를 숨겼고, 압제했으며, 질식시켰고, 점진적으로 죽게 만들었다. 그래서 과거에서 진정한 권리를 되찾고 복구하는 것이며, 그 결과로 옳다고 생각되는 과거로 돌아가는 것이다. 권리를 되찾고자 과거로 돌아가려는 욕구는 우리로 하여금 다른 모든 혁명 중에서 1789년의 혁명을 주목하게 한다. 우선 미국 혁명을 이야기해보자. 미국 혁명은 단 하나의 목표 만을 갖고 있었는데, 그것은 식민지 정부의 악습을 개혁하는 것이었다. 페인89)은 혁명이라는 단어의 고전적 가치를 되찾고, 인간의 권리와 자유가 상실되기 전, 원시의 시대로 돌아가는 것 외에는 그 어떤 것도 주장하지 않았다. 이러한 미국 혁명의 보수적인 특성 때문에 진정한 미국 혁명은 일어나지 않았다고 주장하는 사람도 있다. 미국 혁명은 함께 공모한 사람들의 맹세의 신념 위에 이루어졌다. 그 원리는 공동 협정과 공동 심의의 조합이었다. 그러나 정확하게 이 공모자들은 폭력 혁명의 길을 선택하였으며, 과거의 질서를 이어가는 동시에 국가에 새로운 질서를 기초하였다.

미국 혁명은 분명히 귀족적인 헌법을 제정하였다. 물론, 저항한 사람

---

89) [역주] 토머스 페인(Thomas Paine), 18세기 미국의 작가, 국제적 혁명 이론가로 미국 독립혁명과 프랑스혁명 때 활약함.

들은 적들을 추방하고, 그들의 재산을 약탈하였으며, 봉건적 세제를 폐지하였다. 그러나 남부에서는 귀족의 이익을 위해 혁명이 일어났으며 노예제도도 그대로 유지되었다. 북부 몇몇 주에서도 많은 귀족이 남아 있었고, 혁명은 이 귀족들을 완전하게 받아들였다. 더 나아가서 몇몇 국가의 제도들이 봉건제도에서 이어져 왔고, 이주민들에게 부과한 과중한 노동은 그대로 유지되었다. 이것은 헌법과 인간 권리의 단순한아니면 배치되는 적용이었다…. 여기에서 진실을 감추는 계급투쟁이나 부르주아 이데올로기를 이야기하는 것은 무척 쉽고 단순한 것이다. 이러한 해석오늘날 마르크스주의에 사로잡혀 있는 사람들의 잣대에 의한 해석은 매우 단편적이며, 어쩌면 착란錯亂적인 것이다. 우리는 이 부분을 다시 살펴볼 것이다. 고드쇼는 계속해서 다음과 같이 이야기하였다. "미국 혁명은 과거 제도로 회귀하는 동시에 자유와 민주주의를 목표로 했다. 이 혁명은 보수적인 범위 내에서는 혁명적이었다."90) 그리고 우리는 혁명의 이러한 특성을 제네바나 네덜란드의 혁명에서 다시 찾아볼 수 있다. 이 혁명들은 더 오래 전 과거로의 회귀를 지향한다는 차원에서 프랑스 혁명과 맥락을 같이하고 있다.

   이처럼 프랑스 혁명은 우리가 혁명이라고 여겼던 다른 모든 혁명과 매우 유사하다. 이 혁명은 신화적이거나 역사적인 과거를 지향하고 있으며, 개연성이 있거나 예측 가능한 역사를 거부하고 있다…. 또한 역사적 지속성과 가정을 거부하는 동시에 이것에 따라 움직이는 것을 거부한다. 다른 한편으로 프랑스 혁명은 여전히 전제군주에 대해 근본적으로 분명하게 반대하는 것으로 보인다. 이 반대는 체제에 대한 반대의 문제가 아니었

---

90) 고드쇼, 앞의 책., p. 102. 우리는 매우 부분적인 미국 혁명에 대해서 혁명이라고 주장하지 않을 것이다. 그 시대의 사람들은 차라리 미국 혁명을 독립 전쟁으로 불렀다. 그러나 우리는 그 한계를 잘못 그었다. 어쨌든 정확한 척도로 보면, 이 문제에 대한 마지막 저서는 이전에 새로운 신화와 혁명적 자유주의자들에 의해 상당히 파괴된, 주목할 만한 역사적 정확성 덕분에 한나 아렌트(H. Arendt)와 알덴(M. Alden, 『미국 혁명의 역사 A history of the American Revolution』, 1969)의 고전적인 접근보다 더 큰 이해를 줄 수 있다.

고, 사건에 대한 견해의 문제였다. 전제군주제는 항상 실용적인 체제였다. 그리고 실제로 일어난 일들을 살펴볼 때, 이 전제군주제는 급변하는 상황 속에서 원칙 없이 그 순간에 가장 좋은 상황에 대한 선택이었다. 이러한 유동성 속에서 왕들은 당시에 가능한 가장 다양한 방식의 입장을 선택하였다. 그들은 매번 과거로의 회귀를 선택하였다. 왕들은 원칙도 없고 뚜렷한 기준도 없이 자신들의 소득을 쌓아놓았다. 그들의 이러한 행위는 정치적이었다. 말하자면, 그들은 역사 속으로 들어왔고, 그 역사를 다시 잡았고, 다시 튀어 오르게 하였다. 우리는 이보다 더 사실에 근거한 합리성이 있으며, 환경을 초월하는 합리적 이론을 알고 있다. 정부는 이성적이어야 한다. 기구의 조직 또한 이성적이어야 한다. 이성이 명령을 내려야 한다. 더는 역사가 명령을 내려서는 안 된다. 왜냐하면, 이 둘 사이에 근본적인 차이가 있기 때문이다. 인간 행동을 움직이는 것은 이성이기에, 우리는 역사를 거부한다. 우리는 역사의 흐름 속에 있는 것이 아니고, 시작 혹은 재시작의 시점에 있을 뿐이다. 그 이후에 더는 역사가 목표일 수 없다. 오히려 종말 혹은 절대 선의 도성도시로 들어가는 것이 목표가 된다. 그 다음으로 넘어가서는 안 된다. 왜냐하면, 그러한 비전은 단지 **화합, 행복, 연대, 조화**91)만을 담고 있기 때문이다. 이 사실은 이제 평범한 사실이 아니다. 혁명은 더는 역사의 의미 속에 있지 않다. 이것은 1789~1798년 사이의 어떤 혁명과도 관련이 없다. 이 시기의 혁명 계획을 통해 우리는 마르크스가 어떤 부분에서 오류를 범했는지 살펴볼 수 있다.

* * *

이제 두 번째 논점으로 넘어가 보자. 우리는 1789년의 혁명에 대해서 다음과 같이 이야기해 왔다. "프랑스 혁명은 성공한 첫 번째 혁명이었지

---

91) [역주] 저자는 이 4개의 단어 첫 자를 대문자로 표기하였다.

만 부르주아에 의한 혁명이었다." 그러나 이 혁명이 성공한 첫 번째 혁명이라고 선언하는 것은 무리가 있어 보인다. 중세에는 프랑스 각 지역에 혁명들이 일어났고, 1640년에는 영국 혁명이 일어났으며, 미국 혁명 등 이 외에도 많은 혁명이 있었다. 그리고 이 모든 혁명에는 공통점이 있다. 이 혁명들은 모두 부르주아에 의해서 일어난 혁명들이었다. 그 꼬뮌들은 부르주아적이고, 18세기와 19세기 부르주아라는 단어의 의미가 비록 다르다 할지라도, 이 두 시대의 부르주아 집단 사이에는 매우 큰 경제?사회적 공통점이 있었음을 고려해야 한다. 스타니슬라스Stanislas, 구스타프 3세의 혁명은 부르주아들의 영향 아래에서 일어난 일이며, 이 계층의 지지를 받았다. 이 혁명들은 부르주아 계층의 정치?사회적 목적을 이루어 주었다. 크롬웰을 위시한 영국의 혁명들은 공동의 혁명이었으며, 말하자면 상인과 자산가 그리고 법률가들의 혁명이었다. 이 부르주아들은 평등주의자들과는 대립하였고, 로베스피에르와 함께 엉하제와 바뵈프에 맞섰다. 그리고 미국 혁명은 대상인들과 대농장주들의 혁명이었으며, 순전히 상업적 목적으로 일어났다. 따라서 우리는 성공한 혁명 대부분이 결국 부르주아 혁명이었으며, 부르주아들에 의해서 일어난 혁명이었다고 이야기할 수 있다. 그렇다면, 부르주아 계급이 역사 속의 첫 번째 혁명가라고 이야기할 수 있을까? 이러한 사고를 완전히 틀렸다고 이야기할 수는 없다. 그러나 부르주아는 저항하는 사람이 아니다. 그들은 단지 자신들에게 권력이 없는 경우에만, 혁명가가 될 수 있는 특성이 있을 뿐이다.[92] 말하자면, 이들은 새로운 사회 구도나 이론을 창출할 수 있는 능력이 있었다. 그러나 이 능력은 분명히 그들의 관심과는 상관이 없지만, 저항에 이르도록 돕는 것이기도 했다. 다른 한편으로는 그들은 관리자로서의 뛰어난 능력

---

[92] 자끄 엘륄, 『부르주아의 변이 *Métamorphose du bourgeois*』, Calmann-Lévy, 1967.

이 있었다. 그들은 혁명이라는 과일을 수확하고 분류하여 과즙으로 만들어서 최종적 상품으로 만들어낸다. 이 때문에 부르주아들이 다른 모든 혁명의 기초가 되었던 1789년 혁명의 수혜를 작은 민중, 전투에 참여한 직공들그러나 이 직공들 대부분이 부르주아가 아니었던가?, 브라-뉘Bras-Nus와 트리코투스Tricoteuses들로부터 강탈했다는 해석이 일반화되었다. 그러나 이 해석은 틀린 것으로 보인다.

우리는 이 혁명 기간에 실제로 일어난 계급투쟁이 이미 알려진 것과는 상당한 거리가 있음을 알고 있다. 부르주아와 브라뉘의 심각한 갈등을 진정한 계급투쟁으로 이야기할 수 있지 않은가? 게랭93)은 이 주장을 받아들이지만, 소부울94)은 받아들이지 않는다. 이 문제는 분명히 규정하기 어려운 것이 사실이다.

분명히 브라 뉘와 섹셔네르95)들은 거리와 감옥에서 큰일을 해냈다. 그러나 이들은 반란과 무장봉기를 일으켰고, 열광적인 대중의 지지를 받았을 뿐이지 혁명을 일으킨 것은 아니었다. 로베스피에르는 자신이 이야기한 소위 혁명을 지키고자 꼬뮌과 섹셔네르의 저항 세력을 제거하였다. 왜냐하면, 논리와 프로그램, 계획을 만드는 사람들이 바로 부르주아였기 때문이다. 또한, 사회를 공포의 도가니로 몰아넣고, 곳곳에서 저항을 일으키며, 혁명을 지속시키는 기구와 조직들의 결속을 다지고, 민중사회를 만들며, 공공구제위원회 등의 기구를 창설한 세력이 바로 부르주아들이었기 때문이다. 이렇게 하지 않고서는 그 어떤 부분도 혁명에 도달할 수 없었다. 방데인들의 저항 역시 브라뉘의 저항과 마찬가지로 대중의 지지를 불러왔다. 1794년에는 프랑스의 약 2/3에 해당하는 지역이 혁명 권력

---

93) [역주] 다니엘 게랭(Daniel Guérin, 1904~1988). 프랑스 혁명 작가, 반식민주의자, 아나코 코뮤니즘(amacho-communism) 이론가.
94) [역주] 알베르 마리우스 소부울(Albert Marius Soboul, 1914~1982). 프랑스 역사학자.
95) Sectionnaires, 국민의회 기간 동안 파리지역 혁명세력.

에 대항하여 일어났음을 간과해서는 안 된다. 이 모든 저항이 다른 혁명과 다른 것은 무엇인가? 이 저항들에는 공동의 계획이 없었으며, 무력으로 장악한 지역을 조직화할 수 있는 능력이 없었다. 부르주아들은 혁명을 일으킬 때, 민중의 역할무력시위를 제외하지 않았다. 왜냐하면, 민중의 무력시위가 없었다면, 저항의 수준을 넘어가지 못했을 것이며, 혁명은 절대 존재할 수 없었을 것이다.

마르크스는 부르주아가 혁명가의 역할을 완성했다는 사실을 잘 보았다. 마르크스는 이 문제를 구체적으로 언급하지는 않았지만, 이 논란의 문제를 피해갈 수 없었다. 유사 이래 오직 부르주아 집단만이 혁명을 성공할 수 있었는가? 이 질문에 대해 대답하려면, 부르주아들의 계급 사상과 혁명 사상에 대해서 살펴보아야 한다. 혁명이 성공하는 데에 부르주아는 매우 전형적인 예이지만, 유일한 예는 아니었다. 부르주아의 성공은 그들의 재능이나 그들의 본질적인 특수성이것이 없었다면 거기에서 역사의 일반적인 관점이나 다른 혁명에 대한 희망을 품는 것이 불가능했을 것이다에서 오는 것이 아니었다. 부르주아는 그들의 경제적 영역이나 기술적 영역에서만 성공을 거두어 왔다. 그러나 마르크스는 모든 집단이 같은 시기와 같은 환경이라면 혁명을 일으키고 성취했어야 한다고 주장한다. 동시에 마르크스는 이 해석에 따라 부르주아가 역사를 거스르는 혁명을 한 것이 아니라고 주장한다. 오히려 그와는 반대로 정치·경제적 구조로 대표되는 장애물과 이 장애물들로 나타나는 세력에도 불구하고 혁명에 적합한 환경을 조성하고 끝까지 이 혁명을 이루어내기 때문에, 이 장애물들에 대항한 혁명은 역사를 거스르는 것이 아니며, 문제시되는 계급 이데올로기의 형태가 어떠하든 역사의 진보라고 주장한다.

마르크스 학자들 간에 다음의 세 가지 의견 사이에서 큰 논쟁이 있다는 사실은 매우 잘 알려진 사실이다. 우선, 마르크스가 무엇보다도 철학자였고 자신의 철학에서 역사적 도식을 도출하고 나서 역사적 실재에 적용한 것인지, 혹은 그가 무엇보다도 노동자 계층의 비참한 현실에 마음이 움직여서 이 현실로부터 자신의 철학을 도출했는지, 아니면 그가 일련의 역사적 사건들, 특히 그가 해석한 1789년의 혁명그의 해석은 헤겔의 철학에서 차용한 것이다에 특별히 강한 인상을 받은 것인지에는 여전히 큰 논란이 있다. 나는 여기서 세 번째 관점을 다시 살펴보고자 한다. 혁명의 목적이 경제력을 소유한 부르주아들이 사회의 다른 계층들로 하여금 새로운 경제적 방향성에 동의하도록 하고 특별히 자신들이 정치권력을 독점하려는 데에 있었는데, 그 이유는 혁명의 기회를 통해서 정치권력을 실제적으로 행사하는 집단, 즉 경제 권력을 행사하는 집단에 종속시키려는 것이었다는 사실을 마르크스는 잘 드러냈다. 혁명은 이렇게 이루어졌다. 마르크스는 또한 사회 내의 다른 위상을 가진 집단들, 다른 이해관계의 당사자들 간의 갈등을 잘 이야기하고 있다. 이 갈등을 다른 말로 하면 계급인데, 이 계급이라는 용어는 이미 널리 사용되는 단어였다튀르고96)노 이 단어를 이미 사용하고 있었다 우리는 마르크스가 어떻게 자신의 해석을 모든 혁명적 현상으로 확장시켰는지 알고 있다. 하나의 특별한 예에서 일반적 법칙을 도출하려 했다는 사실을 여기에서 다시 반복할 필요는 없다. 그러나 부르주아들의 특별한 입장이나 태도가 아닌 그들이 처해있는 상황만을 고려한 것은, 전체에서 작은 부분의 현상만을 단편적으로 드러낸 것이다. 혁명에서 부르주아들은 보수와 진보 사이에서 모호한 입장 가운데에 있었기 때문이다.

우리는 프랑스 혁명이 진보하는 역사에 대한 거부, 과거와 역사의 출발점으로의 회귀라는 관점에서, 여전히 이전의 모든 다른 혁명들과 유사하다는 사실을 살펴보았다. 그러나 동시에 프랑스 혁명은 근본적으로 새

---

96) [역주] 안느 로베르 자끄 튀르고(Anne Robert Jacques Turgot, baron de l' Aulne, 1727~1781). 프랑스 정치인, 경제학자.

로운 것이었고, 미래를 향한 것이었으며, 새로운 역사적 미래를 향한 것이었다. 동시에 진보에 대한 확신이 함께 나타난다. 결국, 이 혁명은 혁명이라는 개념의 근본적인 변화의 순간에 있다. 프랑스 혁명은 여전히 역사를 거스른다는 전통적 도식을 따르고 있지만, 동시에 절대적으로 더 진보된 역사를 위해 행해졌다.

무니에는 혁명의 모호한 특징은 보지 못한 채, 혁명이 합리주의, 이데올로기, 전체주의 그리고 개인주의의 나쁜 것만을 이야기했다. 반면에 그의 주장이 "우리의 국가적 전통, 군주적 전통 그리고 기독교적 전통의 고리"에는 좋은 작용을 하였다고 주장하는 것은 매우 웃기는 논증이다. *Esprit*, 1939 이것은 과거의 관점에서 새롭고 선했던 모든 것은 나쁜 것이라고 이야기하는 것이다. 좀 더 정확히 살펴보자면, 라브루스97) 역시 모호성에 대해 주장을 하고 있다. "인간은 역행적인 동시에 미성숙한 사상이라는 이름을 경험했다. 인간의 문화가 그 기저에 계급적 문화를 담고 있기 때문에 역행적이다…. 인간은 문자적 고전을 좋아하는 사람들이며… 농민과 군인으로 이루어진 시민에 기초한 국가를 형성하려 하였다…. 그러나 다른 한편으로 이 이데올로기는… 수많은 직관을 풍성하게 포함하는데, 그것은 이 혁명이 이미 그 상상 속에서 정교가 분리된, 국가적 도시, 단일한 도시, 자신을 성찰하는 수많은 수도사로 가득한 도시를, 전체주의라는 한 단어로 구축했기 때문이다." *Esprit*, 1939 혁명은 더는 예측 가능한 미래에 대한 거부가 아니다. 혁명은 역사의 진행을 가속하는 것이라기보다는 진보한 미래를 건설하는 것이다. 이러한 혼합은 똑같이 보수적인 동시에 혁명적인 부르주아들의 특성에서 나온다. 부르주아들이 원했던 것은 무엇인가? 외면적으로나 내면적으로나 이 질문에 대한 대답은 그 시기의 역사에 의미를 부여한다.

---

97) [역주] R. Labrousse, 역사학자.

*   *   *

　혁명의 목적이 자유라는 주장은 알리바이이고 갖다 붙인 것이었으며, 모든 저항의 주제를 전통적으로 다시 취합한 것일 뿐이다. 여기에서 근본적인 계급, 즉 진보주의자와 실용주의자(실제적인 의미에서 물질주의자들이다)가 나타나게 되었다. 프랑스 혁명의 새로운 점은 진보적이고 실용적인 능력이 있는 집단에 의해서 주동되었다는 것이다. 이 집단은 정치적 실재를 경제적 실재와 일치시키고자 권력을 장악하는 것처럼 보였다. 그리고 이것이 마르크스가 원칙적으로 견지했던 주장이다. 그는 계급 간의 갈등이 있었고, 경제적 능력을 소유한 계급이 혁명을 일으켰으며, 이 혁명을 통해 국가는 그 형태와 방식이 변화했을 것으로 보았다. 그리고 정치권력이 성장하는 모든 계급에 발전의 가능성을 열어 준 이후에 경제 권력이 우위를 점하고 정치 구도가 수평화된다고 결론을 맺고 있다. 그리고 국가가 경제 활동의 범위가 됨에 따라, 경제에 대해 정치 구조가 수평화되는 혼란은 혁명이 되었다. 그 청사진은 아름다웠다. 그 청사진은 헤겔 사상의 일련의 해석과 일치함에 따라 더 매혹적으로 여겨졌다. 그러나 1789년의 혁명은 마르크스의 설명만으로는 충족되지 않는다. 부르주아 계급은 합리적이었으며, 모든 것을 합리적으로 만들기 원했다. 이것은 부르주아들의 과학적 확신과 일치하였고 그리고 과학의 발전과도 일치하였다, 그들의 진보적 이데올로기와도 일치하였다. 이 세 가지는 정확하게 일치한다. 여기에서 진보[98]에 대한 소렐[99]의 멋진 표현들 진보의 기원과 부르주아들의 이데올로기가 무엇에 관한 것인지, 그리고 무엇 때문에 마르크스가 이 이데올로기에 전적으로 동의하는지에 대한 논지를 다시 살펴보지는 않을 것이다.

---

98) G. Sorel, 『진보에 대한 환영(幻影)』.
99) [역주] 죠르쥬 유젠 소렐 George Eugène Sorel(1847~1922), 프랑스 혁명 이론가이자 철학자.

그러나 이 이데올로기는 또한 혁명의 새로움을 특징짓는다. 왜냐하면, 바로 이 이데올로기가 미래를 향한 것이기 때문이다. 이 이데올로기는 새로 만들어내려는 긍정의 역사 속에 있으며, 이 역사에서 미래는 필연적으로 오늘보다 나을 것이며, 모든 영역에서 우리의 축적된 소유는 그 어떤 손실 없이 극대화될 것이다. 혁명 현상은 그래서 진보를 가속하는 단계일 뿐이거나 탈선한 열차를 진보의 철로 위로 다시 올리는 것이다. 지금까지 우리가 살펴본 것처럼, 혁명의 결과는 이러한 이데올로기적 관점에서 저항의 결과와는 완전히 다른 것이고, 원인을 알 수 없는 세상에 대한 절망적 거부와는 구분된다. 1789년 이전의 모든 혁명은 우리가 살펴본 것처럼, 저항하는 사람이 이미 자신의 운명을 알고 있었던 비극적인 혁명이었는데 반해, 부르주아들의 혁명은 사형이나 패배 혹은 파산의 가장 잔인했던 순간조차 긍정적이었다. 그리고 이 진보의 이데올로기는 혁명이 저항할 수 없는 흐름이라는 감정과 연결되어 있다. 혁명적 흐름은 그 어떤 것도 저항할 수 없는 특징을 가진다. 이것은 자코뱅파뿐만 아니라 베르그노파에게서도 발견되는 특징이다. 이 혁명적 흐름은 사건들에서 나타난 인물보다 더 강력한 힘을 가진다. 그리고 이 흐름은 1792년에 혁명의 강한 원동력이 된 가난한 사람들의 참여로 급물살을 탄다. 가난한 사람들의 참여는 혁명에 저항할 수 없는 이유를 구체화했다. 분명히 여기에서 처음으로 한 사상이 혁명의 흐름 속에 나타나야 할 필요가 생기며, 이 필요는 이후에 역사적 필요로 해석하게 된다. 이제 우리는 거역할 수 없는 혁명의 흐름이라는 운명주의에서 벗어나 역사의 흐름 속에서 혁명의 원인이 되는 필요를 설명할 수 있게 된다.

역사의 의미로 들어오기 전에 우리는 진보의 흐름 속에 있었다. 그러나 부르주아 계급의 이성주의이것은 그들의 경제적이고 재정적인 역할과 동시에, 그들의 과학적 발전에의 참여를 통한 종교에 대한 회의에서 왔다는 많은 다른 결과를 가져왔다. 그 결과들은 무엇보다도 개념들을 추상화시킨 것이었다. 혁명은 이성적 관점을 만족하게 하고자 법률을 제정하였다. 그러나 법률을 제정하려고 관련된 모든 것을 추상화시켜야 했다. 인간을 시민으로 추상화시켰고, 구체적인 자유를 공적인 자유로 추상화시켰다…. 이 추상화 운동은 이제 막 시작했을 뿐이다. 추상화 운동은 부르주아 계급이 통치했던 모든 시기 동안 진행되었다. 그리고 합리성의 척도 안에서 권력의 이론적 구축을 위해 과거의 역사에 대한 거부가 있었다. 추상화는 법률적 제도에서뿐만 아니라, 모든 행정적 제도행정구역 체제 등에서도 나타난다. 추상화 작업은 사회 체제의 단순화라는 결론을 가져온다. 한 개인은 그의 직업, 사회적 위치, 권력의 유무와 상관없이 한 개인의 가치를 가진다. 그러나 추상적 단위로 구성된 사회체제 안에서는 조정 기관이 필요했다. 부르주아는 조정기관의 형태들로부터 합리성의 지위를 갖는 국가를 고안해냈다. 혁명가들이 헤겔의 사상을 알지 못했다는 것도 명백한 사실이고, 다른 한편으로는 1789년 혁명 이후에서야 반국가의 극치에 다다르게 된 것도 자명한 사실이다. 물론, 국가를 고안해 내기 이전에 이들은 '사회적 이성'의 적용으로의 국가를 이해하고 원했다. 모든 것이 귀결되고 모든 것이 파생될 수 있는 추상적이고 엄격하고 정형적인 권력이 필요했다. 이 권력에는 열정도 선입견도 없다. 언제나 오류에 빠질 수 있는 인간에게도, 저 멀리 있는 신에게도, 권력은 주어지지 않는다. 이 권력은 저울과 같이 정확하고, 직각처럼 단순하다. 국가는 인간 생각 속의 사회 안에서 그러한 권력의 역할을 한다. 당시에 많은 사람이 과거의 권력과 국가의 권력을 이처럼 비유하였다. 부르주아 계급은 단지 권력을 장악하고자 혁명을 한 것이 아니라, 국가를 통해 이성을 기구화하고자 혁명을 하였다. 결국, 혁명의 목적은 정돈된 국가 체계를 마련하는 것이었다. 부르주아들에게 관료들과 장관들의 가장 큰 문제는 바로 왕정의 무질서와 무능이었다. 민중은 독재에 신음할 것이고 부르주아들은 이 부조리함을 정죄할 것이다. 혁명가들에게 충격을 준 것은 바스티유 감옥의 비참한 현실이 아니었다. 그것은 명확한 절차나 사회적 안전장치의 부재였고, 범죄의 처벌에서 정확하지 않은 판결에 눈 감고 있어야 한다는 사실이었다. 이성적인 기준과 정돈된 체계가 없는 가운데 불확실한 근거로 사형을 선고하기도 하였다. 그리고 과중하게 부과된 세금이 문제가 아니라 재정적인 혼란이 문제였다. 혁명가들이 재정적인 질서를 개편했을 때에, 십 년 전보다 훨씬 더 무거운 세금을 부과하였다. 그렇지만, 재정 구조는 명확했고, 이성적이었으며 엄격했다. 부르주아들의 합리적 사고는 이러한 합리적 국가를 요구했다. 그들이 원했던 합리적 국가는 가장 최소화된 국가를 의미하였으며, 이것은 가치의 정상에 있고, 사회의 최종적인 성취를 의미하는 것이었다. 비록 저항과 혁명이 국가를 대항해서 나타났지만, 그 목표는 다시 국가로 귀결되고 있다. 드 토크빌은 혁명의 중심적 현상이 결정적으로 국가의 성장에 있다는 것을 보여주고 있다.100)

전제군주체제는 어느 정도의 발전, 어느 정도 형태의 조직, 어느 정도의 정치권력의 효율성에 도달하기는 했지만, 낙후된 체제와 성문화된 법률의 부재 그리고 전통적 요소들은 그 이상 진보하지 못하게 만드는 장애물이었다. 전제군주체제가 국가의 균형적 발전을 가로막았던 것이다. 부르주아 계급은 이것을 느꼈고, 이론이나 사상이 없이도 많은 이유를 잘 증명해냈다. 그들의 눈에 불균형적이고 혼란스럽던 모든 것은 단순히 '정상적' 이지 않을 뿐 아니라, 전제군주적 방식으로는 결국 힘 없는 상태로 남을 수밖에 없었던 것으로 보였다. 봉건적 전제군주적 구조와 체제에서 중앙집권적 전제군주체로의 변화가 있었고, 관료 체제에서 절대 군주제로의 변화가 있었지만, 이 변화는 이제 그 한계에 다다른 것이다. 국가가

---

100) 토크빌(Tocqueville), 『구체제와 혁명』; 쥬브넬(Jouvenel), 『권력』, 1947.

전제군주제라는 작은 갱도 안에서 자신의 찬란한 발전을 다시 찾으려면 더 근본적인 구조의 변화가 필요했다. 부르주아 계급이 관료의 자리를 차지하고 있었던 이유는, 국가에서 그들의 위치 때문이기도 했지만, 다른 한편으로는 그들이 사회를 이성적으로 바라보고 있었기 때문이다. 이처럼 체제의 변화는 국가의 존재와 합리성 그리고 완성도를 발전시키고 회복하는 데 쉬울 뿐이었다. 그리고 정치 체제의 변이를 통해 혁명은 국가를 성장시켰다. 여기서 한 번 더 이야기하자면, 이 혁명은 완전히 새로운 것이었으며, 모든 다른 혁명들과는 다른 것이었다. 우리는 저 앞에서 혁명이 국가를 위해 일어난 것임을 매우 자주 보아왔다. 그러나 혁명은 국가에 대항한 것이었다. 좀 더 자세하게 이야기하면, 국가의 발전과 조직에 대항한 것이었다. 러시아, 영국, 프랑스, 독일에서는 정치권력의 새로운 움직임에 대항하여 저항이 시작되었다. 더 구체적으로 이야기하면, 훌륭한 체제, 제도, 더 정확한 틀, 행정 및 제정의 정비된 제도를 위한 모든 노력을 계속해서 거부해 온 것이나.

이러한 의미에서 1789년의 혁명은 이전의 모든 혁명이 항상 그래 왔던 것과는 상당한 차이점이 있다. 덧붙이자면, 권력에 대항하여 자유를 주장한 혁명은 프랑스 혁명까지이다. 자유를 위한 저항은 권위와 영주에 대항하여 나타난 것이었으며, 결국 국가아니면 왕인데, 왕은 모든 갈등을 초월해 있었다에 대항한 것이었다. 그리고 실제로 성스러운 권력이라는 이름에 대항했다기보다는 국가적 조직에 대항한 것이었다. 그러나 이제 프랑스 혁명과 함께 모든 것이 변하였다. 이제 혁명은 국가와 자유와의 연합이다. 같은 흐름에서 인간은 혁명의 의미를 변화시킨다. 1793년 6월 이전에 로베스피에르와 생 쥐스트는 민중 조합, 클럽, 꼬뮌 세력들을 '체제의 기둥' 혹은 '자유의 기초자로' 추켜세웠다. 그러나 권력을 쟁취하는 순간, 이들은 권력의 법칙에 따라 행동하게 되었다. 그들의 상황에서 이러한 변화는 기회주의로 여겨지지 않았다. 그들은 단지 정의가 승리한다는 어리석은 확신을 하고 있었을 뿐이다. 이들 중에 이 권력의 법칙을 거스른 사람은 아무도 없었다. 이 순간부터 민중 조직과 꼬뮌은 문제의 요소 또는 분열과 음모의 요소가 되기 시작했고, 분명하게 혁명을 거스르게 되었다. "자칭 민중적 사회는 프랑스 전체 국민의 범민중사회와 배치된다." 로베스피에르 중앙집권화된 국가는 혁명과 자유의 수장이 된다.

단 하나의 변화 때문에 지금까지는 성스럽게 여겨지고 저항의 대상이 아니었던 왕을 독재자로 만든다. 이 왕은 자유에 대해 반대하지 않았지만, 독재자로 여겨진다. 자유는 이제 독재자의 죽음이 된다. 반대로 지금까지 압제자로 여겨졌던 권위자, 국가의 조직, 장관, 행정가들은 자유를 수호하고 표현하는 사람으로 바뀐다. 국가가 혁명의 산물이라는 사실에서 놀랄만한 연결 고리가 형성된다. 우선 국가는 자유를 보증한다. 우리는 역사에서 처음으로 이 사실을 발견하게 된다. 이제 권력이 자유를 수호하게 되고, 권력이 고발하고 판결하며, 자유의 이름으로 싸운다. 다른 한편으로는 자유는 기구 속에 통합된다. 이것은 자유주의의 결과로 탄생한 것이다. 그리고 자유가 헌법의 적용 안에 있다고 생각하는 미국적 사고방식의 결과이다. 자유는 이처럼 이성주의우리는 인간 표현의 가장 비이성적인 것들을 체계(시스템)라는 가장 합리적인 것에 집어넣고 있다와 동시에 추상화의 피해자이다. 왜냐하면, 국가에 의해 추구된 자유는 분명히 저항하는 코자끄인들, 황건적들, 크로컹들이 외쳤던 것들이 더는 아니기 때문이다. 이제부터 혁명은 추상적인 것이 되고, 공유되고자 사회적 권력에 의해서 분배되었다. 그리고 자유가 똑같이 국가에 의해서 추구됨에 따라서 혁명이 절대화되었다. 1770~1789년의 혁명 이전에는 혁명을 통해서 사회적이고 인간적인 모든 수준의 문제를 해결할 수 있다고 전혀 생각하지 않았다. 이 사실에서 1789년의 혁명이 지금까지의 자유를 위해서 행해진 혁명의 의미를 변화시킬 것이며, 동시에 국민의 행복을 건설할 의지를 나타낸다. 우리는 1792년 이후에 이 생각에 의구심을 갖게 되며, 이 점에서 우리는 이 시기를 역사의 커다란 전환점으로 규정할 수 있다. 이전에는 자유를 추구했다면, 이후에는 사회적 문제의 해결을 추구했고, 이후의 모든 혁명의 방향은 사회적 문제의 해결을 향해 나아갔다.101)

이 당시, 가난한 자들과 사회적 열망을 대변하는 '엉하제' 출현 역시 혁명의 전환점의 의미가 있다고 이야기할 수 있다. 그리고 이 순간부터 혁명은 혁명의 시대 속에서, 시대의 진행 과정 안에서 나타났다. 저항은 잠깐 자유를 얻을 수 있었다. 반면에 혁명은 자유를 제도화시켰다. 그러나 그 이후 혁명과 가난의 실재라는 사회적 문제가 중첩되기 시작할 것이고, 이 불공평함을 해결하기 위해 좀 더 과중한 조직을 만들게 될 것이다. 그리고 어떠한 혁명도 '사회적 문제'를 해결하지 못했다. 그러나 모든 혁명은 비참한 사람들과 가난한 사람들의 커다란 힘을 등에 업고 시작하였고, 압제에 대항하고자 이 힘을 사용하면서 프랑스 혁명을 따라갔지만, 이 때문에 더 압제적인 조직이 필요해졌다. 그 이유는 누구에게나 뛰어나게 보이는 국가를 통해 이 급작스러운 사회 문제를 해결해야 했기 때문이었다. 국가는 이제 혁명 사건을 통해서 모든 일의 책임자가 되었으며, 행복뿐만 아니라 미덕의 승리 그리고 가치에 의한 지배를 보장해야 하는 책임자가 되었다. 반면에 급작스러운 사회 문제는 혁명의 본질적인 특성이 되며, 이 때문에 우리는 이 시대를 의혹의 시대102)라고 부른다. 1789년의 프랑스 혁명은 어떤 부분에서는 위선에 대항하여 일어난 것이다. 프랑스 혁명은 의회의 음모를 벗겨 냈고, 사회의 가면을 벗겼으며, 마리 앙뜨와네트의 실체를 보여주었다. 그리고 곧바로 혁명가들 자신의 가면 또한 벗

---

101) 이것이 한나 아렌트가 쓴 책의 중심적인 주제이다.
102) [역주] l' Ere du soupçon, Nathalie Sarraute(1900.7.18~1999.10.19), 프랑스 여류작가 나탈리 사로트가 쓴 『의혹의 시대』라는 소설.

겨 냈다. 그들의 겉모습 뒤에 숨겨진 존재를 드러낼 수밖에 없었다. 저항은 고발을 통해서 이루어졌다. 반면에 혁명은 폭로를 통해 진행되었다. 그리고 이 폭로는 모든 것에 그리고 모든 사람에게 끊임없이 의혹을 제기하고 있었다. 철학자들이들은 상황에 의해 나타난 사람들이었다에 의해서가 아닌 테러의 공포로서 세워진 의혹은 현재까지 모든 종류의 혁명에 영향을 주고 있다. 그러나 의혹은 단 하나의 목적, 즉 국가를 약화시키는 목적만을 갖고 있었지만, 그 유일한 결과는 국가를 통해서 모든 문제를 해결하는 것이었다. 이제부터 국가는 전체주의자들의 소명이 된다. 이것이야말로 자유를 향한 혁명의 위대한 발견이다. 아이들은 올바른 사상을 배우려고 부모의 품을 떠날 것이다. "우리는 당신들에게 공화국의 아름다운 희망을 시들게 할 권리를 주지 않을 것이며, 자녀가 시민이 되기를 바라지 않고 순응하지 않는 아버지들을 제지할 것이다…. 모든 자녀는 우리에게 속해 있다…. 이와 같은 방법을 통해, 여러분은 국민을 새롭게 만들 수 있다."샤잘, 103) 이 사상은 분명히 국가를 숭배하는 전체주의적 종교이다. 국가는 분명히 종교적 실체이다. "당신은 추락한 미신의 파편 위에 유일한 보편적인 종교의 설립을 보게 될 것이다. 이 유일한 보편적인 종교는 전쟁이 아닌 평화를 가져올 것이고, 왕과 대의大義가 아닌 시민을 만들게 될 것이며, 적이 아니라 형제를 만들 것이다. 이것은 이단도 신비도 아니다. 이 종교의 유일한 교리는 평화이며, 그 법은 언약이고, 수장은 주교들이다. 그리고 조국의 우상, 어머니, 공동체의 신성 앞에서만 대가족에 대한 추종을 불태울 것이다."104) 우리는 이 혼돈 속에서 혁명가들이 바라보았던 보편성과 전체성만을 살펴볼 것이다.

혁명은 언제나 매우 구체적이었고 지역적으로 일어났으며 특별한 목

---

103) [역주] 정 삐에르 샤잘(Jean-Pierre Chazal, 1766~1840). 프랑스 혁명 당시 정치인.
104) [역주] 앙드레 마리 쉐니에(André Marie Chènier, 1762~1794). 프랑스 혁명 당시 시인.

적이 있었다. 오늘날 우리는 혁명 선동가들이 가진 언어적 망상을 잘 알고 있다. 인류는 새롭게 되었으며, 혁명에 의해서 다루어지지 않은 영역을 찾아볼 수 없게 되었다. 혁명은 모든 것을 포괄하게 되었는데, 그 이유는 혁명 본래의 목적을 이루는 것 대신에 자유라는 가치를 내세웠기 때문이다. 혁명이 모든 것을 포괄했다면, 이 모든 것은 혁명이 도달할 수 있는 최고의 존재인 국가에 의해 다시 구축되고 통합되게 된다. 이 시기에는 혁명의 절대화와 함께 국가의 보편화가 나타났다. 혁명은 절대적인데, 그 이유는 혁명의 결과가 국가이기 때문이고, 국가는 보편적인데, 그 이유는 국가가 혁명의 열매이기 때문이다. 여기에서 우리는 어떤 점에서 프랑스 혁명이 선행했던 모든 다른 혁명과 다른지 살펴볼 수 있다. 프랑스 혁명에 나타난 혁명의 새로운 특성들이 뒤이어 터져 나오는 혁명들에 나타나게 될 것이다. 프랑스 혁명의 뒤를 이어 터져 나오게 될 각각의 혁명들에서는 관습적이고 구시대적이며 역사 속에 지속하였던 혁명의 자취를 더욱 찾아보기 어려울 것이며, 1789년을 통해 나온 혁신이라는 의미에서는 더 많은 혁신의 요소를 발견하게 될 것이다. 이것이 왜 그리고 지금도 혁명이 역사적 의미 속에 있는지를 보여준다.

그러나 이 주장이 일반적으로 받아들여지는 진리가 되려면 여전히 마르크스의 논리와 권위가 필요하다. 왜냐하면, 그의 선택이 역사에서 결정적인 선택이 될 것이기 때문이다. 마르크스는 역사에서 가능했던 두 가지 의미 사이에서 선택해야 했다. 이 두 가지 의미는 혁명 속에 포함되어 있다. 그 첫 번째 의미는 계급투쟁이라 이야기할 수 있다. 혁명은 생산을 통한 경제적 능력을 가진 지배 계급에 의해 일어나고, 힘과 생산 사이의 점진적인 팽창의 결과이며, 경제 제도가 그들이 제공할 수 있는 모든 것을 생산함에 따라 사회 제도가 극도로 분화할 때 나타나는 급작스러운 결과이다. 아니면 사회의 모든 분야를 단계적으로 흡수하여 성장한 국가에,

각각의 혁명은 성장통일 뿐이며, 점진적으로 무르익은 변화의 절정일 뿐이다. 마르크스에게 이 두 가지 의미 중 그 어떤 것도 합리적으로 분명한 것은 없었다.

2. 신화와 모형

   1789년 프랑스 혁명이 일어나기까지 수많은 혁명이 시도되었고, 때로는 성공하기도 했다. 이 혁명이 일어나기 전에는 혁명이 문학작품의 주제가 될 수 없었다. 그러나 프랑스 혁명 이후, 프랑스 혁명을 주제로 춤을 추고 노래를 부르기 시작했다. 그리고 사람들은 혁명가들의 인격을 통해 자신의 인격을 돌아보기 시작했고, 혁명가들을 존경하기 시작했다. 그리고 혁명가들이라는 거울 속에 자신의 얼굴을 비추기 시작하였고, 그들처럼 행동하기 시작했다. 혁명의 신화는 근대 사회에까지 이어졌다. 분명히 우리가 모든 혁명에, 그리고 아무 혁명에나 붙여서 너덜너덜해진 이 혁명의 신화라는 이름을 여기에서 살펴보려면 이 단어의 의미를 잘 이해해야 한다. 말하자면, 우리는 여기에서 혁명의 신화라는 단어를 정의해야 한다. 나는 여기에서 소렐 학파가 사용했던 의미로 신화라는 단어를 사용할 것이다. 소렐이 말하는 신화의 의미는 모든 감정을 본능적으로 불러일으키는 이미지들을 보편적으로 조합한 것이며, 종합적 행위의 차원에서 사회·정치적 운동에 부합하는 모든 사상을 조합한 것이다. 그리고 신화는 이 이미지들을 더 강조하였으며, 주체와 객체, 그리고 각 주체를 직관적으로 통합시켰다. 1789년의 혁명이 그 진행 과정에서만 다른 혁명들과 달랐던 것은 아니다. 이 혁명은 '수단으로서의 혁명'과 '가치로서의 혁명'을 분명하게 구분하였고, 혁명을 통해 나타나는 목표와 혁명적 순간들에게 이 혁명은 너무나 아름다운 것이어서 혁명 자체로 남길 바랐던 유일한 순간이다을 분리시켰다. 우리는 시시때때로 프랑스 혁명이 수많은 신화의 목표점이었다고 이야기해왔다. 어떤 이들에게 프랑스 혁명은 절대적인 시작이었고, 정치적인 재림이었으며, 휴머니즘 시대의 출발점이었다. 할레비105)는 혁명의 신화를 이렇게 이야기했다. 우리는 지금도 프랑스 혁명 이전의 모든 혁명이 혁명의 전조나 도입부 혹은 머리말일 뿐이라고 주장하는 책들을 쉽게 찾아볼 수 있다. 이 책들은 1789년의 혁명과 더불어 진정한 인간성이 시작되었다고 주장한다. 또 다른 견해로는 프랑스 혁명은 우리가 겪는 모든 재앙의 시작이었고, 추상적 이상주의의 시작이었으며, 정치적 현실주의인 동시에 국가 전체주의가 모든 사회를 장악하는 시작이었다고 보는 견해도 있다. 이것이 무니에가 말하는 신화의 개념이다. 그러나 동시에 우리는 부르주아 승리의 신화와, 이제 막 태어난 사회주의를 폐지하고 선한 민중의 기대를 무너뜨리는 착취 계급의 지배 신화가 점점 사라지는 것을 보게 된다. 신화를 역사로 받아들이려는 이유는, 혁명을 신화화시키길 원하기 때문이며, 혁명이 신화처럼 나타나기 때문이다. 이 신화화는 선전을 통해 나타나기 때문에 선전의 도구가 된다. 여기서 우리는 프랑스 혁명과 프랑스 혁명에 선행했던 혁명들 사이의 주목할 만한 차이점을 분명히 인식해야 한다. 우리가 계획 혹은 혁명의 목표라고 부르는 것혁명이 일어나려면 존재해야 하는 것들과 혁명의 신화 사이에는 그 어떤 유사점도 없다. 지금까지 혁명들은 이데올로기를 통해서 자양분을 얻었지만, 혁명 자신의 이데올로기에는 그 어떤 영향도 받지 않았다. 어쩌면 여기에서 우리는 아렌트의 질문에 대해 다음과 같이 한마디로 대답할 수 있을 것이다. 만일, 1771년의 혁명이 아닌 프랑스 혁명이 커다란 성공을 거두었다면, 그것은 이 혁명이 널리 소개되었고 영웅적으로 묘사되었기 때문이다. 그리고 이 시기에 단두대에서 처형당한 사람의 수가 다른 혁명에 비해서 비

---

105) [역주] 다니엘 할레비(Daniel Halévy, 1872~1962). 프랑스 역사학자.

교적 적었음에도 불구하고, 이 시기를 피의 시기로 묘사하며, 이후의 세대들에게 끔찍한 이미지로 기억되기 때문이다. 그리고 루이 16세의 죽음이 불쌍한 샤를로 1세의 죽음보다 더 중요한 사건으로 인식된 것과 마찬가지로, 혁명의 모든 흐름은 사람들에게 칭송을 받았지만, 그 속의 인물들과 법 조항들은 끊임없이 비판을 받았고 가장 극적으로 제거되거나 폐지되었기 때문이다. 여기에서 선전은 처음으로 일관적인 방식으로 활용되었다. 그리고 이것은 매우 성공적이었다. 1815년에 조셉 드 메스트르106)는 다음과 같이 기록하였다. "프랑스의 힘 안에, 그 힘의 특징 안에, 그들의 언어 속에, 상상을 초월하는 선전가들의 말이 있었다. 국가 전체가 커다란 선전일 뿐이었다." 혁명은 그 자체로 선망의 대상이 되었다. 그리고 선한 자들에게는 존경의 대상으로, 범죄자들에게는 폭력을 행사하는 존재로 나타났다. 국가 또는 자유의 인격화 뒤에는 혁명의 인격화가 숨어 있었다. 혁명이 제시할만한 가치 있는 목적이 있었다기보다는 혁명 그 자체가 가치 있는 것이어서, 혁명이 걸어가는 승리의 행진에 걸림돌을 참을 수 없었던 것이다. 우리는 우선 기구와 이론의 조직뿐만 아니라 혁명가 자신들의 실재를 대하는 태도에 대해서도 이야기했다. 우리는 혁명을 지지했는가, 혹은 반대했는가? 자, 이 문제는 지난 10년간 가장 핵심적인 논란거리였다. 혁명 계획은 영광스러운 원동력의 이미지를 가진 혁명적 사실보다 중요하지 않게 되었다. 이전에 우리는 혁명에 제시된 목적을 규정할 수 있지만, 지금은 혁명의 이미지가 본질이 되었다. 과거의 혁명 계획은 저항의 기초 위에 있는 이론적 영역이었다. 그러나 이제 계획은 믿음의 명령이고 혁명 그 자체의 행위에 기초하고 있다. 그러나 우리가 '신화'라는 단어를 사용할 때, 이것이 저항에서 빈번하게 나타났던 신

---

106) [역주] 죠셉 드 메스트르(J. d Maistre, 1753~1821). 정치인, 철학가, 역사학자이며 저술가, 사보아(프랑스)에서 활동하였음.

화주의와 가깝다거나, 천상에서 계획되고 땅 위의 맹세로 내려온, 실패할 수밖에 없는 신화라고 믿어서는 안 된다. 여기에는 매우 큰 차이점이 있다. 그럼에도, 신비주의는 혁명에 언제나 외적인 목적을 제시한다. 다른 한편으로 이 신비주의는 자연재해에 대한 해결책이기도 했다. 1789년의 혁명 역시 신비로운 목적을 가진 혁명이었으며, 이러한 의미에서 혁명은 성공해야 했다. 성공한 혁명은 신앙의 대상이 되고, 절대적인 신앙을 요구하며, 맹목적인 동의를 요구한다. 다른 말로 하자면, 성공한 혁명은 인간의 정신 속에 긍정적인 표식과 함께 파노라마처럼 각인된다. 이것이 바로 혁명의 신화이다. 그리고 이것이 자유와 정의를 압제 된 민중에게 가져오는 것이다. 그래서 혁명은 더는 어떤 결과를 얻기 위한 수단으로 여겨지지 않을뿐더러 가능한 한 더 좋은 방식으로, 그리고 가장 빨리 해결해야 하는 필연적인 고통과 혼란의 시기로도 여겨지지 않는다. 오히려 혁명은 역사의 유일한 순간이고 역사의 축이 된다. 그리고 인간은 이전의 모든 운동 중에서 혁명에 도달한 운동만을 정당화하고, 인간을 그 혁명의 실현으로 내몬다. 이 순간혁명의 순간이 바로 인간이 자유로운 순간이다. 혁명은 지상에서 신격화되며, 모든 시민에게 선이 된다. 그러나 신화의 출현을 설명하고자 선전을 이야기하고, 혁명에 대한 개념의 변화를 이야기하는 것으로는 불충분하다. 선전은 사람들이 받아들일 준비가 되어 있을 때에만 지속적인 효과가 있을 수 있다. 여기에는 관련된 모든 현상이 함께 작용해야 한다. 신화라는 하나의 단어를 통해 매우 많은 것을 머릿속에 떠올려야 했다. 너무나 낯설게 여겨졌던 혁명의 신화라는 개념은, 혁명이 역사의 한 부분을 구성하고 역사의 흐름 속에 포함되며 역사에서 사고 되는 그 순간에서만 구축될 수 있었다. 혁명이 역사에 대하여 부정否定하는 한, 신화는 우리가 '사고' 할 수 있는 것이 아니다. 이제 우리는 프랑스 혁명에 대해 마지막 모험을 하게 되며, 이 순간 신을 직면하게 된다. 이 혁명의 사건들은 그저 사람들을 통해 이어져 온다고 생각할 때에만 사건의 차원을 가지게 된다. 그것은 매우 커다란 사건이지만, 여기에 이제 인간은 없다. 정교政敎가 분리된 사회 내에서 진보주의자와 혁명은 신화적인 차원을 갖게 되고, 인간을 위한 신화가 되며, 역사에서 자신의 존재에 갇히게 된다. 그래서 혁명 이외의 다른 출구를 찾지 못하는데, 그 이유는 하늘이 그에게 닫혀 있기 때문이다.신이라는 존재를 여기에서 고려할 수 없기 때문이다-역주 이처럼 사건의 인격화와 역사화는 혁명을 이해하는 데에 이성적인 틀을 제공하지 못하고 오히려 그와는 반대로 혁명을 신화로 만든다.

결국, 진보적 사고, 정교의 분리, 개인주의의 출현이 필요했다. 진보에 대한 신앙은 혁명가들의 행위 속에서 진보의 장애물들을 제거하면서, 진보라는 단어의 그림자만을 보도록 인도하였다. 개인주의라는 단어는 혁명가들의 시기에 더 널리 사용됐다. 이 단어는 모든 사람에게 퍼졌으며, 평범한 사람도 자기가 원한다면 모든 것이 될 수 있다는 가능성이었고, 그렇게 된 영웅들을 칭송하였다. 이 점은 우리가 이미 언급한 바 있다. 그리고 혁명은 혁명의 영웅들 속에서 성육신하였다. 여기에 혁명의 모든 유형이 나타난다.

혁명은 또한 해방된 에너지가 분출되는 순간이었다. 이 짧은 순간에 일어난 에너지의 폭발은 분명히 그 어떤 것들보다 개인주의를 추구했던 사람들에게 큰 인상을 주었고, 혁명이 개인주의의 승리를 위해 싸워감에 따라 이 개인주의가 다른 모든 소망을 모두 집어삼킨 것으로 보인다. 여기에 자연을 정복할 수 있다는 확신이 있으며그 시초부터 분명히 과학에 대한 확신이 있었다, 사회는 물리적 세계와 마찬가지로 일정한 법칙이 있는 자연이라고 여기는 사고와 연결되어 있다. 그 법칙은 따라야 하지만, 그것 덕분에 기술을 통해서 자연을 다루는 것과 마찬가지로 사회를 대할 수 있었다. 이러한 자연과 사회의 유사성, 그리고 과학과 정치의 유사성은 18세기 말 인간의 사고 속에 있는 영광스런 혁명의 승리를 설명하는 결정적인 요소이다. 총체적이고 이성적이며 과학적인 정치적 영광의 순간이 바로 혁명의 영광스러운 순간이 되었다. 이전의 어떤 정부도 사회 전체를 다시 재편하려 하지 않았다. 가장 절대적인 것들이 주류의 집단을 다스리려 했고, 힘으로 제압하려 하였다. 오직 최소한의 행동, 독재만이 가능해 보였다. 이제 혁명은 이성에 맞도록 사회 체제를 형성하고, 모든 것을 변화시키며, 모든 구조를 재편한다. 이렇게 정치를 과학으로 통합시키는 것은 결국 인류 통합의 가능성을 다시 열어주며 신화를 창조한다. 혁명에서 통합이라는 주제는 실제로 본질적인 주제이기 때문이다. 지난 세기 이후, 철학과 교회가 분리된 사회 내에서 사상의 통합은 더는 존재하지 않는다. 그런데 여기 갑작스럽게 나타난 혁명을 통해 모든 사상을 녹여 모두가 희망하는 일원론의 경향을 보이게 하는 도가니가 나타난다. 절대적 존재를 믿는 종교는 이러한 일원론을 보증해 줄 뿐이었다. 여전히 이 시기의 신화적 혁명을 받아들이고 믿으려는 태도를 설명해주는 인간적 관점이 존재하는데, 이 관점의 존재는 기독교 신앙이 그 맛을 잃어버리고 쇠퇴했음을 의미한다. 종교의식과 미신, 감정에 대한 집착과 마술이 분명히 있었지만, 사람들은 혁명이라는 대교리를 진실로 믿었다. 따라서 18세기 말에 구원은 허무한 거짓으로 여겨지게 되었다. 다른 한편으로, 혁명은 어떻게 나타나며 어떻게 보이는가? 그것은 정확히 역사가 말하는 것처럼 인간의 행위이며, 기독교가 영원이나 미래라는 단어를 통해 암시하는 의미이다. 다시 말하자면, 천국을 통한 최후의 심판이다. 그것은 아마도 지옥과 천국을 이야기하는 기독교를 받아들일 수 있도록 하는 두 가지 최종적인 믿음이었을 것이다. 이 혁명의 이미지 속에 예수 그리스도가 빠지면서 혁명은 강하게 기독교를 붙잡는 사람들에게 모호한 것이 되었다. 그러나 그러한 혁명의 이미지들이 더욱 역동적일수록, 신앙은 더욱 강하게 현실적이 되었을 것이다. 왜냐하면, 혁명은 최후의 심판과 같이 나타나기 때문이다. 이 표현은 유전적인 동시에 내재적인 혁명에 대한 정의定義의 표현이다. 혁명이 이야기했던 것은 절대적으로 정확한 것이었지만, 더는 사건에 대한 표면적인 규정이 아니었다. 그리고 혁명은 최후의 심판이었으며, 이후에 다른 혁명이 나와서는 안 되었다. 이 땅에서 폭군은 사라질 것이고, 모든 죄인은 예외 없이 처형되고 제거될 것이다. 이 정화 이후에 선한 자와 악한 자를 정확하게 구분하여 새롭게 된 인류를 볼 수 있을 것이다. 그리고 우리는 사회적 원죄를 다시 범하지 않을 것이다. 여기 혁명이 지나간 자리에, 최후의 심판을 통해 천국이 건설될 것이다. 정의와 평등의 천국이 실현될 것이다. 이처럼 최후의 심판과 기독교적 천국을 더는 믿지 않기 때문이라기보다는, 이러한 천국의 이미지가 모든 사람의 마음속에 깊이 박혀있었기 때문에 우리는 최후의 심판과 혁명적 천국을 받아들일 준비가 되어 있었다. 말하자면 혁명을 신화로 변화시킬 준비가 되어 있었던 것이다. 그러나 신화가 존재하려면 집단적인 연금술이 있어야 한다. 이 집단적 연금술은 절대로 한 개인이 만들어내는 것도 아니고, 결정적 창조자에 의한 작품도 아니다. 신화는 두 가지 가능한 환경이 만날 때 만들어진다. 우선, 오랜 시간 동안 이론이 성숙되고, 이데올로기가 준비되어야 한다. 그리고 그 위에 사건들이 집중적으로 일어나야 한다. 이 두 가지 움직임이 혁명 속에 일어났던 신화들을 분석해내고 의식적으로 받아들이게 한다. 이제 우리는 분명하게 혁명이 "볼테르의 실수이며, 루소의 오류"라고 믿는 이론적 성숙의 시기, 계몽주의시대를 벗어나게 된다. 지난 반세기 동안의 연구는, 백과사전과는 큰 차이를 보인다는 이유로 극도로 과대평가된 몽테스키외와 루소의 사상과 혁명 아래에서 행해졌던 것들을 극단적으로 과소평가시키는 경향이 있었고, 결국 이것들이 무의미한 것이었다고 선언하였다. 의심할 여지없이 직접적으로 무의미하다고 선언하였다. 그러나 혁명가들의 이론과 사고에서는 이 몽테스키외와 루소의 사상, 그리고 혁명 아래에서 일어났던 일들이 무의미하지 않았을 것이다. 반면에 이데올로기적 분위기의 조성, 논쟁점의 지정, 사회적 구조의 약화, 방향의 설정 및 혼란에 관해서는 분명히 무의미했다. 누가 루소나 달랑베르d' Alembert, 107)의 사상에 진정으로 영향을 받았는지 논증하는 것은 중요하지 않다. 사람들은 그 사상을 읽지 않지만, 이들을 통해 여론이 형성된다. 1945년부터 1950년까지 모든 사람은 실존주의자였다. 하지만, 샤르트르를 읽은 사람은 소수가 아니었는가? 우리는 1968년 파리 소요에서 마르쿠제108)를 말할 수 있고, 그의 선언에 대한 콘 벵디109)의 답변을 알고 있다. 이 유행하는 이데올로기가 이 사람들의 이름을 통해 구체화하였지만, 그 이데올로기의 신봉자들은 그 사상과 사상의 영향을 구체적으로 잘 알지 못했다. 이 유명한 혁명가들은 매우 예외적으로 오랫동안 지속적으로 이데올로기가 형성될 수 있었던 시기의 수혜자들이다. 1789년 혁명 전야에는 혁명을 신봉하는 지성인들이 있었다. 이러한 환경에서 혁명은 전기가 방출되듯이 한순간에 일어날 것이다. 여기에서도 나는 이데올로기에 의해 일어난 사건을 이야기하는 것이 아니다. 그러나 만일 혁명이 짧은 순간만 지속하였다면, 혁명에 대해 단일한 관점예를 들면, 입헌적 관점이나 폭력적인 관점만을 가졌을 것이고, 폭발적인 사건만이 산발적으로 일어났을 것이다. 결국, 따라서 혁명에 대한 신화는 형성되지 않았을 것이다. 이 신화의 형성은 가능한 모든 관점평화적이고 폭력적인 것, 정의로운 것과 독재적인 것,

---

107) [역주] 정 르 롱 달랑베르(Jean Le Rond d' Alembert, 1717~1783). 프랑스 철학자이자 수학자, 물리학자, 저술가임.
108) [역주] 헤르베르트 마르쿠제(Herbert Marcuse, 1988~1979). 미국 철학가, 사회학자이며 마르크스주의자임.
109) [역주] 다니엘 콘 벵디(Daniel Cohn-Bendit, 1945~). 68혁명 당시 학생 지도자로 활약하였고, "붉은 대니 Dany le Rouge"로 잘 알려짐. 이후에 프랑스와 독일 양국에서 정치인으로 활동함.

입헌적인 것과 폭력적인 것, 도덕적인 것과 부패한 것, 행정적인 것과 폭발적인 것 등을 적용해야 했다. 또한, 충분한 시간과 충분한 사건들이 있어야 했다. 이제 신화는 구체화하였다. 수많은 요소의 통합을 통해 혁명은 분명히 신화화되었다. 그것은 신화가 사상, 믿음의 요소, 상상, 적극적인 참여와 감정의 요소를 갖고 있기 때문이다…. 그리고 우리는 오늘날 여전히 이 신화 위에 살고 있다.

우리에게 혁명은 언제나 원인이며, 가능성이고, 진실의 순간이고, 독재의 종말이며, 황금의 시대로 들어가는 문이다. 그리고 이제부터 신화로부터 얻어진 체계 위에서, 한편으로는 혁명적 마르크스주의, 무정부주의, 국가 사회주의로 발전할 것이며, 다른 한편으로는 혁명의 일상화로 발전할 것이다. 그러나 우리는 아직 대혁명의 선전에서 벗어나지 못했다. 우리는 이미 혁명에 대한 수많은 선전의 이미지를 갖고 있으며, 절대로 아무 이유 없이 이 이미지들을 떠올리지 않는다.

* * *

만일 우리가 한편으로는 혁명적 신화 위에 살고 있으면서 다른 한편으로는 신화를 이해하려 한다면혁명을 살펴볼 만한 현상으로 받아들인다면, 그리고 저항은 살펴볼 만한 현상이 아니라고 생각한다면, 신화를 유형화시키는 것은 가능할 것이다. 신화의 모형 역시 혁명이 역사 안에 있다고 여기는 순간부터 신화로 여겨질 것이다. 그것은 이제 혁명은 더는 쏟아지는 가설을 통해 유추해야 하는 사건이 아니기 때문이고, 완벽하게 규정할 수 없고, 사유할 수 없는 우연한 절대적 사건이 아니기 때문이다. 그러나 혁명이 인간의 전체 역사의 한 부분으로 여겨지는 순간부터, 곧바로 우리는 지적 작용을 통해 혁명 안에서 법칙과 과정을 찾아낼 수 있다. 아울러 비록 낯설기는 하지만 우리는 신화를 분석해 낼 수 있다. 따라서 1789년의 혁명 이후에,

그 이전의 다른 혁명들이 일어났을 때와는 다르게 수많은 역사 문학과 서사 문학이 발전하기 시작할 것이다. 하지만, 이것은 항구적이고 보편적이며 가치 있는 모형 구축을 위한 단 한 걸음의 전진에 불과한 것이었다.

혁명을 신봉하는 사람들은 신화를 추구하며, 지성인들은 모형을 추구한다. 왜냐하면, 신화와 모형은 혁명에 대한 반응일 뿐 혁명가들의 행위가 아니기 때문이다. 혁명가들에게 신화는 존재 이유고 타인을 대하는 방식이다. 반면에 모형은 전략의 방식이다. 여기서는 아직 이 부분을 다루지 않을 것이다. 마르크스에게 신화와 모형은 매우 밀접한 관계가 있으며, 지적 사고와 행위의 목적이 연합한 것이다. 신화는 모형에 종속되어 있다. 나는 여기서 마르크스 혁명의 모형을 다시 구축하려는 것이 아니다. 이 혁명 모형은 너무나 잘 알려져 있다. 지난 수년간 사회학은 혁명을 설명하려고 많은 노력을 기울여 왔고, 가능한 모든 혁명에 적용할 수 있는 도식을 그리려 하였다. 이 연구들 속에서 우리는 두 가지 커다란 방향을 찾을 수 있다. 첫 번째 방향은, 혁명 운동이 전적으로 사회학적 영역 속에 있다는 것이다. 그래서 이것은 너무나 많은 자료로 구성되어 있어 몇 가지 의미로 축소할 수 없으며, 역사적 맥락에서 분리할 수도 없다. 또한, 만일 우리가 하나의 모형을 찾아낸다면, 이 모형은 분명히 모든 상황에 적용할 수 있는 도식이 될 수 없을 것이다. 이 작업은 분명히 혁명을 추상화시켰지만, 극단적으로 끌고 갔으며 결국 명확한 도식을 제시하지 못했다. 혁명의 과정계획-실행-반혁명에 대한 도식을 만들고, 가난이 일반화된 사회 속에 나타난 혁명 계획과 또는 가난이 지속하는 사회 속에 나타난 혁명 계획의 차이점을 찾으려 했던 데쿠플레의 훌륭한 연구110) 자료는

---

110) 데꾸플레, 『혁명의 사회학*Sociologie des révolutions*』, 1968. 어쨌든 이 분석은 갈로(GALLO)의 글 "좌파주의, 개혁주의와 혁명 *Gauchisme, réformisme et révolution*"(1968) 이 글은 역사적이고 사회학적인 오역의 극치이다. 게다가 뛰어나다: 우리는 모네로(Monnerot)의 대작 『혁명의 사회학*Sociologie de la Révolution*』 (1969) 역시 사용할 수 없었다. 이 글은 이미 수명을 다한 것으로 보인다.

첫 번째 방향성의 좋은 예로 볼 수 있다. 그러나 그의 저서 『일상의 혁명』에서 나타난 분석은 1789~1871의 시기에 초점이 맞추어져 있으며, 그 외의 수많은 다른 혁명을 간과하고 있다. 여기에서 혁명의 '지도자들'이나 '관리자들'을, 혁명을 실패하게 할 수 있는 원인으로 설명하는 것은, 우리가 지금까지 살펴본 것처럼 이들이 혁명을 성공하게 할 수 있는 중요한 요소라는 사실과는 배치된다. 이 혁명의 사회학에서 가장 위험한 것은, 현상을 하나의 유형으로 축소하고, 하나의 흐름이나 항구적인 자취를 찾으려 하며, 하나의 정체성을 찾으려는 경향모든 사회학자에게 공통적인 현상이다이다. 이와는 대조적으로 혁명이 우리가 보통 혁명이라고 부를 수 있는 현상과 항상 같은 현상을 보이는 것은 아니라고 생각하는 한, 하나의 사회학적 모형은 불가능하게 되고, 우리는 다양한 모형들을 고려해야 한다. 혁명을 하나의 도식으로 설명할 수 있다고 이야기하는 것은, 데쿠플레가 십자군 운동우리가 전체 십자군 운동을 고려하고 그 특성 중 하나를 이야기하지 않을 때에, 이것은 극단적인 것처럼 보인다은 혁명으로 분류하지만, 고귀한 가치를 지니지 않는다는 단순한 이유 때문에 파시스트와 나치의 혁명을 전혀 혁명으로 여기지 않았던 오류를 범한 것과 같은 오류로 인도할 것이다! 역사 속의 혁명들은 너무나 다른 수많은 흐름이 있었고, 하나의 유형으로 통합하는 것은 불가능해 보인다.111)

물론, 역사적인 방식으로 혁명을 사회 전반에 연결하고, 계획과 전체성 혹은 역사성 등을 통해 혁명에 대한 문제를 제기하는 이러한 방식은 매우 훌륭한 것이다. 그러나 이것은 단지 역사적 사회학일 뿐, 아직 소로킨Sorokin이나 죠르주 구르비치Gurvitch가 구축하려 했던 구체적이고 완성

---

111) 이러한 불가능성은, 예를 들면 크래인 빈튼(Crane Vinton)의 『혁명의 해부 The Anatomy of Revolution』(1965)와 모네로(Monnerot)가 그들의 사회학을 미국 혁명(1770)과 프랑스 혁명(1789) 그리고 1917년의 러시아혁명에만 기초한 것이라고 보는 관점에서 나오게 되었는데, 이러한 단순화는 받아들이기 어려운 것으로 보인다.

된 모형이 아니다. 또한, 이 분석들은 마르크스의 분석과는 달리 혁명을 예측하는 데에도, 그리고 준비하는 데에도 구체적인 도움을 주지 못한다. 비록 모든 혁명에 나타나는 공통적인 부분들이 있고, 어쩌면 모든 혁명에서 비슷한 움직임들을 발견할 수 있다고 이야기할 수는 있지만, 이것은 단지 혁명에 대한 비교적 구체적인 묘사의 수준에서 머물러 있는 것이고, 추상화나 도식화의 단계에 아직 도달하지 못한 것이다. 이 단계에 도달하려면 이와는 다른 관점을 가져야 한다. 실제로 방법과 관점 사이에는 대립하는 부분이 있는 것으로 보인다. 따라서, 지금 나처럼 다양한 혁명들의 예를 통해 혁명을 설명하려는 한, 보편적인 설명적 도식을 그리는 것은 불가능하다. 만일 다양한 혁명을 들어 보편적 혁명을 설명하려 한다면, 사회가 전반적으로 받아들이는 일반적 관점에서 출발해야 한다. 그러나 이 일반적 관점 속에서는 혁명의 특별한 경우가 추상화와 검증의 과정을 통해 사라질 수 있다. 어떤 역사학자들은 혁명의 보편적 모형을 찾고자 이러한 위험을 감수한다. 나는 여기서 카젤[112]의 논고를 간단하게 인용할 것이며, 앙리 쟌느의 논고를 더 구체적으로 인용할 것이다. 카젤의 연구는 일정 기간의 지표에 대한 세심한 연구여기서는 1345년부터 1360년까지의 왕립 의회의 구성과 빈도 그리고 조직를 통해 혁명에 대한 다양한 해석 사이에서 상호 연관적인 시스템을 구성하도록 해 준다. 카젤은 혁명에 대한 다양한 해석으로 사회 또는 계층의 대립, 도덕적 혹은 법률적 질서를 고려한 경제적 대립, 새로운 정치 철학의 도입, 사회학적 진화, 국가적 감성의 각성 등을 들었다. 그는 상당히 구체적인 분석을 통해 다음과 같은 일반적인 견해에 도달하였다. 결정적으로, 각각의 보편적 사회는 서로에 대해 수많은 차원에서 긴장 관계를 형성하고 있다. 그리고 모든 집단은 잠재적

---

[112] 카젤(Cazelles), 『16세기의 혁명적 운동들과 정치적 행위의 주기 Les mouvements révolutionnaires du milieu du XVIème siècle et le cycle de l'action politique』, Revue historique, 1962.

인 갈등 혹은 겉으로 드러나는 갈등이 있다. 나는 이 긴장과 갈등이 사회로 하여금 생명을 이어가게 하기도 하고, 하나의 집단을 없앨 수 있다고 덧붙이고 싶다. 그러나 보편적인 사회는 이러한 갈등과 긴장을 관리할 수 있는 시스템이 있을 때에만 지속할 수 있다. 카젤이 연구한 시기는 왕의 의회가 정확히 이 구실을 한 것처럼 보인다. 왕에 속한 의회는 "전제정치의 안전판이었으며, 이것을 통해서 체제에 대항하여 압력을 넣었고, 긴장을 완화시키는 역할을 하였으며, 주기적으로 의견을 개진하였다. 매우 다양한 힘과 선택권을 가지고 있었던 의회의 존재 때문에, 폭력적인 상황이 전개되는 순간에도 왕 자신은 논란의 중심에 서지 않을 수 있었다…. 이 의회의 존재로 말미암아 혁명들은 더 많은 피를 흘리지 못했고, 더욱 더 근본적인 문제를 제기하지 못했을 수도 있으며, 때때로 정부 집단을 단순히 변화시키는 결과만을 가져오기도 했다." 다시 말하면, 의회는 불만을 느낀 사람들의 목소리를 대변하는 기관이며, 저항 운동이 도달하는 곳이고, 모든 압력은 의회에 가해지며, 의회 자신이 압력을 행사하기도 하고, 어떤 경우에도 정부가 작동하게 해 주기도 하지만, 다른 한편으로는 정부에 반대되는 힘들을 규합하고 변화시켜 개혁의 요소로 사용되기도 한다. 이처럼 대립을 조정하는 기구가 있는 한, 혁명은 없으며, 사회적 동요는 개혁에 긍정적으로 사용된다. 그러나 의회와 같은 기구들이 조정 기능을 잃어버렸을 때에, 이 기구들이 대립하는 세력을 더는 수용하지 못할 때에, 정부 차원에서 반대 세력의 구성을 더는 허락하지 않을 때에, 다른 여러 가능성을 고려하지 않고 단 하나의 의견만을 채택할 때, 중재자로 더는 협상을 하지 못할 때에는, 소외되고 이해받지 못하고 억압된 세력들은 특별히 부정적인 존재가 되어 이들을 통해 혁명이 터져 나오는 것을 막을 수 없게 된다. 이 해석은 분명히 정확하고 대부분의 혁명적 상황에 적용할 수 있지만, 그 모형은 혁명의 무수한 다양성에 비하여 매우 제한적이고 상당히 빈약하다.113) 앙리 쟌느114)가 구축하려 했던 모형은 더욱더 복합적이었고, 파슨스115)가 말한 의미와도 유사하다. 이 시도는 우발적인 요소들을 지우고 본질을 드러내고 상징적인 진정한 모형을 추구하는 것이었다. 그래서 쟌느는 모든 사회를 도식화하려는 개념에서 출발한다. 모든 개인은 서로에게 매우 다양하게 질서 잡힌 다양한 집단에 속해있다. 여기에는 서로에게 중첩된 집단들이 수평적으로 구분되어 있다. 이 수평적 구분은 본질적으로 사회적 계급을 의미하며, 쟌느는 이 수평적 계급으로 다음의 것들을 이야기한다. 지도계급, 기술자, 중산층, 평민. 그리고 다른 한편으로 병렬로 놓여 있는 집단들의 수직적 구분이 있다 정치적 정당, 조합, 교회, 기업, 군대, 정치조직 등. 한 인간이 사회적으로 어떤 위치에 있는지를 알려면 이 소속들을 조합해야 한다. 어떤 영역에서는예를 들면, 산업과 같은 영역 계층의 정상에 있을 수 있지만임원의 위치에 있음, 다른 영역에서는 낮은 계급예를 들면, 정치적 조직 내에서 단순한 선거권자로, '대중'의 일원이 될 수 있다에 있을 수 있다. 사회적 구조에 속해 있는 조직들병렬적 영역으로의 구분은 사회의 전반적인 통합에 호의적인 행동을 취한다. 그들 각각은 사회 전체적인 질서에 다양한 방법으로 참여한다. 이 병렬적 영역들은 영역 내의 한 부분에서 변화가 일어날 때, 이 집단의 가치와 세력에만 영향을 받으며, 사회의 나머지 영역에 영향을 미치지 않고 문화적인 구조에도 변화를 주지 않는다. 왜냐하면, 사회 내의 각 요소가 가치의 체계, 문화 혹은 하위문화와 대응하기 때문이다. 그래서 수평적 집단들에 의해서 표현된 문화와 수직적 집단들의 문화 사이에 긴장이 있다. 이처럼 혁명 현상의 근원을 하나의 '수

---

113) 반면에, 카젤(M. Cazelles)은 자신의 글을 통해 진정한 모형과 일반화를 제시하려는 것처럼 이야기하지 않았음을 강조해야 한다. 이것은 구체적인 역사적 사회학의 연구이다. 그럼에도불구하고 그의 연구의 제목은 하나의 모형에 도달하기 위한 그의 의도를 나타낸다.
114) 앙리 쟌느(H. Janne), 『혁명적 현상에 대한 이론적 모델 *Un modèle théorique du phénomène révolutionnaire*』, Annales, économies, sociétés, civilisations(역사, 경제, 사회, 문명), 1960.
115) [역주] 탤컷 파슨스(Talcott Parsons, 1902년~1979년). 미국의 사회학자.

평적' 문화에 의해서 수직적 혹은 전반적 문화에 가해지는 압력에서 발견하였다. 이 압력이 사회가 견딜 수 있는 이상의 긴장을 만들어내지 않는 한, 혁명은 없다. 이 긴장의 한계를 넘어설 때, 혁명 현상이 시작된다. 그러나 이에 앞서 사회는 수직적 문화라는 수단을 통해 순식간에 안정화와 보상, 적용의 모든 힘을 만들어낸다. 예외적으로 정치적 조직은 '수평적' 긴장을 완충시키는 기관이 된다. 그러나 정치 조직은 상위 계층에 의해서 독점될 때에 완충의 역할이 약해지는 경향이 있다. 상위 계층의 문화와 수직적·정치적 조직의 문화와 결합할 때에만 그렇다 민주주의가 이 압력을 감소시키기는 하지만 모든 상황에서 작동하는 것은 아니다. 결국, 수평적 형태의 압력을 통해 정치적 기구에 의해 독점되었던 힘이 분산하는 것과 같은 긴장이 만들어질 때 혁명이 일어난다. 그리고 만일 혁명적 세력이 조직화하고 통합되어 대중의 힘을 설득할 수 있는 수준에 도달하면, 혁명 자신은 새로운 문화를 지닌 새로운 체제가 된다. 이 모형을 적용하게 될 때, 전前 혁명적인 상황, 혁명의 유형 그리고 그 과정이 동시에 설명된다. 이렇게 쟌느는 한 사회가 그 사회 안에서 사회적 계층이 수직적일반적 통합 집단으로 형성되기보다는 수평적사회적 계층으로 강하게 형성될 때, 혁명적 과정의 경향이 나타남을 보여준다. 만일 중산층이 수평적으로 최대한 통합된다면 파시스트 유형의 혁명이 일어나게 될 것이며, 만일 이 통합이 대중 사이에서 일어난다면 사회주의적 유형의 혁명이 일어나게 될 것이다. 만일 이 통합이 농민들 사이에서 일어난다면, 우리는 자끄리의 난과 같은 저항을 보게 될 것이다. 자, 여기에서 이 모형이 저항의 특수한 문제를 배제한다는 사실을 주목하자. 저항은 우선 농촌에서 일어나는 현상이다. 그러나 한편으로 이 저항의 현상은 언제나 자신의 이익을 위해서 힘의 독점을 조직화하지 못하는 농민들의 무능력함을 드러낸다. 이때부터 보통 저항이 실패하게 되면, 이 실패의 원인은 그것이 저항이기 때문이 아니라

이 저항이 농민들에 의해서 일어났기 때문이다. 이것이 농민들의 봉기가 19세기 이후에 점점 더 그 중요성을 잃어가는 이유이다. 농민 혁명은 산업화하지 않은 사회에서만 사회학적 문제일 뿐이다…. 산업 사회에서의 농업은 수직적 기능의 조직이 되었고, 어떤 경우에도 농민은 역사적으로 주요한 집단이라는 지위를 잃지 않았다. 결국, 다민족 사회에서 지배 민족을 통해 최대한의 통합이 일어날 때, 혹은 지배적 민족이 다수를 차지하게 될 때, 이것은 반식민 혁명이 된다. 반면에 소수를 통해 최대한의 통합이 일어날 때에는, 외부 집단에서 내부 집단으로 통합이 일어나는 혁명이 된다.

결국, 이 모형은 혁명 과정에 적용된다. 이 혁명 과정은 "부정적인 사회의 행위의 양이 긍정적 사회보다 클 때" 일어난다. 실제로 이것은 긍정적인 통합적 요소와 부정적인 분열의 요소가 사회 전반에서 작용하는 것을 의미한다. 우리가 살펴본 통합적 요소들은 주로 수직적 그룹에 있지만, 계층적으로 위치한 그룹들은 필연적으로 분열적 능력이 없다.

결국, 긍정적 사회와 부정적 사회 사이의 정량적 관계는 어느 정도 사회의 전반적인 대통합을 나타낸다. "혁명 현상은 분열의 급진적 표현이다." 그러나 여기에서도 혁명의 과정은 잘 눈에 보이지 않는데, 그 이유는 혁명 과정이, 긴장이 위치하고 분열의 힘이 작용하는 그곳에 나타나기 때문이다. 만일 이러한 부정적인 긴장이 사회 전반에 나타난다면, 사회 전반은 하향 곡선을 그리며 점진적으로 분열된다. 이것은 사회 전반에 통합적인 기능이 부족함을 나타낸다. 그러나 이것이 혁명적 힘의 작용을 내포하지는 않는다. 부정적 긴장은 단순히 사회 내에서 하나의 결여를 만들어 내며, 이 결여는 수직적 집단예를 들면, 군대 또는 수평적 집단계급이 수평적인 집단은 어떤 경우든 가장 비통합적인 집단이다의 개입을 조장한다. 만일 부정적 긴장이 사회 내에 가장 통합된 수직적 집단 안에 가장 강하게 형성되어 있다면, 쿠데타를 일으킬 수 있지만, 혁명이 혁명은 수평적 조직을 통해서만 나타날 수 있는 문화적 변화를 내포한다을 일으킬 수는 없다. 수직적 집단의 증대는 사회 전반의 문화를 변화시키지는 않지만, 이 문화 속의 다양한 가치의 균형을 상실하게 한다. 이와는 반대로 수평적 집단의 다양화를 통해 사회 내의 문화가 완전히 변화될 때, 지배 계급이 아니었던 이 수평적 집단은 지배 계급이 되고, 수평적 집단 사이에 문화적 충돌이 일어나게 된다.

반대로 만일 사회의 긍정적 행동의 양이 부정적인 부분보다 우위에 있을 때에, 이 상황은 혁명을 일으키지 않는다. 만일 긴장이 일반적으로 모든 집단에 분배되어 있다면, 그것은 매우 균형적이고 안정적인 사회이며, 일반적으로 모든 부분에서 통합된 사회이다. 만일 부정적인 결과를 나타내는 긴장이 수직적 계층 사이에서 주요하게 작용한다면, 이것은 압력 단체 사이에서 권력 투쟁이 있음을 의미한다. 반대로 이 현상이 수평적 계층 사이에서 일어난다면, 다양한 집단수직적 조직에서으로 통합되려는 경향이 있는 분화적으로 유사한 계층들 사이에서, 평화적인민주적인 정치적 갈등이 있었다고 이야기할 수 있다.

결국, 자신이 수립한 모형이 기계적인 적용이라는 사실을 어느 정도 희석시키기 위해, 쟌느는 의식화라는 요소를 개입시키고 있다. 그는 자신의 연구 제목을 통해 의식화의 과정이 각 집단 안에서 상호 간의 통합을 일으키며, 부정적 행위가 집약되는 것을 막고 있음을 보여준다. 그러나 역시 기구들이 무능력하다는 사실을 잊지 말아야 한다.이 문제는 카젤의 의해 연구되었다 "혁명의 경향이 있는 수평적 계층의 의식화와 통합의 힘은 사회적 필요에 부응하지 못하는 기구들의 무능력한 부분에 작용한다…. 또한, 수평적 계층 사이에서 의식화와 통합의 힘은 지도 계급이 자신의 기능적 역할을 상실해 감에 따라 상호적으로 작용한다."

이 엄격한 분석은 분명히 정확한 분석임에는 틀림없다. 그러나 이 분석은 혁명에 대한 연구를 너무나 수학적으로 적용했다는(고백하자면) 만족할 수 없는 감정을 느끼게 한다. 물론, 이 혁명의 모형은 일반적인 것으로 받아들여지며, 어떤 관점에서는 지난 세기 동안 일어났던 저항과 혁명에 적용할 수 있다는 것은 분명한 사실이다. 그러나 사실, 이 모형은 근대 서구사회의 구조와 직접적으로 관련이 있다. 이 모형이 비록 다른 사회 구조에 적용할 수 있다 할지라도, 계급과 혁명 그리고 우리가 사는 사회의 힘이라는 관점을 통해서 세워진 것이다. 그리고 혁명의 추상화는 이 모형에서도 변하지 않고 나타나는데, 그 이유는 이 모형을 구축하려면 혁명에 대한 선험적인 관점이 있어야 하기 때문이고, 다른 한편으로는 여기에 사용된 모든 관점이 오늘날의 시대와 문명을 통해 나왔기 때문이다. 결국, 이 모든 것이 1789년의 혁명에 따라나온 것이다. 여기에 중요한 차원이 빠진 것으로 보인다. 여기에서 빠진 요소는 혁명 현상의 다양성, 그 근원과 기원, 그리고 각 현상의 차이인데, 이러한 요소들을 적용한 모형은 고려되지 않았다. 반면비록 나는 나에게 가해질 비판을 잘 알고 있지만!, 혁명은 열정과 고난, 인간적 희망으로 가득한 현상이며, 가장 집단적인 차원에서와 마찬가지로 가장 개인적인 차원에서 혁명이 하나의 모형으로 축소될 때, 혁명은 '변질' 된 것으로 보인다. 이 관점이 너무 감상적인 관점이라고 이야기하지 말자! 나는 분명히 '변질' 되었다고 이야기한다. 그 누구도 현상적 실재를 보여줄 수는 없다. 단지, 이 실재의 관점에 대해서 이야기할 수 있을 뿐이다. 왜냐하면, 만일 "이 사회적 사실이 실체가 아니라면", 혁명으로부터 계획과 찬양, 희생 등의 요소를 추출해 내는 것은, 진정으로 사회학적 특수성 안에서 혁명 현상을 연구하는 것이 아니기 때문이다. 크리크 슈필워게임이 전쟁을 정확하게 반영하지 못하는 것처럼, 혁명의 모형이 혁명을 일으키는 상황이나 그러한 상황에서의 힘의 역학 관계를 이해하는 데 도움을 주지만, 하나의 모형이 혁명의 본질을 나타낼 수는 없다. 하나의 혁명 현상 전체가 한 중요한 인물을 통해 나타났을 때, "우리가 이후에 인물의 중요성을 덧붙일 것이다"라고 이야기하는 것으로는 불충분하다. 결국 우리가 혁명을 추상화시킬 때, 우리에게 남는 것은 아무 것도 없다.

3. 혁명의 정의116)

혁명에 대한 정확한 정의定義를 찾으려는 연구는 혁명 신화를 출현하게 하고 모형을 구축하려는 시도 속에 있다. 1789년의 혁명은 폭력과 정부의 전복만으로 혁명 상황을 설명할 수 없다는 것을 보여준다. 혁명은 이미 돌이킬 수 없는 상황까지 나아갔고, 사회 전체가 격동하였다. 비록 아직은 계급투쟁을 이야기하지 않았지만, 이 프랑스 혁명이 한 시대의 막을 내리는 동시에 새로운 시대의 출발이었다는 사실을 잘 드러냈다. 그리고 신화는 여기에 기초를 두고 있다. 이 도식의 내용 속에서 규정하려 했던 첫 번째 존재는 1789년 혁명의 적대자들이었을 것이다. 에드먼드 버크117)가 내린 정의들은 잘 알려졌다. 여기에서는 혁명에 대한 모든 종류의 정의를 나열하기보다는, 그중 현대에 내려진 정의 중에서 특징적인 몇 가지 정의만을 살펴보겠다.118) 그리고 우리는 이미 이 정의들 속에서 취사선택을 해야

---

116) 우리는 여기서 표면적으로 우리가 첫 장에서 취했던 관점을 취하지 않는다. 유명론(唯名論, nominalism)은 혁명과 혁명적 사실을 특정한 시기에 인간이 보편적으로 부르는 것을 받아들인다. 이제 이것은 지성인들에 의한 혁명적 현상의 인식에서 출발하여 행해지는, 지적 분석의 결과를 정의로 고려하는 것을 의미한다. 그래서 이것은 분명히 추상적 정의이고, 실제로 혁명을 이해하기에 여기에서는 부족한 것이다. "지성인들에게 지난 두 세기 동안 서구의 사건들을 낳은 혁명의 이미지는 무엇인가." 혁명의 정의들을 통해 혁명에 대한 이와 같은 관점을 인식하는 것이다.
117) [역주] 에드먼드 버크(Edmund Burke, 1729~1797). 영국 정치 철학가이자 정치인. 최초의 근대 보수주의자로 평가됨.
118) 이 주석에서는 사전적 정의와 백과사전적 정의에 혼동이 있음을 드러내는 것으로 만족하자. 리트레(Èmile Maximilien Paul Littré)는,저항은 세워진 권위에 대항하는 것이며, 혁명은 정치와 국가 정부 속에서 급진적이고 폭력적인 변화를 의미한다고 이야기하고 있다. 이 정의들은 그 시대를 잘 반영하고 있다. -당시는 국가가 강한 권력을 갖고 있었고, 분명히 중앙집권화된 정치권력이 있었다. 그런데 이 둘 사이의 차이점은 무엇인가? 결국, 그것은 성공의 여부이다! 왜냐하면, 만일 세워진 권력에 대항한 반란이 성공한다면, 그것은 정부

할 필요가 있음을 알고 있다. 왜냐하면, 우리는 폭력, 문제, 무질서와는 상반되는 산업혁명을 만나게 되기 때문이다. 아마도 지난 반세기 동안 역사학자들은 사건적이고 정치적이며 외교적인 역사의 파노라마를 살펴보기보다는, 경제적이고 산업적인 과정을 더 많이 살펴보았을 것이다. 그리고

의 급진적 변화로 이어지고, 결국 혁명이 된다. 우리는 이러한 너무나 간단한 관점을 거부하였고, le Robert(프랑스어 사전)는 우리를 더 큰 복합성 속으로 던져 넣는다.
  저항 : 폭력이 수반되는 일반적이고 집단적인 행동으로, 이 폭력으로 하나의 집단은 현존하는 권력과 구축된 사회 규범을 거부하고, 이 폭력으로 현존하는 권력들을 파괴하고자 공격할 준비를 한다. 그러나 혁명에 관해서는(비록 리트레에게서 역시 찾을 수 있는 천문학적 지리학적 혁명을 염두에 두지 않는다고 하더라도), 가능한 의미들의 다양성 속에 조심스럽게 피한다.
  혁명: 사회 혹은 도덕적 질서의 갑작스럽고 급진적이며 중요한 변화; 격렬한 정치적 변화로 쿠데타와 구분되지 않고, 사회속의 근본적인 변화를 내포하지 않는다.
  그러나 le Robert에서의 이 의미는 구시대인 것으로 보인다. 오늘날에는, "예를 들면, 중요하고 국가적인 공동체에서, 봉기한 집단의 한 분파가 권력을 쟁취하는 데에 성공하고, 사회 내에 근본적인 변화가 일어날 때, 일어난 역사적 사건들의 총체이다. 혁명은 그 중요성과 결과라는 점에서 저항과 구분되고, 즉각성과 폭력에 대한 의지라는 점에서 개혁과 구분된다. 이것은 명백한 것처럼 보인다. 그러나 그 안에서 실제로 일어나는 일을 자세하게 살펴보자! 이 정의는 권력의 쟁취라는 점에서 성공을 내포하고 있다. 이제부터 1905년의 러시아 사태들을 혁명이라고 이야기하지 말자. 다시 말하면, 이러한 근본적인 변화는 사회 내에서 일어나야 한다. 이제 이러한 변화 없는 권력의 쟁취는 혁명이 아닌가? 얼마나 많은 이 일련의 사건들이 혁명이라고 불렸는가. 이와 같이 수많은 예가 있지만, 1605년에 위선자 디미트리(Dimitri)가 보리스 고두노프(Boris Godounov)를 대항하여 권력을 쟁취한 예를 들어보자. 그리고 언제 권력 스스로 혁명을 하는가? 1791년에 폴란드 애국자들, 학자들과 부르주아들의 지원을 받은 스타니슬라스 포니아노프스키(Stanislas Plniatowski)는 민주적 유형의 의회를 구성하면서 민주적 혁명을 한 것일까? 좀 더 말하면, 1789년에서 1792년까지 스웨덴의 구스타브 3세가 부르주아들과 농민들이 함께 권리의 평등을 세우고, "토지 소유와 분배의 거대한 수술"을 통한 농민들의 자유를 세우면서 방대한 사회?정치적 변화를 꾀할 때 그러한 것인가? 우리는 진정한 혁명의 실재 앞에 있지만, 이것들은 권력에 의한 것이다. 그리고 우리가 이러한 동기로 바라본다면, 중국 문화혁명에 대해서는 더는 언급하지 말아야 할 것이다! 아아, 우리는 여전히 이 고통 가운데에 있다. 우리는 저항과 혁명의 차이점을 보고 있다고 믿는다. 그러나 1871년의 파리 꼬뮌은 어떠한가? 부르주아 역사가들은 그것을 폭동으로 분류하고 있다. 우리가 사건들의 연구를 진행할수록, 오늘날 이것을 혁명에 관한 것이라고 더욱 인정하게 된다. 그러나 파리 꼬뮌은 혁명의 정의가 이야기하는 성격 그 어떤 것에도 부응하지 못한다. 그와는 반대로 1770년의 미국 혁명 또한 그렇다. 왜냐하면, 이것이 한 집단의 일파가 다른 세력을 대항해서 일어난 것이라고 이야기할 수 없기 때문이다. 그것은 전쟁이었고, 이미 국가적인 것이었다.
  Le Robert는 '심오한(근본적인)' 변화를 이야기한다. 이것이 문제의 출발점이다. 이 변화의 분석에서 얼마만큼의 깊이가 있어야 하는가? 대부분 여기에서 멈춘다! 그리고 이 책의 목적 중의 하나가 오늘날 우리가 결국 혁명이라고 말할 수 있으려면 어느 정도의 사회적인

18세기 중반 영국 산업의 확장을 규정하고자 혁명이라는 단어를 사용하기 시작했다. 그러나 이 혁명이라는 단어는 인용부호" "; 일반적 의미가 아닌 특수한 의미를 나타내려고-역주와 함께 사용하였으며, 문자적 의미와는 다른 의미로 사용되었음을 명시하는 한도 내에서 사용되었다. 여기에서 혁명이라는 단어는 하나의 이미지像를 나타내는 것이었다. 이 단어의 사용은 농업 사회 또는 농촌 사회에서 산업 사회 또는 도시 사회로의 변화를 통해, 삶의 방식과 습관, 가치의 범위가 근본적으로 변화했다는 사실을 인식했음을 의미한다. 결국 사회의 모든 구성 요소가 손상되지 않은 것이 없으며, 그 어떤 것도 이전과 같은 상태로 남아있지 않았음을 인식한 것이었다. 즉, 사회의 엄청난 변화의 범위와 폭이 혁명에 필적할만한 효과가 있었다는 것을 의미하는 것이었다. 그리고 언어 사용의 편의를 위해서 사회 변화의 이미지를 나타내는 의미로 산업 혁명이라는 표현이 사회 내에 공유됐다. 그러나 이 단어는 현대 어휘 속에 들어오게 되면서 인용부호는 사라졌으며더는 특수한 의미로 받아들여지지 않게 됨을 의미함-역주, 이 단어 자체가 고유한 의미로 쓰이게 되고, 더는 이미지를 표현하고자 이 단어를 사용하지 않는다. 우리는 산업혁명을 실제 혁명으로 여긴다.

이때부터 역사학자들은 산업혁명이라는 단어를 절대화시켰고, 다른 그 어떤 혁명보다 더 진정한 혁명으로 여기는 데에 최종적으로 동의하였다. 즉, 혁명이라는 단어는 산업혁명과 같이 기술적 또는 과학적 발전을 통한 경제적·사회학적 구조의 변화를 가져오는 것을 말한다. 그 외의 혁명들을 언급하는 것은 의미가 없어졌다.

변화가 있어야 하는지를 찾기 위해서이다.
다른 한편으로, 혁명을 그 목적들로 정의하려고 하는 데에서 불확실성은 가장 커진다! 골바이쳐(Gollwitzer)는 '인간 해방'이라고 이야기하였다. 그러나 이것이 진정으로 의미하는 것은 무엇인가? 자유! 정의! 이 순간부터 우리는 길을 잃어버린다. 모든 비판에 대해서 자유를 선택하는 것은, 한나 아렌트로 하여금 이 목적을 갖지 않았던 모든 혁명을 혁명에서 제외시켜 버리는 이상한 결과를 가져왔다.

이 산업혁명의 사고 속에는 혼란, 폭력 그리고 무엇보다도 정치적 갈등이 없으며, 혁명 현상으로 설명하기에는 적합하지 않은 현상들을 포함하고 있다. 그럼에도, 사회적 변화를 나타내는 의미로 통용되었다. 이 변화가 폭력적이지도 않고 갈등을 수반하지 않음에도, 하우저Hauser는 이 단어를 16세기 경제·사회적 변화를 그리고자 사용한다. 쟌느앞에서 인용한 책 참고 역시 같은 정의를 내린다. "혁명은 변화하는 사회적 구조가 혁명 현상의 원인이 되든 결과가 되든 관계없이, 단지 하나의 사회적 구조에서 다른 사회적 구조로의 변화를 수반한다." 구조의 변화로 혁명을 정의하기에는 구조가 너무 포괄적이며, 모든 구조의 변화가 이처럼 평가될 수는 없다. 반면에 사회의 폭발적 현상을 무시할 수는 없겠지만, 이것 때문에 사회의 범위를 수정해서는 안 된다. 그러면 어떻게 14~15세기에 대한 파비에[119]의 분석을 받아들일 수 있을까? 이 분석에 따르면, 이 시기의 수많은 저항은 혁명으로 볼 수 없다. 오히려 농촌이 회복되는 경제 현상들, 도농 간의 새로운 관점들, 식습관의 변화, 기술 발전에 의한 생산성의 향상, 그리고 똑같이 자본주의로 명명할 수 있는 경제적 방법, 이러한 것들을 '혁명'이라고 부른다. 그렇지만, '변화'라는 표현의 출현은 혁명이 아니다! 미셸 모리노[120]는 이러한 광범위한 개념들에 대하여 많은 반론을 폈다. 우리는 정말로 '대발견의 혁명'을 이야기할 수 있는가? 아니면 루터의 행위에 대해서 '종교 혁명'이라 이야기할 수 있는가? 물론, 분명히 스페인 사람들의 신대륙 발견은 인디언의 역사를 혁명적으로 바꾸어 놓았다! 그러나 이것은 대발견의 혁명에 대해서 이야기하는 것과 같은 의미가 아니다. 여기에서 혁명적 요소는 사회의 근본적 혼란 뿐이었다. 모리

---

119) 파비에(J. Favier), 『마르코폴로에서 크리스토프 콜롬부스까지De Marco Polo à Christophe Colomb』, 1968.
  [역주] 졍 파비에(Jean Favier, 1932년). 프랑스 중세사학자.
120) 모리노(M. Morineau), 16세기 Le XVIème siècle, 1969.

노는 가격 혁명은 우리가 이미 잘 아는 현상들(그러나 이 요소들을 평가할 수 있는 정확한 방식은 없으며, 이 순간부터 혁명과는 상당한 거리가 있어 보인다!)을 집중적으로 일으키고, 그 현상들을 가속한다고 이야기한다. 그에 의하면 16세기 산업혁명은 미끼이고, 만일 경제적 삶의 형태가 변한다면 그 변화는 연속되는 방식으로 서로 다른 것을 계승하는 혁신을 통해 나타나는 것이며, 16세기 변화는 모든 분야에서 이전에 일어났던 변화의 흐름의 직접적인 연장일 뿐이라는 사실을 보여주고 있다. "혁명이라는 단어는 이 변화를 나타내기에는 너무나 과도한 것으로 여겨진다." 모리노는 이 단어를 사용하기 전에 정확한 의미의 규정이 필요하다고 이야기하고 있다. 현재의 새로운 세기가 과거보다 더 세분화되어 있고, 과거로의 회귀를 막을 수 있는 매우 결정적인 특성이 있음을 강조하는 것만으로는 불충분하다. 왜냐하면, 그때부터 모든 역사적 운동들 대부분이 결국 더는 효용이 없을 한 단어에 의해 평가될 수 있기 때문이다. 이처럼 혁명은 일차적 관점(쿠데타에 이르는 갑작스럽고 폭력적인 압력과 사회적 관계 시스템의 변화라는 광의의 관점 사이에서 정의되어야 한다. 번햄[121]은 세 가지 점에서 지금 우리 사회의 매우 빠른 변이를 혁명으로 이야기하고 있다. 사회, 경제, 정치적 기관 속에서의 근본적 변화, 지도 계급의 변화 그리고 지배적인 믿음과 이데올로기의 병렬적 변화 이것은 산업혁명의 관점과 매우 유사하다. 그리고 실제로 번햄은 산업혁명의 관점을 발전시켰다. 산업혁명이 일어났지만, 우리는 산업혁명에 따른 사회적 변화로는 충분하지 않다는 사실을 알고 있다. 여기에 정치적 그리고 이데올로기적 기구의 변화가 수반되어야 한다. 이러한 정의 속에서 소위 산업혁명에 실제로 일어난 일들을 볼 수 있다. 만일 이 정의가 혁명 안에 존재하는 하나의 사상을 보여줄 수 있다면, 번햄은 혁명 운동의 특성을 잘 드러내고 있는 것이다. "중요한 것은 변화의 사건이 아니라 그 속도

---

[121] 번햄(Burnham), 『경영 혁명』, 1942.

이다. 사회적 변화가 지금 일어난다고 말하는 것은, 사회적 변혁의 매우 빠른 속도가 현대사회를 특징짓는다는 것을 의미하는 것이다. 이 변화는 하나의 사회적 형태에서 다른 형태로의 전환을 의미한다." 그래서 강한 의미에서의 '전환'은, 어떤 사회 구조에서 필연적으로 나타나는 혼란의 시기를 가능한 한 가장 빠른 속도로 지나쳐서 다른 사회 구조로 넘어가는 것을 의미한다. 혁명은 자유로운 자본주의, 자본주의자들 그리고 그들의 이데올로기에 대항하여 일어난다. 이것은 폭력적인 방식으로 그리고 폭발적으로 일어날 수 있다. 그러나 꼭 이렇게 나타나는 것만은 아니다.

카[122]는 번햄의 이러한 관점에 전적으로 동의한다. 그는 폭력을 통해 일어난 파시스트와 나치의 혁명이 민주화를 통해 변하는 아메리카와 같은 길을 가고 있으며, 이 두 변화가 매우 빠른 속도로 이루어지고 있음을 보여준다. 이후에 폭력은 덧붙여질 것이며, 전체주의는 근본적인 혁명 운동을 거스르는 거대구조 속에 여전히 남아 사회 진화의 걸림돌이 될 것이다. 결국 이 장애물들을 제거하는 데에까지 다다르겠지만, 이것들은 표면적인 사건들일 뿐이다. 실제로 이 두 경우 모두 똑같이 혁명적이다.

무니에[123]가 비록 이 같은 정의들이 말하는 주요한 견해에 동의한다 하더라도, 그는 다른 차원에서 이야기하는 것이다. "혁명을 통해서 우리는 막다른 골목에 도달한 한 사회의 실제 죄악을 제거하는 데에 충분히 근본적인 변화를 이해하게 된다. 아울러 한 나라가 이 죄악들의 증식에 의해 빠르게 오염되어 가는 것을 막는 데에 충분히 빠른 변화를 이해할 수 있게 되고, 시간이 흐르면서 아직 익지 않은 것들이 충분히 성숙할 수 있도록 해 주는 매우 잘 계산된 변화를 이해할 수 있다. 이것은 계산된 결과이지 낭만적인 미사여구가 아니다. 이러한 작용은 깊이 있고 근본적이

---

122) 카(Carr), 『평화의 조건 Conditions of Peace』, 1942.
123) 무니에, 『혁명적 유아병에 걸린 프랑스인들에 대하여』, *Esprit* I, 1944.

어서, 결국 폭력에 대항하는 움직임을 가져오는 폭력적 저항 없이는 혁명이 일어나지 않을 것임을 인식하는 것으로 충분하다." 대부분의 통상적인 정의들고 비교할 때 무니에의 이러한 관점은 매우 강한 윤리적 관점을 갖고 있다. 이 관점이 의도하는 것은 결국 사회가 겪는 실제적인 죄악을 폐지하는 것이다. 이처럼 나타나는 현상의 내용은 혁명의 완성이 아니기에, 무니에는 자신의 글을 통해서 결과가 수단을 정당화한다고 확언한다. 하지만, 그에게 혁명은 폭력적일 수밖에 없다. 그리고 그는 언제나 폭력을 단순한 반격, 폭력에 반하는 것, '현존하는 무질서' 의 수호자들보수주의자들의 폭력에 대항한 것으로 여긴다. 이러한 관점에서 볼 때, 무니에의 관점은 매우 이상적인 것으로 보이며, 혁명적 폭력에 대한 실재를 인식하지 못하는 것으로 보인다. 여하튼 그는 현상에 대한 폭넓은 인식이라는 핑계 하에, 지적 고찰을 너무나도 쉽게 무시해 버리는 실제의 파노라마 속으로 다시 우리를 인도한다. 그러나 이 사고는 윤리적 질문을 통해 두 가지 다른 지배적인 관점을 형성한다. 혁명 운동은 부패의 시간을 허락하지 않아야 한다. 낡은 구조를 폐지할 수 있으려면 매우 빠르게 진행되어야 한다. 여기에서 혁명의 속도도 필수적인 것이 되었다. 사건이 빠른 속도를 만들지 않는다. 바로 '빠르게 해야 할 의무가' 혁명을 특징짓는다. 그리고 혁명이 남발하지 않도록 제어하는 것이다. 다시 말하면, 혁명이 모든 것을 혼란에 빠뜨리지 않도록 제어하는 것이며, 혁명이 빠른 속도급속함로 휩쓸고 지나가는 곳에 시간이 개입할 여지를 남기는 것이다. 이처럼 윤리적인 판단 아래에서 매우 의지적이고 명확한 계획에 따른 개념이 나타나게 된다. 이 혁명은 다른 방식으로 명확한 계획을 세우고실제로 죄악을 해결하고, 깊은 고통과 산고의 역사커다란 고통 뒤에 나오는 결과의 역사의 무지로 말미암아 미쳐 날뛰는 비이성적인 폭발과 같은 현상을 반대한다. 그러나 이러한 매우 만족할만한 관점은 사실 아주 비현실적으로 느껴진다. 그래서 공산주의 혁명과 파시스트 혁명에도 불구하고, 2년 전부터 이 세상에 일어나는 폭력의 문제에 새로운 주의를 기울이게 되었다…. 미국에서 나오는 수많은 정의는 이러한 변화를 "일반적인 변화, 계급의 상승이라는 관점에서 폭력적인 혼란, 사회적 저항"으로 규정한다.124) 그러나 이러한 빠른 변화는 그 이상 그 어떤 것도 우리에게 가져다주지 않는다.

반면에 마지막으로 두 가지 본질적인 방향을 다시 생각해보고자 한다. 그중 하나는, 까이으와125)가 말한 것처럼, 혁명적 과정은 진보에 관련된 폭력과는 근본적으로 대립한다. "만일 우리가 한 사회를 근본적으로 흔드는 결정적인 매우 커다란 단절에 혁명이라는 이름을 붙인다면, 그리고 계속해서 나타나는 단절을 혁명이라고 말하려 한다면, 그 이유는 이 봉기가 분명히 이 봉기에 가장 큰 관심이 있었고 가장 원했던 계층이 시도하지 않은 봉기였기 때문이다. 그리고 1968년 5월68혁명-역주은 어쩌면 진보를, 그리고 결국 또 다른 것을 도입시키는 전환점 중의 하나가 될지도 모른다. 이 놀라운 단어는 힘의 새로운 분배를 나타낸다. 그것은 과거의 적대 관계가 그 폭력성을 잃었으며, 다른 요소가 작용하기 시작하는 것을 의미한다…."126) 우리는 결국 여기서 혁명에 관한 하나의 사고가 고전적인 방식으로 돌아가는 것을 보고 있으며, 혁명이 반란과 근본적 운동, 사건과 제도라는 다른 관계 사이에 있음을 발견하게 된다. 혁명은 결정적인 단절이 맞다. 사회에서 항구적으로 내려오는 것들을 뒤흔드는 의미에서 분명히 그러하다. 그러나 여기, 새로운 것을 발견할 수 있다. 만일 변화되어야 할 상황과 직접적으로 '관련이 된' 민중 계층에 의해서 봉기가 일어났다면, 봉기는 혁명에 필요한 것이다. 이것은 사회학적인 동시에 근본적이

---

124) 영(W. Young,)『평등을 위하여』, 1968; 해리스(C. J. Harris),『우주 기술과 도시적 무질서』, 1968.
125) [역주] 로제 까이으와(Roger Caillois, 1913~1978). 프랑스 문학가, 사회학자, 문학비평가.
126) 까이으와(Caillois),『숨겨진 혁명 La révolution cachée』, Le Monde, 1969년 3월.

다. 만일 봉기가 1968년 5월과 같이 변화되어야 할 상황과 실제로 직접적인 관련이 없는 사람들의 사건이라면, 고전적 의미에서의 혁명은 일어날 수 없다. 그러나 여기에는 보이지 않는 혁명이 일어날 수 있고, 이 보이지 않는 혁명은 사회의 새로운 힘의 배분이라는 점에서 지속한다. 다시 말하면, 과거 자본주의 사회 내에서는 분명하게 혁명적이었던 것들이 더는 혁명적이지 않게 된다. 새로운 혁명의 범주가 나타났으며, 이러한 혁명 계층의 변화가 진정한 혁명이 된다. 왜냐하면, 이 새로운 혁명 계급이 사회적 구조의 근본적 변화에 대한 증인이기 때문이다. 나는 고전 산업 사회에서 기술 사회로의 전이를 말하려는 것이다 이 기술 사회는 계속 진행되고 있으며 '본질적으로' 혁명은 아니지만, 새로운 계층을 혁명 상황으로 이끈다. 이제 모든 사회 구조의 기저에 있는 '자발적' 운동여기서는 기술의 진보에 의해서 야기되는 운동과, 변화를 일으킬 수 있는 저항하는 힘의 출현을 통해 나타나는 화합적 논쟁이 만날 때 일반적으로 혁명적인 사건이 일어난다. 그리고 이것은 한편으로는 혁명의 시기가 완전히 지나갔지만 쇠퇴한 혁명적 힘은 여전히 남아 있음을 보여주며, 다른 한편으로는 모든 혁명의 반동적인 특성을 설명해 준다. 언어적 과도함과 도덕적 문제 등이 있음에도, 휴머니즘이라는 이름으로 기술 사회를 절대적으로 부정하기 때문에 완전히 반동적이라 이야기할 수 있는 5월의 봉기가 여기에 포함된다

마지막으로 혁명을 정의하는 두 가지 관점에 쥬브넬이 소개한 두 가지 본질적인 설명을 덧붙이려 한다.[127] 쥬브넬은 혁명 현상을 무엇보다도 정치적인 현상으로 묘사하는데, 이것은 우리에게 사회·경제적 차원에서의 깊은 고찰 때문에 혁명의 정치적 현상을 자주 간과하는 경향이 있었다는 사실을 주지시키고 있다. 마르크스도 레닌도 이런 오류를 범하지 않았는데, 그들에게 혁명은 단지 정치적인 것이었다. 나는 쥬브넬의 다음과

---

[127] 쥬브넬(B. de Jouvenel), 『학생 봉기 L'explosion estudiantine』, 분석과 예측, 1968.

같은 이야기에 전적으로 동의한다. "어디서나 그리고 언제나 종속 관계는 정치적 문제를 일으킨다. 종속관계의 문제는 마르크스가 제한하려고 노력했던 착취의 문제보다 더 보편적이다." 분명히 그렇다. 그리고 이것은 역사가 우리에게 제시하는 역사의 모든 흐름을 통해 혁명을 고찰한 것이다. 혁명은 분명히 반응이었고, 반대에 관한 것이었으며, 우리가 더는 받아들이지 않는 권위에 대항한 것이었다. 그리고 종속 관계에 대한 거부이다. 혁명 현상을 너무 단순화시킨 것인가? 좀 더 자세히 살펴보자! 앞서 이야기한 혁명의 정의들 속에서 우리가 살펴보았던 모든 것과 종속 관계를 분리하지 않고 연결한다는 조건 아래, 만일 종속 관계의 문제를 해결하려는 의지가 없다면 그것은 분명히 혁명이 아니다. 그러나 쥬브넬은 여기에 매우 중요한 고찰을 덧붙이고 있다. "만일 프랑스 혁명이 세워진 질서에 대항하는 저항이었다면, 학생들의 저항은 세워진 운동에 대항하여 일어났다고 이야기해야 할 것이다." 이 주장은 5월 혁명과는 매우 동떨어진 것으로 보인다. 그러나 우리는 이미 저항이 언제나 개연성 있는 역사의 운동에 대한 거부로 나타난다고 강조한 바 있다. 그리고 이 거부가 질서에 대항한 것이라면, 그 거부의 이유는 질서가 혼란에 빠졌으며, 이 혼란이 가져올 미래를 상상할 수 있기 때문이다. 그리고 혁명은 실제로 한 운동에 지속적으로 대항하는 운동의 특성이 있다. 이 운동의 특성은 5월의 몇 주 동안에 학생 운동 안에 잘 드러나긴 했지만, 5월 혁명의 관점보다는 혁명 그 본래의 관점으로 여겨져야 한다. 이처럼 이 고찰은 우리를 정치적 질서, 필요한 운동, 그리고 문제들의 관점에서 벗어나 추상적이 된 개념에 형태를 부여하는 혁명적 사고의 체계를 갖도록 한다.

*　　*　　*

그러나 이러한 유사한 사고들이 보편적이고 복합적인 현상에 대해서 더 정확한 관점을 제시한다면, 우리는 사건 자체에 대한 시점을 잃어버릴 수도 있다. 그것은 혁명적 사건이 혁명 총체에 대한 정의에 부합할 때가 거의 없기 때문이다. 지금까지 총체적인 정의에 완벽하게 부합하는 혁명은 없었다. 단지, 하나의 경계선이 있어서 이 경계선 밖의 사건들은 혁명으로 불리는 것이 불가능해 보였다. 단지, 혁명이라고 이야기할 수 있는 순간이 있었고, 혁명에 대한 정의를 내릴 수 있는 순간이 있었으며, 혁명의 특수성을 정의할 수 있었던 순간이 있었다. 그리고 이 순간 이후에 혁명에 대한 정의를 내리는 것을 상상조차 할 수 없었던 시기가 있었다는 사실을 염두에 두어야 한다. 이러한 변화가 가능해지려면 두 가지 조건이 함께 충족되어야 한다. 첫 번째로는 사회적인 불의를 인식할 수 있어야 하며, 두 번째는 사회가 사회적 불의에 대해 문제를 제기할 수 있어야 한다. 이 두 가지 조건은 오늘날 '자연스럽게' 받아들이는 조건인 동시에 명백한 조건이다. 또한, 분명하게 이러한 변화를 본질적으로 가능하게 하는 조건이다. 이 변화는 혁명을 매우 특수한 시기로 바라보는 정신적 전환점이다. 이 두 가지 조건은 단순히 문제를 제기하고 불의를 인식했다는 사실을 증명하는 것이 아니다. 물론, 인간은 종종 불평등과 자신의 불행을 느꼈기 때문에, 그리고 부유한 사람들과 높은 사람들 그리고 권력자들을 보았기 때문에, 불평등에 대한 인식뿐만 아니라 차별을 인식하게 된다. 이들에게 악한 사람들은 다른 사람들보다 더 많은 행복을 누리는 사람들이다. 이 감정은 오늘날의 사회적 불의에 대한 감정과 전혀 일치하지 않는다. 그리고 우리가 가진 불의에 대한 느낌으로 과거의 글들을 읽는다면, 우리는 잘못된 이해의 오류를 범할 것이다. 왜냐하면, 이전의 사람들은 이러한 불의함을 운명이나 숙명으로 받아들였기 때문이다. 그것은 자신의 '운명'이었다. 불의함을 운명으로 받아들이는 순간부터 어떤 변화도 가능하지 않았다. 그리고 인간이 할 수 있는 것은 아무것도 없었다. 신들

혹은 신유일신-역주은 주사위를 던졌고, 인간이 알지 못하는 비밀스러운 그림을 그렸고, 자신들의 정책을 펼쳤다. 그리고 그 결과는 어떤 사람의 비극이었으며, 동시에 다른 사람의 성공이었다. 이들이 할 수 있는 것은 신들에게 기도하는 것이 전부였다. 그리고 허리를 굽히고, 운명을 받아들이는 것이었다. 그리고 더는 이 상황을 견딜 수 없게 될 때 저항이 일어났다. 이 저항은 분명히 운명을 대항하여 일어났기 때문에, 우리가 지금까지 살펴봤던 특성들극단적인 동시에 절망적이며, 성공 이후에 무력해지며, 역사에 대항하여 희생적이고 종말적인 특성을 가지고 있다. 혁명과 저항의 혼동을 피하고, 경외감을 불러일으키는 신비한 사건으로 인식되지 않으며, 이성적인 행동으로 나타나려면, 인간은 비극과 불의함을 자신의 운명으로 여기기보다는 혁명의 '조건'으로 이해해야 한다. 이 조건은 권력에 의한 것이 아니다. 여기에는 객관적이고 설명 가능한 원인이 있다. 결과적으로 이 조건은 몇몇 사회학적 요소들, 순전히 인간적인 결정들, 정치적인 문제들 그리고 경제적 구조에 의한 것이다. 이 순간, 자신의 조건을 변화시킬 수 있는 표면적인 가능성이 충분해지고 무르익게 된다. 더는 비이성 속으로 자신을 투신할 필요가 없어졌다. 고귀하지 않은 사람들에 대항하여, 그리고 기득권에 대항하여 싸워야 했다. 이 모든 것은 가능했지만, 이 조건을 이해하는 것만으로는 불충분했다. 그리고 사회를 성스러운 존재로 인식하는 것에 대해 문제 제기를 할 수 있어야 했다. 이러한 인식 역시 더는 명백한 것이 아니었으며, 사회의 본질적인 부분에 대한 인식도 아니었다. 전통적으로 인간은 사회를 성스러운 것으로 여겼다. 사람들은 사회적 불평등, 불의함을 참아왔는데, 이러한 불평등과 불의함에 항거하지 않은 것은 아니었지만 그 이유는 각 개인이 사회 체계 안에서 육체와 영혼을 가진 존재이기 때문이고, 이 사회 구조의 원리가 절대적이고 변함없는 것으로 믿어지고 받아들여졌기 때문이다. 인간이 불의를 정죄하려면 자신의 상황을 불평등한 것으로 느꼈어야 했다. 그러나 이 불평등이 완벽하고 논리적인 사회 구조에 적합하게 여겨질수록 오히려 정의로운 것으로 받아들여졌다. 이 불평등의 관습과 의무에 익숙해져서 각 개인은 사회에 필요한 불평등한 관습과 의무를 크게 주목하지 않았다. 즉, 개인이 사회적 질서를 거스를 수 있다고 생각할 수 없었는데, 그 이유는 집단과 집단의 구성원을 분리시켜 생각할 수 없었기 때문이다. 집단적이고 종교적이며 보편적인 의식은 각 개인의 행동에 영향을 주었다. 질서는 자연적인 동시에 사회적이었고 성스러운 것이었다. 이러한 조건 안에서 어떻게 혁명을 계획할 수 있는가? 어떻게 개인이, 자신을 보호하고 자신의 가치와 존엄성을 발견하게 하는 사회를, 개인을 파괴하는 끔찍한 기계로 여길 수 있을까? 성스럽게 여겨지는 사회를 어떻게 불의하다고 이야기할 수 있을까? 사회를 통해서 각 개인이 자신의 이미지와 의미를 부여받는데, 어떻게 카프카를 통해 사회의 부조리함을 생각할 수 있을까? 그와는 반대로, 모든 사람의 관점은 전통적으로 아그리파의 우화에 의해 다음과 같이 형성되었다. 사회는 언제나 인간의 육체와 같이 상위 지체와 하위 지체로 이루어졌지만, 모든 사람은 똑같이 유용성이 있으며 공통의 선을 추구한다. 이것은 단순히 중세만의 이미지가 아니라 모든 문명 대부분에서 발견된다. 이 질서가 인위적이고 가변적으로 여겨지려면, 비신성화하고 비신화화하려면, 이 질서에 어떠한 단절도 있어서는 안 되었다. 기독교가 점점 비신성화되고 있는데도, 극히 예외적인 경우에만 그리고 부분적으로만 저항에 직면하였는데, 그것은 기독교의 통합적이고 객관적이며 주관적인 구조가 너무 강했기 때문이다. 반면에 이러한 사상이 작용하는 한, 어떤 혁명도 가능할 수 없다. 왜냐하면, 이 사상은 사회에서 정상적인 것으로 여겨질 수 없었으며, 결국 역사에도 정상적인 것으로 여겨지지 않았기 때문이다.

불평등에 대한 인식은 인간과 사회를 필연적으로 분리시킨다. 역사의 흐름 속에서 인간은 분명히 이 특권의 순간에 자신에게 그리고 자신이 속해있는 사회에 대해서, 이제 가능해진 이 불평등에 대한 인식을 통해 하나의 관점을 취하게 된다. 그러나 한 번에 서로 다른 관점을 취하는 것은 매우 드문 일이다. 그리고 불평등에 대한 일반화된 이해가 극히 드물게 사회체제 내에서 발견되는데, 이 서로 다른 요소의 조합이 혁명을 탄생시킨다. 그라쿠스 형제128)의 혁명을 예로 들어보자. 여기에는 사회적 불의와 세속적 사회에 대한 관점이 있었다. 나의 이해에 의하면 이 혁명은 근대 이전의 유일한 예이다 그라쿠스 형제는 토지 분배의 불평등 문제를 제기했는데, 이 불평등에 대한 문제 제기는 그라쿠스 형제만 한 것은 아니었다. 가난은 그들에게 사회 조직의 결과로 여겨졌고, 바꿀 수 있는 것으로 생각되었다. 반면에 티베리우스 그라쿠스Tiberius Gracchus는 기존의 법률을 효과적으로 적용하는 데에 만족했고, 그의 앞에 이미 형성된 정치적 방향성을 따라가는 데에 만족했다. 더욱이 그는 세속화된 사회 안에 있었다. 로마 사회는 필연적으로 현대 사회 이전의 유일한 정교분리의 사회였다. 사회의 모든 부분은 법률적이었다. 모든 것은 법과 함께 변화할 수 있었다. 그러나 티베리우스는 플레베 법정을 세속화하면서 세속화를 발전시켰다. 그리고 실제로 어떻게 혁명의 중요성을 인식하는지 보여주었다 그러나 긍정적인 환경에도 불구하고 바라던 혁명은 나타나지 않았다. 이것은 단순히 정치적 적대자들의 반대 때문이라기보다는, 혁명을 시도했던 사람들의 몰이해와 무관심 때문이었다. 가난한 사람들은 개혁이 시작되자마자 티베리우스의 기대를 저버렸다. 이 땅의 새로운 주인들은 자신의 땅을 팔아치웠다. 또한, 이 저항은 민중에 의해서 주도된 것이 아니라 귀족들과 지성인들에 의해서 주도된 것이었고, 민중들은 자신의 의지를 나타내려고 봉기한 것

---

128) [역주] 기원전 2세기 경 고대 로마의 개혁을 이끌던 티베리우스 그라쿠스와 가이우스 그라쿠스 형제를 말함. 두 형제는 호민관이 되어 토지 및 사회제도 개혁을 시도하다 보수 귀족 세력에 의해 죽임을 당함.

이 아니었다. 다른 한편으로 그들은 변화에 대해 좁은 시각을 갖고 있었다. 사회 전체의 변화에 시동을 거는 대신에, 각 집단은 새로운 분배를 통해 자신에게 주어지는 몇 가지 이익만을 원했다…. 혁명의 수많은 가능성에도 불구하고 군중이 심리적으로 동요하지 않았기 때문에, 혁명은 일어나지 않았다. 반면에 그라쿠스 형제의 혁명은 사회적 불평등의 감정과 세속적 관점이 결합한 유일한 예로 보인다. 이와는 대조적으로 우리는 각각의 혁명적 시도들에서 사회적 불평등의 감정 아니면 사회의 세속적 관점 하나만을 발견하게 된다. 그러나 불평등의 감정만이 절망의 폭발로 나타나며, 불의가 극치에 달하지 않은 세속적 사회에 대한 관점은 법률적 개혁으로 나타난다.

이와 반대로 이 두 가지 불평등의 관점과 세속적 관점가 만날 때에 혁명은 이전과 다르게 변하고, 저항에서 분리되며, 진정으로 역사 속의 한 부분이 되어, 더는 악마의 개입도 아니고 신들에게 대항하는 프로메테우스의 싸움도 아니게 된다. 이제 혁명은 역사와 균형을 이루게 되고, 개념적으로 가능해진다. 인간은 혁명에 의해서 사회를 변화시킬 수도 있으며, 격분된 운동을 다스릴 수도 있다. 똑같이 인간은 혁명하거나 사고할 수 있게 된다. 혁명은 더는 저절로 일어나지 않는다. 인간은 혁명을 계획하고, 열망하며, 구체화한다. 혁명이 일어나는 데 필요한 객관적인 조건들은 이러한 인식의 존재를 통해서만 작용하고, 작용할 수 있다. 인간의 불의와 세속화된 사회를 고려하지 않고서는 혁명에 대한 '객관적인 조건'들은 절대 나타날 수 없다. 이 조건들은 함께 나타날 수 있고, 상황은 '혁명적'이 될 수 있다. 혁명을 원하고, 과감하게 실행하고, 그것을 생각하는 사람 없이는 그 어떤 일도 일어나지 않는다. 이처럼 1789년의 혁명과 그 이후에만 이 두 가지 인식의 조건이 만나게 된다. 이것이 왜 1789년의 혁명이 이전의 모든 대중적 운동과 다른 특징을 갖는 혁명의 시대를 열 수 있었던 이유이다. 이 사실에서 객관적인 모형을 제시하는 것은 불가능하다. 혁명의 일반화와 마찬가지로 모든 시대를 만족하게 하는 혁명의 정의는 불가능하다. 이 문제가 1785년부터 제기되었다면, 그리고 이것이 단지 우리가 일반적인 모형을 구축하려 했을 때라면, 나는 이것이 우연한 것이 아니라고 생각한다. 혁명이 가능한 혁명이 되었을 때, 혁명에 대한 연구가 이루어질 수 있다. 이것은 단순한 지적 방식의 차이도 아니고, 인식론적인 진보도 아니다. 이것은 오늘날 우리가 이전보다 더 과학적이기 때문도 아니고, 혁명의 모형을 만들고자 우리가 아는 모든 혁명의 '모형'을 구축하기 때문도 아니다. 오히려 이 지적인 행위가 사물을 보는 지적인 변화를 내포하기 때문이다. 혁명적 모형을 구축하려는 사상을 위해서는 사고되고 조직되고 성공한 혁명을 하려는 사고의 단계를 거쳤어야 한다. 이 두 현상은 연결되어 있으며 같은 인식을 통해 나온다. 그러나 우리는 모형을 구축하고 정의를 찾으려는 혁명바로 이 혁명만이 지금 우리에게 명백하게 여겨진다의 그림자를 나머지 역사에 투영하고, 혁명의 자취, 전제, 예감, 미성숙함을 지나간 저항들에서 찾는다. 이것들은 우리에게 같은 속성을 갖는 것처럼 보인다. 그 이유는 혁명이 우리가 지금 생각하는 그러한 혁명일 수 없다고 감히 상상할 수 없기 때문이다. 이와는 반대로 오늘날 우리의 분석과 사회적 변혁 또는 과거 반란의 총체적인 유산 사이에는 역사적으로 명백한 공통부분은 없다. 과거의 사회에 계급투쟁의 모형, 힘과 생산 사이에서의 갈등의 모형, 사회의 수직적·수평적 구조의 모형을 투영하는 것은 더는 불가능하다. 이 모든 것은 이미 우리가 저 앞에서 분석한 것과 마찬가지로, 현대 유럽인들의 역사 속에 혁명을 끼워 넣은 이중적 의식이 만든 것이다. 일반화시킬 수 있는 객관적인 혁명 모형은 없다. 그 이유는 혁명의 지적이고 심리적인 조건들이 구조적 작용과 객관적 힘의 가능성에 전조적 역할을 하기 때문이다. 특수한 유형의 사회의 기능에서만 혁명이 일반적인 역사적 사실이 될 수 있다. 그리고 우리는 일반적인 역사적 사실을 통해서만 혁명을 정의하였고, 이 혁명에서 혁명의 모형을 구축하는 것이 가능해졌다.

그래서 이런 모든 연구의 목적이 무의미하게 보이는 것이 사실이지만, 연구 자체로는 중요하고 매우 특징적인 것으로 보인다. 이 연구들이 혁명의 실재에 도달하지는 못했지만, 혁명의 변화와 똑같이 나타나는 현상들의 새로운 차원으로의 변화를 잘 보여준다. 이때부터 혁명은 역사 속에 존재하게 되며, 인간에 의해서 가능성을 인정받는 새로운 모습을 갖게 된다. 그래서 혁명이 이제 모든 사회 집단과 사회적 관점에 관련되어 있다는 것을 보여준다. 과거에는 이러한 관련성이 명백하지 않았다. 그리고 이 관련성은 단지 과거의 저항과 혁명의 역사적 사료들에 대한 의심이 해소될 수 있다는 조건 아래에서만 그렇다. 그렇다면, 이제 우리가 저 앞에서 이야기한 정신적 차원에서 사용된 증언들이 가치를 갖는 것인가? 어떤 사람들은 민중 봉기, 쿠데타, 반란을 매우 조심스럽게 이야기했는데, 그것은 이것들이 소름끼치기는 하지만 매우 특별한 사건이었고, 감히 기억되고 설명되는 중심적인 사건이었기 때문이다. 다른 역사학자들은 혁명 운동의 가장 중요한 부분을 이야기하지 않았는데, 그것은 이 부분들이 받아들이기 어려운 어두운 면이었고, 질서와 성스러운 것에 책임을 전가하는, 말하자면 말하기 역겨운 것들이었기 때문이다. 이 중에서 매우 커다란 사건들, 대중적으로 성공을 거둔 혁명들, 오랫동안 지속하여 숨기기 어려운 것들만이 우리에게 전해진 것이다. 마지막으로 역사를 다루는 작가들은 모든 반역, 자끄리의 난, 반란들을 조사하는 수고를 하지 않았다. 왜냐하면, 이러한 사건들이 별로 흥미가 없었고 일상적이었으며 인상적이지 않았기 때문에, 미래를 위해서 이 사건들을 기록하는 수고를 들일만큼의 가치를 부여하지 않았다. 우리는 분명히 혁명 현상을 보는 방식을 무시했고, 현대에 와서야 혁명이 그 자체로 우리에게 이야기되고 설명될 수 있게 된 것으로 보인다. 이렇게 혁명이 그 자체로 이야기되고 설명되려면, 역사에서 생각돼야 하고, 역사의 자취로 여겨져야 하며더는 우연하게 일어나는 사고로 여겨져서는 안 된다, 역사를 특징짓는 사건으로 받아들여져야 한다.

그러나 이미 우리가 의식하고 있다고 여기는 다음 문장의 의미는 혁명의 새로운 특성을 드러낸다. 역사에서 가치 있는 사건으로 여겨지고, 우리가 보살피고 관심을 둬야 하는 사건이 되었으며, 혹은 우리가 투신할 대상이 된 이 혁명이 어떻게 예측 가능한 진보에 저항하여 진행할 수 있었는가? 이제 필연적으로 역사 속의 혁명이라는 관점에서 역사적 의미 속의 혁명이라는 관점으로 넘어갈 수밖에 없다. 일반화된 동시에 절대화되고, 신화와 모형의 대상이 된 혁명은, 더는 사상을 위해 존재할 수 없으며, 필연적으로 역사를 창조하는 주체가 된다. 이것이 신화화와 모형을 통해 나타난 결과이다.

제3장. 역사 속의 혁명: 변질된 혁명

1. 일반화된 혁명

혁명 현상은 혁명을 일반화하면서 나타났다. 마르크스가 혁명을 쉽게 도식화하고자 하나의 도식으로 요약하기 위해 매우 복잡하고 지적인 옷을 입혀야 했다!, 헤겔의 방식을 벗어버리고 혁명을 역사에서 일반적이고 설명 가능하고 것이었으며 비교적 예측 가능한 정상적인 단계라고 이야기했던 순간부터, 혁명은 더는 분노와 절망이 예측할 수 없게 터져 나오는 사건이 아니었다. 우리는 역사에서 전쟁이 일반적인 사건이지만 예측할 수 없었다는 사실을 알고 있다. 그러나 혁명은 전쟁과는 다른 특징을 가지고 있다. 그 특징은 우연한 사고였고, 한 시대를 마무리하는 출구였으며, 위대한 시대의 소용돌이 속으로 빠져 들어가는 것이었다. 지금까지 혁명은 역사 속에 존재하지 않았다. 그러나 이제 철학자들의 지적인 마술과 1789년의 혁명에 대한 고찰을 통해서, 그리고 역사의 흐름을 바꾸어 놓았고 내재되어 있는 열망을 나타내고 폭발적으로 변화시켰던 혁명에 대한 고찰을 통해서, 혁명 현상은 역사에서 적용과 변증을 통해 이제 막 역사 속에 그 이름을 올리게 되었다.

헤겔이 창안하고 발전시킨 역사에 대한 사고가 이론적으로는 1789년 혁명의 산물이라는 사실을 잊어서는 안 된다. 헤겔은 역사-혁명의 이데올로기적 관계가 혁명 사건 자체를 통해서 나타난 것으로 여기기 때문에, 이 혁명 사건을 통해서 철학적 이론을 도출한다. 헤겔의 '혁명적' 사상에 따르면, 수많은 철학자가 연구한 혁명의 절대성이 실제로는 혁명의 경험 속에서 나타났음을 알 수 있다. 헤겔이 이야기한 자유와 필요의 변증법,

주인과 노예의 변증법은 어떤 차원에서 논의된 것인가? 헤겔에게 있어서 자유와 필요의 변증법은 '혁명-반反혁명'의 변증법에 필요한 직접적인 지적 해석이 아닐까? 한편으로 역사는 혁명이 자유를 세우는 것처럼 나타낸다. 그러나 다른 한편으로는 혁명의 순간에 인류를 거역할 수 없는 음모 속으로 몰아넣는 것처럼 보인다. 변증법적 구축에 의해서 자유가 실제 필요한 것이라는 사실을 나타내는 순간부터, 혁명에 변절의 씨앗이 심겨졌음을 인식해야 한다. 혁명은 이러한 역사적 변증의 산물이 되고, 결국 혁명이 더는 배신으로 실패하지 않게 된다.

그러나 혁명의 실제적인 변화의 현상은 매우 설명하기 어렵다. 마르크스 사상에 의하면, 혁명들은 실제로 유동적인 방식으로 역사에 자리 잡고 있다. 따라서 혁명 현상을 설명하는 것은 지적인 작업도 아니고, 철학적 논쟁도 아니다. 19세기에 이르러 혁명은 본질적인 변화를 경험하게 된다. 이제부터 혁명은 실현 가능한 미래를 향해 나아가며, 과거의 적대자들의 힘을 규합하려고 시도하고, 사회를 새롭게 통합시킨다. 물론, 마르크스 사상의 영향을 받을 때에만 이러한 변화가 나타난다고 믿는 것은 이상주의일 것이다. 우리는 이미 1789년의 혁명이 이러한 의미에서 변화를 추구했음을 보여주었다. 그러나 변화라는 혁명의 요소를 통해 혁명은 고전적인 의미에서 벗어날 것이다. 그리고 혁명은 끊임없이 일어나고 점점 더 커질 것이다. 모호한 성격이던 1830년의 혁명은 여기에서 제외된다 그래서 도시와 산업의 발전에도 사실상 계급 사회를 유지하는 혁명이 있게 된다. 그러나 이것만으로는 불충분했을 것이다. 왜냐하면, 우리는 혁명에서 개인적 차원에서의 믿음, 의도, 이데올로기, 내적 반응들이 상당히 중요하다는 사실을 살펴보았다. 마르크스 사상은 이것을 정확하게 강조했는데, 그가 강조한 것은 인간 스스로 혁명 행위에 대해 부여한 의미이다. 그는 순간적인 열망을 초월하는 의미를 부여하였다. 우리는 이 모호하고 복잡한 사상의 한 글귀 속에서 가장 단순한 믿음의 차원으로 어떻게에 대한 질문실제로 깜짝 놀랄만한을 할 수 있으며, 우리는 이 질문에서 진정한 의미를 발견할 수 있다. 이 순간부터 혁명가들은 자신들이 역사적인 의미 속에 존재하고, 역사의 의미 속에 존재하려면 무엇보다도 역사의 의미를 발견하는 것이 중요하며, 혁명에 의해서 새로운 역사를 쓰는 중이었다는 어느 정도 명확한 확신을 하게 된다.129) 물론, 우리는 1848년의 혁명이, 그리고 더 나아가서 19세기에 라틴아메리카의 혁명이, 또한 1871년의 혁명이 역사의 의미 속에 존재한다고 분명히 이야기할 수는 없다. 그러나 많은 지역적 혁명은 마르크스 사상을 추종하지 않았음에도, 실제로 이러한 의도와 주장을 하고 있었다.

이제 마르크스 사상에서 두 가지 주요한 관점을 따로 살펴보고, 혁명가들의 확신을 분석해 볼 것이다. 첫 번째 관점은 객관적 환경에 대한 관점이다. 만일 혁명이 몇 개 세력이 진보하는 역사적 순간이라면, 이 다양한 세력에 특별히 적절한 환경이 있었으며, 또한 분명히 혼란을 유발하는 행동의 순간이 있었을 것이다. 이와는 반대로, 객관화된 세력의 통합이 이루어지지 않았을 때, 사회 체제의 진보가 일정한 수준에 도달하지 못했을 때, 모든 저항의 시도는 헛된 것이 된다. 그리고 이 수준을 발견하는 것이 절대로 인간의 능력을 벗어나는 것은 아니며, 마르크스 사상을 적용하는 사람들은 이것이 인간이 할 수 있는 것임을 받아들여야만 한다. 이것은 한편으로는 경제적 구조와 나머지 사회적 구조 사이의 관계에 대한 평

---

129) 그러나 여전히 어떤 혁명도 결국 '역사적인 의미' 속에 있을 수 있다는 것을 받아들여야 한다! 1939년의 이오네스코(Ionesco)의 일기를 생각해보자. "만일 역사가 히틀러의 의미에서 계속해서 걸어간다면, 모든 민족과 모든 이데올로기들은, 그 위에 새로운 인류학이 기초할 도그마가 되고 공리가 될 이 사상들(형이상학적 인종차별주의)을 다시 받아들이게 될 것이다. 모든 것은 과학에 의해서 지탱되고 증명되어질 수 있다." 오직 군대의 중요성만이 우리 시대의 형이상학과 인류학을 변화시켰다
[역주] 외젠 이오네스크(Eugène Ionesco), 1909~1994, 프랑스 실존주의 극작가

가를 의미하며, 다른 한편으로는 계급 간의 힘에 관한 평가이다. 그래서 혁명은 한 사회의 성숙함을 나타내는 사건이다. 그것은 혁명가가 이 사회의 여러 요소를 바꾸는 것이 아닌, 자신들을 억압하는 계층을 부수는 것만을 목표로 하기 때문이다. 이것은 잘 알려진 사실이며, 여기에서 이 논지를 전개하는 것은 무의미한 일일 것이다.

두 번째 관점은 혁명 과정에서 자동성이다. 우리는 역사적 운동이 필연적으로 혁명을 낳는 것처럼 이야기하는 마르크스주의자들과, 그럼에도, "인간 스스로 역사를 움직인다"라고 이야기하며 그래서 인간 스스로 혁명을 실현해야 한다고 주장하는 사람들 사이의 논쟁을 잘 알고 있다. 역사적 필요는 분노한 사람들이 된 불행한 사람들과 관련이 있다. 이들은 언제나 이 필요에 복종해 왔기 때문에, 같은 조건에서 이 필요를 체험하며 살아왔다. "함께 함, 필요, 그리고 폭력은 가난한 자들로 하여금 저항할 수 없는 지상의 세력으로 나타나게 한다." 한나 아렌트 그리고 이 순간, 혁명에서 필요이론이 등장한다. 토크빌은 혁명의 필요이론을 관찰하였고, 왜 "민주 시대의 역사를 기술하는 사람들이 그토록 숙명론에 빠져들었는지"를 고찰하였다. 그는 그 이유를 민주적 평등주의로 보았다. 여기에서 우리는 사회에 대한 각 개인의 행위라는 관점을 잃어버릴 것이다. 그리고 이 사실에서 우리는 비밀스러운 역사적 힘을 믿게 되었을 것이다. 이것은 분명히 사실이긴 하지만, 실제로 이것은 가장 주목할 만한 객관적 힘과 똑같은 의미가 있는 이데올로기의 신앙이 만날 때에만 가능하다. 믿음은 변증적 설명 위에서 구축되었다. "변증법은 현대와 과거 사이에서, 연속성과 비연속성이라는 이중적 관계를 구축하였다. 자본주의는 자멸할 것이며, 스스로 자신을 전복시킬 체제를 준비할 것이다. 그리고 이러한 현재를 통해 혁명이라는 최종적 수단을 나타나게 한다. 그러나 혁명이 이렇게 태어나는가? 역사 자신이 역사를 변화시키지 않는가? 역사를 단절시키는 혁명은 이미 일어난 혁명에 종속해서는 안 되는가? 혁명은 사람들에게 그리고 프롤레타리아에게 상당한 시간이 흐른 뒤에만 정당 민주주의, 혁명적 박애주의, 토론의 자유를 얻을 수 있다고 이야기하며 긴장을 만들어내고, 혁명가들의 운동보다는 차라리 지도자들의 사고에 종말과 칭의라는 이름의 긴장을 만들어내지 않는가? 변증법의 두 관점 사이에서 마르크스 사상은 다음의 두 가지 측면을 넘나든다. 때로는 혁명을 자신의 당과 프롤레타리아를 쓸어가는 물결로, 장애물 너머에 있는 문으로 묘사하기도 하고, 때로는 혁명을 모든 존재를 초월하는, 현재를 부정하는 미래와 끝없는 정화라는 단어를 통해 묘사한다."130) 이 두 위치 중에서 어느 쪽을 선택하더라도, 그리고 비록 마르크스주의자들의 설명에서 이 둘의 관계가 미묘할지라도, 혁명의 역할은 이미 결정되었고 명백한 필요를 통해 나타난다. 프롤레타리아는 변증법에 따라 정해진 자신의 역할을 수행해야 한다. 그는 결정적 선언을 연출하려고 모든 부정否定을 대변한다. 그는 자신의 역할을 수행해야 하지만, 프롤레타리아의 승리 이후에 계급을 재편하는 것은 불가능하다. 그 이유는 그는 단지 프롤레타리아라기보다는 절대적인 박탈에 의한 절대적 부정의 대변인이고, 가상적인 절대적 긍정이기 때문이다.131) 이처럼 "보편성은 특수성과 대립한다." 특수성은 자본주의를 의미한다 그래서 이것은 특별히 보편성과 특수성이 대립하는 투쟁의 마지막 단계이다. 그리고 우리는 헤겔의 주인과 노예의 변증법을 발견하게 된다 지금부터 혁명은 모든 것을 포괄한다. "철학은 프롤레타리아의 소멸 없이 이루어질 수 없고, 프롤레타리아는 철학의 실현 없이 해방될 수 없다." 마찬가지로 "프롤레타리아는 세계사의 계획 위에서만 존재할 수 있다."

그리고 자동성비록 이것이 상대적이긴 하지만이 혁명의 성공을 보증한다. 마

---

130) 메를로 퐁티(Merleau-Ponty), 변증법의 모험들, p.126.
131) 특별히 헤겔의 『법철학 비판 개론』에서의 프롤레타리아의 특성에 대한 서술을 보라.

르크스는 그 자신 이전의 모든 혁명은 실패했다고 이야기했다. 그러나 혁명을 역사의 레일 위에 올려놓았기 때문에, 그리고 권력을 과학적으로 인식했기 때문에, 혁명은 결정적으로 성공해야 한다고 주장할 수 있었다. 만일 혁명이 역사를 움직이는 힘이고, 또한 반대로 역사가 필연적으로 혁명을 만든다면, 역사가 있는 한, 그리고 역사가 정확하게 해석되는 한, 혁명의 성공은 필수불가결한 것이다. 왜냐하면, 혁명은 더는 사회적 혹은 정치적 변화를 실현하려는 목적을 가질 뿐만 아니라 역사를 진정으로 지배하려 하기 때문이다. 이처럼, 같은 운동에서 혼란은 결정적으로 역사를 둘러싸고 혁명을 세운다. 이 부분을 빠뜨리고 넘어갈 수 없다. 그러나 이러한 가능성은 전체적인 비약을 통해서만 가능하고, 실제로는 변증법을 강요할 뿐이다. 처음의 문제는 생산의 방식과 규모에 관한 것이었지만, 생산의 마지막 단계에서는 일종의 변형이 일어날 것을 예측해야 한다. 아울러 자신과 더불어 자연과 화해한 사회와 인간이 나온다는 사실 또한 상상해야 한다.132)

* * *

그래서 이 순간부터 혁명의 성공을 위해 모든 것이 이성적이어야 할 필요가 생겼다. 혁명에서 모든 비이성적인 것을 제거해야 한다. 그리고 그 결과, 저항을 그 인간적 깊이에서, 그리고 그 자신의 자발성의 측면에서

---

132) 까뮈와 메를로 퐁티는 이 모든 것에 대해서 심도 있게 비판하였다. 우리는 여기에서 이것에 대해 비판을 하려는 것이 아니다. 나는 다른 관점을 견지한다. 여기에서는 까뮈의 말을 인용하는 것으로 만족하려 한다 : "전체의 역사는 그 자신과 세계의 외부의 관찰자의 눈에서만 존재할 수 있다. 역사는 제한적으로 신에게만 존재한다. 따라서 보편적 역사의 전체성을 포괄하는 계획을 따라 행동하는 것은 불가능하다. 모든 역사적 유산은 결국 어느 정도 이성적이고 이성에 기초한 모험에 의해서만 존재할 수 있다. 그것은 우선 위험의 요소가 있다. 위험으로써 어떤 비정상적인 태도를 정당화할 수 없으며, 타협하지 않고 절대적인 어떤 위치도 정당화할 수 없다."(까뮈, 「반항하는 인간」, p.357) 우리는 까뮈가, 도덕주의자로서 혁명과 역사의 관계라는 자신의 개념으로, 마르크스주의가 필연적으로 테러리스트의 절대주의에 도달한다는 사실을 분명히 비난한다는 것을 알고 있다.

질문해야 한다. 여기에서 마르크스는 블랑퀴의 모험주의, 무정부주의와 조합주의에 엄격하게 대립한다. 이 운동들은 인간의 의지, 희망, 대표성 위에 세워졌다는 점에서 이전의 혁명들과 다르지 않다. 이것들은 "이상향을 위한 희망 없는 단절의 행위"를 낳을 뿐이다. 주관적인 동기로 혁명을 결정했다는 사실은 경멸을 받으며, "작은 부르주아"와 거부된 조합주의의 반작용으로 평가된다. 그 이유는 이 운동들이 '협력적인' 조정만을 얻어낼 수 있기 때문이다. 여기서 마르크스를 통해 나타난 전투에서 중요한 점은 의견이나 방법에 관한 것이 아니다. 만일 그가 격렬하게 국제노동자 연맹을 비난하고 바쿠닌과 프루동을 비난한다면, 그 이유는 이 연맹이 이들의 혁명에 전부이기 때문이다. 혁명이 역사적 의미를 갖는 순간부터, 혹은 혁명이 마르크스의 예견대로 이루어지는 순간부터, 또는 아무런 혁명이 나타나지 않는 순간부터, 결과적으로 마르크스가 이야기한 것과 다른 경향들은 혁명을 거스르게 되었다. 마르크스의 논리에는 매우 달래기 어려운 경직성 있으며, 이 경직성은 마르크스 사상에서 실제 영감을 받은 체제를 경직시켰다. 그렇다면 마르크스의 논리에 따라 저항을 제외할 것인가? 물론, 아니다. 오히려 저항을 사용할 것이다. 그리고 이 저항이 저항 자체와 다른 것이라는 조건에서 사용할 것이다. 프롤레타리아가 믿고 생각하고 느끼는 것은 거의 사용하지 않을 것이다. 그들은 행동할 수 밖에 없는 역사적 역할이 있었는데, 그 이유는 그 역사적 조건이 그들을 이렇게 규정했기 때문이다. 중요한 것은, 프롤레타리아는 자신들의 경향과 반응에 의해서 역할을 수행하는 것이 아니라, 역사가 그들을 불렀기 때문에 자신의 역할을 수행하고, 역사가 부르는 순간에 행동한다. 프롤레타리아는 본질적으로 저항해야 한다. 저항은 혁명의 기초적 요소이다. 그러나 그 자체로는 아무런 가치를 지니지 못한다. 그래서 저항은 저항하는 사람이 원할 때가 아니라, 그 순간이 객관적으로 혁명적일 때 일어나야 한다.

제3장 역사 속의 혁명: 변질된 혁명 169

그리고 저항이 일어나는 순간 바로 혁명적인 과정으로 넘어가야 한다. 「전함 포템킨」은 그 좋은 예이다. 이때부터 두 가지 관점에서 자발성에 대한 이의 제기가 나타나게 된다. 말하자면, 민중적 자발성은 저항할 수 있는 최적의 순간을 알고 있어야 하며, 의식적 혁명가들은 프롤레타리아 다음에 나타나야 하며 선행해서는 안 된다. 이것은 방법의 문제라기 보다는 형이상학적 저항가들과 역사적 혁명가들의 대조의 문제이다. 또한, 세계와 인간을 변화시키려는 사람들과 사회의 질서를 변화시키려는 사람들 사이의 대조의 문제이다. 발생 단계에서 민중적 자발성을 받아들인다면, 저항은 그 이상 나아가기 매우 어려울 것이다. 이 물결이 싣고 온 모든 신화와 기관은 거부된 그리고 자기 방어적인 기관과, 자발적으로 발생한 인민위원회는 매우 쉽게 의심을 받는다. 그들은 불균형적이며 비효율적이며 역사적 의미가 어디에 있는지 알지 못한다. 이러한 집단적 자발성은 실제로 혁명 기관의 특수한 형태를 만들어낼 수 없다. 레닌은 이 집단적 자발성이 "지성인들과 작은 부르주아들의 노동조합에서 사라질 위험에 처해있다"는 사실을 드러냈다. 마찬가지로 트로츠스키는 다음과 같이 주장했다. "우리는 당의 혁명적이고 역사적 과업을 인식해야 한다. 당은 대중의 즉각적인 반응에서 예상되는 표류도, 노동자 계급의 일시적인 주저함도 염두에 두지 않고, 자신의 독재를 유지하도록 해야 한다." 이것보다 더 좋은 표현은 없다. 그리고 사르트르는 당이 대중의 자발성을 부정하지 않는다는 사실을 보여주길 원했고, 이것은 당을 통해서만 해결할 수 있었다. 왜냐하면, 대중은 그들이 당에 소속됨에 따라 단지 혁명에 효과적인 계급이 되려고 더는 자발적으로 나서지 않기 때문이다. 프롤레타리아에 의한 당의 인식은, 단순한 지도자나 조직적 틀에 대한 인식이 아니다. 반대로 대중은 당에 의해서 프롤레타리아적 인식을 하게 된다. 이것은 프롤레타리아에 대한 당의 완전한 복종을 의미하는 것은 아니다. 이러한 작업은 단지 프롤레타리아로 하여금 정치적 삶으로 들어가도록 할 뿐이다. "당은 그래서 이성의 신비 같은 것이다. 당은 의미가 이해되고, 개념이 살아있는 역사의 장소이며, 당과 계급에 대한 모든 것을 지도자와 그 무리에게 동화시킨 방향으로 나아갔으며… 여기에서 이데올로기가 작용한다. 이제 과학적 역사와 실제적 역사는 분리된 채로 남아있고, 당은 이제 역사의 실험실도, 진정한 사회의 시작도 아니다."133) 한편으로 가장 기초적인 주제들이 프롤레타리아의 참여에 반대하여 강제되어서는 안 된다. 왜냐하면, 당에 프롤레타리아가 참여하지 않는다는 것은 프롤레타리아가 장벽이 아님을 의미하고, 그래서 환경이 혁명에 긍정적이지 않고, 결국 이 정확한 이론적인 주제들이 잘못되었음을 의미한다. 그러나 다른 한편으로는, 역사를 풀어내고, 권력에 대한 가치를 부여하고, 화합을 이해하고, 따라가야 할 주제와 정치적 노선을 구축하는 사람들이 바로 프롤레타리아라는 것에는 의심의 여지가 없다. 물론, 이 모든 것을 프롤레타리아에게 명확하게 설명할 필요는 없다. 레닌은 이 관계를 세세히 분석했다. 그는 또한 어떻게 이론가들이 앞서 나아갔지만 그리 멀리 나아가지 못했음을 분석했다. 그래서 대중은 절대로 그들의 자발성에 내몰려서도 안 되며, 단지 수단으로 이용되거나 비밀스러운 정치적 이익을 위해 조작되어서도 안 된다. "대중은 관련되어 있기는 하지만 조작되지는 않기에 당 정책의 진실성을 보증하게 된다." 그래서 진실, 혁명, 역사와 같은 것들은 사르트르가 자발성 위에 세운, 때로는 혼란스럽기도 하지만 때로는 너무나 명백한 토론의 진정한 목적이 된다. 사실, 이 단어 속에 마르크스 사상이 고려하지 않은 하나의 의미가 있는데, 그것은 레닌이 '원시주의'라고 이야기한 것으로, 이 원시주의는 경제적 전제들 안에 완전히 준비된 혁명의 신화이며, 경제적 분야에 한정된 노동자들의 행위이다. 그러나 이 단

---

133) 메를로 퐁티, 앞의 책, p.76-77.

어에는 본질적인 다른 의미가 있는데… 왜냐하면, 이 단어가 프롤레타리아 혁명의 의미대중의 정치 참여, 그리고 대중과 당의 공생와 혼동되기 때문이다. 만일 레닌이 자발성을 주장하지 않았다면, 그 어떤 것에도… 이것은 "깊이 숙고해 볼 때 자발성과 의식은 서로 치환되지 않는다. 만일 당의 이론에서 자발성을 지운다면, 우리는 거기에서 프롤레타리아 의식이 될 수 있는 모든 수단을 제거하는 것이 될 것이다."134) 그러나 우리는 역사와 혁명의 단일성 속에서, 저항에 대한 어떠한 변형, 어떠한 과거로의 회귀, 어떠한 축소도 감수하면서까지 이 자발성의 이론그리고 어쩌면 실재에까지을 견지하는 데에까지 이르렀다. 우리가 얼마나 저항하는 인간에서 멀어졌는가! 물론, 자발성에 대한 이론적 관점은 순전히 추상적인 정신에 부합한다. 이것으로 우리는 사르트르를 비난할 수 있다. 한편으로 실재를 보지 않고 철학자의 이미지를 갖게 된 지성인으로 비난할 수 있으며, 다른 한편으로는 그 실재를 볼 수밖에 없을 때, 매혹적인 동시에 완전히 기만적인 주장을 하는 지성인으로 비난할 수 있다. 사르트르의 글보다 자발성과 공산당의 주제에 대한 더 큰 기만은 없다.135) 그러나 정확하게 대중과 당의 관계가 조화로운 그러한 정교한 변증법적인 구성이 실재와는 완전히 다르다는 것을 우리는 알고 있다. 이것은 스탈린과 자칭 마르크스 사상의 변화가 나타날 때까지 기다리지 않아도 된다. 프랑스 마르크스 사상은 그 시초부터 다른 사회주의자들과 차이점이 있었다. 라샬르Lassalle는 대중의 모든 자발성에 대항하여 격렬하게 싸웠으며, 대중의 자발성은 혁명적 엘리트에 의해서 완전히 지배되고 인도되어야 한다고 주장했다. 그리고 이후에 레닌도 같은 논리로 이야기했다. "이론은 자발성을 복종시켜야 한다." 여기에 참지 못하는 대중의 의견을 완전히 무시하고 존중하지 않는,

---

134) 메를로 퐁티, 앞의 책., p.169.
135) 특별히 사르트르, 「공산주의자와 평화」, Temps modernes, p81, 84.

더 나아가서, 어떠한 수단을 동원해서라도, 이들을 복종시킬 수 있는 지도자와 지도적 이론가들이 있어야 한다!

실제로 저항하는 인간은 이론적 설명에도 불구하고 정말로 단순히 조정되는 대중이며, 그들의 저항은 저항 자체로 인식되어서는 안 된다. 크론시타트Cronstadt의 해군인 마흐노136)와 스페인 전쟁 동안 공산주의자들에 의해 잔인하게 제거된 무정부주의자 조직 등… 이러한 사건들은 혁명에 대한 이해의 부족으로 말미암아 역사의 흐름을 가로막으며 자발성을 비난한다는 특징을 갖고 있다. 우리는 혁명가들의 자발성이 언제나 저항에 기초한다는 이 사실에서, 보수적인 성격을 띠는 동시에 반동적이며 세대주의적 성격이 있다는 사실을 보았다…. 그리고 이 사실에서 자신들만이 과학적 해석을 하며, 역사의 키를 가지고 진보를 견지한다는 확신을 지닌 마르크스주의자들은, 자신의 관점에서 저항을 비난하고 반동주의자와 반혁명가들의 자발성을 단죄한다. 동시에 그들은 더 인간적인 것, 혁명에 더 직접적인 영감을 주는 것, 더 본질적이 것을 제거했는데, 그것은 희망과 절망이며, 고통과 저항이고, 그들이 부정하는 피할 수 없는 운명에 대한 분노이며 저항이었다. 마르크스의 저작이 객관적 요소에 더 큰 비중을 두어감에 따라, 더욱더 인간이 상실되며 냉혹해져 가는 메커니즘을 묘사해 감에 따라, 마르크스에게 이 자발성은 더 큰 의미를 가지게 된다.137) 그의 최종적인 관점에서 혁명은 이제 인간 사이에서의 관계이것은 계급에 관한 것이다로 여겨지지 않으며, 철학과 사회주의 사이에서의 유희로도 여겨지지 않는다. 혁명은 객관적 세력들의 산물이 되었으며, 이 객관

---

136) [역주] 네스트로 이바노비치 마흐노, 10월 혁명 이후 볼셰비키 정부를 거부한 우크라이나 아나키스트 혁명가.

137) 이것은 25년 전부터 마르크스 사상을 길들이길 원하고, 어떤 점에서 이 사상이 열려 있고, 인간적이며, 젊은 작가들의 저작을 조명하는지를 보여주기 원하는 우리 시대의 지성인들과 전혀 무관하지 않다. 특별히 1844년의 저작들과, 자본론(서문을 제외하고)이 이 점을 신중하게 드러내고 있다.

적인 세력들과 이 세력들의 거대한 필요들이 혁명에서 지배적인 역할을 하게 된다. 인간은 결국 역사의 큰 그림 속에 자리 잡은 혁명의 방해자일 뿐이다. 인간은 자신의 감정 때문에 혁명이라는 여신의 위엄스러운 진행에 방해가 될 뿐이다. 인간의 자발성은 사회주의가 더욱 과학적이 되고 계산에 종속됨에 따라, 더는 설 자리가 없어지게 된다. 이 구조적인 역사 속으로 혁명이 들어간다는 사실은, 결국 자발성의 외적인 요소만을 취하는 동시에 인간과 인간적 불확실성을 제거시킨다.

*　　*　　*

혁명이 정상적이고 자연적인 요소로서, 새로운 역사의 창조자로서, 이해 가능한 역사 속으로 들어가는 것은 합리성에 의한 결과로, 결국 혁명에서 가치를 제외한다. 까뮈는 혁명에 대한 마르크스주의자들의 해석이 까뮈 자신이 이야기했던 것과는 반대로 저항하는 사람에 의해서 만들어진 가치들을 제거했다는 사실을 보여주었다. 까뮈의 결론에 도달하려고 다시 처음 분석으로 돌아가는 것은 무의미한 일이다. 마르크스의 글들은 이러한 주제로 넘쳐난다. 우리가 가치라고 부르는 것은 마르크스주의자들 눈에는 기만일 뿐이며, 마르크스는 가치를 근본적으로 불신했다. 그는 여러 차례 혁명은 자유나 정의와는 아무런 관계가 없다고 이야기했다. 그에게 자유와 정의는 혁명의 껍데기만 있는 부르주아들의 이미지일 뿐이다. 다음의 글은 이러한 마르크스의 사상을 잘 요약하고 있다. "나는 1864년의 노동자 연맹 헌장의 서문에서 의무와 권리, 진리와 도덕 그리고 정의에 대해서 두 줄의 문장을 썼다. 그리고 나는 이것들을 누구에게도 강제하지 않았다." 그리고 20년 후에, 엥겔스는 사회주의자들이 마르크스를 방패로 내세우면서도 여전히 자유와 정의에 대해서 이야기하는 것을 분명히 비판했다. "마르크스는 당신들이 내세우는 정치적·사회적·경제적 이상주의에 반대했다. 우리가 과학적 인간이라면 우리는 이상적이 될 수 없다…. 마르크스주의는 윤리가 아니다…. 절대 도덕적 분노가 마르크스 사상을 이용하게 해서는 안 된다." 분명히 역사가 자신의 의미에서, 자신의 방향에서 그리고 자신의 내재된 운동에서 과학적으로 해석된다면단지 역사적 과학에 따라서 묘사되는 대신에, 그리고 혁명이 결정적인 동시에 비결정적인 메커니즘 속에 하나의 부분을 차지하고 있다면,전자제품은 우리에게 그러한 시스템의 구체적인 예를 제시하기 시작한다 혁명이 어떤 가치를 가지는지 살펴보는 것은 아무런 의미가 없다. 개념과 가치 사이에는 어떤 공통점도 없다. 우리는 단지 낯선 두 세계개념과 가치 사이에 있을 뿐이다. 이처럼, 공산주의자들은 선전을 위해서는 정의, 자유, 민주 등의 단어를 사용할 수 있지만, 그들이 이 단어들을 심각하게 받아들이는 순간부터 더는 근본적인 마르크스주의자가 아니다. 마르크스주의는 지적인 혁명적 관점에서는 순전히 객관적인과학적인 태도를 지니고, 도덕적인 영역에서는 내재적인 냉소주의를 지닌다. 우리는 때로 마르크스주의 국가에서 세력 다툼이 일어날 때, 이전의 동지들을 사형으로 내모는 것을 볼 때 분개한다. 스탈린 이전에, 레닌에 의한 로자 룩셈부르크Rosa Luxemburg와 카를 리프크네히트138)의 제거가 대표적이다. 그러나 이러한 분개는 우리가 마르크스주의를 전해 이해하지 못하고 있음을 증명해 준다.

레닌은 기회주의자를 타인과의 인간적인 감정과 우정, 증오, 공포, 이익… 에 의해서 혁명의 방향을 수정한 사람으로 묘사했다. 이 모든 것을 역사의 과정이라 이야기하는 것은 이것들이 의미하는 것과는 반대 의미를 가진 냉소주의를 낳게 된다.그리고 우리가 오늘날 언어의 도단이라고 부르는 것이 역사적 냉소주의를 퍼뜨린다 자유라는 가장 극단적 독재는 쉽게 평가될 수

---

138) [역주] 카를 리프크네히트(Karl Liebknecht, 1871년 8월 13일~1919년 1월 15일). 독일 공산주의 혁명가이자 사상가. 로자 룩셈부르크와 클라라 체트킨 등의 극좌파 인물들과 함께 스파르타쿠스단을 설립.

있다.139) 그리고 사실상 역사가 모든 것의 열쇠가 되고 의미의 처음과 끝이 되었을 때, 이제 인간은 가치들에 대한 열렬한 추종자라기보다는 자신의 지위를 박탈당한 존재로 전락하게 된다. 왜냐하면, 인간은 혁명의 흐름과 진행을 통해서만 옳고 그름을 이야기할 수 있는 역사적 해석 외의 모든 가능한 척도를 잃어버리게 되었기 때문이다! 마르크스는 이것을 잘 보여주었다. "판단은 역사의 몫이고, 판결의 실행은 프롤레타리아의 몫이다." 이처럼 역사가 재판관이다. 그러나 역사는 모든 최종적 방향, 모든 목적, 초월성의 전유물이기 때문에, 그리고 역사가 권력의 '메커니즘' 비록 이 말이, 마르크스 사상이 메커니즘이 아니라고 하는 마르크스주의자들의 분노를 일으키는 단어임을 알고 있음에도, 이 단어를 사용한다으로 전락했기 때문에, 역사적 판결은 판결 이후에야 인식할 수 있다. 여기에서 역사가 내리는 판결의 내부적인 작용을 읽을 수 있고 이해할 수 있어야 하는데, 왜냐하면 그것만이 유일하게 판결의 의미를 드러내기 때문이다. 실제로 이 사실만이 역사적 의미의 평가를 위해 견지하려 했던 유일한 요소이다. 그리고 미래에 일어날 사실은 이 평가가 옳고 그름을 증명할 것이다.그러나 기다려야 한다 물론, 마르크스는 역사의 결과라는 장엄한 비전도 있다고 강조할 것이다. 결국 우리는 헤겔의 도식으로 다시 돌아오게 된다. "그것의 증명은 내가 하는 것이 아니다. 역사가 자신의 성취를 통해서 증명할 것이다." 그러나 우리는 실제로 다음과 같이 이야기할 수 있다. "이 병렬적인 주장은 다음의 두 가지 태도로 나타난다. 증거의 최종적 승인까지 모든 선언의 보류로 나타나거나, 혹은 역사에서 성공을 위해 바친 모든 것으로 무엇보다 힘에 대한 선언으로 나타난다."

마르크스주의자들은 분명히 두 번째 가정을 선택했다. 그러나 우리는 "…처럼 보이는 모든 것"의 모호함에는 동의할 수 없다. 왜냐하면, 마르크

---

139) 이 역사적 분리에 대해서 로빈(A. Robin)의 『거짓된 말』이라는 책을 보라.

스주의자에게는 우리가 역사의 의미를 정확하게 해석할 수 있게 됨에 따라, 이 두 번째 가정은 그저 그럴듯하게 보이는 것이 아니라 바로 사실이 된다. 정확하게 계산된 행위는 성공을 확신할 수 있다. 그러나 이러한 행위가 단 한번도 실패한 적이 없다면, 이것은 해석에 오류가 있다는 것을 의미하는 것이고, 따라서 이론에 오류가 있다는 것을 의미한다. 결국, 실패가 있었다는 사실은 과학적 마르크스주의의 잘못된 정체성의 증거가 된다. 그래서 우리는 선언된 절대적인 방법과 미래 사이에서 옴짝달싹 못하는데이 방법이 인간의 유일한 탁월성이다 그 이유는 완전한 유토피아적 방법으로 역사가 결국에는 도덕적이고 이성적이 될 것이라는 마르크스의 주장 때문이다. 그러나 마르크스는 이러한 변화가 어떻게 나타날지 이야기하지 않았을 뿐더러, 역사 속에 기록된 선과 악에 대한 그 어떤 가치도 평가하지 않았다. 단지, 유일하게 행위만이 효율성과 기회를 드러낸다고 이야기했을 뿐이다. 그래서 역사의 끝에 모든 것이 드러날 것이라고 이야기한다. 현재의 경직성 때문에 유용한 행위만을 과학적으로 정의할 수 있을 때에, '역사적-메타역사적' 종말에 대한 인식은 어려움을 겪는다. 이러한 관점에서 혁명이 이 순간 '혁명 그 자체' 가 된다는 것은 매우 명백한 사실이다. 혁명은 역사에서 필수 불가결한 요소이며, 역사를 통해서 그 정당성을 부여받는다. 혁명은 '역사의 원동력' 이다. 여기에 성공과 실패 이외의 다른 평가가 있을 수 없다. 그리고 그것이 역사를 새로운 단계로 이끌 때, 그 자체로 가치를 가진다. 그 이유는 혁명이 개인의 변화를 가져오기 때문도 아니고, 역사의 흐름이 단지 시작되고 지속되는 운동에 의해서 가속되기 때문도 아니다. '혁명 추진' 의 관점은 분명히 마르크스 사상과 대립하는 것이며, 혁명을 초라하게 그리고 작은 부르주아의 운동으로 축소하는 것이다.실제로 그러하다 이 관점은 역사를 새로운 방향으로 변화시키려는 의도가 있는 것도 아니고이것은 반마르크스주의자들의 생각이고, 일련의 관점을 변화시키려는 것도 아니다. 역사가 더는 무無에서 터져 나올 수 없으며, 우리는 반대자들의 세력이 창조적 폭발을 요구하는 순간에 와 있다. 그리고 혁명은 우리로 하여금 이전에 우리가 알고 있던 것과는 그 어떤 관련도 없는 근본적으로 새로운 세계로 진입하도록 하였다. 비록 혁명이 이전의 모든 반대의 책임자라 하더라도, 그리고 모든 영역에서 조작을 제외하고서는! 그 영역 안에 이미 존재하는 모든 것을 다시 취한다 하더라도 말이다. 그러나 이 변화는 분명하게 진정한 역사의 창조를 의미하고, 예측할 수 없었던 산물이며, 매우 특별한 '뱅bang' 근대 물리학자들의 의미에서을 의미하기 때문에, 우리는 이 변화를 통해 파생될 것을 묘사할 수 없다. 이러한 변증적인 종합은 실재하는 것이지, 결코 이상적인 것이 아니다. 이 사실들의 변증법을 통해서, 아니면 부정否定의 부정否定이라는 확신에 의해서 무엇이 파생될 것이라고 단언할 수는 없다. 그리고 분명하게 이러한 근본적인 변화 때문에, 혁명은 우리가 선언할 수 있는 최종적 단어가 되었고, 유일한 '가치'가 되었다. 혁명은 그것이 어떤 종류의 것이든 인간의 관심에 우선한다. 그리고 혁명은 매우 쉽게 이해된다. 혁명이 없다면 더는 역사를 통해 무엇인가가 터져 나올 가능성은 없다. 그래서 인간은 이제 공동체적으로도 개인적으로도, 역사를 소유할 수 없을 것이다! 인간의 역사를 구하려면 혁명이 일어나야 한다. 그리고 성공해야 한다. 그러나 개인성이 담보되는 것처럼, 많든 적든 수많은 사람의 삶도 담보되어야 한다. 혁명은 분명히 혁명이 구원하려는 프롤레타리아보다 앞서 나타난다. 이 부분에 대해서 스탈린과 마르크스 사이에는 그 어떤 대립도 찾아볼 수 없다. 비록 조레지앙140)은 이 대립을 부정하지만, 감상적인 마르크스주의자들에게는 그 어떤 대립도 없다! 혁명은 사실, 절대적인 방식으로 프롤레타리아들을 구원하는 것이기에, 억압당하는 사람들을 계속해서 억압

---

140) [역주] 프랑스 사회주의를 이끌었던 장 조레(Jean Jaurés, 1859-1914)주의자들.

하는 것은 합법적이다. 이것이 역사의 가능성과 불가능성에 관한 것이라면, 수많은 세대의 희생은 무엇인가? 오히려 이와는 반대로 혁명의 희생과 엄격함 그리고 필수 불가결함, 이 모두에 혁명의 성공이 달렸다. 왜냐하면, 성공은 권력의 쟁취가 아니기 때문이다. 이것은 더 공의로운 사회를 세우는 것도, 평등한 사회를 이루는 것도, 여타 그 외의 것들을 이루는 것도 아니다. 또한 '혁명적 권력'을 세우는 것도 아니다. 만일 우연한 반전이 가능했다면, 혁명은 더는 혁명 자신이 될 수 없었을 것이며, 새로운 역사의 창조자도 될 수 없었을 것이다. 성공은 '과거로 돌아가지 않는 점'을 나타낸다. 만일 혁명의 결과가 '불안정한 체제'라면, 그러한 체제는 인위적 작용의 결과이다. 그것이 선언이든, 조직이든 그리고 인간이든 갈등이든, 이것은 전혀 혁명이라 불릴 수 없다. 혁명은 어떤 부분에서도, 어떤 방식으로도, 과거로 돌아갈 수 없을 때에만, 이루어져야 할 혁명 그 자신이 된다. 그리고 우리는 신경제정책을 펼치는 공산주의자들의 불확실성을 이해할 수 있게 된다!

그러나 과거로 돌아가지 않는 이 점은 지적인 방식으로도 도달할 수 없으며, 또한 절대로 어떤 통제 불가능한 봉기에 의해서도 도달할 수 없다. 그리고 헌법의 변화에 의해서도 도달할 수 없다! 이러한 사건들은 또다시 일어나고, 다시 다루어지며, 다시 취해진다. 단지 학살만은 다시 행할 수 없다. 혁명에 의한 두 시대의 단절은 마르크스의 몇 가지 저서에서 묘사되는 아름다운 진보에서 나타나는 것처럼 몇몇 약탈자들의 낭만적인 제거만을 의미하는 것이 아니다. 그리고 마르크스에 의해서 표현된 사고와 그 사고의 필연적인 결과들 사이에는 몇 가지의 대조가 있다. 새로운 사회가 폭력적인 공격을 당했던 과거의 지배자들과 혁명의 잘못된 과거를 완전하게 지우길 원하는 새로운 주인들에 의해, 과거로 돌아갈 수 없을 만큼 충분하게 물리적 중립이 이루어질 때에야 혼란은 실제로 혁명이 된다. 마르크스는 학살을 중요한 요소로도 바람직하지 않은 요소로도 여기지 않았지만, 1789년의 혁명은 폭력을 통해서 과거로 회귀하지 않는 점에 도달할 수 있었다. 1917년의 혁명은 1917년 11월의 볼셰비키의 학살에 의해서만 과거로 회귀하지 않는 지점에 도달했다. 사회적으로 원한이 정점에 도달하고, 근본적 망각이 정점에 도달하며, 절대적인 '검열'이 최고점에 도달하고, 집단적인 '열등감'이 팽배할 때, 혁명이 도래했다는 것은 분명하다. 이러한 회귀의 불가능성 외의 다른 표적은 없다. 혁명은 돌이킬 수 없어야 하고, 혹은 외부로 나타나야 한다. 말하자면, 개혁적이어야 한다. 이것이 바로 혁명이 역사 속으로 들어옴으로 말미암아 필연적으로 도달하게 되는 지점이다. 한 번 더 이야기하자면, 마르크스 사상에 오류가 있다기 보다는 이러한 역사와의 관계 속에서 혁명이 일어난 것이다.

2. 일반화의 결과

　우리는 지금까지 혁명에 대한 마르크스의 사상이나 역사에 대한 마르크스의 사상이 책은 이러한 주제들로 가득하다을 설명하려 한 것이 아니라 단지 이 사상에서 항상 논의됐던 것들에 덧붙여서 혁명에 대한 새로운 관점을 설명하려 하였다. 이 관점을 통해 나타난 구체적이고 사회학적으로 항구적인 결과들은 이 새로운 관점을 정당화한다. 가상적으로 제거된 저항과 자발성은 혁명이 역사의 합리성 속에 편입되었다는 사실에서 무엇을 남기는가? 여기에는 이론과 전술이 남는다. 역사적 의미 속에서의 혁명은 이론과 전술의 혁명이다. 물론, 여기에는 여전히 저항 현상이 존재한다. 내가 지금까지 인용한 1850년 이후의 저항에 기초한 수많은 혁명 운동의 유형에 쉽게 이의를 제기할 수 있을 것이다. 그러나 여기에는 '일반적'이 된 혁명적 유형이 남게 되었다. 이 유형은 지난 세기 동안 지속하여 온 마르크스주의의 유형을 만난다. 그리고 우리는 이 마르크스주의 유형이 어느 정도로 그리고 어떤 이유로 최고조에 도달한 저항들을 이 유형에서 배제했는지 살펴보았다. 저항이 여전히 자발적으로 나타날 때, 만일 이론가가 이 순간을 역사적 의미에서 혁명이 시작되는 기회라고 여긴다면, 이 이론가는 즉각적으로 연구를 통해 이 저항을 정형화하고, 힘으로 주도하려 하며, 전술적으로 이끌려 하고, 마르크스가 유형화한 혁명 속으로 포함하려 할 것이다. 애초에 그것이 마르크스와는 아무런 상관이 없음에도 만일 저항이 이렇게 마르크스의 유형 속으로 포함되지 않는다면, 마르크스 혁명가들은 분명히 이 저항에 대항해서 싸울 것이다.

다른 한편으로 마르크스주의자들의 혁명은 음모에 의한 혁명의 유형이 될 수 없다. 단지 이 혁명이 대중의 운동을 그 안에 포함하고 있기 때문에, 혁명 이상은 저항을 낳고 조합하며 유발한다. 그래서 마르크스주의자들의 혁명은 전술적인 사건이며, 이 사건을 통해 자발성이 출현한다. 이상은 명백한 대중의 지지와 함께 혁명으로 넘어가는 가교이지만, 동시에 무질서의 순간이기도 하다. 민중이 '혁명적 축제' 속으로 들어가도록 내버려두지 말고, 그들로 하여금 시작된 혁명에 전적으로 동의를 표현하도록 하라. 1945년 이후의 체코슬로바키아의 혁명, 헝가리의 혁명, 루마니아의 혁명 그리고 폴란드의 혁명은 이러한 마르크스주의 혁명의 전형이다. 자발성은 전술적 계산에 의해서 다양해질 수 있다. 그러나 반대로 전술은 끊임없이 외적으로 혁명의 단계로 넘어가게 하는 상황그래서 실제로 저항의 상황이나 아니면 차라리 혁명의 역사적 순간에 도달했다고 알려주는 상황 속에 숨어 있어야 한다.

* * *

'교리-이론' 이 두 개념의 구분은 불분명하고, 실제로 선을 긋기 어렵다!은 근본적인 축이 되었다. 왜냐하면, 혁명적 자발성이 부정될수록 '혁명적 계획' 을 더 강화해야 하기 때문이다. 만일 우리가 보아왔던 저항 안에 자발적 계획이 있었다면, 이것은 마르크스가 지적한 역사 속의 운동과는 아무런 관

---

141) 마르크스의 계획이 혁명적 계획과 만난다는 것을 보이려는(인간적 관계, 인간성 전체, 세계로 하여금 자신을 인식하도록 하는 의식의 변화에 대한 마르크스의 일부 인용과 함께) 데꾸플레의 해석은 일반적으로 오류가 있는 것으로 보인다. 이 점은 마르크스에게 있어서는 비교적 불확실했으며, 단절과 역사의 흐름에서 이 천년왕국으로 넘어가기 위해서는 절대적인 비약이 필요하다는 사실을 보지 않았다. 왜냐하면, 우리가 인용하는 마르크스의 글을 여기에서 사용해야 했기 때문이다. 이 텍스트들은 젊은 작가의 글이며, 다른 한편으로는 그들 중의 어떤 것들은 혁명에 관련된 문제가 아니다. 특별히 '의식' 에 대한 대저서가 그러하다. 데꾸플레는 자의적으로 '혁명적 의식' 에 대해서 이야기했는데, 여기에서 마르크스는 완전히 다른 맥락에서 의식에 대한 것은 매우 짧게만 언급했다.

련이 없다. 다른 한편으로, 혁명이 계획 없이는 일어날 수 없다는 것이 진정으로 사실이라면, 이 계획은 사실 교리에 의해서 대체되어야 한다. 이 교리가 계획이 된다.141) 이것을 통해서 교리는 가치가 된다. 혁명이 가치에 기초하지 않고, 이 가치를 향해 계획되지 않는다면, 이 혁명에는 어떤 확신이 있어야 한다. 그렇지 않다면, 교리만의 역사는 여기에서 그 어떤 혁명도 허락하지 않는다. 여기에서 역사는 교리 하나만으로는 어떤 혁명도 허락하지 않는다. 교리는 가치가 차지하던 위치를 차지하면서 혁명을 가져올 것이다. 그러나 교리는 역사 속의 의미를 구분해 내고 이 의미를 정당화해야 하기 때문에, 결정적인 지위를 갖게 된다. 이것은 여러 교리를 통해 혁명이 일어날 만하고 받아들여질 만한 환경의 근본적 실재말하자면, 가상적인 혁명적인 것들를 이해하기 위한 이론적 분석을 의미하는 것이며, 동시에 물려받은 환경을 해석하는 것이다. 결국, 교리는 자신을 비신화화하여 혁명의 중요한 위치를 차지한다. 실제로 혁명이 사회 전반적인 변화를 목표로 삼는다면이것이 변증적 운동의 사상에 의해서 내포된 것이기에, 혁명은 이데올로기에 종속하게 된다. 현 사회에서 이데올로기는 신화이다. 정확하고 엄격한 교리를 통해서만 의식 혹은 비의식의 거짓을 구분해 낼 수 있고, 깊이 있게 혁명을 준비할 수 있으며, 동시에 혁명의 성공에 필요한 새로운 이데올로기를 발전시킬 수 있을 것이다. 그래서 의심의 여지없이 현상에 대한 모든 해석을 통해 교리는 마르크스주의자들의 혁명적 구조 안에서 위대한 작품이 된다. 이 교리는 완벽하게 이성적이다.동시에 마르크스 사상에 부합한다 마르크스가 덧붙인 것은 교리가 있을 수 있다는 사실이 아니라우리는 1789년 등에서 그 위치를 확인하였고, 오히려 이 교리가 과학적이 되었다는 사실이고, 다른 한편으로는 이것은 그 결과인데, 교리가 혁명적 현상의 중심에 서 있다는 사실이다. 이 혁명 현상은 레닌에 의하면 '과학적 엄격성'에 의해서 특징짓는다. 레닌을 위시한 모든 마르크스주의의 대

이론가들은 이러한 전제 위에서 이야기한다. 특히 플레하노프142) 카우츠키, 루카치143)를 꼽을 수 있다). 그러나 지난 3, 4세기 동안 일어난 실제 혁명에서 교리와 이론이 된 것을 찾아보는 것은 매우 흥미로운 일이다. 이것을 살펴보면, 4가지 어리석고 조급한 변화를 볼 수 있다. 이것은 마르크스주의자들을 매우 놀라게 할 것이다 그 이유는 이러한 변화가 엄격한 사고와 하나의 이론을 발전시키기 위한 과학적 노력을 통해 나온 결과와는 대조되는 것이었고, 알튀세르가 강조했던 내용과도 차이가 있기 때문이다.

첫 번째 변화는 우리가 병적 다변증의 일종이라고 부를 수 있는 것으로 구성되어 있다. 마르크스주의자들은 사건들의 해석에서뿐만 아니라 마르크스 사상의 해석에서도 서로 대립하기 시작했다. 이 갈등 중에서 가장 주목할 만한 것은 카우츠키와 레닌의 갈등이었다. 레닌은 실제로 미시적 기간의 해석에서 옳았던 반면, 카우츠키는 거시적 기간의 해석에서 옳은 것으로 드러났다 개념은 점점 더 정화되고 단련되며, 언어들은 점점 더 모호해지고 난해해졌다. 매우 난해한 한 단어가 하나의 의미만을 가지고 모호하게 해석하기 어려운 마르크스의 단어에 조금씩 접목되었다. 단어들에 대해서, 그것의 중요한 '지적-실제적' 현실을 포괄하기 원하는 형식에 대해서 다양한 교리의 논쟁이 나타나지만, 이 논쟁들은 절대로 명확하지 않다! 종종 사상 교육을 받지 못한 사람들의 판단에 의한 처단, 파문, 단절은 대중의 분노를 일으킨다. 혁명에서 최고의 위치에 있는 교리는 자신이 발생했던 것처럼 자신에 대한 이해와 적용, 그리고 수정에 대한 끊임없는 갈등을 유발해야 했다. 그래서 연설이 최고의 위치를 차지한다. 모든 것은 행위의 진실에 대한 언어적 구성에 달렸는데, 그 행위는 결국 사라지게 된다. 병적 다변증은 빠른 속도로 언어권력로고크라시으로 대체된다. 때때로 탁월한 마르크스 교리가들

---

142) [역주]게오르기 발렌티노비치 플레하노프(Plekhanov, 1856~1918). 러시아 마르크스주의 이론가.
143) [역주]루카치 죄르지(Lukacs, 1885~1971) 헝가리 문예 사상가, 마르크스주의 사상가.

중에는 마르크스 사상을 받아들이지 않는 사람의 눈에 하나의 문학적 부류로 밖에 보이지 않는 사람들이 있다. 이것은 3, 4세기 교회에서 찢기고 불태워진 동일본질homoousios과 화신영지주의의 예수그리스도에 대한 관점-역주에 대한 교부들의 이해와 같은 것이다. 이 계속되는 미묘함에 반하여 일어나는 역행적 현상이 일어나는데, 이 현상이 민중에 다다르는 것에 관한 것이기 때문에, 이 현상은 교리문답집의 교리의 형식으로 나타나며, 복잡하고 심오한 사고를 남용하여 단순화시키고, 명령어로의 변화시키는 현상으로 나타난다. 그러나 여기서 우리는 이 이론을 위해 순수한 선전의 차원에 도달하려고 이 이론을 더는 받아들이지 않는다. 그리고 분명히 교리가들은 분명하게 두 영역으로 구분한다. 그 사상이 현실에 기반을 두고 혁명을 이끌어야 하는 지적인 마르크스주의자들의 학문적인 영역이 있고, 그리고 그 이후에 혁명의 일시적인 단계에 의해서 현실화된 믿음의 필요를 나타내는 강령의 형식화에 의해 도달하는 민중적 영역이 있다. 불행하게도, 이 세분화되어 있는 대립을 견지하는 것은 불가능하다. 이 영역 간에는 분명히 대화가 있다. 모호한 어휘들이 교리문답집으로 들어가게 된다. 그러나 특별히 이론가들은 군중 사이에서 나오는 이데올로기의 변형을 고려해야 한다. 그래서 이데올로기의 변형은 교리문답집을 포괄하는 것으로는 부족하고, 교리문답집 자체를 모형화하는 것으로 만족하지 않는다. 이 변형은 정형화되지 않은 부분이 있고, 또한 자의적 해석의 영역이 있다. 이 변형은 또한 강령의 영향하에 그 의미가 굴절되어, 원래 그 강령의 의도와는 다른 것이 되어간다. 그리고 새로운 차원의 이데올로기가 매우 빠른 속도로 나타나게 된다. 다른 한편으로 이 변형은 일반적인 결과가 아니고 혁명 운동의 결과이다. 그것은 이데올로기의 교리이론과 마찬가지로가 점진적으로 이데올로기로 변화하기 때문이다. 우리는 더는 교리나 이데올로기를 통해 현상을 이해하는 고정적 체계를 가진 것이 아니라, 이성, 사상, 믿음, 희망, 고통이 뒤섞여 있는 창고를 갖게 된 것이다. 지난 세기의 3/4세기 동안, 이 '감정'과 주관성은 엄격해지려는 이 사상 속에 다시 포함되게 되었다. 그리고 이것은 그리스도인의 믿음이 붕괴하는 것과 같은 이유로, 원초 기독교와 다시 비교된다. 이 믿음의 붕괴는 곧 하나님 나라가 즉각적으로 임할 것이라는 믿음이 붕괴하는 것을 의미하며, 그리스도 재림을 예측할 수 없는 미래로 던져 버린 것을 의미한다. 그리고 이 기간에 하나님 나라와 그리스도의 재림을 기다리면서 선하게 살아야 했다. 그리고 이 붕괴는 구체적인 이론을 혼동된 이데올로기로 변화시킨 것과 같다. 결국, 영원히 존재하는 '권력-존재'와, 이상향의 이름으로 정당화해야 하는 동시에 그 최종적 목적과의 관계가 정확하게 인식되지 않을 때의 전술적 필요를 통해 정당화해야 하는 현재 사이에는 거의 완전한 단절이 있다. 그래서 이 변화는 교리의 구체적인 형식화뿐만 아니라 구조의 핵심인 변증법에 다다르게 된다. "변증법은 분명히 이데올로기의 역할에 작용하고, 공산주의로 하여금 스스로 추구하는 것과 다른 존재가 되도록 한다." 메를로 퐁티 이 말은 정확한 표현이다. 그래서 혁명에서 정확하게 예측할 수 없는 이 변화는 교리의 두 번째 화신아바타이 되게 된다.

세 번째 변화는 더 중요하다. 이러한 논의 속에 정통 이론이 빠져 있다는 것은 잘 알려진 사실이다. 이 정통 이론은 특징적인 두 가지 요소가 있는데 그것은 내용과 수단이다. 이 요소들을 수용할 수 있게 하는 다른 몇 가지 요소들이 있었다. 행동과 사건들의 해석에 좋은 방법들이 있었다. 여기에는 여전히 혁명 운동을 위해 꼭 필요한 것이 있다. 만일 그 중심에서 이 정통 이론을 제거하지 않으면, 혁명은 패배 혹은 부패로 사라질 것이다. 예를 들면, 스탈린주의를 비난하는 것과 같은 실제적인 논쟁들은 오늘날 테어도어 아도르노144)나 안토니오 그람시145)와 같은 화려한 인

---

144) [역주] 테어도어 아도르노(Theodor W. Adorno, 1903~1969). 독일 철학가 사회학자 작곡가.

물들을 떠올리게 한다. 그러나 이러한 실제적인 논쟁은 혁명이 성공한 순간부터 누릴 수 있는 화려함이라는 사실을 기억했어야 했다. 만일 스탈린에게서 절정에 이른 이 정통 이론이 경직되지 않았다면, 마르크스 혁명은 역사 속의 한 점으로 사라졌어야 했을 것이다. 오늘날 이 부분은 더는 언급되지 않는다. 그러나 이러한 정통 이론은 점진적으로 자가 발생적인 체계로 혁명 옆에서 혁명의 실재에 대항하여 구축된다. 이제 사실을 통해 마르크스주의에 접근하는 것은 매우 어려워졌다. 이것이 정 조레146)나 베른슈타인147)의 '반역'의 근원에 있던 것이다. 실제 나타나는 사실이 마르크스가 생각했던 것과 다르게 진행될 때 우리는 어떻게 해야 하는가? 마르크스가 기초해서 분석했던 경제적 맥락이 더는 현실과 같지 않을 때에는 어떻게 해야 하는가? 이 수정주의는 마르크스 혁명가들이 잘 보았던 것 같이 혁명적 가능성이 사라지는 것을 의미한다. 이때부터 실재에 반한 정통성을 견지해야 한다. 수정주의는 이제부터 사실과 배치되는 정통성을, 명백하게 보이는 의미와는 다른 상징을 가지고 동화되어가는 사건들의 해석을 통해서 견지하거나, 아니면 때로는 그 실재들을 단순히 부정하면서 견지하게 된다. 1954~1955년 프랑스 공산당에 의해서 도그마로써 객관적이고 절대적으로 견지되었던 객관적 빈곤화의 현상을 주제로 열렸던 대토론을 기억할 필요가 있다. 다른 한편으로, 하나의 이론이 과학적인 것처럼 보이려면 교리와 사실 사이의 대조의 중요성을 증명해야 한다. 말하자면, 상황의 객관적인 해석을 이끌어 내려면 정확한 사실을 엄격하게 증명해야 한다. 마르크스의 모든 사상은 실천프락시스의 중요성을 구심점으로 하고 있다. 그러나 그 사실들을 부정할 때, 유희가 아닌 교리 자체

---

145) [역주] 안토니오 그람시(Antonio Gramsci, 1891~1937). 이탈리아 정치인으로 이탈리아 공산당의 창설자 중 한 명.
146) [역주] 정 조레(Auguste Marie Joseph Jean Léon Jaurès, 1859~1914). 프랑스 사회주의자.
147) [역주] 에두아르트 베른슈타인(Eduard Bernstein, 1850년~1932). 독일 사민주의 이론가, 수정 마르크스주의 이론의 창시자.

를 견지할 필요성에 의해 정확한 실천이 가능할 수 있을까? 이것은 정확한 이론적 해석을 위해 필수 불가결한 것이다.… 이 모든 것에 함정이 있다. 여기에서는 이러한 일반적인 대조를 강조하려는 것이 아니고, 모든 혁명적 사건의 수준에서도 역시 이러한 대비가 존재한다는 것을 강조하려는 것이다. 결국, 마르크스주의자들은 혁명 운동의 몇 가지 요소들을 부정하기에 이른다.

두 가지 예를 들어보자. 우리가 대중으로부터 지지를 받으면서 대중이 요구하는 운동을 시작할 때, 필수적으로 다음의 단계에 이를 때까지 기다려야 한다. 이 운동은 운동화된 대중의 특수한 운동이 대중 스스로 처음부터 자극을 단순화시킨 운동이고, 다른 한편으로는 같은 이야기로 대중의 운동을 오랫동안 지속시킬 수 없다는 사실에 의해서 강조될 것이다. 이것을 지속시키려면 자극은 변화되어야 하고, 새로운 자극은 과거의 자극보다 더욱 강렬해야 한다. 선동은 더욱 격렬해져야 하며, 이 격렬함은 군중의 증가에 비례한다. 이처럼, 우리는 군중과 선동가 사이에서 줄다리기를 한다. 레닌은 평생 이 문제로 비판받아야 했다. 그 이후에 이 문제들은 단순화된 것처럼 보였다. 우리는 군중을 잘 훈련된 군인으로 변화시켰고, 당이라는 울타리를 만들어 자신의 논리를 따르지 않고 손가락만을 바라보면서148) 행동하도록 하여 혁명의 이 사실을 부정하였다. 이것은 비교적 문제없이 잘 이루어졌다. 그러나 문제는 여전히 남아있었다. 그럼에도, 이것은 혁명인가? 아니면 오히려 대중의 혁명 능력을 제거하는 것이 아니었을까? 이것을 그저 스탈린주의의 비상식적인 오류라고 보기는 어렵다. 다른 방법은 불가능했다. 이 문제는 교리 자체 내에 이미 존재하고 있었다.

또 다른 문제가 있다. 혁명 운동에서 여론이 이러한 의미로 방향을 기

---

148) [역주] 손가락으로 달을 가리켰을 때, 달은 보지 않고 손가락만 보는 현상.

울이기 시작하는 순간부터, 분명히 최고의 극단주의자들이 혁명을 주도하게 될 것이다. 모든 혁명 운동에서 이성적인 요구는 멈추게 되고, 초기의 혁명적 계획은 격하되며, 모든 합리적 운동보다 운동의 환상이 우선되는 고통을 겪게 된다. 이것은 혁명에서 우리의 요구를 통해 일어나는 신화와 축제의 문제이다. 그러나 지난 세기 동안 모든 운동에서 볼 수 있었던 것은 신화와 축제의 위치가 점점 더 강화되는 것이며, 처음 혁명의 문제제기는 결국 어둠 속으로 던져지게 된다. 이러한 현상은 이미 1789~1795년에 나타나고 있었다. 케렌스키149)의 추종자들이 그러했고, 페르하트 아바스150)에게 벤 벨라151)가 그러했고, 무하마드 나깁152)에게는 가말 압델 나세르Nasser가 그러했으며, 온건주의자들에게는 파트리스 루뭄바Lumumba가 있었고, 마틴 루터 킹에게는 블랙 모슬림Black Moslim이 있었다. 이 운동이 군중의 지지와 선동을 활용하는 한, 같은 방식에서 가장 극단적인 경향이 같은 운동의 내부에서 계속 주도권을 잡게 된다. 그러나 이 극단주의적 현상은 여러 단계로 나누어지는 시점에 도달하게 된다. 브뤼메르Brumaire는 필연적으로 테르미도르Thermidor 이후에 나타나게 되어 있다.153) 그래서 마르크스주의자들은 이론의 여지가 있는 이 역

---

149) [역주] 알렉산드르 표도로비치 케렌스키(Kerensky, 1881~1970)). 러시아 정치가로 러시아 혁명 당시 멘셰비키의 총리를 지냄. 볼셰비키 혁명 이후 프랑스로 망명하였음.
150) [역주] 페르하트 아바스(Ferhat Abbas, 1899~1985). 1958~1961년 재임한 알제리 대통령.
151) 1961년 르몽드지를 통해 뒤베르제(Duverger)는, 벤 벨라(Ben Bella)가 정확한 의미로는 혁명 운동을 가져오지는 못했고, 단지 페랏 아바스에만 자유 알제리의 운명으로 나아가도록 혁명 운동을 일으켰다는 사실을 긴 글을 통하여 보여주었다.
   [역주] 아메드 벤 벨라(Ahmed Ben Bella, 1918년 알제리 출생). 알제리 공화국 초대 대통령(1963년)
152) [역주] 무하마드 나기브(Mohammed Naguib, 1901~1984). 이집트 군인이자 정치가. 1952년 영국과 이집트 분쟁을 틈타 쿠데타로 수상이 되었음. 이후 군부와의 마찰로 말미암아 나세르 대통령에 의해 실각됨.
153) [역주] 브뤼메르와 테르미도르는 프랑스 혁명력으로, 브뤼메르는 10월 23일~11월 21일의 기간을, 테르미도르는 7월 20일~8월 17일까지의 시기를 나타낸다. 여기에서의 의미는 브뤼메르는 나폴레옹 1세가 군사력을 동원하여 정부를 전복시킨 브뤼메르 18일 쿠데타를 의미하며, 테르미도르는 로베스피에르를 실각하게 한 쿠데타를 의미한다.

사적 운동은 외면하려 한다. 이때부터 마르크스주의자들은 혁명에서 거의 지난 반세기 동안의 대부분 사실과 인물을 부정하는 전술을 선택한다. 이것이 혁명에 좌파가 넘쳐나지 못하는 가장 큰 이유이다. 혁명 운동의 주체가 되려면 가장 극단적아무도 이득을 가져가지 못하도록이 되는 동시에 진보를 엄격하게 통제해야 한다. 그렇지 않으면, 이 두 주장은 분명히 상반되게 된다. 당은 진보가 넘쳐나는 위험을 물리적으로 제거하는 방식으로, 혹은 단순히 이 사실을 부정하는 방식으로 이 문제를 해결해 왔다. 짧은 시간 동안 실현 가능했던 일이, 불행하게도 혁명이 통속적이 되었을 때에는 실현되지 못했다. 사실과 배치됨에도, 교리의 정확성이라는 이름으로 무한하게 지지받을 수 없었다. 이것이 바로 우리가 오늘날 보는 것이다.

결국, 교리에서 발견되는 네 번째 사건은 혁명의 통속화이며, 이것은 이미 예견된 것이다. 각각의 요소에 대한 격렬한 논쟁이 있고 나서 그 누구도 논쟁의 내용에 대해서 관심을 두지 않으며, 그것을 다시 문제 삼지 않았다. 현대에 이르러 이 문제를 근본에서부터 다시 살펴보려는 알튀세르의 유일한 노력은 현실과는 상당히 유리된 것처럼 보인다. 그렇지만, 이론적 관점에서 볼 때, 알튀세르의 노력은 뛰어난 동시에 실제로 독보적이다. 알튀세르는 마르크스주의를 종합해 낸 첫 번째 위대한 이론가이다. 그는 정확히 이 새로운 단계의 출현을 이야기했다. 사회주의는 당연히 선한 것이다. 그리고 당연히 사회는 사회주의를 향하여 진보한다. 그리고 혁명의 유일한 목표는 당연히 사회주의이다. 또한, 당연하게 사회주의가 근대 인간의 모든 활동을 대변한다. 그러나 여기에서 '당연하게' 라는 말은 13세기 서구 기독교에서 당연하게 받아들였던 것과 정확하게 같다. 결국, 어떤 중요성도 갖지 못하게 된다. 마르크스주의는 기독교가 봉건시대의 한 부분을 장식했던 것과 같은 방법으로 근대 사회의 한 부분을 장식했다. 마르크스주의는 더는 사상의 수용을 위해 큰 대의를 갖거나 큰 혼란을 일으키거나 큰 싸움을 요구하지 않는다. 오늘날 모든 사람이 마르크스 사회주의에 아무것이나 대입시킨다. 우리가 마오쩌둥에 의한 마르크스주의를 이야기하거나, 이집트, 알제리, 아프리카의 사회주의에 대해서 이야기하거나, 혹은 똑같이 나이지리아에서도! 실용주의에 대해서 이야기하거나, 또는 피델 카스트로의 선언에 대해서 이야기할 수 있다. 그러나 이것은 여기에서 이야기하는 마르크스주의에 아무런 내용이 없다는 사실을 증명해 줄 뿐이다. 그러나 사회주의는 모든 정치적 연설의 필수불가결한 요소가 되었고, 어떤 교리도 여기에서 벗어날 수 없게 되었다. 파시즘과 국가사회주의가 실제로는 사회주의 형태로 나타났지만, 우연한 이유에서, 교리 때문이 아닌 표면적인 정치적 이유 때문에 지속적으로 마르크스주의에 대립했다는 사실을 잊어서는 안 된다. 이것은 매우 역설적으로 국가 사회주의가 오늘날 마오쩌둥의 사상보다는 근본적으로 마르크스의 사상에 가깝다는 것을 말해준다. 각각은 분명히 사회주의로 여겨진다. 그리고 모든 혁명이 사회주의에 대한 필요에 의해서 터져 나온다는 믿음을 피할 수 없다. 마르크스 역시 같다 이러한 의미에서 마치 혁명 내부에 자동으로 작동하는 혁명의 '내부적 메커니즘' 다니엘 게랭(Daniel Guérin)이 있는 것으로 보인다. 이것이 어떤 점에서 문제가 되는지는 드브레Debray, 파농Fanon 등과 같은 근대 혁명적 저서들에 대해서 읽는 것으로 충분히 알 수 있다. 이것은 절대 교리에 대한 문제가 아니다. 마르크스의 사상에 대해서 질문하거나 이론의 관점들의 내용에 대해서 질문하는 것이것은 실재와는 아무런 관련이 없는 전문화된 잡지의 기사와 같다. 그 이유는 이 분석의 정교함과 애매모호함이 여기에서 이야기하는 두드러진 현상을 반영하지 못하기 때문이다은 더는 흥미로운 일이 아니다. 이 교리는 다음과 같은 추측을 낳는다. 우리는 사회주의 사회에서 벗어날 수 없다. 좀 더 정확하게 이야기하면, "하나님의 존재? 좋다. 그런 어려운 문제는 더는 이야기하지 말자"라고 이야기하는그리고 하나님의 존재에 대해서 이야기하지 않는 그리스도인들과 같다. 그것은 한편으로는 사회 내에서 집단적으로 설득될 때, 다른 한편으로는 진절머리날 정도로 지성인들이 끊임없이 이 논점을 발전시킬 때, 결국 이 지점에 도달하게 된다. 이제 혁명은 할 만한 것이 되었다. 혁명은 필요에 의해서 사회주의마르크스 사회주의를 통해 터져 나오기 때문이다. 이때부터 혁명은 중요한 것이 되고, 더는 목적이 되지 않는다. 혁명은 본래 자신의 논리와 메커니즘을 가지고 있다…. 마르크스주의는 혁명을 역사와 세계와 인간의 전반적인 개념에 통합시키려 하였다. 현재는 이 모든 것이 예측 가능한 것이 되었다. 그러나 혁명은 이루어지지 않았다. 그래서 우리는 더는 교리에 관심을 두지 않은 채사실, 우리는 어떤 선언을 하든지 더는 마르크스주의자가 되지 않는다!, 혁명의 길을 모색한다. 우리는 이 순간 혁명이 그 스스로 가치가 있기에 '물신'物神이 되었다고 이야기할 수 있으며, 이 물신을 보게 될 것이다. 교리의 수장적 지위는 무관심 속에서 명백하게 사라졌다. 이제 우리는 무엇에 관심을 둬야 하는가? 그것은 전술154)이다.

*　　*　　*

전술은 마르크스주의의 또 다른 얼굴로, 초기 마르크스 사상과는 불가분의 관계가 있다. 이론-전술의 체계는 마르크스 사상에서 근본적이었는데, 그 이유는 이 체계가 자신의 철학, 즉 실천의 중심적 관점에 들어맞기 때문이다. 그리고 이 두 가지이론과 전술는 상호 의미가 있는데, 왜냐하면, 이것을 단순화시키고자 이론은 역사와 전술의 의미가 무엇인지, 그 자신의 의미에서 어떻게 역사를 발전시킬지를 인식할 수 있는 목적이 있었다

---

154) 마르크스주의의 변이는 이미 울만(Ulmann) *(Esprit*, 1933)의 기념비적인 글 속에서 매우 훌륭하게 분석되었다. "여기에서 다음의 세 가지 행위의 효과를 살펴보아야 한다. 마르크스주의의 체계화, 마르크스주의자들의 미사여구, 그리고 이 세 번째가 가장 끔찍한데 그것은 마르크스주의자의 전통이다." 오늘날, 계속되는 새롭고 지나친 해석에도 불구하고, 이 세 가지 힘은 결정적으로 마르크스주의의 진리로 등극했다.

고 이야기할 수 있기 때문이다. 분명히 전술은 이론과 마찬가지로 중요했다. 그 이유는 결정적으로 역사가 유일한 판단자라면, 역사는 승리했고 옳은 선택을 했으며, 전술은 단지 승리를 쟁취하기 위한 가장 효과적인 수단이었기 때문이다. 여기에서 절대적으로 중요한 것은 행동의 기준을 찾아내는 것이었는데, 왜냐하면 전술에는 행위의 유효성을 보증하는 어떤 가치도 없었기 때문이다. 마르크스주의는 오랫동안 공산주의 설립의 최종적 정당성을 발견하기를 기다렸지만, 오늘날 그들의 행위의 기준은 행위 자신이 되어버렸다. 왜냐하면, 마르크스는 분명히 기계적이지 않았기 때문이다. 인간은 자신의 역사를 쓴다. 그러나 이 사실로부터 이 역사가 우리가 쓰는 역사가 되려면 행동의 방식을 정확하게 알아야 한다. 그리고 이러한 사고의 결정적인 점은 혁명적인 순간에 나타나는데, 역사의 흐름 속에서 혁명에 그 역할을 줬기 때문이다. 나머지는 부차적이다. 이처럼 마르크스주의는 조금씩 전술이 가진 다음의 세 가지 단계를 통해 혁명의 전술가가 된다. 힘에 대한 평가, 주어진 혁명 과정의 단계의 순차적인 분석, 적절한 방식의 선택.[155] 첫 번째 점은 우리가 명백하게 교리에 매우 근접해 있다는 사실이다. 여기에 마찬가지로 훌륭한 적용과 좋은 관심사가 있다. 그러나 좀 더 정확하게 이야기하면, 이 분석은 일반화하기 매우 어렵다는 것을 쉽게 알 수 있다. 우리는 이 첫 번째 전술의 단계를 몇몇 기준과 몇몇 평가 도구들의 기계적인 적용으로 평가절하해 왔다. 마르크스와 레닌에 의한 상황에 대한 분석이 정교하고 엄격한 만큼, 분석 요소들의 가장 큰 부분들을 고려하고 심도 있는 결론에 도달하는 만큼, 1944년 이후 공산주의자들에 의한 평가는 개략적이고 단순하고 단편적이 되거나, 토클리아티,[156]가 한 것과 같이, 또는 팡세나 "모던 타임즈"의 한 부분

---

[155] 한편, 이러한 혁명적 기술은 좌파를 불쾌하게 하지 않으며, 히틀러에 의해서 드러났고(그리고 적용되었다!) 그 이후에 말라파르트(Malaparte) 혹은 트린키에(Trinquier)에 의해서 형성된 쿠데타의 기술과 본질적으로 다르지 않다.

에서와같이 분명하지 않은 어휘 뒤에 총체적인 허구를 감추었다. 이러한 해석은 명백함을 얻고자 실제로 교리를 폐기하면서, 우리가 앞에서 살펴본 것처럼 결정적으로 '혁명을 관례화' 시킨다. 이 순간부터 모든 것은 전술이 된다.

그래서 오늘날의 혁명에 대한 고찰 중심에는 마오쩌둥의 혁명 방법실제로 대전술과 레프 트로츠키의 6가지 혁명적 단계에 대한 고찰이 있다. 그리고 이러한 관점에서 우리는 말라파르트의 '쿠데타의 기술'이나 히틀러의 매우 효과적인 체계를 애써 무시한다. 그러나 이것들은 오늘날 이미 구시대적인 방법이다! 어찌 되었든 1968년에 학생들에 의해서 사용된 방법들이 직접적으로 『나의 투쟁Mein Kampf』히틀러의 자서전-역주의 혁명 방법에 대한 분석을 사용한다는 것은 매우 흥미로운 사실이다. 그리고 학생들은 전술에 주어진 중요성에서 매우 상징적인 위치가 있다. 그 명령 중의 한 구절은 다음과 같다. "우선 행동하라. 그 행동 속에서 무엇을 해야 할지 알게 될 것이다." 이것이 전술에 부여된 중요성이 궁극적으로 발전하는 순간이다.

무니에는 혁명이라는 주제에서 성공이 모든 것을 가져오고, 결과가 과정을 정당화한다는 이야기를 했을 때 그 형식은 이야기하지 않고, 자신이 마르크스주의에 영향을 받은 동시에 당시 일반적인 사상에 영향을 받았다는 사실을 드러낸다. "이 과정에서 단 하나의 문제만이 제기된다. 혼란이 일어나야 하며, 그리고 이 혼란은 가능한 한 빨리 일어나야 한다…. 만일 우리가 이 혼란을 지지한다면, 모든 것은 결과라는 관점에서 평가되어야 한다…. 어떤 세세한 비판도 최종적인 성공이 보장되기 전까지는 이루어질 수 없다…."157) 결과와 전체주의적 전술에 대한 신봉만이 정당화될 수 있

---

156) [역주] 팔미로 토글리아티(Palmiro Togliatti, 1893~1964). 이탈리아 공산당의 창시자로 1927년~1934년까지 서기장을 역임했음.

다. 정확히 이 도식에 따르면, 자유를 위한 혁명은 필요라는 보잘것없는 것에 종속된다.

만일 레닌의 사상 안에 이전에 전혀 존재하지 않았던 혁명 전술이 가장 비약적으로 발전했다고 주장한다면, 그것은 레닌의 사상이 정확한 마르크스주의의 영향 아래에서 엄격한 이론으로 존재하기 때문이다. 그러나 전술은 재빨리 하나의 혁명 교범이 된다. 스탈린은 매우 높은 수준으로 혁명 교범과 전술적 틀을 만들었다. 여기에서부터 어떤 평범한 사람도 이를 자동으로 적용할 수 있었다. 그리고 실제로 성공했다. 혁명의 중심적인 성공 요소는 훌륭한 전술이 있었다는 것이다. 이 순간이 공산주의에서 우리가 끊임없이 자발성의 효율적인 측면과 민주적 중앙 집권제에 대해서 이야기하는 순간이다. 물론, 이것은 과격주의자들, 반대파 등의 봉기 없이 일어나지는 않았다. 그러나 이미 레닌은 그것들을 어떻게 다뤄야 할지를 이야기했다.158) 왜냐하면, 전술만이 혁명적 행위에 필수적인 부분이 되었기 때문도 아니고, 하나의 혁명 규범으로 축소되었기 때문도 아니며, 오히려 전술에 급진적일 뿐만 아니라 군대와 같이 잘 구성되고 정형화된 행동하는 자의 존재, 즉 당을 내포하고 있기 때문이다. 그리고 최종적으로 전술가인 당은 동시에 그 스스로 진짜 전술이 있다. 그래서 어떤 반대도 지지할 수 없고, 어떤 균열도 존재할 수 없다. 이 복잡한 체계의 요소 중 하나를 놓쳐버리게 되었을 때, 혹은 다른 요소가 더 중요하게 여겨지게 되었을 때, 마르크스주의의 기괴한 방향성이 여기에서는 일반적인 방향성임에 주목하자. 당이 필사적으로 국제노동자연맹의 모든 반대자를 제거하고 있을 때부터 이미 마르크스주의자들은 당에 전체주의적 우월성을 부여했다.

---

157) *Esprit* 사상, 1944.
158) 1930년대의 이 현상에 대해 매우 잘 분석한 자료가 있다. 린하르트(R. Leenhardt), 「혁명 이단의 파노라마 *Panorama de l'hérésie révolutionnaire*」, *Esprit*, n° 40.

그러나 이후에 더는 경제 사회적 사건의 실재도, 이론적 토의도, 혁명적 선택도 중요하지 않았으며, 단지 당의 노선이 중요해졌다. 공산주의 내에 신화적인 자기반성이 일어났는데, 이것은 이해할 수 없는 이단적인 것이었고, 마르크스가 지적했던 것과는 반대로 혁명적 전술을 경직시켰다. 당은 '전위적'이며, 프롤레타리아의 '조직된 요소'이고, 중심화의 요소이며, 프롤레타리아 독재의 도구이다. 당은 조직적이어야 하고, 반反무정부주의가 되어야 하며, 중앙권력화되어야 하고, 체계화되어야 하며, 유일해야 하며, 분열주의가 되어서는 안 된다. 당의 이 모든 특성은 레닌의 저서에서 찾아볼 수 있다. 그리고 1934년에 스탈린은 아무런 수치심 없이 당이 관료적이 되어야 한다고 덧붙였다. 이 시기에는 관료적이라는 단어가 오늘날 갖는 불협화음의 의미가 없었다. 당은 '전술' 그 자체가 되었고, 이것은 전술이 마르크스주의 행동 강령의 모든 것이 된 이후이다. 당은 그래서 자발적이며, 구축적이며, 이루어진 역사이다. 그 이유는 당 안에서만 혁명적 가능성이 존재하기 때문이다. 즉, 당은 모든 진정한 혁명의 힘이 집중되는 곳이다. 그리고 지금 이 모든 진정한 혁명의 힘이 당 안에 있기 때문에 이처럼 여겨지게 된다. 이것에 대항하는 것은 필연적으로 혁명과 대립된다. 만일 자발적인 역사가 실제적인 역사가 되는 기회를 얻는다면, 그것은 오직 유일하게 당의 중재 안에서만, 그리고 당 안에서만 가능하다. 아직 무엇을 해야 할지 모르지만, 실제로 자신의 조건 안에서 행동하는 프롤레타리아는, 지금 프롤레타리아의 정책인 동시에 인간의 미래가 될 수 있는 유일한 정책을 제안하는 당과 관련이 있다.

그러나 이 관계는 가상적이다. 당이 없이는 프롤레타리아는 아무것도 할 수 없으며, 결국 아무것도 아니다. 이때부터 당의 전술 틀을 벗어난 다른 혁명을 향한 지적이고 이데올로기적이며 도덕적인 방향에 대해서는 더는 알 수 없게 된다. 이처럼 전술에의 몰두는 결국 다른 모든 것을 제거하게 되며, 이 전술을 성공적으로 이끌고자 이 가장 효과적인 도구 역시 전술에 대한 다각적인 고찰을 없애게 된다. 그러나 이것이 필연적으로 소위 테러리즘으로 이끄는가? 이 독재정치가 스탈린주의의 '남용'으로 이끄는가? 공산주의자의 혁명적 테러리즘은 그저 정확히 계산된 처음 전술의 단순한 변형과는 상반된 것으로 보인다. 마르크스의 전술적 사고는 극단적으로 탄력적이고 근본적이었다. 우리는 그것이 어떻게 점진적으로 약해지고 단순화되며 자동화되는지 이야기하려 하였다. 그러나 처음에 여기에 도달할 커다란 기회를 가진 메커니즘이 존재한다는 사실을 알수록, 전술은 자동화되면서 더 고착화되는 동시에 더 비효율적이 된다. 전술은 정치적 세계에서 유일한 존재로 여전히 남게 되었다. 그 결과로 부르주아들이 할 수 있었던 것보다 더 많은 것을 할 수 있었지만, 그럼에도 불구하고, 처음의 위대한 업적을 더는 나타내지는 못했다. 이때부터 전술이 처음 가지고 있던 특성은 힘에 의해 대체돼야 했다. 폭력은 이 정치적 고려와 행위 안에서 자리 잡게되었다. 역사의 의미에 의하면, 주의 깊게 계산된 행위가 그 행위 자신으로부터 파생시켜야 했던 것은, 행위를 단순화하고 더는 정교하게 계산하지 않으려는 시도였다. 이것은 폭력을 사용함과 더불어 문제를 해결하지 않고 없애려는 것이었다. 물론, 우리가 테러리즘이 혁명에서 빠질 수 없다는 사실을 알고 있다. 이것은 분명히 유연하게 사회주의로 넘어갈 수 있다는 것을 믿는 것이다. 모든 혁명의 기간에 폭력이 존재했었고, 이것은 마르크스의 사상 속에서뿐만 아니라 레닌의 사상 속에서도 똑같이, 예상되고 정확히 계산된 폭력이 예상된 효과를 얻고자 한 지점에서 실행된 것이다. 그 결과로 전술이 약화하는 동시에 폭력이 일반화되었다. 그 이유는 마르크스 사상이 기대했던 위대한 전술가도, 일반적인 체계 내부로의 전술적 투입도 발견되지 않았기 때문이다.

폭력은 결과를 얻으려는 가장 쉬운 방법이 되었지만, 그 결과는 당연하였다. 우리는 지금까지 이것을 보아왔고, 예측하였다. 레닌과 카우츠키 사이의 논쟁 안에 진보의 싹은 여전히 남아 있었다. 당연하게 이 논쟁은 마르크스의 시각을 엄격하게 견지했으며, 레닌은 그 전술에 대한 분석의 깊이에도 불구하고 테러리즘의 관점에서는 이미 매우 깊게 좌경화되었다. 스탈린은 그것을 배우고 발전시켰을 뿐이었다. 이처럼 이제는 이론 없는 추측만이 있고, 진정한 전술이 없는 단순한 테러리즘이 난무하게 된다. 그래서 테러리즘은 교리나 위대한 전술마르크스에게서 다시 나오는에서 나오지 않고, 당의 자기반성과 그것의 결과로써 나타나는 외적인 사실로부터 온다. 마르크스가 행동 강령을 세우려고 이미 알려진 모든 사실을 애써 포괄했어야 했던 것과는 대조적으로, 당과 같은 비교할 수 없는 힘의 기구를 소유하는 순간부터, 움직일 수 있는 모든 군중적인 행동을 통해 손쉬운 결과들을 얻어냈다. 세세한 분석으로 시간을 허비할 필요가 없었다. 단순한 행동 강령의 강제, 그 자체로 충분했다. 그리고 그 결과들은 이전보다 매우 빠르게 나타났다.

무솔리니는 역시 이전에는 생각하지 않았고 레닌의 위대한 전술과는 거리가 있었던 전술에 대해서 실제적인 고찰을 했을 때에, 이 함정에 빠지고 말았다. 어쨌든 폭력의 사용은 여전히 구성된 국가 내부에 혹은 권력의 정복이라는 관점에서 다양한 해석과 적용에 대한 예측을 가능하게 만들었다. 그리고 마르크스주의자들의 장엄한 논쟁이 이 계획으로 바뀌는 것을 보게 된다. 우리는 당 안에서, 그리고 실행해야 할 매우 복잡하고 열정적인 수많은 연구 사이에서 폭력에 대해 계속해서 고찰할 것이다. 그리고 그중에서도 특히 언제 그리고 어떤 방식으로 폭력이 적용되는지를 알고자 더 살펴볼 것이다. 그리고 우리는 앞에서 보았던 교리의 주제에서와같이, 폭력이라는 주제에서도 같은 극단주의를 보게 될 것이다. 이러한 부분에 대해서 레지스 드브레(Régis Devray)의 책은 여러 저서 가운데에서 매우 상징적인 위치를 차지하고 있다. 이 책은 특별히 게릴라의 기술에 관한 내용을 담고 있다. 이 게릴라의 기술은 매우 효과적인 게바리스트의 모형을 따른 것이며, 그는 자기 방어의 구조와 군대 선전의 시스템 옆에서 유일한 혁명가로 자처하였다. 그는 이 주장을 위해 극단적으로 폭력적인 어조로 이야기했다. 이것은 실재로 국가 참모들의 토론 내용이었다. 그러나 이 주장은 더는 주의를 끌지 못했다. 이것은 일반적인 교리를 나타내는 하나의 체계(마오쩌둥이 이야기한 것처럼 안에 포괄된 진정한 전술이 아니다. 여기에서 모든 것은 극단적으로 단순화되어 있다. 이 책에서 '혁명의 목적'은 무엇인가? 이것에 대해서 더는 이야기하지 않겠지만, 그것은 분명하고 명백한 것으로, 바로 사회주의이다. 적은 누구인가? 그것을 연구하고 분석하는 데에 시간을 낭비하지 말자. 그것은 '미국적 제국주의'이다. 그리고 개략적으로 단순화시키는 순간부터, 마치 한 명의 엔지니어가 그 자신이 생산하는 최종 결과물에 대해서는 전혀 관심을 두지 않고, 오직 회전의 형태 혹은 바퀴의 거리가 가지는 점에 대해서 침 튀기며 이야기하는 것과 마찬가지로, 극단적으로 정교한 연구를 하고 이러한 방법론을 주장하게 된다.

나는 그러한 토론이 실천적인 행동에 중요하고, 또한 그러한 문제를 세심하게 살펴보아야 함에 분명히 동의한다. 그러나 그런 폭력적 형태를 정당화하려는 수많은 거짓 개념적인 장치는 비상식적으로 보인다. 우리는 구체적인 평가로 만족하지 않고, 실제로 그 이면에 숨겨진 것을 쉽게 구분할 수 있는 이데올로기의 옷이 필요하다 그리고 이 장치들은 마오쩌둥을 통해 마르크스의 전술적 발명으로 명명하려는 시도일 뿐이고, 여기에는 결국 장황함과 몇몇 어휘들만이 유일한 표식으로 남게 된다. 그러나 그러한 책들(폭력적 행위를 정당화하려는 글들에서 가장 견디기 어려운 것은, 이 책들에 '혁명 안의 혁명'

159)이라는 제목을 붙일 수 있었다는 것이다. 이처럼 우리는 의미와 적에 대한 문제제기 없이, 단지 폭력적인 전술의 문제만을 제기하며, 혁명가들의 운동이 혁명가들은 당연히 사회주의자만을 의미한다! 안에 혁명이 있었다고 추측한다. 베른슈타인은 혁명 안의 혁명이라는 틀을 만들었지만, 테러리스트의 방법에 대한 그의 주장은, 그가 이 점을 강조할 때에 도무지 받아들일 수 없게 된다. 다른 추측을 받아들이지 않는 한, 이 주장을 따르면 혁명은 단순한 폭력이다. 그리고 이 사실에서 폭력의 유형과 형태를 변화시키는 것은 혁명 자체를 변화시킨다. 그러나 이것이 사실이라면, 어떤 부분에서 우리가 오류를 범했는지 알 수 있다. 이것은 정확히 새로운 블랑퀴즘블랑퀴의 정치적 폭력 이론이다.정통 공산주의자는 분명히 이 점에 대해서 무모한 선언을 한다-역주 여전히 우리는 전술이 다른 모든 선재하는 것 위에 있는 순간부터, 혁명의 다른 방식이 가능한지를 살펴보아야 한다. 그리고 이 글들의 폭력적 표현 속에서, 우리는 남미 공산당들의 머뭇거림과 핑계로 격양된 사람들의 열렬한 주장을 느낄 수 있다. 이들은 지금 살아남고자 상황에 적응하였다. 혁명은 이제 단번에 일어날 수 없으며, 필요조건들 전체가 충족돼야 하며, 당이 그것을 조성해야 한다. 이것은 이미 예견된 사실이다.왜냐하면, 실제 단어의 의미에서 마르크스 혁명은 라틴 아메리카의 여러 나라에서는 생각할 수 없기 때문이다. 레닌의 수정주의도 마찬가지이다! 이때부터, 당의 혁명적 전술이 더 오래가게 하는, 그리고 혁명적 가능성의 실제적인 조건들마르크스의 사상에서 복제되어올 점진적으로 형성하게 하는 체계가 되었다. 그러나 점점 왜곡된 행동들은 결국 작용 반작용의 미로 속에서 길을 잃어버리게 되며, 전술이라는 핑계 아래에서 혁명은 끊임없이 이루어진다. 이 혁명은 긴 여정 속에서, 여러 무용담으로 가득한, 행위들과 작은 화해들 그리고 작은 승리들로 가득한 길의 끝에 서 있다. 그러나 결국 진보가 명백하게

---

159) [역주] 뒤의 혁명이 대문자로 되어 있음. 특수한 혁명임을 강조함.

드러나지 않았던 것처럼, 특별히 일반적으로 예상된 의미에서 작용하지 않았던 것처럼, 우리는 사회경제학이라는 처녀림 속에서 분석의 도구도, 이 분석을 직접 사용할 가능성도 없었기 때문에, 마치 길을 잃어버린 것과 같은 감정을 느끼게 되었다. 우리는 가능한 모든 혁명적 행위에서 낮은 차원의 처지에 있는 것이다. 그러한 주저함과 막다른 골목혁명의 객관적 상황이라는 교의에서 온 앞에서, 혁명을 인내했던 사람들은 죽임을 당했다. 그리고 전술은 유일하고 심각한 고려의 대상이 되었으며, 전술 외의 모든 것은 그저 문학으로 남게 되었다.

반면에 이 순간 문학이 실제 혁명 전술의 첫 번째 위치를 차지하고 있었다는 사실을 이야기해야 한다! 당에 속하지는 않았지만, 당과 가까운 철학 교수들은 1953년 이후에 수많은 전술에 대해 고찰을 하였다. 사르트르 역시 그러한 철학 교수 중의 한 사람이었다. 그는 교리 안에서 전술을 다시 뿌리내리게 하려 하였다. 마르크스와 레닌과는 반대의 노선에서 매우 주목할 만한 방식을 통해서 그들은 혁명적 실천에서 출발하였고 그들의 관점 중 하나에서 보면, 공산주의 권력이 자리 잡았던 국가의 테러는 또 다른 전복적 행위였던 것이다. 이들은 일반적인 교리의 동기를 통해 결정과 태도, 전술적 기획을 깊이 있게 설명하려 하였다. 여기에서 두서없는 장황한 설명이 나온다. 이 교수들은 성명서와 연설들에 대한 것을 제외하고는, 그 어떤 행동도 하지 않았다. 이들은 주동자들의 행위를 설명하고, 주동자들의 보편성을 반복해서 이야기하는 고전적인 합창단을 만들었다. 이것이 왜 이들의 문학이 아름답긴 하지만 고전 합창단의 지루함처럼 식상한 것인지를 말해준다. 실제로 행동하기를 원하며 인내하던 사람들은, 그들이 조심스럽지만 매섭게 비판했던 공산당의 낡은 분석을 거부하고, 혁신과 찬양으로 가득한 형태의 행위를 취한다. 그리고 혁명의 매 단계 제시되었던 기독교와의 균형을 위해 교회가 세워졌다. 교회는 살아남고자 인간과 하나님 사이를 중재하는 수많은 방식을 양산하였다. 이제 하나님에게 목말라 있는 사람들은 영적인 모험을 하고자 조직과 균형을 거부하였다. 그것은 때로는 하나님과의 즉각적인 만남을 열망하는 신비한 흐름으로 나타났고, 다른 한편으로는 하나님 나라의 도래를 앞당기고 하나님 말씀의 절대성 안에서 종말을 기다리기 거부하는 세대주의자들의 흐름으로 나타나기도 했다. 그러나 교회가 탄압하지 않았던 이 폭발은 분명히 순간적이고 즉각적이었다. 유일하게 교회만 당과 마찬가지로 지속하였다.

3. 역사의 의미는 무엇이었는가?

　우리는 혁명이 역사에서 생각되는 순간부터, 역사의 한 단계로 생각되는 순간부터, 결국 이 혁명이 이론의 한 부분으로, 다른 한편으로는 전술로 축소되는 것을 피할 수 없다는 사실을 살펴보았다. 더 나아가서, 이 두 단어 사이에서 혁명을 총체적으로 보전하는 것이 실제로 불가능하다는 사실을 발견했다. 결국, 인간은 높은 지대에서 마르크스 혁명이라는 희박한 공기를 마시며 오랫동안 버틸 수 없으며, 필연적으로 화해를 추구할 수밖에 없다. 그런데 이 화해는 우리가 지금까지 살펴본 것에 의하면, 이론과 전술의 붕괴를 가져온다는 사실을 알게 되었다. 다시 말하면, 만일 혁명이 역사적 의미 속에 있어야 한다면, 결국 혁명은 변절할 수밖에 없다는 사실을 확인하게 된다. 혁명은 그 목적을 잃어버리고 하나의 체계로 축소되었을 때 변절한다. 또한, 역사로부터 그리고 역사를 향해 일반적 현상이 되었을 때 변절한다. 우리는 부르주아 계급이 정치적인 문제만을 고려하고 혁명의 경제적 기초를 무시함으로 어떤 오류를 범했는지 역설해 왔지만,[160] 이 설명에 변절하는 혁명의 뿌리가 심겨 있다는 것을 보지 않았다. 결정적으로 이 변절에는 두 가지 견해가 있다. 이 두 가지 모두 혁명의 성공이라는 목표에 집중되어 있다. 이 두 요소는 이미 레닌으로부터 나타난다. 첫 번째 견해는 혁명의 조건을 이야기한다. 그것은 마르크스의 변증법적 체계의 발전에 대한 비판점이었으며, 이 두 가지 요소가 필연적으로 부정의 부정에 도달하는 순간이었다. 혁명은 그래서 성숙함

---

160) 예를 들자면, 다른 특별히: 사르트르의 저서, *Situation* II, p. 301과 그 이후.

을 나타내는 현상이었다. 그러나 혁명은 전혀 이 발전의 단계에 있지 않은 국가들에서 효율적으로 터져 나오고 성공할 것이다. 그리고 첫 번째로 러시아에서 일어났다. 이 논의는 고전적인 것으로, 혁명은 레닌에 의해서 외적으로 자본주의 최고의 단계에 있었던 제국주의 안에 녹아들어 갔다. 그 이후에, 다른 여러 나라에서도 같은 사건이 일어난다. 혁명은 이미 무르익었다. 레닌이 소개했던 노선들을 설명하고 다시 사용해야 했는데, 나는 이것을 '해석의 교리'161)라고 부를 것이다. 실제로 이 작업은 더 적절한 어휘를 통해서 마르크스의 체계로 해석하는 것이 적절했다. 그래서 불평등한 개발의 법이 제정되었고, 그 결과 우리는 마르크스 문헌의 고찰을 통해 아시아 산업 사회의 교리를 작성하였다. 그중 하나는 다음과 같이 요약할 수 있다. 부르주아의 지도로 산업적 발전을 모르는 국가의 역사적 지연, 산업적 프롤레타리아의 부재, 다른 자본주의 국가의 압력, 부분적이거나 병렬적인 혹은 후기 또는 신식민주의 체제의 이식, 매우 다른 유형식민화의 결과로과 이전에 가난했던 계층에 접목된 프롤레타리아의 급작스러운 등장, 이 모든 것이 혁명에 적합한 조건을 형성한다. 비록 마르크스가 예상했던 혁명의 조건이 없음에도, 혁명은 사회주의와 마르크스주의로 귀결될 수밖에 없었다. 여기에 아시아적 생산 형태의 사고와 함께 반≠ 원시적인 경제적 구조의 실제성이 덧붙여짐에 따라, 이 방식은 직접적으로 사회주의적 전체주의를 가져왔다.162)

이처럼 우리는 산업 자본주의 시대로의 이행 없이, 부르주아 계급의 탄생 없이, 산업 노동자들의 탄생 없이, 전이적 단계 없이, 실제로 공산주

---

161) '해석의교리'(doctrine des explications)는 마르크스주의 지성인들을 열광시켰다. 1968년 5월의 저항에 대한 저작들을 보라. 주로 르페브 Lefebvre, 『범람 irruption』, 1968.
162) 이론가들은 19세기말부터 20세기 초까지 자발적인 공산주의 구조에 대하여서, 예를 들면 미르(le Mir)와 같이 집단화에 적응해야 했던 슬라브 국가들에서 사회주의자들 간의 대화를 간과하고 있다. 마르크스주의자들은 언제나 산업화의 과정을 뛰어 넘는 것이 불가능함을 보여주었다.

의로 변화하는 단계를 목표할 수 있었다. 제국주의 사상, 불평등적인 발전, 그리고 아시아의 생산 유형 덕분에, 마르크스가 필수 불가결하게 여겼던 역사 단계 중 하나를 건너뛸 수 있었다. 이 단계는 보편적 사회[163]에서의 계급 간의 갈등이 근본적이 되는 동시에 배제되는 단계이고, 사회주의가 세워지기 위한 경제적 조건이 형성되는 단계이다. 이 변화에서 민주적인 단계는 필수적이지 않았다. 봉건적 단계 혹은 원시적 단계에서 사회주의적 단계로 급작스럽게 이행될 것이다. 그러나 구체적인 사건들의 설명은 매우 극단적이었다. 실제로 이때부터 하나의 상황이 혁명적이었는지 아닌지 말하는 것이 불가능해졌다. 교리의 일련의 수정은 혁명에 어떤 객관적인 조건도 없다(물론 비형식적으로는 결론을 내리게 하였다. 마르크스가 자신의 저서로 『자본론』으로 이 책은 매우 평가절하되었다에서 혁명의 조건을 세밀하게 분석하는 데에 방대한 부분을 할애하는 한, 자본주의 내부적 발전이 프롤레타리아로 하여금 혁명에서 자신의 역할을 준비하도록 하고, 자본주의적 사회·경제 제도에 사형을 선고하여 체제와 계급 간의 갈등을 극대화하며 사회적 대립을 유발했다고 이야기하는 한, 이러한 지역의 혁명이 마르크스주의에 의한 것이라는 주장을 견지하는 것은 매우 어렵게 되었다. 다른 한편으로, 마르크스는 이 갈등의 실재들을 우연한 산물로 취급하지 않았다. 그것은 실재를 연구한 결과였다. 반면에 레닌은 자본주의를 제국주의로 치환시키면서 더욱 더 피상적으로 이야기하였고, 마르크스와 같은 치열한 노력을 들이지 않았다. 그리고 특별히 점점 더 조급해지게 되었고, 세세한 연구보다는 일반적 원리에 더 집착하는 해석만을 받아들였다. 그래서 마르크스의 철학적 운동은 보전했고 여기에서 영감을 받았다. 결국, 이러한 발전들을 통해 혁명은(사회주의 혁명 어느 곳에

---

[163] 좀 더 쉽게 이야기하면, 실제로 지난 기간 동안 이루어졌던 교리의 발전은 보편적 사회가 더는 존재하지 않는다고 이야기하는 경향이 있다(참조 : 『인간과 사회, *L'homme et la société*』, 1968, n° 8.).

서나, 언제든지 일어날 수 있다고 이야기할 수 있었다. 은밀하게 가난한 사람들을 프롤레타리아로 대치하였고이것은 마르크스가 항상 거부했던 것이다, 똑같이 마르크스의 계급투쟁을 가난한 국가와 부유한 국가의 갈등으로 옮겨놓았다. 이것은 단지 마르크스의 계급투쟁, 경제적 체계, 사회적 계층 간의 관계를 완전히 간과했다는 사실을 증명할 뿐이다. 이러한 전이는 마르크스의 사고를 통한 결과물이 아니라, 실제로 부자와 가난한 사람들의 갈등을 단순히 표현한 것 뿐이다. 그 이유는 계급과 국가 사이에는 정체성도, 역할도 그리고 구조도 없기 때문이다. 그러나 이처럼 혁명이 마르크스가 생각했던 것에 관한 의미를 완전하게 변화시킨다면, 우리는 마르크스가 바랐던 결과에 도달할 수 있다고 믿을 수 있을까? 불평등적 발전의 법칙을 이야기하는 이론가들은 다음의 사실을 당연한 것으로 받아들인다. 역사가 전前자본주의에서 사회주의로 이행한다면, 사회주의의 성숙과 자본주의의 쇠퇴가 이루어졌어야 했다. 그러나 사회주의로의 발전은 점점 축소되었고 이행도 보이지 않았지만, 그 결과는 매우 분명했다. 실제로 이 사실을 받아들이기는 매우 어려웠다. 그것은 결국 마르크스에게 사회주의는 자본주의가 파생시킨 모든 것을 재구성하는 것이며, 산업사회의 체계와 분업의 구조 속에서 잃어버리고 객관화된 모든 인간의 가치 안에서 다시 통합된 사회적 구조, 발전의 결과, 사회의 방향성을 구성한 것으로 확신했기 때문이다…. 만일 사회주의가 산업화의 업적마르크스가 그 책임을 자본주의에게 돌렸던을 보장해야 했다면, 그리고 만일 분업과 생산성, 산업적 종속 등을 보장해야 했다면… 이것은 사회주의의 단계에서 프롤레타리아화왜냐하면, 이 프롤레타리아화는 부르주아에게 필요했을 뿐만 아니라 산업구조에서 필수적이기 때문이다!, 인간의 사물에 대한 종속, 그리고 결국 계급투쟁에 대한 필요성의 주장이다. 그러나 이처럼 세워진 사회주의와 마르크스에 의해서 약속된 사회주의 사이에 공통점이 있다고 이야기할 수 있을까? 이 둘은 어휘도, 구체적인 역할도 같지 않으며, 같은 동기도 아니다. 더욱이 혁명이 가장 선진화된 사회에서 나타나는 것이 아니라 가장 낙후된 국가들에서만 나타나는 것처럼 보이기 때문에, 레닌의 주장이 여기에서 다시 재고되어야 한다. 러시아에서 혁명이 일어난 이유를 역설하는 레닌의 주장은, 자본주의 국가에서 혁명을 일으킬 수 있는 아방가르드 운동만을 설명할 수 있기 때문이다. 이때부터 자본주의 결과로 나타나는 혁명과는 상당히 거리가 있는 '사회주의' 혁명이라는 새로운 모형이, 본질적으로 낙후된 국가의 구조에 연결돼 있는지 생각해 볼 수 있다. 이것은 이제 미성숙한 혁명의 한 형태로 볼 수 없고, 마르크스 도식에 따르면 당연히 돼야 했던 경제적·정치적 낙후에 연결된 혁명이며, 운동을 추진하도록 운명지워진 혁명이고, 낙후된 국가들을 현대 사회에 올려놓으려는 혁명이다! 발전에 수반되는 혼란일 뿐이지, 선진화의 약속된 미래가 아니다! 결국, 여기에서 혁명적인 객관적 상황이라는 이 유명한 이론이 잘못되었다는 결론을 도출할 수밖에 없다. 상황이 역사적 의미에서 혁명을 허락했는지를 이해하고자 가해진 모든 비판은 자본주의 체계 내부의 계급투쟁이론과 연결되어 있었다.

결국, 제한된 범위에서 자본주의의 경제 사회적 발전의 분석을 통해서 혁명의 가능 여부를 알 수 있다는 사상에서는 아무것도 남지 않게 되었다. 혁명은 이 사상의 범위를 넘어서 일어난다. 실제로 지난 반세기는 모든 상황이 여러 방식으로 혁명적인 것으로 여겨진다는 것을 보여주었다. 불쌍한 농민들의 상황, 몇몇 유형의 권력에 대해 학생들이 거부하는 상황, 지역적 문화와 산업 운동 사이의 단절 상황 등. 1967년 8월의 아바나 쿠바의 수도에서의 회의는 실제로 이 결론에 도달하게 되었다. 그러나 공통으로 공유되는 생각은 혁명이 무엇보다도 다시 자발적인 사건이 되었다는 것이다. 레닌은 이미 이러한 의미 속에서 방향을 세웠지만, 그의 행위가 마르크스의 사상에 부합하고 있음을 나타내려 하였다. 물론, 이 사실은 무시되었다. 혁명은 위선적인 혁명가들에 의해서 일어났다. 그것은 전술에 관한 것이고우리는 여기서 마르크스주의 안에서 전술에 대한 강조를 다시 발견하게 된다, 그리고 단순히 두 가지 차원에서의 기술이다. 폭력적 방식의 기술과 혁명의 특수적이고 실제적인 기술이다. 좋은 기술이 잘 적용되었을 때에, 상황이 어떻든 간에 결국 대부분 혁명에 도달하게 된다. 그러나 여기에서의 혁명은 경제적 제도에 대한 저항이나 한 가지 사회 유형에 대한 대립, 혹은 전반적인 구조에 대한 대립 이전에 체제에 반한 대립이다. 이것은 다시 정치적인 것이 된다. 물론, 마르크스 역시 국가가 지배 계급을 위한 주요한 기관이 되는 한, 혁명은 정치적인 것이 되어야 한다고 주장했다. 그러나 이러한 혁명에서 혁명의 범위, 목적, 의미는 완전히 다른 것이 된다. 이 관점에서 권력자를 제거하고, 국가 기관과 결별하며, 기구들을 장악하는 것이 혁명 전부라면, 이 외의 모든 것은 그 이후에 국가가 이룰 것이다. 이때부터 혁명 기술은 전반적인 사회에, 그 근본적인 목적에, 경제적 구조에 관련되는 것이 아니라, 이미 존재하는 국가에 대해 작용하게 된다. 그리고 전술의 문제는 다음같이 된다. 우리가 싸워온 국가는 전술적 도구를 가지고, 앞에서 언급한 영역을 방어할 수 있으며, 연합되었지만, 앞에서 언급한 약함 또한 갖고 있어서 국가의 행위가 도달하고 포괄할 수 있는 것과는 다른 범위의 기술적 전투 계획을 세워야 한다. 만일 우리가 국가와 같은 범위에서 계획을 세우고 있다면 실패할 것은 자명한 사실인데, 그 이유는 권력은 비교할 수 없는 힘을 소유하고 있기 때문이다. 진정한 전술은 국가가 본질적으로 위치할 수 없는 영역에 혁명적 투쟁을 일으킨다. 이것이 지난 반세기 동안 러시아 혁명이 보여준 것이다. 그러나 그러한 전술은 경제적 평가와 마르크스의 계급에 관한 문제와는 아무런 관련이 없어 보인다. 분명히 우리는 여유로움과 무관심으로 현재 일어나는 일들을 계속해서 마르크스의 관점으로 정당화하려 애쓴다. 우리가 혁명적 의미에서 일어나는 모든 사건이 사회주의적이고 마르크스주의적일 수밖에 없다는 믿음 위에서 살기 때문에, 이것은 우리에게 근본적으로 큰 의미가 없다. 이제 가장 중요한 사실은, 혁명은 정치적 권력에 대항하여 일어나고, 정치권력으로부터 결별하려 한다는 사실이다.

*　　*　　*

여기에서 마르크스에게 프롤레타리아 독재의 중요성에 대해서 덧붙이고자 한다. 마르크스에게 이 주제에 대한 구체적인 견해가 있었던 것으로 보이지는 않는다. 길든 짧은, 이 독재는 전이 과정일 수밖에 없었다. 그리고 그 형태도 매우 다양했다. 『공산주의 선언』에서 마르크스는 여전히 1789년의 혁명에서 큰 영향을 받았고, 승리한 프롤레타리아에 의해 집행되는 권력은 1세기 의회 형식의 공화국과 비슷한 부분이 있었음을 알고 있었다. 마르크스는 브뤼메르 18일을 프랑스 혁명 두 번째 달 18일 매우 견고하고 중앙집권화된, 그리고 계급투쟁에 성공하기 위한 권위적 독재로 생각했다. 프랑스 시민전쟁에서 그리고 꼬뮌의 영향하에서, 그는 연방적인 조직과 자유로운 유형을 추구하게 된다. 그러나 이 조직과 유형이 꼭 이루어져야 하는 하나의 모형을 의미하는 것인지, 아니면 수많은 모형 중에서 하나의 가능성을 나타내는 것인지를 알아내는 것은 매우 어려운 것이다. 그 기간과 형태가 어떠하든 프롤레타리아의 독재는 국가를 소멸시킬 기회망을 추구할 것이다.[164] 이것은 마르크스가 구축한 지배 계급과 정치권력 사이의 관계에 포함된다. 만일 국가가 지배 계급의 억압적 수단일 뿐이라면, 그리고 국가에 다른 기능이 없다면… 이제 프롤레타리아의 승

---

[164] 카우츠키는 '프롤레타리아 독재'에 대해서 다음과 같이 이야기했다. "마르크스가 한 번 선언한 이 표현은, 우연하게도 여전히 진행중이다."

리에 의해서 계급 갈등이 끝나면, 국가의 존재 이유는 사라질 것이다. 그리고 사라질 수밖에 없게 된다. 혁명은 국가와 정부의 종말을 의미했다. 여기에 대해서는 어떤 이론의 여지도 없었다. 반면에 소비에트 연방 공화국URSS에서 국가가 유지되었다는 사실은 많은 논쟁을 불러일으켰다. 국가는 모든 인민 국가공산주의 국가, 혹은 공화국에서 유지된다. 이것은 중국에서도 마찬가지이다. 혁명가들이 권력을 장악하자마자, 그들은 국가를 파괴한 것이 아니라 오히려 강화시켰다. 그리고 국가는 적대 계급을 제거하고 혁명을 성취하는 동안의 짧은 기간만 지속하는 것이 아니라, 계속해서 지속하였다. 레닌이 국가의 필요 때문에 얼마나 혼란스러워했는지는 잘 알려졌다. 그리고 그는 '혁명 국가'를 통해 국가의 존속을 정당화하는 이론을 주장한다. 여기에서 국가의 소멸, 사물의 관리에서 사람에 대한 관리로의 변화, 프롤레타리아 국가의 첫 번째 행위생산 수단을 통한 소유와 국가의 특별한 최종적 행위 사이의 혼동 등으로 잘 알려진 레닌의 주제들에 대해서 더 언급하는 것은 무의미한 일일 것이다. 그러나 레닌은 사실 국가에 부르주아 계급의 이용과 제거 이상의 기능을 부여하고 있다. 그것은 내적으로는 농민들과 쁘띠 부르주아들소시민들을 사회적 구조 안으로 포함하는 것이다. 그리고 당연히 사회주의가 마르크스가 생각했던 조건 안에서 실현되기 보다는 오히려 부르주아의 역할을 맡게 됨에 따라, 그 역할을 행할 수 있는 물질적 수단을 보전해야 했다. 그것이 바로 국가였다. 그러나 이것은 국가가 마르크스가 예상했던 것과는 다른 본질, 다른 중요성, 다른 기능을 갖고 있음을 의미한다! 반면에 레닌은 국가가 사회주의적 인간을 만드는 존재라고 지칭하는데, 이 사회주의적 인간이 자발적으로 경제적 구조의 변혁을 이끌지는 않을 것이다. 마르크스 사상에서는 거대 구조가 거의 그 자체로 경제적 하부 구조 위에 형성된 것으로 보였다. 하지만, 이것은 사실과 다르다. 이것에 대한 정보 역시 혁명과 마찬가지로 자발적이어야 한다. 정치적, 사법적, 문화적 그리고 인간 자신의 구조를 만들어야 한다. 새로운 경제적 구조로부터 창조된 이러한 구조 안에 자발성이 있을 수 있다고 믿는 것은 경제지상주의라 불리는 이단이 된다. 그렇지 않다. 오히려 국가가 권위를 가지고 이 작업을 해야 한다. 심리학적 장치를 이용하여, 적절한 행위를 통해 새로운 인간을 만들어야 한다. 그러나 다시 반복하자면, 우리는 국가가 마르크스가 생각했던 것을 넘어서는 더 많은 어휘방법을 가지고 있다는 사실을 잘 알고 있다. 그런데 이 국가 권력은 공산주의로 넘어가는 과도기의 시기로만 한정되어야 하는가? 이론적으로는 그렇다. 실제로 레닌은 다음과 같이 이야기하고 있다. 한편으로 공산주의 기구가 설립될 수 있는 기간을 예측하는 것은 불가능하다. "우리는 이것을 알지도 못하고, 알 수도 없다…. 우리는 이 문제를 분석할 수 있는 자료를 가지고 있지 않다…. 더 나아가서, 이것을 단언할 수도 없다. 어떤 사회주의 정신에서도 공산주의 상위 단계가 이루어지는 것을 허락한 적이 없다." 다른 말로 하자면, 국가는 무한히 지속한다. 이 지속 기간이 매우 중요한데, 왜냐하면 레닌이 많은 연설을 통해 국가의 기능을 러시아 공산주의 사회의 설립으로 제한하지 않고, 오히려 전 세계로 그 범위를 넓혔기 때문이다. "이 기계와 무기국가를 통해서 모든 착취는 사라질 것이며, 이 땅에서 착취의 가능성은 이제 존재하지 않는다…. 더는 기아로 허덕이는 사람들을 외면한 채 자신의 배를 불리는 사람이 없을 것이고, 이러한 부조리가 불가능해질 때, 우리는 이 기계를 휴지통으로 던져 넣을 수밖에 없게 될 것이다. 이제 더는 착취도 없고 국가도 없다." 다른 말로 하자면, 국가는 이 역할을 잘 이끌어 갈 능력을 갖춘 유일한 존재이며, 마르크스, 레닌, 프롤레타리아, 공산주의자들의 행동의 유일한 구조이다. 이것은 마르크스가 바라보았던 것과는 완전히 배치되는 것이었다.

결국, 러시아 1세대 혁명가들보다 크게 발전하지 못했는데, 그것은 당연히 소련 연방들이 중앙 집권적 국가를 분해하는 도구였지 정부 조직이 아니었기 때문이다. 원심적 힘의 혼란스러운 선언들중앙권력을 무력화시키고 지방 권력에 힘을 실어주어야 한다는 선언들과 러시아 무정부주의의 선언들은 지역 자치기구로 변화되었어야 했다. 그러나 그들은 중앙화된 국가가 세워지자마자 사라져야 했다. 현실을 직시해야 했다. 레닌은 마르크스의 사상으로는 이 결과들을 잘 설명할 수 없었다. 그는 단지 국가를 재구성하고 보호하고 강화하는 것 외에 다른 것을 할 수가 없었다. 국가가 유지된 것은 전술적 실패에 따른 것도 아니고, 원래 갖고 있던 힘에 의한 것도 아니며, 용기의 부족도 아니며, 자발성의 힘에 대한 몰이해에 의한 것도 아니다. 행동했던 사람들실제로 행동하지 않고 사무실에 앉아서 혁명을 하는 사람이 아닌은 국가만이 행위를 허락하며, 그것이 가장 잘 적응된 도구라는 사실을 명백하게 보게 된다. 반대로 우리가 떠날 수는 있었지만, 파괴하거나 그 체제를 전복시킬 수 없었던 사회 내에서 그러한 보편적 힘이 나타났다. 그래서 우리는 레닌이 탄생시킨 기관이그리고 트로츠키가 완벽하게 동의했던 기관이 가장 엄격한 의미에서 국가를 나타낸다고 이야기할 수 있으며, 연방주의나 혁명적 자유의 형태는 전혀 나타난 적이 없다고 이야기할 수 있다.

분명히 어떻게 레닌이 자신의 선언과는 반대의 길을 가게 되었는지 구체적으로 살펴보는 것은 매우 중요하다. 그는 언론의 자유와 프롤레타리아의 지배 안에서의 복수 정당제, 군대와 경찰 제도의 폐기, 관료주의의 폐지 등을 약속하였다…. 이 모든 것은 1917년 10월에 그가 약속한 것이었다. 그러나 1918년 4월부터 그는 이 모든 것을 과거로 되돌려 놓았다. 국가의 기구를 국가의 기구 그 이상도 그 이하도 아닌 기구로 다시 재건한 것이 바로 그였다.165) 그러나 자신의 의도와 실제 실현된 실재 사이의 차이를 이야기하는 것으로는 불충분하다. 이 '변절'은 레닌이 국가를 유지하는 순간, 실제로 일어났음을 이해해야 한다. 국가의 존재는 레닌으로 하여금 자신이 원했던 모든 변화를 불가능하게 만들었다.

1918년 1월에 열린 소련 제3 의회에서 레닌은 여전히 국가 폐지의 방법을 천명하였고, 무정부주의를 찬양하였으며, 볼셰비키 혁명을 통해 무정부주의 사상이 구체적인 결과를 얻게 되었다고 선언하였다. 3개월 후에, 레닌은 뒷걸음질치기 시작했고, 무정부주의자들에 대항한 첫 번째 경찰 조사가 시작되었다. 1918년 3월에는 『국가와 혁명』이 발간되고, 국가의 폐지에 대한 주장을 강화하도록 요구했던 부하린166)에 대해 레닌은 다음과 같이 대답했다. "현재 우리는 전적으로 국가를 지지한다…. 국가의 소멸을 우선하여 주장하는 것은 역사적 관점을 강제하는 것이다." "현재…" 그 주장은 국가의 실재를 잘못 이해한 것이었다. 이 답변 이후에, 무정부주의는 사라지게 되었다.

우리는 1918년 8월에 일어난 붉은 혁명에서, 미리 요구된 정해진 문제들에 대해서만, 그리고 준비된 결론만을 이야기하면서, 소비에트 연방, 의회 및 연맹의 해방을 요구했음을 상기해야 한다. 이 요구는 1919년부터 이루어졌다. 1922부터 레닌은, 그가 이상주의라고 평가한 모든 것을 숙청하였으며, 그가 세운 독재가 "권력에 주어진 모든 법적 한계의 폐지" 167) 안에서 이루어졌음을 선언했다는 사실을 기억해야 한다. 그리고 이 새로운 형태의 국가는 혁명가들의 권력 장악을 위해 담금질 된, 혁명의 중추와 골격의 역할을 담당했던 당의 존재에 의해서 존재할 수 있었다.

---

165) 파파오이아누(Papaoiannou)의 잘 정리된 자료를 참고. 『레닌, 혁명과 국가』, Preuves, 1967.
166) [역주] 니콜라이 이바노비치 부하린(Boukharine, 1888~1938). 소련 정치가이자 공산주의 이론가, 저술가. 스탈린의 경제 정책에 반대하다가 숙청됨
167) 오늘날 일반적으로 간과하는 이 모든 사실에 대하여 이 시대의 증언들, 예를 들면, 빅토르 세르쥬(Victor Serge)의 증언뿐만 아니라 피에르 파스칼(Pierre Pascal)의 매우 중요한 증언을 알아야 한다.

이 순간부터 구축된 다른 모든 기관은 레닌의 저서 『볼셰비키, 그들은 권력을 보전할 수 있는가?』1918년에서 이야기한 것처럼 얼굴마담이 된다. 예를 들면, 소련 연방은 볼셰비키로 하여금 권력을 집행하고 정책을 이끌 수 있도록 하는 '새로운 국가 기구'로 나타난다. 볼셰비키에게 실제 권력은 당의 중재에 의해서 나타남에도 불구하고, 이 연방은 그들의 표면적인 정당성을 나타내었다. 실제로 나타난 결과를 볼 때 레닌의 국가와 스탈린의 국가 사이에는 어떤 차이도 없었다. 스탈린은 단지 레닌이 정교하게 발전시켰던 이론을 기계적으로 적용했을 뿐이다. 결국, 우리는 1921년 초반에 완성된 이 기구가, 국가적이고 독재적인 기구인 동시에 프롤레타리아적이지도 않고 민중적이지도 않은 기구라고 이야기할 수 있다. 의심할 여지없이, 레닌은 제거할 수 있다고 믿었던 것으로 다시 회귀할 수밖에 없었다.

레닌이 비난받는 '변절'은 필요에 대한 응답일 뿐이었다. 분명히 다른 방식이 있을 수 있다고 믿는 관점은 매우 피상적인 관점일 뿐이다. 분명히 이 부분에 대해서 마르크스는 더 깊이 이야기하지 않았다! 만일 레닌이 이 부분에 대해서 위험을 감수했다면, 볼셰비키 혁명은 실패했을 것이다. 그리고 권력을 잡고 국가를 강화했던 모든 국가에서, 국가와 공산주의 권력을 표면적으로 축소하는 것이 가능했어야 했다. 더 나아가서, 공산주의 제도 내에서의 국가는 폐지되기는커녕 더욱 번영하기만 했다. 국가는 역사적 허무주의와 전체주의에 연결되어 있다. 그리고 이것은 우연한 것도 상황에 따른 것도 아니고, 오히려 국가가 공산주의 프롤레타리아 국가로 변화되는 자연스러운 결과이다. 우리는 이 일반화된 역사주의가 일련의 허무주의를 발생시킨다는 것을 보았고, 역사적 의미에서의 혁명은 이제 가치의 창출자가 아니라 오히려 똑같이 가치를 부정하는 것임을 보았다.

결국, 혁명은 단 한 가지 목적을 갖는데 그것은 국가이다. 혁명은 국가의 틀 안에서 다시 나타나야 한다. 혁명은 국가에 모든 것이 되어야 하고, 모든 것에서 국가를 염두에 두어야 한다. 그런데 이 순간 역사적 허무주의는 국가에 지금까지 꿈꾸지 못했던 성취를 가져다 준다. 국가는 더는 한계도 없으며, 더는 제재 장치도 없다. 왜냐하면, 혁명은 국가를 벗어날 수 없고, "혁명은 역사적 효율 외의 다른 제한이 없는 무한한 종속을 의미한다." 이 모든 일은 마치 하나의 거대한 흐름이 역사를 벗어난 것처럼 일어난다! 그리고 이 거대한 흐름은 우리에게 가장 역사적인 것처럼 보인다! 어쨌든 역사에 대한 혁명의 종속은 국가에 더 많은 것을 허락하였다! 모든 부르주아 사회를 대항하여 일어난 혁명은 총체적인 혁명을 추구하였다. 우리가 해결하려 했던 문제들의 정도에 따라 혁명적 전체주의가 형성되었다. 그리고 당이라는 혁명 기구들이 탄생하였으며, 이 당은 모든 사회적 삶의 형태에 대한 지배, 모든 통신언론 수단의 집중화와 통제, 그리고 민중 경찰체카168)로 빠르게 변화됨을 의미하였다. 당은 원칙적으로는 혁명의 기간에만 일시적으로 존재했다. 그러나 활동 기간이 끝남과 동시에 피에르 파스칼(Pierre Pascal)은 혁명이 1918년 4월에 행동이라는 일차적 필요성에 대한 레닌의 대연설을 통해 성취되었다고 이야기하고 있다. 총체적 혁명을 위해 총괄적이었던 이 기구들은, 전체적 조직의 형태를 유지하면서 결국 국가의 기구가 된다. 결국, 이 변화를 통해서 첫 번째 전체주의적 국가가 탄생하게 된다.169)

그리고 레닌의 추종자들이 이것들국가, 군대, 경찰, 기술 등을 마치 교리적 원칙에 의해서 도출한 것처럼 이야기했다는 사실을 잊어서는 안 된다. 국가, 군대, 경찰, 기술 등은 존재하는 사회 전반을 통해 자신들의 성격과 의미를 부여받는다. 그리고 단순히 외적인 부분에서만, 혹은 단순히 그 형

---

168) [역주] Tchéka, 향후 국가정치부로 승계된 소련의 첫 번째 공안기관.
169) 레몽 아롱, 『민주주의와 전체주의 Démocratie et totalitaisme』. 최근의 결론에 대해서는 라 로이(La Loy), 『레닌의 사회주의 Le Socialisme de Lénine』, 1968.를 보라.

태에서만, 자본주의 사회에 있는지 혹은 사회주의 사회에 속해 있는지에 따라서 완전히 변화한다. 이것은 마치 자본주의 경찰과 사회주의 경찰을 구분할 수 없는 것과 같다. 그러나 이러한 선언 앞에서 우리는 다음과 같이 이야기할 수밖에 없게 된다. "이 요소들은 하나의 구조이고, 특수성이며, 존재와 행위의 방식이고, 하나의 중요한 존재이며, 내재된 논리이다. 이 요소들은 자신에게 부여된 일을 수행하고, 그들이 위치하는 체제나 사회의 이데올로기적 차이를 넘어서 체제나 이데올로기 사이에서 뿌리내리고, 혁명이나 체제의 변화를 통해 본질적으로 변화하지 않는가?" 더 나아가서, 이 요소들이 새로운 구조를 도입하면서 새로운 체제와 이데올로기를 수정하고 변화를 요구한다고 이야기할 수 없지 않은가? 트로츠키가 붉은 군대와 자본주의 국가의 군대 사이에 더는 차이점이 없었어야 했다고 믿었다는 사실을 통해, 우리는 그가 환상을 갖고 있었음을 알 수 있다. 그리고 우리는 소비에트 연방 공화국U.R.S.S.의 관료주의가 결국 서구의 관료주의와 같은 위치, 같은 역할, 같은 중요성을 갖고 있었음을 알 수 있으며, 전반적인 제도를 서구의 관료주의와 같은 방식으로 변화시켰음을 볼 수 있다. 이것이 왜 앙리 르페브르Henri Lefebvre의 근본적으로 새로운 도시혁명에 대한 연구가 지난 반세기 동안의 경험에 의해서 비판된 이데올로기적 낭만주의를 나타내는 것처럼 보이는 이유이다. 일반적인 사회에서 사회주의로의 변화가 모든 기구의 의미를 변화시키면서 이 기구들을 근본적으로 변화시킨다고 믿는 순간부터, 상상적 이론의 구축을 위해 현실로부터 괴리되도록 강요받게 된다. 이것이 변절한 혁명으로 인도하였다.

*　　*　　*

우리는 어쩌면 레닌에게서 보였던 스탈린과의 단절을 통해, 트로츠키

크론슈타트의 해군들에 대한 사형 집행에도 불구하고가 스탈린을 변절자로 이야기할 것이며, 지속적 혁명이라는 주제를 견지할 것이라는 사실을 이미 알고 있었는지도 모른다. 그는 단순히 겉으로 드러나는 필요뿐만 아니라, 대중에 의해서 받아들여지고 깊이 있게 지지가 되는 혁명적 행위의 필요를 꿈꿨었다. 그는 하나의 기구에 권력을 집중시킬 수 있고, 노동자 계급을 새로운 피지배 계급과 새로운 억압 계급으로 나눌 수 있는 위험이 있는 방법들을 다시 실행한다. 그는 자아비판의 실제적인 지속성을 원했지만, 똑같이 그는 이것이 얼마나 자주 폐기처분되는지를 잘 알았고, 이러한 지속이 불가능한지를 잘 알았다. 그는 근본적인 자아비판을 위해서는 혁명에 폭력이 필요하지만, 혁명이 폭력을 행사할수록 자아비판을 멈추게 된다는 사실을 인식했다. 강제적 조직화는 폭력 행사와 맥락을 같이한다! 트로츠키는 당의 유일성이 혁명에 필수적인 동시에 혁명에서 죽음을 의미한다는 사실을 잘 알고 있었다. 혁명이 자발적으로 경제적 변화를 만들어냄에 따라, 트로츠키는 당과 프롤레타리아 사이에 새로운 관계가 형성되는 것을 보았고, 문제들이 해결되는 것이 아니라 새로운 이율배반이 나타나게 된다는 것을 잘 보았다. 한동안 트로츠키는 당의 전체주의, 책동, 침략, 그리고 결국 그 기구화를 받아들일 것으로 보였다. 그는 분명히 이 자발성이 '역사의 의미'를 왜곡할 것으로 인식하고 있었지만, 이 역사적 의미는 혁명에 의해서 보증될 것처럼 생각했다. 그가 보지 못했던 것은, 국가의 기구가 구성되기 시작하는 순간부터, 이 국가의 기구가 새로운 것으로 평가되든 혹은 프롤레타리아적으로 평가되든, 그가 거부한 모든 것이 다시 나타나게 될 것이라는 사실이었다. 그는 스스로 정치적 사회에서 변증법의 유연성과 순수성을 지켜내면서 어떤 혁명 행위를 한다는 것이 매우 어렵다는 사실을 잘 알았다. 그는 혁명이 성공하고 이루어졌을 때, 혁명이 매우 빠르게 그 자신에 대한 검증을 거부할 것을 알았다.

다른 말로 하자면, 혁명은 마치 적을 정복한 군대처럼그리고 점령한 군대와 같이 실제로 지배한다. 그러나 이 지배 영역에서 혁명은 즉각적으로 자발성을 목표로 삼지 않는다. 혁명은 조직화한다. 혁명은 자신에 역행할 수 없다. 그것은 정복하고, 정복한 이유를 묻지 않는다. 혁명은 스스로 비판할 수 없다. 그래서 혁명은 그 자신에게 변증적 운동을 취할 수 없다. 트로츠키가 스탈린을 비난했을 때, 그는 이 사실을 보지 못했던 것 같다. 그러나 이것은 자신의 혁명을 비난했던 모든 비판의 탄압을 정당화했던 믿음이었다. 그가 국가를 조직하는 사람 중의 하나였을 때, 어떻게 스스로 국가의 경직화를 막을 수 있었을까? 국가의 경직화를 막을 수 있다고 믿으려면 권력의 본성에 대한 마르크스의 믿음에 동의해야 한다. 말하자면, 국가에 대해 착각을 해야 한다. 트로츠키는 이 오류에서 결코 벗어나지 못한 것으로 보인다.

* * *

우리가 원하든 원하지 않든, 1789년 이후의 혁명들은 일종의 일관성이 있다. 혁명이 성공할 때마다, 국가는 더 거대화되며, 더 잘 조직되었고, 더 효율적이 되며 더 많은 통치 범위를 포함하게 되었다. 그리고 이 현상은 혁명이 국가에 대항하여 일어나고, 국가를 축소하려는 시각에서 일어났을 때에도 계속해서 나타나는 현상이다. 여기에 이론이라는 이름으로도 벗어날 수 없는 사실의 문제가 있다. 1789년의 혁명은 나폴레옹 국가의 설립을 가져왔고, 1848년의 혁명은 국가의 팽창을 가져왔다. 그리고 나폴레옹 3세뿐만 아니라 공화국 기구들은 이미 7월 전제군주의 기구들보다 더 권위적이었다. 1848년 이후, 독일의 혁명들은1848년에서 1860년 사이 비스마르크 국가의 설립을 가져왔다. 1917년의 혁명은 진정한 러시아 연방을 만들었다.짜르 국가보다 더 강력한 전체적인 국가 헝가리 혁명은 독재를 불러왔고, 1919-1920년의 이탈리아 좌파 혁명은 무솔리니를 만들었다. 히틀러 혁명은 여전히 더 전체적인 새로운 유형의 국가를 만들었다. 그리고 우리는 1944년 이후의 수많은 혁명을 나열할 수 있다. 나는 이 모든 것에서 중요한 것은 독재가 아니라는 사실을 주장하고 싶다. 이것은 한 인간에 의한 권력의 독점이 아니다. 그들이 가질 수 있는 의회의 형태가 어떠하든, 그 이데올로기가 어떠하든, 결국 이것은 한편으로는 '민족국가'가 되려는 것이고, 다른 한편으로 '조직-국가'가 되기 한 것이다. 그리고 어떤 경우에도 더 근본적이고 더 전체적이며 더 효율적으로 잘 조직되고 여러 영역을 포괄하는 국가의 탄생을 의미하며, 기구의 변화를 나타낸다. 무솔리니는 소렐과 헤겔을 내세웠다. 히틀러는 니체를 내세웠다. 그들은 역사가 힘을 얻을 기회를 통해서 움직일 뿐이라는 사상 위에 국가를 세웠다. 그리고 그들은 역사와 가치의 의미에 기초한 자유 이데올로기 혹은 사회주의 이데올로기의 결과와 비슷한 결과를 얻기에 이르렀다. 여기에서 나타났던 혁명들 대부분은 인간적인 도시를 추구한 것이었고, 더 많은 자유를 얻으려고 일어났던 혁명들이었다. 히틀러에게서도 이것은 같았다. 민주주의와 자유주의에 대한 마르크스의 비판을 빌렸던 그의 수많은 연설을 기억할 필요가 있으며, 그는 공화국의 자유가 형식적이고 인위적이라고 비판하였다. 그는 실제적인 자유를 선언했다. 그리고 다른 경우와 마찬가지로 이 경우에서도, 국가의 전능함은 이 실제적인 자유의 의도를 제한할 것이다. 마치 공화국의 결과가 국가의 탄생만을 의미하는 것과 마찬가지이다.170) 어떤 사람들, 특히 흥미롭게도 비슷한 입장을 취하는 모라스171)와 마르크스주의자들은 과도적 독재 사상을 통해 혁명과 국가의

---

170) 바르테레미(Barthélemy), 1914-1930년의 기간 동안의 이 사실에 대한 상세한 분석, 『민주주의의 위기 La crise de la démocratie』, 1931.
171) [역주] 샤를르 마리 포티우스 모라스(Charles-Marie-Photius Maurras, 1868~1952). 프랑스 시인, 저널리스트, 수필가, 정치인이며, 민족주의 이론가.

관계를 설명하려 하였다.

물론, 여기에는 이론적 반론의 여지가 있다. 어떻게 독재를 세우면서 국가의 권력을 강화하는 동시에 독재의 제거를 준비할 수 있을까? 기본적인 행위와 민중 의지의 표현을 제한하는 독재의 형태 아래에서, 어떻게 민중에게 표현의 자유와 의지 표출의 자유를 준비시킬 수 있는가? 독재가 자유를 향한 과정이라고 믿는 것은, 지적으로 어떤 이성적 합리성도 없고, 어떤 사실의 근거도 없으며, 어떤 사회학적 기초도 없는 단순한 어리석은 믿음의 행위이며, 선전 이데올로기 그 자체일 뿐이다. 분명히 우리는 제한적으로 독재가 과정이 될 수 있다고 이야기할 수 있다. 우리는 분명하게 독재가 중단되는 사례들을 잘 알고 있다. 그러나 이 과정 이후에, 국가 기구는 혁명 이전보다 더 강해지고 더 집중화되며 더 조직적이고 더 전체적으로 존속한다. 물론 독재체제보다는 덜 과도하고 덜 독단적으로 보인다. 우리는 숨통이 트이고 자유를 다시 누린다는 인상을 받게 된다. 실제로 지금은 일반적인 현상이 된 이성적인 국가 권력의 승리를 항상 목격할 수 있다. 이것은 더 안정적이지만, 한편으로는 더 위험하기도 한 것이다. 폭풍이 일어나는 동안에는 수위가 올라가고, 둑을 파괴하는 등의 일이 일어나지만, 폭풍이 끝나고 더는 천둥과 번개도 없을 때에는 정상적인 조수에도 불구하고 침수된 지역이 여전히 남아있는 것과 같은 것이다. 1789년 이후, 우리는 어떤 나라에서도 국가가 쇠퇴하는 것을 보지 못했다. 그와는 대조적으로 매번 혼란이 일어나고 혁명일 일어날 때마다 국가는 발전의 기회를 잡았다. 이것은 혁명의 새로운 특성이 되었다.

우리는 이 책의 첫 번째 장에서 국가를 대항하여 계속해서 실패했던 혁명들, 말하자면 단지 제거하기 원했던 독재자뿐만 아니라 기구의 모든 조직적 확장에 반하여 일어났던 혁명들을 살펴보았다. 그 혁명들은 실패했다. 그러나 적어도 그 혁명들은 더 큰 국가의 발전을 이끌어 내지 않았다.

권력과 혁명 사이에는 갈등과 대립이 있었고, 이 실패는 다시 과거와 비슷한 상황으로의 회귀를 가져왔다. 역사를 거스르는 혁명은 국가에 대항한 혁명이었다. 그리고 혁명 자신을 거스르는 것을 파생시키지 않았다. 표면적으로 국가에 대항하는 것처럼 보이는 부르주아 혁명은 실제로 국가의 최적화 또는 더 근본적인 구조화를 낳는 것이었다. 이것은 부르주아의 사상과 의지의 흐름 안에 있다. 이 혁명들은 자유라는 명목으로 행하여졌다. 그러나 선언된 자유는 곧바로 권력에 통합될 것이다. 이 기구가 결국 자유를 형식화하고 보증하며 분화시킬 것이다. 자유는 더는 인간에게 즉각적으로 나타나는 분노의 부르짖음이 아니다. 그것은 국가에 의해서 세심하게 정리되고 장식되며 계산되고 분배돼서 최종적으로 국가에 의해 보증되는 대상이다. 인간이 자유를 향해 도약하는 순간마다 국가는 자신과 동일시하는 이 자유를 약속하면서 더욱 견고해진다. 여기에서 마르크스가 선언한 혁명은 역사의 의미 속에서 국가의 존재를 나타낸다. 그리고 실제로 그렇게 될 것이다. 그러나 실제로 이러한 의도와 실재 사이의 대조의 조정은, 결국 혁명이 국가의 성장 과정에서 나오는 혼란이라고 이야기하도록 한다. 국가의 기구와 조직의 총체분명하게 인간 전체를 포함하는 것과 함께는 같은 구조와 관습을 계속해서 유지해 나가는 것이 불가능해지는 시점에서 커지게 된다. 저항하는 사람들은 분명히 국가에 대항하여 저항지만, 국가는 너무 거대하고 저항하기 어려운 것이어서, 국가의 어떤 부분에 대해서도 반대할 수 없다. 그리고 국가가 이성과 정확함 그리고 풍성함을 잃어버리고, 억압적이고 난폭할 뿐이기 때문이다. 인간이 감내하는 것은 바로 인간을 힘들게 하는 국가 기구의 불균형인데, 실제로 그것은 너무 강력한 동시에 불편한 것이다. 인간은 이 국가가 너무 강한 권력을 갖고 있어서 혁명을 일으키지만, 그 결과 국가는 더 근본적이고 더 효과적이며 더욱 실용적이고 더욱 실제적인 기구가 된다. 이제 인간은 더는 고통을 겪지 않는다. 우리는 지나간 시간 동안 잃어버린 시간 동안, 더 근본적이고 잘못된 길을 걸었던 이 임의적 기구들의 권위를 얼마나 많이 감내했는가. 그래서 국가는 사회와 인간의 승리보다 우선할 수 있다. 새로운 불편함 또는 무능함에서 오는 다른 혼란이 있을 때까지 말이다. 예를 들면, 경제적 혼란을 조정하고 시민의 행복을 보증하지 못하는 무능함을 말한다

혁명과 오늘날의 국가 사이에 또 다른 일치 요소가 존재하는데, 그것은 바로 전쟁이다. 국가 권력의 확장 속에서 지난 두 세기 동안에 성립된 전쟁과 혁명 사이에 관계를 고려하지 않을 수 없다. 이 둘의 암묵적인 의존은 계속해서 성장해왔다. 18세기 이전에는 이 둘 사이에 어떤 관계도 없었다. 정복당한 정치권력은 혁명에 의해서 검증되지 않았고, 혁명 권력은 전쟁을 일으키지도 않았다. 오늘날은 이와 다르다. 전쟁의 공포는 혁명의 전조이고, 혹은 그 결과이며, 다른 나라들에 확산한 시민전쟁으로 말미암은 공포이다. 이 현상에는 수많은 이유가 있지만, 가장 주요한 이유는 국가의 우월함이다. 오늘날 모든 전쟁의 목적은 주어진 정치권력에 대항하여 혁명을 이끄는 것이다. 혁명은 즉각적으로 위협을 느끼는 인접 국가의 전쟁을 일으킨다. 이것이 국가의 성장에 역사적 의미를 도입시키는 것이고, 결국 역사의 의미는 퇴색할 수밖에 없다.

그러나 만일 혁명이 정말 이러한 것이라면 이미 두 세기 동안 우리에게 혁명 효과의 지속성을 인식하도록 하는 것이라면, 우리는 스스로 현대 서구 사회가 이야기하는 주요한 방향성에 있는지를 자문해 보아야 한다. 현대 서구 사회의 관점은 국가의 본질과 역사의 의미에서 마르크스가 실수했다고 이야기하려 한다. 마르크스는 분명히 근대 국가를 모든 시대의 정치권력과 동일화하는 첫 번째 오류를 범했다. 그는 여기에서 사회적 계급에서와 마찬가지로 기초 없이 역사를 일반화시켰다. 만일 그가 경제적·자본적 구조에 대한 현대 사회의 특수성을 잘 보았다면, 국가에서 정치권력을 보지는

않았을 것이다. 그는 표면적으로는, 권력은 언제나 같은 역할이 있고, 언제나 같은 실재에 부합한다고 주장했다. 그는 여기에서 계급 이론에서와 같이, 사실에 대해 고찰을 하기 이전에 기능과 의미에 대한 분석을 시도했다. 그는 우리가 아는 역사적 변증법의 대전제에서 출발하여 국가를 계급투쟁의 도구로, 역사의 작은 부분으로 보았다. 그는 쉽게 다음같이 기술할 수 있었다. "공산주의자들에게 있어서 국가의 폐지는, 타인을 억압하는 계급에 의해서 조직된 권력의 필요가 자동으로 사라지게 하는 계급의 폐지와 같은 의미를 갖는다." 그리고 한편으로, 국가를 이 역할로 축소하는 것은 국가의 사회적 실재에 대해서 전혀 이해하지 못하고 있음을 스스로 이야기하는 것이다. 그리고 공산주의를 지향하는 국가에서, 국가는 결코 완전히 소멸하지 않을 것이라는 사실을 확인했다. 마르크스의 명백한 잘못은 국가를, 그 심오한 진실이 이 조개껍데기국가의 틀 속에 있고, 이 국가의 도구들을 이용하는 사람들이 유지하는 종속적인 혹은 보조적인 기관이라고 믿었던 것이다. 매우 간단한 분석을 통해서 국가에 사는 사람들이 매우 다양한 부르주아 계층이었으며, 동시에 빈번하게 국가가 민중의 봉기를 억압하고 질서를 유지하는 것을 보여주려 했다. 결론은 너무나 간단했다. 그는 이 기구에 특수성을 부여하지 않았다. 마르크스는 국가를 계급투쟁 내부에서 주동자로 이해했지만, 계급투쟁은 근대 국가 권력의 유일성에 대한 것이라고 볼 수도 없으며, 전통적·정치적 권력과 상대적인 자율성과의 관계에서도 질적인 차이를 보여주지 못했다. 국가는 모든 마르크스 혁명가들로부터 매우 엄격한 잣대로 공격을 당했다. 일반적인 사회 구조 안에서 국가는 종속적인 존재가 아니라 지배자라는 사실을 보았어야 했다. 국가는 경제 사회적 질서에 대해서는 질서를 초월한 능동적 조직가라 이야기할 수 있고, 이 질서에 어느 정도 부합하는 기계라기보다는 이 질서에 따라 움직이는 존재라고 할 수 있다.

마르크스는 국가에 대해서는 분명히 이러한 관점만을 가지고 있었다.172) 하지만, 상황에 따라서 그의 견해는 바뀌었다. 1871년 파리 꼬뮌을 통해서 그는 국가의 중요성과 국가에 대항한 혁명을 분명히 보았다. "혁명은 국가라는 사회의 초자연적 조산아를 대항하여 일어나지만, 결국 국가는 민중에 의해서 그리고 민중을 위해서 다시 나타나게 된다. 혁명은 한 분파의 지배 계급의 권력을 다른 분파에 이양하려는 것이 아니라, 계급투쟁이라는 끔찍한 도구를 파괴하기 것이다…. 파리 꼬뮌의 사건은 사회를 통해 국가 권력이 다시 세워지는 사건이다…." 그러나 곧바로 혁명은 점점 뒤로 물러서게 되고, 시민전쟁의 마지막 단계에서 중앙권력화를 허락하게 되며, 조직화와 생산수단의 사적 점유를 위해 국가의 필요성을 다시 천명하게 되어, 결국 1891년에 파리 꼬뮌을 하나의 사고로 축소해 버린다. 그리고 국가는 순전히 단순한 상부구조이고, 혁명의 가장 우선적인 목표가 아니라는 사고로 귀결된다.

마르크스는 분명히 국가가 파괴하기 쉬운 상부구조가 아니라는 사실을 이야기했고, 국가가 사회 구조 속에서 경제적 성숙에 도달하도록 하는 필수적이고 결정적인 역할을 담당한다는 사실 역시 잘 이야기하였다. 다른 한편으로는 국가가 부르주아 사회의 커다란 테두리여서, 혁명은 정치적이 되어야 하고 국가를 대항해서 일어나야 함을 이야기하였다. 따라서 우리는 국가의 파괴를 통해서만 경제적 성숙에 도달할 수 있고 부르주아 사회에 대항하여 행동할 수 있게 되었다. 결국, 마르크스에 의해서 부여된 이러한 지위에도 불구하고, 정치적 권력은 결정적이지도 않고 초질서적이지도 않다. 오늘날 우리는 경험을 통해서 그리고 이제는 헤겔에서와 같은 전반적 철학을 통해서가 아니라 국가가 근대 사회의 주요한 요소라고 여기게 되었다. 여기에서 반국가적인 운동이 나타나고, 이 반국가적인 운동들은 힘

---

172) 루그리(Rougrrie)의 심도 있는 연구를 참조, 『칼 마르크스, 국가와 공동체』, Preuves, 1968.

을 키워나갔다. 그러나 국가가 형성되지 않았던 곳에서의 첫 번째 혁명적 행위는 하나의 국가를 만드는 것이다. 아프리카의 해방된 국가 대부분에서는 이러한 현상이 일어난다. 그리고 마오쩌둥의 궁극적인 목적은 무엇이었는가? 그가 지나가는 모든 곳에서 대영주, 장수들이 사라지고, 근본적 조직, 기구, 객관적인 구조가 나타나며, 결국 체제의 특수성에도 불구하고 서구적 국가의 형태에 도달하게 된다. 여기에서 공산주의자들은 새로운 유형의 정치적 형태를 세울 수 있었으며, 곳곳에 국가적 시스템을 구축하였다. 반면에 경제는 따라오지 못하였고, 상당한 어려움을 겪었다. 그리고 중앙화된 기구의 중재를 통해서만 수정 경제가 현실에 적용되고 경제 성장의 밑그림을 그리게 된다. 국가의 기능은 가장 중요한 것이고, 절대 부수적인 것이 될 수 없다. 국가는 단순히 계급투쟁이나 더 근본적인 사회적 실재의 표현이 아니라, 모든 사회적 실재의 원인이다. 그래서 우리는 이제 계급투쟁이 국가에 관련된 것임을 이해할 수 있다. 문제는 사회에서 두 계급 사이의 관계가 아니라 국가와 사회와의 관계이다. 그리고 이 관계 안에서만 계급투쟁이 나올 수 있으며, 가치를 가지게 된다. 똑같이 우리는 계급의 출현에서 국가의 역할을 사회학적 관점에서 이해하기 시작한다. 계급간의 갈등은 국가를 설명하지 못한다. 계급은 결정적으로 질서가 지워지는 것이다. 그리고 역사의 요인도 아니다. 계급투쟁의 목적은 권력의 분립이지만, 이 갈등의 진정한 문제는 권력의 새로운 구조에 대한 문제이고, 국가에 의해서 사회가 유린당하는 문제이다. 반면에 이 갈등은 항구적인 역사적 현상이 아니다. 모든 인간의 역사는 계급투쟁으로 설명되지 않는다. 우리는 이미 두 세기 이전부터 우리 사회의 특수한 사실을 직면하게 된다. 나는 모든 문명에서, 그리고 그 문명 안의 역사에서, 언제나 일관적이고 유사하며 설명 가능한 모티브를 찾으려는 시도가 잘못된 시도라고 생각한다. 물론, 우리가 국가의 확장을 이야기할 때,

절대로 다른 모든 것에 대한 국가의 초월적인 지위와 결정적인 특성이 권위적이고 독재적인 국가의 특성을 의미한다고 이야기할 수 없다. 여기에서 이야기하는 것은 입헌적 형태의 도입 여부나, 권력 행사의 방식이 아니다. 우리가 생각하는 국가는 그 힘을 권위적으로 혹은 자유롭게 사용할 수 있다. 국가는 구속, 판결, 구금을 싫어하고 외적인 자유를 추구하는 개인과는 큰 차이가 있다. 그러나 사회 체제와 권력 사이의 관계에 대해서는 큰 차이가 없다.

국가는 자신에 대한 보증을 인간에게 양도하고, 인간의 권리를 보장하며, 시민의 자유에 동의하면서, 즉 게임의 법칙시민적이고, 범죄적이며, 선거적인 게임 등을 지키면서, 국가 그 자체로 남을 수 있다. 국가는 권력의 분산을 결정할 수 있고, 제한적으로 중앙 권력을 분산시킬 수 있다. 국가가 이 모든 것을 실행하면서도 여전히 존속하는데, 그 이유는 통치 방식과 헌법 체제을 언제나 자유롭게 변화시킬 수 있기 때문이다. 나는 이 구조 앞에서 대중의 의견과 시민의 참여, 정치적 인간의 행위가 얼마나 취약하고 효력 없는지를 앞서 이야기했다.[173] 국가는 완벽하게 인간화될 수 있다. 말하자면, 이것은 국가가 인간적 관계의 구조라는 견해를 받아들이는 것이다. 우리가 국가의 의미를 관료적인 국가의 한 부분으로 축소할 수 있는 것과 마찬가지로, 국가를 개인들의 집합체로 분석할 수 있다.[174] 그러나 이것을 받아들인다 하더라고 변하는 것은 아무것도 없다. 이것은 단지 하나의 견해에 불과할 뿐이다. 이 인간적 관계들은 이렇게 분석될 수밖에 없는데, 왜냐하면 이 관계는 관료적 구조 속에 포함되어 있기 때문이다. 그리고 베버는 다음같이 분석했다. 이 관료주의적 구조를 통해서만 행정 조직에 대한 세분화된 연구가 의미를 가지게 된다. 이 순서가 바뀔 수는 없다!

---

[173] 자끄 엘륄, 『정치적 착각』, (대장간 역간)
[174] 특별히 크로지에(Crozier)의 저서들을 보라.

국가에 대한 이 견해가 목표하는 것은 세 가지 실재이다. 우선, 국가는 점차 사회의 모든 행위에 대한 책임을 지게 된다는 사실로서이것은 국가의 예견된 문제가 아니라 그 이상을 이야기하는 것인데, 그것은 국가의 편재성이다, 다른 그 누구도 이처럼 복잡한 사회 속에서, 진보의 속력 앞에서, 사회 집단의 모든 힘을 동력화해야 할 필요성을 갖고 국가처럼 할 수 없기 때문이다. 두 번째로는 국가가 점점 더 모호해지고 있다는 사실이고, 이것은 사회적 구조를 의미한다. 국가는 그 구성원들과는 상관없이 조직되고 그 생명을 유지하며, 독립적 성장의 능력을 갖추고, 내부적 동기로 말미암은 조직의 특수성을 갖게 된다. 결국, 모든 사회에서 인간은 자신의 권력에 대한 침해에 대항한다 하더라도, 그리고 증오를 표현하고 자유를 요구한다 할지라도, 국가에 자신들의 희망과 믿음을 두었다. 그들은 결국 국가로부터 모든 것을 바란 것이다. 문제가 나타날 때마다 그들은 국가의 결정을 바랐다. 그리고 혼란이 일어날 때마다 국가의 무능함에 슬퍼했다! 우리는 까르티에 라땡quartier Latin: 소르본느 대학가 사태 초기에 이 문제에 대해서 퐁피두를 향한 미테랑의 우스꽝스러운 연설을 쉽게 잊지 못할 것이다. "국가는 대체 무엇을 하고 있었단 말입니까?" 국가가 더는 모든 것을 보증하지 않을 때, 현대 인간의 혼란은 국가에 대한 이러한 사고가 근본적으로 뿌리박혀 있음을 나타낸다. 이 세 가지 사실이 현대 국가를 특징짓는 사실이다. 그리고 국가의 성장을 문제 삼지 않으며, 이 성장이 더는 우연한 사건이 아님을 증명해 준다.

그래서 만일 국가가 혁명의 결과라면, 이것은 분명히 헤겔 철학 때문이라고 말할 수 없으며그리고 만일 내가 이 사실을 논증한다면, 내가 헤겔주의자이기 때문이 아니라 이것이 역사적 사실이기 때문이다, 모든 이데올로기 운동이 국가와 관련되면서부터이다. 분명하게 혁명 사상의 근본인 이데올로기는 국가의 확장 이외의 다른 목표를 생각할 수 없다. 이것은 산업 사회에 대한 문제

제기를 하는 사람들에게도 똑같다. 갈브레트Galbraith는 국가가 오늘날 소비 사회의 위험으로부터 사회를 보호해야 하며, "국가를 통해서 사회는 경제적 목적 위에 미적 목적이 우선함을 주장해야 하고, 특히 도시 경관이나 자연에 우선적인 가치를 부여해야 한다! 국가가 개인의 선택에 대한 자유를 보호해야 한다…" 등을 주장하였다. 이것은 정치인들에게 실제로 나타나는 것이며, 권력이 모든 것 위에 있음을 의미하는 것이다…. 우리는 이 주장에 좌파가 전적으로 동의하고 있음을 알고 있다. 이렇게 의견이 전반적으로 일치하는 가운데, 그리고 다른 수평적인 관점에서 과연 혁명이 일어날 수 있을까?

나는 종종 다음과 같은 주장을 듣는다. "국가에 대한 두려움은 최근 미래의 관점으로 바뀐 역사에 부합한다. 우리는 과거에 증명된 어려움을 미래로 옮겨놓는다. 그리고 만일 우리가 내일의 국가를 이해하기 원한다면, 국가가 분명히 보증할 수 없는 공적 행위가 근본적으로 커지고 있다는 사실을 받아들여야 한다." 나는 다음의 방향성으로 다시 돌아올 수밖에 없다. 역사의 관점을 미래로 연장하는 것은, 일련의 역사적 연속성을 가정하는 것일 뿐이다. 그리고 현재까지는 이 역사적 연속성의 구조에 역행하는 실마리의 그림자는 보이지 않으며, 미래의 국가가 역사의 진보 속에서 오늘날의 국가와 크게 다르지 않을 것이다. 만일 그렇지 않다면 그것은 단지 꿈과 희망의 수준에서만 다르게 나타날 수 있을 것이다. 왜냐하면, 국가는 자신을 이용하는 사람에게 자신의 법과 질서를 요구하기 때문이다. 이것이 마르크스와 국가의 기구를 다른 용도로 전용하려는 모든 사람

여기서 한 번 더 언급하자면, 관료주의와 국가적 체계의 비인간적인 특성 등에 대항하여 혁명을 일으켰던 히틀러도 여기에 포함된다의 결정적인 실수이다. 국가적 기구를 취하는 사람들은 점진적으로 국가의 법을 받아들일 수밖에 없다. 자동차에 올라타는 사람이 그 차를 이용하기 원한다면, 그 사용 방법을 받아들

여야 한다. 물론, 자동차를 사용하지 못하도록 만들 수도 있고 부술 수도 있다. 그러나 만일 국가가 어느 정도 쓸모없는 상위구조라 한다면, 우리가 모든 사회체제 내에 포함된 쓸모없는 기구를 발견하게 될 것이다. 그리고 이 기구들은 더 작은 구성체들을 자극하면서 일반적인 암처럼 자라나게 될 때, 그리고 이 사회체제 전체를 없애지 않고서는 이 쓸모없는 것들을 제거할 수 없게 될 것이다. 결국, 이 유쾌한 관점은 빠르게 악몽이 되어간다. 무정부주의를 꿈꾸는 것은 분명히 가능하지만, 여기에서 혼동해서는 안 되는 것이 있다. 이것은 이제 푸루동이나 바쿠닌의 무정부주의를 의미하는 것이 아니라, 구조를 승계하는 단순한 허무주의일 뿐이다. 이렇게 국가의 우선적 중요성은 지금 남아메리카에서 드러나기 시작하고 있으며, 각각의 혁명들은 이 중요성을 증폭시킨다. 쿠바는 그 좋은 예이다. 여기에 다른 모든 혁명과 마찬가지로, 혁명가들이 권력을 장악했을 때, 그들은 국가에 자신을 맞추어야 했다. 그들은 조직, 합리화 그리고 공동의 관리물론, 권력에 의해 보증된를 적용시켜야 했다. 체 게바라는 "혁명은 연설, 행렬, 사열, 위원회, 당, 음모가 될 뿐만 아니라, 또한 계획, 관리, 관료주의가 된다"고 이야기했다.

쥬브넬의 사상을 통해 우리는 한 번 더 실재에 가까이 다가갈 수 있다.175) 그리고 우리가 지금까지 이야기해왔던 모든 것을 확인하기 위해 그의 사상을 살펴보고자 한다. 그는 권력의 끊임없는 성장이 우연한 것이 아니라 구체적인 역사적 의미가설이나 희망이 아닌이며, 인간의 도약 아래에 국가의 거역할 수 없는 힘이 있었다는 사실을 식별해 낸 첫 번째 사람 중의 하나였다. "우리는 모든 혁명 초기에 자유에 대한 외침과 권력의 둔화를 목격하게 된다." "이것은 과거에는 샤를르 1세나 루이 16세, 니콜라스 2세의 권위였다. 이후에는 크롬웰, 나폴레옹, 스탈린의 권위였다. 이들은

---

175) 쥬브넬, 「권력 *Du pouvoir*」.

독재 권력에 대항하여 일어난 민중에 복종한 지도자들이었다…." "크롬웰, 스탈린은 우연한 결과도, 사회적 혼란의 시기에 나타난 사고도 아니다. 오히려 모든 혼란의 필연적이고 운명적인 결과이다. 이 사이클은 불충분한 권력의 동요에 의해서 열리지 않고, 절대 권력의 강화에 의해서 닫히지 않는다. 혁명은 약한 권력의 제거인 동시에 강한 권력을 세우는 것이다…. 혁명은 독재자를 대항한 선전포고를 일으킨다. 그러나 혁명은 그 시초에 그 어떤 것에도 대항하지 않으며, 그 마지막에는 그 어떤 결과도 가져오지 못한다…. 권력은 이 가운데에서 회복되게 되고, 또한 국가 내에서 나타나는 운동은 폭동이 치워버린 사회적 권위의 장애물에 더는 신음하지 않게 된다. 혁명은 귀족을 청산함에 따라 더 완벽한 독재를 세운다…." 그리고 쥬브넬은 다음같이 인상적인 문장으로 이 무미건조한 사실에 대한 결론을 내린다. "최종적 분석을 통해 혁명은 인간이 아닌 권력을 위해 일어남을 알 수 있다."

이처럼, 결국 역사적 의미를 통해 마르크스가 국가에 대한 전체적인 잘못된 관점을 가졌다고 결론을 내릴 수 있게 된다. 이 오류는 사회주의 사회를 출현시키는 착취하는 사람과 착취당하는 사람 간의 갈등을 의미하는 것이 아니다. 오히려 국가의 지속적인 강화와 함께 전반적인 사회와 국가 사이의 관계를 의미하고, 우리가 '민족-국가'로 명명하는 새로운 존재의 출현을 의미한다. 한편으로, 이 중대한 실수는 언제나 혁명의 가치와 효과적인 결과를 이야기할 때 나타난다. 마르크스는 혁명이 역사적 의미 안에 있어야 한다고 주장하였다. 그는 이 사고를 사회주의자와 프롤레타리아의 중심에 침투시켰고, 그 결과 우리는 혁명 운동들의 의미를 역사적 의미 가운데에서 평가하도록 교육했다. 다른 한편으로는, 마르크스에 의해 가정된 의미를 통해 역사를 바라보게 되면서, 우리는 결정적으로 이 실제적인 의미 속에서 혁명을 시행하게 되었다. '역사를 거스르는 혁명'

을 비판하면서, 우리는 이 혁명을 역사의 의미를 효과적으로 발전시키는 위치에 두었다. 그러나 어떻게 그러한 오해를 할 수 있었을까? 첫째로, 만일 마르크스가 역사에서 계급투쟁에 의해 부여된 의미를 받아들이면서 착각했다면, 혁명을 시도했던 사람들은 이 부분에서부터 실패했어야 하며, 마르크스주의는 실패의 연속에 의해 붕괴하였어야 했다. 다른 한편으로는, 마르크스에 의해 지시된 계산된 혁명들은 자주 성공하였다. 그러나 이것은 마르크스가 보지 못했던 두 가지 사실을 견지하고 있었다. 첫째로 정치권력의 장악에서 부여한 전술의 중요성에 대한 부분이다. 그러나 전술이 되기보다는 더 근본적인 행위가 있었다. 이것은 단순히 정도의 차이였다. 만일 마르크스가 혁명에 의해서 전체적이고 즉각적인 국가의 파괴라는 첫 번째 주장을 견지했다면, 어떤 마르크스 혁명도 성공하지 못했을 것이다. 그 이유는 이 혁명이 분명하게 역사를 거스르는 것이기 때문이다! 다른 한편으로는, 권력과 계급투쟁에 대한 현존하는 관계에 대한 부분이다. 마르크스는 계급투쟁을 주장하고 이것을 혁명의 중심에 올려놓을 때에, 권력에 대항하는 가치를 이야기하는 것 역시 게을리하지 않았다. 그는 갈등을 강조하면서 뜻하지 않게 국가의 중요성을 강조하게 되었다. 그리고 역사에 이러한 의미를 부여하는 것은 반대로 국가에 진정한 의미를 부여하는 것이기도 했다. 계급투쟁의 심화는 국가의 중요성 안에서만 나타날 수 있다. 이것이 역사에서 일어난 일이다. 그러나 혁명은 더는 갈등으로 말미암은 혼란의 순간이라기보다는 국가 확장으로 말미암은 혼란이었다. 다른 한편으로, 역사적 순간에서 두 가지 사건이 만나게 된다. 말하자면, 계급투쟁의 결정적인 순간에, 국가의 새로운 변화를 통해서만 균형 잡을 수 있는 일반적 사회의 존재가 작용한다. 그러나 반대로 국가의 점진적인 성장은 계급투쟁의 강조에 의해서 사회 체제 안에 분명하게 인식되며, 국가적 기구가 더는 커질 수 없는 순간까지 변화된다. 이 변화는 기존의 계층들을 제거하고, 새로운 계층을 만들면서 새로운 사회 계급을 만들어낼 것이다. 그러나 역사적 의미에 대한 마르크스 해석의 오류 때문에, 마르크스 교리에 따라 이루어진 혁명은 더는 변절의 혁명일 수밖에 없다. 여기에는 어떤 다른 원인도, 다른 기회도 없다. 변절은 그러한 원인이나 기회, 그리고 그러한 마르크스주의자들이 없어서 나타나는 것이 아니다. 오히려 사고의 출발점이 잘못되었기 때문에 나타나는 것이고, 혁명에 역사적 의미를 부여하려는 데에서 오는 것이다. 카우츠키는 이미 우리가 '변절의 혁명'을 이야기하기 이전에 '테러리즘과 공산주의'의 서문에서 이 문제를 완벽하게 분석하였다. "레닌의 성공은 마르크스적 사회주의의 실패에서 온다." 그러나 그는 이 실패가 국가의 실재 안에도 똑같이 존재하고 있음을 보지 못했다.

제4장, 혁명의 일상화

이처럼 혁명의 변화를 의식할수록, 혁명은 점점 더 받아들여질 수 없는 애물단지가 되었고, 인식되고 분류되며 분석된 혁명은 역사의 중요한 역할, 즉 견딜 수 없는 억압을 통해 나타나게 되었다. 그래서 혁명은 꿈과 어휘 뒤로 숨어야 했으며, 너무나 잘 알려진 실제로부터 도망하여 새로운 영역을 개척해야 했다. 혁명은 이렇게 평범해지게 되었다.

혁명은 언제나 비극적인 사건이었고, 혁명가는 언제나 저주받은 사람이었다. 우리는 격렬한 사건을 떠올리며 두려워하였고, 저항하는 사람은 가장 절망적인 사람들을 희망으로 꿈틀거리게 하였으며, 테러를 통해서 희망을 주었다. 그러나 분명히 특권층에게는 아니었다. 민중은 차가운 피를 갖고 있었으며, 언제나 혁명을 지지했던 것은 아니다. 혁명은 재난과 재해 가운데에서도 전쟁과 같게 여겨졌으며, 혁명 이후에는 폐허와 피만을 남겨놓았다. 혁명은 전쟁과 마찬가지로 비참했는데, 그것은 시민전쟁으로 나타났기 때문이고, 더는 다른 나라가 아닌 그 이웃 또는 형제가 서로 죽였기 때문이다. 이 찢어진 사회에서는 지금까지 서로 알던 사람들이 분열되고 적이 되었으며 화해할 수 없게 되었다. 혁명의 피해자들은 전쟁의 피해자보다 더 큰 고통을 맛보았고, 이 피해는 더 지속적이었다. 이것은 가진 자, 지도자, 혁명을 이용하는 사람들의 이야기가 아니라, 오히려 작은 민중의 경험이었고, 그들의 역사적 기억 속에 각인된 길고 힘든 경험이었다. 그리고 정말 드물게 저항해야 했을 때에, 이 저항은 절대로 즐거운 마음에서 나오는 것이 아니었다. 많은 사람이 격양된 감정에도 불구하고 자신을 혁명가로 자처하지 않았다. 또한 의식 있는 사람들은 자신을 혁명가라고 불리는 것을 받아들이지 않았으며, 설사 받아들인다 하더라도 매우 심각하게 종교처럼 혁명을 받아들였다. 여기에 그들의 삶을 바치고, 여기에 자신의 죽음을 받아들인다. 그러나 이제 모든 것은 변하였고, 혁명은 우리 사회에서 가장 친숙하고 평범한 것이 되었다. 혁명적이지 않은 사람에게 우리는 주의를 기울이지 않는다. 적어도 예술가, 기업가, 교수, 정치인, 문학가, 기술자가 되려면 혁명적이 되어야 한다. 개혁을 제안하는 것만으로 비난받고, 조롱당하며, 우롱당한다. 개혁주의는 가증스럽다는 평가를 피하고자 많은 조롱을 감내한다. 혁명가가 되는 것은 더는 비극적이지도 않고, 오히려 모든 행위의 출발점이고 시작점이 된다. 실재로 오늘날의 혁명은 더는 위대한 것을 요구하지 않는다. 혁명에 자신의 삶을 거는 일은 매우 드물다. 드브레Debray가 볼리비아에서 혁명을 시도했을 때, 죽을 위험에 처해서 모든 사람으로부터 비난을 받았다. 그리고 1968년 5월의 까르티에 라땡Quartier Latin '혁명' 소르본느에서 일어난 68혁명-역주은 현명하게도 모든 밤을 새벽으로 밝히는 불을 지폈다. 주중에 우리는 잠을 잤고, 주말에는 휴가를 떠났다. 혁명은 풍성한 소비 사회에서 일용할 양식이 되었다. 그것은 모든 시민이 사회 체제에 참여할 수 있도록 요구하는 최소한의 것이다. 현재 프랑스 사회에서 혁명적이지 않은 사람은 여전히 나는 사회의 사람 대부분이 그러하다고 이야기할 수 있다! 의식 없는 사람이고, 시대에 역행하는 사람이며, 이기주의자며, 기회주의자이다…. 도덕과 지성이라는 두 가지 의미에서 그것은 악한 동시에 어리석다고 비난받을 수 있다. 이러한 현상은 분명하게 나타나는 것은 아니지만, 사람들의 행동과 상황 속에서 볼 수 있다.

완벽하게 길들인 혁명은 세속적 대화의 중심적인 관심사가 되었다. 때때로 우연하게 혁명은 테러와 증오의 목표처럼 여겨지기도 했다. 우리는 언제나 혁명가를 프레베Prévert 풍자시 "가면 만찬"176)에 나오는 존경할만한 사람 정도로 취급하려 한다. 우리는 이 모든 것을 변화시켰다. 혁명은 우리가 이야기하는 유행의 소소한 것들의 한 부분이다. 부르주아 계급

---

176) [역주] 자끄 프레베의 "프랑스 파리에서의 가면만찬에서의 묘사의 시도(*Tentative de description d'un dîner de têtes à Paris-France*)" 풍자시.

의 모든 사람은 혁명가들이다. 이들은 파리 지성인들로 구성된 지적인 사람들이며 동시에 찬란한 꽃이고 훌륭한 집단이다. 프랑스 내의 첫 번째 프로시누와 집단prochinois, 중국 정치 제도에 가까운 제도를 추구하는 집단-역주의 구성원을 살펴보면 쉽게 이해할 수 있으며, 이 집단에 대부르주아들과 그 자식들, 고등 교육기관 학생들과 그룹의 임원들이 있음을 발견하게 될 것이다… 이들은 문화 혁명을 '발생' 시키고자 고풍스러운 성城에 모일 것이고, 꼬뻬 다쥐르프랑스 남부 지역에 다시 모일 것이다.이들이 재력 있는 부르주아 계급임을 나타내는 표현임-역주 이 프로시누와 집단들 사이에서의 대립이 부르주아들 내부에서의 대립과 연결되었는지를 연구하는 것은 매우 흥미로운 일이다.

그러나 프로시누와들이 우리가 이야기하는 장소에서 회동할 때마다, 혁명은 매일 퍼져 나가고 신문의 표제를 장식한다. 그리고 이것은 1968년 5월 이후 더는 나타나지 않는다. 혁명이 차지한 '당연한 위치'는 단지 실제적인 혁명가들에 의해서만 동의를 얻은 것이 아니라, 실제 일반적인 것이 되었다. 혁명이 어느 순간 터져 나올 때, 모든 뉴스가 이 새로운 사실을 전달해야 하는 것은 당연한 일이다. 이것은 전혀 특별한 것이 아니다. 그러나 일어난 일은 이와는 반대로, 유명 인사가 집단의 대표들을 만나는 데 동의하는 것이며, 지도자들의 선언에 동참하는 것이고, 정당들에 대해 취재를 하며, 아바나에서의 콘퍼런스에 참석하고, 새로운 잡지의 출간에 나타나는 것이다.… 집단, 지도자, 정당, 운동, 잡지 이 모든 것은 혁명적이다. 점진적으로 준비되고, 기관화되고 조직화하며, 심사숙고되고, 논의되고 명시된 혁명은 이미 10여 년 전부터 우리 정보의 일용할 양식이 되었다. '혁명'과 혁명가들에 대한 이러한 수많은 정보의 배포에 의해서 자유로운 의지 없이 집단 중독 현상이 생겼다. 우리는 지적인 수준에서가 아니라 단지 반사적으로 혁명적 세계에 사는 것처럼 느끼게 되었다. 우리는 점차 우리 주위의 모든 것이 혁명에 의해서 얻어졌고, 혁명은 우리가 사는 지속하는 실재이며, 곳곳에서 찾아볼 수 있으며, 모든 것을 파생시키는 원인으로 확신하게 되었다. 이것이 우리가 엄청난 혁명의 파도에 있음을 말하는 것인가? 아니다. 오히려 그 반대이다. 말하자면, 우리는 혁명을 신변잡기의 수준으로 가지고 온 것이다. 겨울 스포츠가 있고, 자동차의 최신 모델이 있으며, 대통령의 지난 인터뷰, 미니스커트, 공꾸르 상프랑스 문학상-역주이 있고, 그리고 혁명이 있다. 혁명은 이제 앞의 나열한 것들보다 중요하지 않다. 지속하는 정보를 통해서 혁명은 일상적인 것이 되었다. 이것은 혁명에는 높은 지적인 수준이 있고, 고등교육을 받은 잘 알려진 배우에 대한 정보를 얻는 것처럼, 어떤 큰 결과 없이 단지 정보만을 얻는 일상처럼 된 것이다. 부르주아들이 자신들의 살롱에서 화염병을 만드는 위험을 감수할 수 있을까? 나는 여기에 확신하지 못한다. 그 이유는 화염병 역시 그들의 취미의 한 부분일 수 있기 때문이다. 그들은 이 취미가 가져올 결과뿐만 아니라, 이것이 사실을 길들이는 유일한 수단임을 모를 정도로 바보가 아니다. 이렇게 많은 사람이 혁명을 습관적으로 받아들이게 될 때, 이러한 현상은 가장 깨뜨리기 어려운 것이 된다. 우리는 가장 극단적인 독재가 시간이 지남에 따라 결국 익숙해지고 둔감해지는 것을 알고 있으며, 혁명 또한 마찬가지이다. 우리 시대는 이미 이 습관을 취하고 있다. 우리는 혁명에 대해 이야기함으로 예방주사를 맞고 면역력을 갖게 되며, 혁명은 정보에 의해서 창조된 상상의 세계, 이미지의 세계로 들어가게 되어 결국 허구가 된다. 소비 사회는 완벽하게 혁명에 동화된다. 이제부터 혁명은 다른 모든 것과 마찬가지로 소비된다. "사상으로서 혁명은… 다른 모든 사상과 같은 이름으로 영원히 소비적이 될 것이다.… 혁명은 이제 그것이 '소비되는' 조합적이고 즉각적인 어휘 안에서 의미가 있다.… 혁명은 혁명이라는 사상 안에서 소비되고, 이것은 혁명이 성취되고형식적으로 폐기되었음을 의미한다.…"177)

물론, 이 과정은 전혀 의도했던 것도, 계산된 것도, 자유로운 것도 아니었다. 그리고 지도 계급의 현학적 작업도 아니었다. 부르주아178) 권력의 반작용이 즉각적으로 나타나고, 이 반작용은 하나의 사건 혹은 하나의 집단에 의해서 결국 부르주아 자신의 입맛에 맞게 과거로 회귀하는 원인을 제공한다. 혁명 운동에 참여하는 젊은 부르주아들은 1792년, 1830년, 1848년 등의 부르주아들과 마찬가지로 그들의 언어, 의복, 행위가 무엇을 유발하든 혁명으로부터 멀어졌다. 이 젊은 부르주아들은 부르주아의 홍수 속에서 혁명과는 가장 반대되는 태도에 자신들의 정착점을 준비하는, 부르주아의 전령이다. 부르주아들은 그들의 '계급'과 절연한 것이 아니고, 자신이 속한 계급의 무의식적인 대표자이다.

그러나 이러한 보편화, 일상화는 단지 부르주아의 동화적 능력을 통해 나타난 것이 아니다. 이것은 혁명이 사람들에게 친숙해졌기 때문이며, 혁명이 역사적 의미로 편입됨에 따라 어쩔 수 없는 현상이었다고 이야기하고 싶다. 왜냐하면, 혁명이 운명에 의해서 시대를 앞서간 인간의 비이성적이고, 순간적이며, 계산할 수 없는 분노의 외침이 되기를 멈춘 순간부터, 혁명이 과정 속에서 예견된 순간이 되고, 계산될 수 있고, 계산된 단계가 되며, 권력에 대한 평가 기준이 되며, 시스템과의 관계가 되며, 이해할 수 있는 사건의 해석이 되는 순간부터, 혁명 현상의 일상화 외에는 다른 것을 파생시킬 수 없었다. 혁명은 마르크스가 이해할 수 있는 사건이 되었고, 분석된 역사 안으로 편입하게 되었으며, 이 편입은 분명히 현재 우리에게 나타나는 길들인 혁명으로 인도했다. 이것은 노동조합의 열정 없이 원초적 파업에서 지루한 파업으로 전환되는 과정처럼, 다른 차원으로

---

177) 보드리야르, 『사물의 체계』, 1968.
178) 참조. 자끄 엘륄, 『부르주아의 변이』.

그리고 다른 동기로 넘어가는 과정이다. 그 책임은 마르크스의 해석가들이 아니라 바로 마르크스 자신에게 있다. 마르크스의 유산이 일상화된 혁명의 과정을 내포하고 있기는 하지만, 혁명의 성공이 일상화를 보장하지는 않았다. 이 일상화는 사회의 변화를 통해 두 가지 의미에서의 결과물을 얻었다. 이 변화는 산업사회에서 기술사회로의 변화였다. 이 변화는 마르크스의 도식에 따른 혁명을 가능하게 하였으며, 동시에 혁명의 일상화를 낳았다.

1. 어휘에 대한 고찰

우리는 혁명이라는 단어를 과도하게 남용하면서, 오늘날 모든 것을 혁명으로 평가한다. 이 단어의 첫 번째 남용은 18세기 산업적인 변화를 그리려고 사용하면서 나타났다. 우리가 이 주제를 다시 살펴보지는 않겠지만, 이러한 사용은 혁명이라는 단어의 의미가 확장되는 동시에 붕괴하였음을 말해준다. 이러한 남용은 이미 광범위하게 준비되고 있었음을 인식해야 한다. 매우 보수적인 인물인 퓌스텔 드 꾸랑쥬179)는 다음과 같이 기술했다. "나는 아무것도 일으키지 못하면서 요란하고 폭력적인 사건을 혁명이라 부르지 않고, 실제적이고 효율적이고 지속적인 변화를 혁명이라 한다." 이 말은 우리에게 통찰을 제시한다. 그것은 혁명이 사건에 의해서 평가되는 것이 아니라 지속적인 결과에 따라서 평가되었다는 사실이다. 사회 체제의 모든 근본적인 변화가 혁명이 된 것이다. 이 말은 『여왕의 교훈』180)에서 인용하였다. 그리고 퓌스텔은 이미 1848년의 요란한 사건과 1871년에 나타나게 될 사건이 혁명이 아니었음을 이야기했다. 반면에 산업화와 철도, 황제의 등극, 이러한 것들을 진정한 혁명으로 이야기한다. 그는 스스로 혁명가라고 생각했던 황제가 혁명을 이야기하는 것과 같은 의미에서 혁명을 이야기했다. 우리는 그가 이러한 상황에 있었다는 사실을 잘 안다. 이같이, 산업적 변화가 비록 그것이 근본적이라 하더라도 전혀 혁명이 아니었음을 증명해야 한다. 1931년부터 덩듀Dandieu는 혁명이

---

179) [역주] 퓌스텔 드 꾸랑쥬(Numa Denis Fustel de Coulanges, 1830~1889). 프랑스 역사학자. 대표적인 저서로 1864년 출간된 『고대 도시 la Cité antique』라는 저서가 있음.
180) [역주] 퓌스텔 드 꾸랑쥬(Fustel de Courange)가 프랑스 문명의 기원에 대해서 저술한 책.

라는 어휘의 이러한 사용에 반대해서 많은 이야기를 하였다. "표면적으로 산업이 중요한 풍속의 변화를 가져올 수 있었다. 이 변화는 새로운 정신적 원리의 변화를 가져온 것이 아니라, 특별히 어떤 방법 혹은 기술적 도구들의 빠른 완성을 가져온 것이다. 실제로 그것은 혁명에 관한 것이 아니었다. 손수레 혹은 풍차에서 자동차나 전기적 이동수단으로의 변화와 같이, 이전에 상당히 느리게 진행되었지만, 오늘날에는 더 빠른 속도로 진행되는, 그리고 끊임없는 발전에 관한 것이다…. 이러한 과학적 발명에 의한 적용은 혁명적인 것이 아니다. 이것은 거대 일드프랑스Ile-de-France의 형성파리 수도권의 형성-역주이나 텔레비전에 대한 것일 뿐이다. 정신, 전체성, 혁명은 폭발적이고 창조적인 폭력의 유행일 뿐이다…." 여기에 일상화가 있다. 실제로 우리는 최고의 기술적 사고를 통해 혁명을, 한편으로는 변화의 속도에 관한 것이라고 여기고, 다른 한편으로는 효율성에 관한 것이라고 여긴다. 만일 우리가 빠른 속도와 효율성을 이야기한다면, 혁명 행위의 근본적 실재를 사라지게 하는 끔찍한 단어를 남용하면서 혁명을 이야기하는 것이다.

  이 단어의 남용의 정도를 알아보려면, 기술이 엄청난 변화를 가져오는 동시에 근본적으로 보수적이고당연히 매우 빠르게 진보하면서 말이다! 통합적이며 전체적인 사회를 낳는다는 사실을 근본적으로 이해해야 한다. 그러나 이러한 단어의 남용은 혁명의 정체성 변화이며, 항상 혁명의 특징이라고 생각했던 것의 변화를 의미한다. 기술은 혁명에 대립되는 것이지만, 그리고 실행된 '진보'에 의해서 비록 형식과 방식만이 변화하지만, 모든 것이 변한다는 인상을 받는다. 이 진보는 자체의 통합적인 구조 속에서 편의주의를 확장시키면서 혁명을 제거한다. 그것은 순전히 표면적으로 해방자의 폭발적인 느낌이 들면서 근본적인 '내부로부터의 붕괴'를 유도한다. 그 결과들은 여기에서 멈추게 하지 않는다. 그리고 엉듀는 특별한 통찰로 다음과 같이 이야기한다. "혁명이 근본적으로 영적이고 창조적이라는 것을 잊어버린 덕분에, 레닌주의로 전향하는 사람들은 스탈린식 공장의 거대주의만을 숭배하고 산업주의자의 힘을 생산한다." 이 판단은 수십만의 사람들이 단순히 러시아가 전쟁에서 승리했다는 이유로 공산주의로 전향하고 혁명주의자가 되는 현상을 보았던 1945년 이후의 모든 세대에 보편적으로 적용될 수 있다. 만일, "진보와 혁명 사이에 진통이 있으며, 말하자면 단절이 존재하며, 완전한 변화가 있다"는 사실을 이해한다면, 그리고 "모든 혁명은 혁명의 그 어떤 요소도 혁명적 특성을 상실하지 않고서는 혁명으로부터 분리되지 않으며, 이 모든 요소가 하나의 통합적인 혁명을 구성한다"[181]는 사실을 이해한다면, 이제 우리는 혁명을 이야기할 때, 현재 산업혁명의 형태를 혁명으로 이야기하는 것이 혁명에 대한 무지를 나타낸다는 사실을 알 수 있다. 그러나 이 첫 번째 예산업혁명는 혁명에 또 다른 것들을 가져온다.

* * *

오늘날의 예술은 분명히 혁명적이 되었다. 초현실주의자들이 예술과 혁명을 연결할 때, 그들은 어떤 의미에서 커다란 계획이 있었다. 그들의 혁명적 견해는 부정확한 것이 아니었다. 그들은 기성 사회에 대한 근본적인 문제 제기의 필요성을 인식하고 있었고, 그들의 표현 방식 안에서 기성 사회를 공격한다고 생각했다. 그러나 그들의 현상에 대한 이해는 그들로 하여금 한계에 부딪히게 하였고, 예술 작품의 창조로 이끌지 못하였으며, 그들로 침묵하게 했다. 그러나 나는 또한 그들의 예술 행위가 이러한 불가능성 위에서 터져 나온 만큼, 그들의 혁명적 사상 또한 매우 진지했었음을 이야기하고 싶다. 오늘날 우리는 이 고행을 포기하였다. 우리는

[181] 아롱과 덩듀(Aron et Dandieu), 『필요한 혁명 La révolution nécessaire』, p.168과 그 이후 참조.

끊임없이 '혁명적인' 음악과 회화와 시로 목을 축인다. 그래서 우리의 작은 예술가들은 감히 '혁명적'이라는 이름을 사용하지 못했다. 지금 내가 여러분에게 이야기하는 혁명은 가치가 되었고, 물론 이 가치는 철학적이었으며, 나아가서 분명하게 재정적 투자의 가치가 되었다.

이 예술은 예술 비평, 철학, 지적 논의에 의해서 혁명적이라고 선언하였다. 우리는 현대 미학가들의 특별한 언어도단 때문에 아무것이나 갖다 붙이는 이 혁명적 선언을 잘 알고 있다. "꼴라쥬는 수 세기 동안 중요한 방법이었고, 항구적 저항의 해체된 이미지를 연결하기 위해 이미지의 저항을 견지한 가장 강한 방법이다." 이러한 것들이 기괴한 어휘들로 이야기되었다! 여기에 인류학적 작업이 있어야 했다. 이 거짓된 지적 설명의 극치에 의해서 우리는 혁명적 실패의 기저에 도달하였다. 간단한 도식을 통해서 혁명을 증명하려 하며, 극장의 작은 방에서 혁명적 행위가 일어나며, 영화는 선동적이었다…. 어떤 면에서는 이 모든 것이 성공하고, 좋은 대중을 만나며, 우아함을 부여하고, 미래와 영광을 제공한다. 이것들은 사회가 부여하는 것이다. 그리고 영광도 돈도 줄 수 없는 미래에 대한 이상이 아니다. 혁명적이라 불리는 예술은 실제로 일상화로 가득 차 있다. 현대 음악의 분석가가 현대 음악이 진보를 의미하는 것이지, 혁명을 의미하는 것이 아니라고 선언하려면, 그는 매우 큰 용기를 가져야 한다! 현대 음악이 지난 반세기 음악의 역사에서 과거의 음악과 설명할 수 있는 연결고리의 종류가 있었고, 전통과의 그 어떤 틈도 없었으며, 음악이 거의 혁명적이지 않은 강한 사회학적 현상국가적 의식의 형성 같이과의 관계에서 발전하였고, 국제적 교류의 흐름에 일련의 가속을 일으키긴 했지만 전이적 변화에 대해서는 아무런 영향을 미치지 못했음을 드러내는 것… 이 모든 것은 반동적인 형태[182]이며, 마치 스스로 존재하지 않는 것처럼 느끼는

---

[182] 프랑스 뀔튀르(France Culture, 프랑스 텔레비전의 문화 채널)의 연재 드라마, J. Bourgeois,

현대 음악의 '창조자들'에 의해 폭력적으로 거부된다. 그들은 마치 혁명가가 아닌 것처럼 거부된다! 이제, 연속적인 음악, 구체적인 음악은 앙리183)와 셰페르184)가 유지하려 했던 혁명적 성격에도 불구하고 구시대의 것이 되었으며, 모든 전통과 과거와 단절되려는 '움직이는 음악'이 나타났다. 이것은 절대성 안에서 진보하는 것이었다! 영화도 같은 모험을 경험하는 것 같다. 그러나 영화를 약삭빠르게도 혁명적 주제들을 직접 취하지 않고도 단지 연상되는 이미지를 통해서 혁명적이 될 수 있었다.

정 설리반185) 역시 혁명의 비참함과 어리석음을 주제로 하는 좌익 성향의 밋밋한 영화를 혁명 영화로 평가한다. 그 역시 선전과 의식을 혼동하고 있다. 설리반은 이 영화를 통해서 계속해서 사회학적 상징의 문제와 임시로 형성된 안일주의의 문제만일 우리가 이 문제들을 심각하게 받아들인다면를 이야기하는 한편, 다른 한편으로는 이러한 영화들이 매우 극적으로 표현하는 기술사회로의 전환의 문제에 대해서 이야기한다. 이러한 영화들의 '혁명'적인 성격은 이 영화를 보는 사람들의 사고의 방향성에서만 유지된다. "중국 여인La Chinoise"이나 "흑인 하나님과 금발 악마Dieu noir et Diable blonde" 역시 이런 의미가 있다고 볼 수 있지 않은가? 어떻게 "중국 여인"186)에서 혁명과 대립하는 특성을 보지 못하는가! 이것을 개략적으로 세 가지 차원으로 분석해 보자. 우선 모호성의 차원이다. 이 모호성은 교리강령를 암송하고 서로에게 연설하는 작은 젊은이들의 기괴한 우스꽝스러운 모습을 나타내는 "마오이즘"의 선전에서 시각적으로 나타난다.

O.R.T.F., 1968년 4월 3일.
183) 피에르 앙리(Pierre Henry, 1927~현재), 프랑스의 일렉트로어쿠스틱 음악 작곡가.
184) 피에르 앙리 마리 셰페르(Pierre Henri Marie Schaeffer, 1910~1995), 프랑스 작곡가, 기술자.
185) [역주] Jean Sulivan(1913~1980), 가톨릭 신부이자 작가.
186) [역주] 정 뤽 고다르(Jean Luc Godard) 감독의 프랑스 영화로, 1967년 베니스 영화제 심사위원 특별상을 수상함. 그 1968년 5월 혁명을 미리 예견한 영화로, 공산주의와 폭력 혁명으로 사회를 변화시키려 한, 4명의 젊은이의 이야기를 그리고 있음.

관객들은 열정과 흥분으로 가득한 행진이나, 혹은 어리석게 보이지 않으려고 행진을 즐기는 사람들의 장면을 볼 수 있다. 이러한 모호성은 혁명의 가장 주요한 '해체자'이다. 그리고 좀 더 표면적인 차원에서 이야기하자면, 이것은 계획의 존재이다. 분명히 지금 여기에서 혁명 계획에 대해 이야기를 할 수는 없다. 여기에는 공허함이 있다. 이 공허함은 우주인조차 고통스럽게 하는 무한한 공간의 비어 있음이라기보다는 지적 공허함이고, 혁명이 어떠한 방향으로 나아가든 그 방향을 설명하지 못하는 사고의 비어 있음이며, 그저 아무것도 모르는 소의 눈에 비치는 사랑스러운 중국 여인일 뿐이다. 가장 표면적인 차원에서 이것은 선전으로 나타난다. 그 이유는 이 영화가 당연히 고행적이거나 비판적인 사고를 나타내지 않으려고, 중국 혁명의 과정에서 마오쩌둥을 극찬함과 동시에 끔찍한 미 제국주의를 반대하는 상황에서 나온 영화이기 때문이다. 말하자면, 혁명의 세세한 부분을 보지 못하고, 이 공허함을 알지 못하는 사람들을 향한 단순한 선전일 뿐이다.

다른 한편으로 선전이 '혁명'의 의미에서 특별하게 약속된 것이라면, 이 선전은 스스로 그리고 자신에 의해서 혁명과 대립하게 된다. 선전은 인간이 한 사회 질서에 대항하여 일어날 때에도, 인간을 그 기저에서부터 파괴하는 존재이며, 인간으로 하여금 로봇처럼 기계적으로 행동하도록 한다. 이것은 질서라는 단어를 위해 저항을 사장한다. 선전을 사용한다는 단순한 사실은 필연적으로 혁명을 거스를 수밖에 없는데, 그 이유는 선전이 인간의 정신을 죽이고 의지를 기계적으로 바꾸기 때문이다. 레닌은 그가 만들었던 선전 체계에 자신을 가두었다. 똑같이 군중을 일으키고 이 군중을 혁명의 불 속으로 들어가게 한 선전의 단순한 행위가 실제로 혁명의 파괴자였다. 왜냐하면, 선전이 인간을 강압적으로 '상황 속으로' 밀어넣기 때문이며, 이것은 말하자면 인간이 혁명 운동 속에서 자신을 표현하는 것이 아니라, 선전의 명령하는 언어와 조종에 의해서 혁명 안에 있는 사람이 되기 때문이다. 나는 그 목적이 어떠하든 모든 선전이 분리원래의 의미에서의 극치라는 사실을 보여주길 원한다. 혁명에서 선전의 사용은, 분리된 인간으로 하여금 분리에 대항한 투쟁 속으로 이끌어 봉기하도록 한다. 이것이 1968년 5월의 사건에서 어떤 진정한 의식화에 대해 어떤 이야기도 할 수 없었던 분명한 이유이다. 그래서 영화 "중국 여인"은 가장 거대한 선전 중의 하나이다. 분명하게, 작가는 자신이 혁명적인 영화를 찍으려는 것이 아니라, 단지 프로시누와,187) 집단들과 그들을 찾는 사람들 저자가 얼마나 많은 부르주아를 보여주었는가!, 그리고 몇몇 젊은이들의 행위에 대한 다큐멘터리를 촬영하려 했다고 이야기할지도 모르겠다.우연하게도, 그는 그 반대 의도 속에서 영화를 만들었기 때문이다 나는 그가 다음과 같은 입장을 가질 수 있다고 생각한다. 그 영화는 역시 젊은 사람들에게 혁명적 영화로 받아들여졌으며, 이 젊은 사람들은 이 영화에서 혁명적 환경의 모순적인 그림을 본 것이 아니라, 문화혁명을 꽃피우려는 소명과 프랑스에서도 마찬가지로 문화혁명의 가능성에 대한 증거를 본 것이다.… 다른 한편으로 우리가 큰 붉은 글자로 쓰인 마오쩌둥의 말과 혁명의 요청을 기억할 때에, 이 젊은이들과 같은 관점을 갖지 않을 수 없다. 그리고 저자의 의도가 어떠했든, 이 영화는 이렇게 받아들여졌다. 그래서 영화에 대한 대중의 이러한 이해는 혁명의 일상화에 매우 상징적이다. 그토록 모호하고 그토록 잘못된 혁명적 영화가 군중을 움직였고, 비평가 대부분으로부터 칭송을 받았다는 사실은그리고 관객들은 감히 이 영화가 초라하다고 이야기할 수 없었다, 어떤 점에서 혁명이 중요하지 않은 두 가지 행위 안에서 경직되고 남용되었는지를 알려준다.

정확히 같은 흐름에서 우리는 혁명의 경험으로 인정되는 보르도의 시

---

187) [역주] prochinois : 정치적으로 중국 공산주의 체제를 지지하거나 그 체제에 가까운 사람

그마 주간188)으로 다시 돌아가 보자. 살아있는 극장, 지하 영화관, 사드의 열정189), 메트아트Met' Art 그룹, 움직이는 음악 등을 여기에서 만날 수 있다. 이 주간에는 모든 극단성이 허용된다. 관객들에게 욕설을 퍼붓고, 긴 외설적인 장면을 보여주고, 혁명적 성격에 찬사를 보낸다. "순수한 상태에 대한 부정", "인간을 변화시키기 위한 선동", "진리의 짧은 순간", "자극적인 폭발", "보르도를 덮치는 싸이클론", "보르도에서 무엇인가가 변한 것이 분명하다", "베르나노스190)불쌍한 베르나노스는 그가 역겨워 했을 것이 분명한 이 엄청난 혼잡 속에서 언급된다가 진리의 추문에 대해서 이야기한 것과 마찬가지로, 우리는 이 연구에 어떤 추문적인 요소가 있음을 안다." 나는 이러한 혁명의 왜곡된 특성, 매우 부르주아적왜냐하면, 모든 선한 부르주아는 이러한 전시적인 것들을 좋아하기 때문이다인 특성, 그리고 많은 예산돈은 혁명적 선언에서 절대로 그 자리를 잃어버리는 법이 없다이 들어간 특성에 대해서 수도 없이 나열할 수 있다. 그리고 더욱이 막대한 권위를 가진 보르도 시장191)이 시그마 주간의 가장 큰 지지자였다. 그는 혁명적이기 위해서 혁명이 된 것이다! 사실, 우리가 여기에서 이야기할 수 있는 모든 것은 축전의 선언에 관한 것이 전부이다. 비도덕적인 표현과 장르의 자유, 그리고 교통 체증으로 말미암아 대중 축전은 사라졌고, 경찰과 국가 기관에 의해 통제되었다. 그래서 축전은 보르도 사회에서 필수적인 역할을 하였는데나는 이 축전의 모든 작업에 대해서 다루지는 않을 것이다!, 그것은 사회에 모든 고정관념이 분출되는 순간이 필요했기 때문이다. 시그마 주간은 축전의 너무나 부족한 대체품에 불과했다. 왜 매우 부족할 수밖에 없었는가? 그 이유는 무엇

들.
188) [역주] 남프랑스 보르도(Bordeaux) 지역의 시그마 페스티발(1965-1990)로 아방가르드 예술축전 주간임.
189) [역주] 도나티앙 알퐁스 프랑수아, 사드 후작(Donatien Alphonse François, marquis de Sade, 1740~1814)는 '사디즘' 이란 용어로 알려진 프랑스의 작가이며 사상가이다.
190) [역주] 조르주 베르나노스(Georges Bernanos, 1888~1948), 프랑스 소설가.

보다도 시그마 주간의 미적이고 지적인 의도 때문이었으며, 자만 때문이었다. 우리는 마르디 그라Mardi Gras:축전 기간를 즐기려고 보르도에 가는 것이 아니라, 새로운 예술의 혁명적 작품을 즐기려고 가는 것이다. 이 기간의 기괴함은 더는 가면 뒤에 숨어 있지 않는다. 이 기괴함은 여기에 찬사를 보내고 심각하게 받아들이는 참여자들 속에 있게 된다.

왜 시그마 주간이 축전에 상당히 부족할 수밖에 없는가? 축전에 참석하는 사람들을 놀라게 했던 대중의 자발적인 발명이나 특이한 의상, 노래 그리고 조롱이 이 시그마 주간에 없기 때문이다.그것은 실제로 기쁜 날이었기 때문이다! 이제 지적으로 종합적인 연구가 매우 어렵고 매우 낮은 수준의 단계에 와 있다. 그 안에는 어떤 수액도 없고, 활력도 없다. 왜 이것이 매우 낮은 수준인가? 대중의 참여는 자발적 폭발이 되는 대신에 결국 자발적 연구가 되었고, 거리에 나선 대중과 함께 하는 대신에 엘리트 대중이 되고자 선택된 장소에 자리를 잡았기 때문이다! 자, 이것이 우리가 혁명이라 부르는 것이다. 우리의 선조는 그렇게 어리석지 않았고, 축전을 혁명과 혼동하지 않았다. 정확하게 말하자면, 이 퍼레이드에서 우리가 할 수 있는 것이 무엇이든, 이것은 단어와 사물의 모든 일상화를 드러낸다! 그리고 여기 평가에 대한 비판이 나타난다. 소련 예술이 혁명적이지 않다고 생각해 보라!그러나 독자들은 이미 이 사실을 안다 이것은 매우 중요한 사실이다. 우리는 사회주의 사회의 미적 전통 앞에서 비탄에 잠긴다. 어떻게 화가와 조각가, 영화인과 건축가, 문학가가 혁명으로부터 요구를 받을 때, 그들의 좋은 감정과 영웅적인 이미지들을 쏟아낼 수 있을까? 러시아 혁명 이전에 모든 분야에서 '혁명적인' 새로운 예술과 문학이 있었다는 사실을 주지해야 한다.192)

---

191) 전 국회의장이며, 현 수상(이 책이 쓰일 당시 1969년 현재)
192) 특별히 다음을 보라. 마르셰(A. Marchais), 『문화 혁명과 예술적 표현 *Révolution*

모든 종류의 '주의ism' 의 단어, 즉 절대주의, 광선주의, 오르피즘, 반객관주의 등, 이 모든 주의가 1900년에서 1918년 사이에 표어를 통해, 그리고 예술교육을 통해 나타났다. 그리고 이 모든 것은 혁명 이후에 질서로 돌아갔다! 여기에 대해서 무엇을 이야기할 수 있을까? 소련의 끔찍한 독재가 예술을 금지했다는 사실? 그러나 이러한 관례화는 이미 이다노프Idanov, 193) 보고서와 사회주의 사실주의 이론이 형성되기 이전에 나타났다. 그리고 블로크194)는 레닌 치하에서 다음같이 이야기하면서 죽어갔다. "시인은 더는 숨을 쉴 수 없어서 죽는다." 문제는 더 깊은 곳에 있다. 아직 예술은 그 첫발을 내딛지 않았고, 예술에서의 '혁명' 은 사라졌다. 예술이 광범위한 파괴의 도구여서 혁명에 앞서서 준비하는 역할이 있었다고 믿어야 하는가? 그리고 혁명이 일어나면, 그것은 더는 반론을 제기할 수 없는가? 이것이 현재 받아들여지는 명제이다. 예술은 점차 좌경화되는 것처럼 보인다. 그러나 나는 여기에서 20세기에 한정하여 이야기하는 것이다. 실제로 예술은 혁명의 전조 단계가 아니며, 심도 있게 반론을 제기하지도 않았다. 예술은 다른 어떤 방법으로도 표현하지 못하는 불만족을 표현한다. 이것은 정확하게 우리 사회의 안전핀이다. 음악과 미술 안에서 혁명하고, 아이들로 전쟁을 즐기도록 하지만, 이 기간에 사회는 조용히 구조화되며 부모들은 이것들을 심각하게 여긴다. 사회에 극장과 영화관이 넘쳐나고, 사회는 균형을 다시 찾아 그 자신을 지키게 된다. 혁명을 준비하는 그 어떤 것도 없다. 오히려 그와는 대조적으로 예술이 극단적으로 가고, 넘쳐나며, 모욕적일수록, 사회의 진정한 문제는 더욱 잊히게 된다.

---

culturelle et expression artistique』, 1967; 세포(M. Seuphor), 『추상 예술, 그 기원과 첫 번째 대가들 *L' art abstrait, ses origines, ses premiers maitres*』, 1966.
193) [역주] 안드레이 알렉산드로비치 이다노프, 1896년 2월 14일~26일 사이에 우크라이나 출생, 1948년 8월 31일 모스크바에서 죽음. 소련연방(U.R.S.S.)의 문화 정치의 큰 역할을 했던 인물.
194) [역주] 알렉산드르 블로크(Blok, 1880-1921), 러시아의 시인.

혁명적 기능을 심각하게 받아들일 수 있었던 사람들은 이 자위의 사정으로, 광적인 예술로 스스로 만족하게 된다. 창백함 속의 잃어버린 에너지, 인간성과 함께 사고의 부재, 악 의식, 과도함에 참여하는 것에 대한 찬사, 모든 잘못된 문제에 대한 주의의 분산, 이것이 바로 혁명적 예술의 결과들이다. 그러나 이와 동시에 예술은 그 형식이 무엇이 되었든 혁명을 준비하기보다는 분명히 혁명적 의식을 파괴하였다. 그리고 1917년의 사건처럼 예술이 어떤 위치도 차지하고 있지 않은 진정한 혁명이 일어날 때, 예술은 어떤 역할도 하지 않고아니면 실제로 선전에 대해서만 작용한다!, 혁명이 예술에 부여한 지위를 얻게 된다. 예술은 더는 이야기하지 않는다. 블로크는 자신이 그토록 사랑했던 혁명에 대한 의식에 대해 다음과 같이 스스로 질문한다. "혁명은 스스로 길을 잃어버렸는가?"1917년 그리고 그는 이렇게 결론을 맺는다. "인생은 그 의미를 잃어버렸다.⋯ 이기생충가 세계를 정복했다."1921년 이것이 혁명을 바라보았던 한 전도유망한 예술가가 내릴 수 있었던 결론의 모든 것이었다.

다른 한편으로, 우리가 오늘날 혁명적 예술을 이야기할 수 있도록 하는 비평을 살펴보는 것은 매우 호기심 넘치고 재미있는 일이다. 이것은 분명하게 사회·정치적으로, 실제로 혹은 바라는 혁명의 기능이 아니다. 그것은 예술 그 자체에 관한 것이다. 버르토크195)의 음악은 쇼팽의 음악에 비하면 혁명적이다. 이 혁명은 음악계 내부에서, 작은 영역에만 영향을 미치는 전문가들의 수준에서 혁명이다. 그리고 분명하게 말하자면, 표현의 작은 영역에서 모든 빠르고 심도 있는 변화를 나타내고자 혁명적 관점을 사용할 수 있다는 것은, 우리가 혁명의 일상화의 어떤 지점에 이르렀는지를 나타낸다. 이 문제는 뒤에 다시 이야기할 것이다.

---

195) [역주] 버르토크 벨러(Bartok, 1881~1945), 헝가리의 작곡가 겸 피아니스트, 중앙 유럽의 민요를 수집, 정리한 음악학자임.

그러나 주목해야 할 마지막 관점이 남아있다. 우리가 현대 예술에서 혁명적이라 불리는 것들을 살펴볼 때, 우리는 쉽게 이 예술들이 어떤 정확한 비평에 부합함을 알 수 있다. 여기에서 다음과 같은 세 가지 경향을 발견할 수 있다. 이 예술들은 때로 관심을 집중하고자 점점 더 폭력적인 자극이 필요한 낡은 사회에 대한 분노를 발산하면서, 실제 대중 속에서 느껴지는 호흡을 형태화시킨다. 또 다른 사람들에게 예술은 서로에게 조건이 되는 체계들의 발전을 따른다. 우리는 회화와 음악에서, 더 혁명적이 되고자 음악적·회화적 경험을 가능하게 하는 궁극점에서 시작하게 하는 절대적 명령을 쉽게 볼 수 있다. 그러나 이것은 순전히 전문가들의 영역이다. 그리고 전문가들을 향해 나타난다. 왜냐하면, 전문가는 X의 작품을 알고 있고, 그리고 어떻게 Y가 X를 뛰어넘었는지를 알기 때문이다. 우리는 그래서 점점 더 난해한 예술을 보게 되고, 예술 자체에 의해서 혁명을 거스르게 된다. 문학비평이 넘쳐나는 현상은 이러한 예술의 난해성을 잘 보여준다. 예술이 인간 저항을 거의 표현하지 않아서 상실된 관점으로 예술을 설명해야 한다. 화가 자신은 그가 그 그림에 부여해야 하는 그 자신의 의도, 철학, 해석을 설명하고자 많은 양을 저술하며, 회화나 사회의 이론에 따라 그림을 그리지만, 누구도 그것을 식별해 낼 수 없다. 기술적인 관점에서 전문가들이 구별해 내는 것 외에는 없다 이것은 개화된 대중이 새로운 힘에 대해 선한 확신을 하는 것을 막을 뿐이다. 결국, 예술은 매우 빈번하게 그것이 새로운 방식을 사용하거나 범용화된 기술이 그 위치를 차지한 방법을 사용할 때 혁명적으로 평가된다. 권총을 발사하여 그림 그리는 것을 고안해 내는 것은 혁명적 방법이 된다. 유동적인 재료와 콘크리트를 사용하여 건축하는 것은 혁명적 예술이 된다. 반면에 우리 시대와 같은 기술 사회에서는, 예술을 기술의 가능성 위에 투사하는 것 혹은 예술에서 새로운 기술의 발견을 선점하는 것을 쉽게 볼 수 있으며, 이것이 관례가 되었다. 이것은 분명히 가장 쉬운 방법인 동시에 가장 명백하게 볼 수 있는 사실이며, 이 사회가 가진 의미이다. 예술이 기념비적인지 전문가의 관점에서 기술적인지를 말할 수 있다는 것은, 우리가 혁명을 우리 사회의 전반적 도식과 혼동하고 있음을 정확하게 보여주는 것이고, 그래서 우리가 근본적으로 혁명에 동화되고 혁명을 일상화시키고 있음을 드러낸다.

*　　*　　*

문학에 대한 부분도 분명히 거의 비슷한 이야기를 할 수 있을 것이다. 문학에서도 같은 주제를 이야기하는 작품을 혁명적이라고 평가하는 경향이 있다. 까뮈의 반항하는 인간은, 그의 분석을 통해서 인식할 수 있는 모든 가치를 살펴볼 때, 문학과 실재 사이에서 혼란을 일으킨 대표적인 예이다. 그는 인간에 대해서 이야기할 때, 소설 속의 인간을 실제의 인간으로 아무런 문제없이 대입시키고, 또한 그 반대로도 이야기한다. 이반 카라마죠프는 그에게 세르게이 네차예프와 마찬가지로 실재의 인물이다. 이것은 문학을 혁명의 일상화 속에 두도록 한 것이다. 만일 문학이 실재가 되고자 이러한 것들을 말하고 기술하는 것으로 충분하다면, 우리는 여기에서 겉으로 드러난 단순한 모습과 낯선 혼란만을 발견하게 될 것이다. 까뮈에게 저항에 대한 지지와 분석을 뒷받침하는 이러한 혼동에는 독특한 인간성에 대한 저자의 보편적인 생각을 내포하고 있을 뿐만 아니라, 까뮈가 그 이후에 발견하게 될 것을 말해준다. 그것은, 문학은 문학 자신에 의한 행위라는 사실이다. 만일 우리가 혁명적으로 선언된 이 글을 교리적인 분석이 아닌 시와 소설, 희곡으로 여긴다면, 우리는 분명히 혁명이 일어나지 않은 국가들의 작품과 혁명이 일어났거나 그 시기를 거친 국가들의 작품을 구분해야 한다. 혁명이 일어나지 않은 나라의 작품에 대해서, 우리는 절대로 작가들이 부드럽게 불의를 고발하는 사람들이나 새로운 진리를 외치는 사람들이나 자유를 위해 외치는 사람들이라고 이야기할 수 없을 것이다. 그들은 자신들이 처한 사회적 상황 안에서 고통을 겪는 인간을 표현했을 것이다. 크누트 함순196)과 키에르케고르, 로버트 펜 워렌197)과 막심 고리키가 그렇다. 그들은 스스로 문학가로 인식하였다. 이 사실로 그들을 비판할 수는 없다. 그러나 우리는 곧 선전의 문학으로 넘어간다. 그러나 이것은 여전히 내가 감히 정상적이라고 평가하는 것이다. 분명하게 선전과 혁명 사이의 부정적인 관계에 대해서 이야기될 수 있는 모든 것을 생각해야 한다. 그러나 어떤 선전도 1944년 이전의 베르톨트 브레히트198)의 희곡이 사실이고, 실제로 일어난 사건들을 이야기하였으며, 그 자신이 혁명인 것처럼 이야기하지 않았다. 그래서 혁명이 일어나지 않고 문학가들이 아직은 소극적인 나라에서는, 비록 그들이 순수문학을 주장하고 혁명을 소재로 삼지 않기로 '약속' 했다 하더라도, 그들의 문학적 상황이 건강해 보이며 비교적 거짓이 없어 보인다. 문학이 사르트르에게 정면으로 대립하고, 독립적이며물론 비교적으로! 부정적인 위치에 있을 때에 자신의 유일한 가치를 발견한다는 점을 기억해야 한다. 이것은 한편으로 혁명이 공의, 진리, 자유를 세우는 것처럼 보이지 않는 사회에, 다른 한편으로는 현실의 반영으로서 문학이 근본적인 역할을 하지 못하는 사회에, 거부拒否와 인간 표현의 진정한 문학이 없는 이유이다. 그래서 이러한 문학은 이 둘 중의 어떤 의미로도 혁명적이라고 이야기할 수는 없다. 그러나 이 문학이 나타내는 그 어떤 것도 심각하게 받아들일 수 없는 사회 속에서 무엇인가를 이야기할 수 있고 살아 있는 존재가 될 수 있으며, 인간 혼란의 증인이자 작가로 남게 된다. 그래서 이 긴장과 혼란스러운 상황, 그리고 모호성이 극적이지 않은 진정한 저항을 터져 나오게

---

196) [역주] 크누트 함순(Knut Hamsun, 1859~1952). 노르웨이 소설가. 1920년 노벨문학상.
197) [역주] 로버트 펜 워런(Robert Penn Warren, 1905~1989). 미국의 평론가, 소설가, 시인.
198) [역주] Bertolt Brecht(1898~1956). 독일의 극작가, 시인, 연출가.

한다. 이것이 1930년에서 1960년 사이에 오직 미국 문학만이 비판과 거부拒否 그리고 문제의식을 느낀 유일한 문학이 된 이유이다.

그러나 오늘날 많은 것이 변하였다. 한편으로는 문학 작품이 혁명이 일어났던 국가들에서 창작되었다는 이유로 혁명적 문학으로 여겨지는 것을 발견하게 된다. 반면에 이러한 문학의 주요한 특징은, 모든 국가에서 이러한 문학이 분명하게 전통적이거나 혹은 혁명에 무관심하다는 사실이다. 만일 우리가 실제 쿠바 시詩를 주의깊게 살펴 본다면, 최소한 우리는 이 시들이 혁명과 매우 거리가 있다는귈렌199) 혹은 로드리게즈200)와 같은 혁명 이전의 시와 대조적으로 사실을 발견할 수 있다. 에스카르도201), 자미202)는 상당한 주관주의에서 글을 썼으며, 이 '영원한 주제들'을 다시 취하였다. 이것은 전혀 혁명의 시도라 볼 수 없으며 또한 혁명적이지도 않다. 문학 비평가들은 이 사실을 잘 알고 있다. 그들은 "전위 문학은 정치적 전위 뒤에 따라온다"고 주장하였다. "우리는 기존의 지식인들과 다른 지식인들로서, 잃어버린 시간을 따라잡고, 우리의 한계를 넘어서, 혁명 속에서 혁명의 지식인이 되려 한다."203)

"연합의 힘이 쿠바 혁명을 가능하게 했다"라는 선언을 매우 쉽게 들을 수 있지만, 이것은 아무런 의미가 없다. 주석가들은 혁명에 대항하는 시詩들의 '도덕적 의무'를 이야기하는 데에는 매우 거북해하면서, "비록 그들이 표면적으로 감각적인 서정에 집중하지만, 그들의 시에서도 혁명은 잘 드러난다"라고 이야기한다! 그러한 관점을 가지려면 우리는 가장 어리석

---

199) [역주] 니콜라스 귈렌(Nicolàs Guillén, 1902-1989). 쿠바 시인.
200) [역주] 펠릭스 피타 로드리게즈(Félix Pita Rodriguez, 1909~1990). 작가, 쿠바 문학 비평가.
201) [역주] Rolando Escardo(1925-1960). 쿠바 시인.
202) [역주] 파야드 자미 베르날(Fayad Jamis Bernal, 1930-1988). 연출가, 조형예술가. 멕시코에서 태어났고, 쿠바에서 어린 시절을 보냄. 도자기 화가, 유리 세공가 및 국립 미술관 모자이크 복원가 등 여러 다양한 장르의 예술가들과 함께 작업하였고, 쿠바 등지에서 국립 예술 학교 회화 교수를 역임했다.
203) 헤르난데스 레타마르(Hernandez Retamar), 잡지 「빨치산」, 1967.

은 믿음의 눈을 가져야 한다! 반면에 그들이 주제로 혁명을 거의 사용하지 않았으며, 그들의 시詩는 인간이 고통을, 고독, 사랑, 두려움 등의 감정을 갖는 어디에서나 쓰일 수 있다는 것도 사실이다. 그리고 쿠바 혁명의 찬양자들은 이 시詩가 모든 미적 도그마를 거부한다는 것을 알고 있다. 혁명은 이것을 공격하지 않았다. 혁명이 일어나지 않은 라틴 아메리카 국가들에서도 '혁명적' 문학은 존재하지만하지만, 코르타자204)는 이 의견에 전혀 동의하지 않는다!, 혁명이 실현된 국가들에 더 많은 것은 사실이다.

 혁명 이후의 중국 문학에 대해서 말하기에는 아직 너무 이른 것으로 보인다. 중국 혁명은 이제 갓 스무 살이다.205) 그것이 무엇이든, 중국 문학은 본질적으로 단순한 파괴의 시대에 머물러 있는 것으로 보인다. "문화 혁명의 파동, 마오주의자들의 사고에 주어진 왜곡된 상황과 물리적 확산은 아마도 문학이라는 이름이 부여된 모든 표현을 제거했을 것이다…. 바로 이것이 모든 중국 현대 문학의 목록이 폐기되고, 혁명의 유발자로 가치절하 되며, 혹은 정죄 된 유명인으로 보이는 이유이다…. 1963년부터의 사회주의 교육 운동과 문화 혁명은 이전에 존재하던 거의 모든 것을 파괴하였다…. 실제로 문학에 존재하는 것은 본질적으로 1964년 이전에 견디고 창조되었던 작품들에 대한 비평과 정죄이다." 이러한 불확실성 속에서는 입을 다무는 것이 낫다!

 너무나 잘 알려진 소련 문학에 대해서는 언급하지 않겠다. 하지만, 폴란드에서의 변화는 매우 전형적이었다.206) 소련은 처음부터 혁명 문학에 대한 정통이 있었다. 그것들은 말하자면 혁명과 사회주의 권력에 들어맞는 것이었다. 그것은 혁명을 주제로 삼고, 사회주의적으로 단순한 문학을

---

204) [역주] Julio Cortàzar(1914~1984). 아르헨티나 문학가로 라틴아메리카붐의 설립자로 잘 알려져 있음.
205) [역주] 이 책이 출판되었던 1969년 당시.
206) 다음의 폴란드 잡지를 보라 : 「월간 문학Le Mensuel littéraire」, 196, 메이씨에그(Maciag)와 그렌(Gren)의 글.

하는 것인데필수적으로 선전적인 문학, 그것은 군중을 대상으로 하는 것이다. "사회주의와 국가의 체계는 문학을 저항의 표현으로 사용하였다." 그러나 이것은 문학이 혁명의 역할에서 멀어지는 실패를 통해 나온 결과였다. 그리고 실제적인 결과는 매우 주목할 만하게도 문학이 점점 더 해방되는 것이었다. "문학은 실재를 구축할 수 있는 영향력을 거의 수행할 수 없으며, 작가들은 문학적 행위가 완전히 무의미하다고 여기게 된 것으로 보인다." 폴란드에서는 폭력적인 이데올로기 싸움이 실제로 일어났지만, 문학은 어떤 방식으로도 이 싸움에 참여하지 않았다. 실제로 우리의 문학은 그 어떤 증언도 하지 않았고, 모든 것에 대해서 무관심하다…. 문학은 존재하지만, 실용 예술로만 존재하며, 기능공에 불과하다…. 우리는 책과 토론들이 우리 시대의 사고와 욕구를 표현한다고 이야기할 때 혼동하게 된다. 실제로 사회의 영적인 삶은 완전히 다른 방향으로 움직인다…. 진실로 중요한 모든 것은 문학을 초월하여, 혹은 문학 밖에서 결정된다…." 이러한 통찰은 단지 하나의 예일 뿐이다. 현내 사회에서 우리는 전혀 혁명적이지 않은 문학적 현실을 발견하게 된다.

그러나 이것이 사회주의 국가 안에서 좌파 지성인들에 의해서 혁명적이라고 선언된 문학에 대한 찬양을 막지 못한다. 그래서 여기에서 사기성 짙은 일상화가 나타난다. 문학 작품에 중요한 가치를 부여하는 사회주의 국가에서, 문학은 혁명과 아무런 관계가 없다. 그러나 문학이 의미하는 것이 무엇인지를 고려함 없이, 이 지지자들과 정치가들은 이 문학을 혁명에 덧붙이고, 문학과 혁명을 똑같이 가치절하 하면서 부당하게 이 선언들을 사용하고 남용한다.

사기의 절정은 문학이 현실로 여겨지는 프랑스에서도 나타나는 것으로 보인다. 그렇게 여겨진 문학 작품은 '혁명적 주제'를 가질 때, 그 작품은 그 자체로 혁명이 된다. 이러한 경향은 분명히 구조주의의 발전과 관련이 있는데, 우리는 이 놀라운 내재성의 책임을 구조주의의 발전에 돌리지 않는다. 이 모든 것은, 오늘날의 프랑스 작가들이 어떤 부분에서 진보할 수 없는지를 혼동하면서, 실제의 가치를 받아들이고 자신의 문학적 생산을 위해서, 모든 실재를 거부하는 것처럼 나타난다. 그래서 혁명을 말하는 순간, 이러한 현상이 나타나는 것이다. 무대에 나타나는 순간, 이미 모든 것이 실현된 것이다. 우리는 자신이 저술한 것 외에 다른 것은 전혀 모르는 심각한 작가의 광기와, 우리의 상황을 전혀 변화시키지 않으며 그것을 일반화시키도록 허락하는 집단 광기를 동시에 발견하게 된다. 그것은 정 쥬네207)의 "병풍(les Paravents"208)에서 묘사하는, 모든 권력을 파괴하고 혁명을 이룩한 조력자들과 비슷하다. 우리는 이 광기로부터 쉽게 벗어날 수 있지만, 한나절 바리케이드를 치고 시위하는 것보다 더 심한 혁명적 요구에 맞닥뜨리게 된다. 그리고 모든 압제와 불의로부터 정화된다. 이제 다음의 두 가지는 명백해진다. 우선, 우리는 연설의 언어를 마치 관심 없는 객체처럼 분석하지만, 이런 과학적 객관화는 이 연설에 실제로 최종적인 안정성을 부여한다. 그 이유는 최종적인 안정성을 통해 모든 것이 정당화되기 때문이다. 문학 작품은 언어로부터 견고함과 자아를 얻는 반면, 연설은 과학적 작용이 아닌 정신적 아말감에 의한 극단적 지지를 통해 나타나게 된다. 정 피에르 파예209)의 유니크 이야기210)는 좋은 예이다. 연설 속에서 혁명은 본질적으로 혁명이다. "혁명에 대해서 이야기하려면 우선 그 이야기를 해야 하는 연설 속에서 혁명해야 한다." 문학은 더는 사르트르가 묘사했던 문학이 아니고, 더는 극단적인 어려움과 모호성 속으로 빠져들지 않으며, 더는 파열되는 긴장 속에서 나타나지 않는

---

207) [역주] 정 쥬네(Jean Genet, 1910~1986). 프랑스 실존주의 작가. 시인, 소설가, 극작가.
208) [역주] "병풍(Les Paravents)"은 정 쥬네가 1961년에 쓴 희곡으로 알제리 전쟁을 묘사했다. 1966년 4월 16일 오데옹 극장에서 첫 번째 공연을 시작했다.
209) [역주] 정 피에르 파예(Jean-Pierre Faye, 1925년 파리 출생). 프랑스 작가, 시인, 철학가.
210) [역주] *Le récit hunique*, Paris, Le Seuil, 1967

다. 문학은 사실주의가 아닌 객관화에 의해 그 스스로 역사가 되기 때문에, 역사의 일정한 척도 속에서 힘을 가지게 된다. 그리고 역사는 그 안에 혁명을 담고 있지 않은가? 역사는 혁명의 창조자이며 역사에 의해서 혁명이 창조되지 않는가? 여기에 풍자의 극치가 나타난다. 같은 선상에 이 단어들을 열거하는 것보다 더 식상한 것이 있을까? 그러나 지금 이 헛된 노력 때문에 시인은 자신의 힘을 지킬 수 있고, 스스로 혁명의 열쇠가 된다!

* * *

일상화의 네 번째 측면은 혁명의 이상화이다. 우리가 혁명에 대해서 이야기하면 할수록, 그것은 더욱더 길들게 된다. 그리고 사회의 계측기가 되기를 멈추며, 도덕적 해이와 정치적 혼란의 측정기가 되기를 멈춘다. 혁명은 일용할 양식이다. 그것은 분명히 우리가 혁명가가 되었기 때문이 아니고, 정확하게 우리가 혁명적이지 않기 때문에, 그리고 이 이상화에 의해 낡은 관습에 젖어서 행동하기 때문이다. 이것은 오늘날 혁명에 대하여 과거에 신에 대항했던 것과 같은 현상을 나타낸다. 선지자들은 하나님을 다스리고 심판하며 산의 기초를 놓는 분으로 묘사했으며, 인간에게 나타날 때 "하나님을 본 자는 그 누구도 살 수 없다"고 묘사했다. 그러나 오랜 전통과 낡은 관습을 통해 성스러운 기구의 고약한 냄새는 하나님의 선한 선물이 되었고, 이제 별 탈 없이 하나님의 수염을 잡아당길 수 있게 되었으며, 형식적 의식에 만족하고 하나님과 함께 어느 정도 수상한 관계를 지속할 수 있게 되었다. 오늘날 혁명도 이와 같다. 까뮈는 다음과 같이 짧은 문장을 기술했다. "나는 반항한다, 그래서 우리는 존재한다." 이 아름다운 말은 몇몇 오해를 불러일으키지만 모든 것을 덮는다. 심리학적 분석 다른 부분에서는 정확한 분석이었지만이 다루는 모든 것을 정화해서 실제 현상은 이상화되고, 이 현상에서 모든 불쾌한 것을 다 없애버린다. 이것이 철학의 역할이 된다. "우리는 존재한다." 어떤 계획에서 존재하는가! 그 누가 자신의 작품을 통해 이렇게 보이길 원하지 않으며, 인식되기를 원하지 않는가! 실제로 나는 저항에서 단련되기 시작하고, 나 자신을 인식하기 시작한다. 또한, 저항이 아무것도 갖고 있지 않지만, 원하는 것을 자유롭게 얻기 원하는 다른 모든 비참한 사람들과의 연합의 장소가 되는 것은 사실이다. 지금까지 우리는 이 의미에 대해서 어떤 이의도 제기하지 않았다. 그러나 여기에서 어떻게 반론을 제기할 수 있을까? 이 의미가 저항의 끔찍한 얼굴을 걷어내고, 피를 흘리고 대상을 분간하지 못하는 분노, 그리고 다른 불의를 멈추고자 급작스럽게 나타나는 불의의 의미를 제거할 수 있을까? "나는 반항한다, 그래서 우리는 존재한다." "우리가 누구를 죽일 것인가?" 이 마지막 문장이, 까뮈가 차라리 덧붙였어야 할 문장의 끝이다! 하지만, 이 문장에는 인간성이나 철학의 이름을 붙일 수 있는 것이 아니었다.

    처음에는 철학적이었던 혁명의 이상화는, 실제 혁명에서 그저 타인의 주의만 끌려 하는 혁명가들이 넘쳐나는 사실을 숨기게 된다. 혁명이 잔인함과 불의함, 그리고 다른 모든 사랑과 고통에 뒤얽혀 있다 할지라도, 우리는 이러한 사실을 알려 하지 않는다. 우리는 들라크루아Delacroix, 211) 그림 속의 바리케이드를 넘는 반라의 아름다운 여인만을 알기 원한다! 우리는 결정적으로 자코뱅당을 비난하기보다는 이 사실을 이야기하고 드러내고 폭로한 사람들을 더 비난한다. 우리는 혁명에 대항하는 것을 피로 희석시켰으며, 사람들에게 충분한 피가 필요했었고, 언제나 더 많은 목을 베었어야 했다고 주장해서는 안 되었다. 언제나 피는 충분히 흘렸다. 피를 흘리는 한편, 다른 편에서는 피를 이상 아래에 숨겼다. 그러나 이러한

---

211) [역주] 프랑스 혁명을 그렸던 프랑스의 화가, 여기에서는 프랑스 혁명 그림에서 나타난 가슴이 풀어진 여인을 의미함.

은폐는 이상화 속에서 가능했고, 일상화에는 또 다른 측면이 있다. 우리는 이러한 피 흘림의 만행만을 은폐한 것이 아니라, 영웅들을 혁명으로 바꾸는 것을 찬양했다. 차파이예프212)는 우리에게 "기관총 친구"213)와는 대립되는 쾌활한 이미지를 주는 혁명의 좋은 예로 볼 수 있다. 쳐부숴야 하는 대상은 사람들이 아니라 그림자일 뿐이며, 저 멀리에 우리와 동떨어져 있는 것들이다. 혹은 우리가 더는 인간으로 여길 수 없는 혐오스러우며 무시할만한 존재들이다. 히틀러와 같은 적이 사라지게 되면서, 혁명은 더욱 일상화한다. 그래서 만일 혁명의 이상화가 혁명 영웅들에 대한 찬양을 멈추고, 부르주아의 반혁명을 근본적으로 가치절하 하지 않았다면, 오늘날 혁명은 일상화할 수 없었을 것이다. 그러나 우리는 혁명의 이상화를 통해 혁명의 진지함과 꼭 치러야 하는 피의 대가를 잃어버렸음 또한 이해해야 한다. 한편으로 혁명을 아름답게 포장하려 하고, 다른 한편으로 이루어야 할 혁명의 목적이 있을 때, 여전히 이러한 혁명의 이상화가 가능할 수 있을까?

혁명의 일상화의 두 번째 과정은 이론적 과정이다. 우리는 혁명을 의미와 전략의 완전한 체계로 간략화하고자, 혁명 속의 모든 인간적 모호함을 제거했다. 피를 많이 흘리지 않은 이러한 혁명의 추상화 작업의 모형은 마르크스가 세운 것이었다. 마르크스는 폭력 혁명의 필요성과 자본가 제거의 필요를 역설한 이후에, 이러한 잔인함을 감추고자 전력을 다했다. 자본의 집중은 결국 각 국가에 소수의 거대 자본가를 만들게 될 것이며, 생산의 도구가 큰 무리 없이 거대 자본가에게 쉽게 이전될 것이다. 제한적으로 그리고 마르크스에게서 혁명의 폭력적 개념이 없었다고 믿는 수많은 사람은 군인, 관료 등을 포함하여 사회 대부분이 프롤레타리아화 되었을 때, 프롤

---

212) [역주] 바실리 이바노비치 차파이예프(Vassili Ivanovitch Tchapaïev, 1887~1919). 러시아 군인. 붉은 군대의 지휘관으로 볼셰비키의 영웅이었음.
213) [역주] 러시아 시인 블라디미르 마이아코프스키(1893~1930)의 시.

레타리아의 물결에 의해 잠식되는 소수 거대 자본가 집단은 스스로 사라지고 더는 저항하지 않으며, 자신들 재산의 몰수를 받아들일 것이다. 그리고 희생자는 없을 것이다. 그러나 폭력, 격분, 보복은 이제 분명히 '사상'에서 고려되어서는 안 되는, 바람직하지 않고 후회할 만한 우연한 사고가 아니라, 혁명 속에서 지적·과학적 엄격함을 의미한다. 혁명 이론은 인간의 모든 고통과 더불어 이론적 엄격함을 보지 못하게 한다. 그것은 커다란 종양을 잘 소독하고 절제하는 외과 수술과 같은 것이다. 이러한 지적 도식의 수술은 혁명에 대한 믿음과 그 특권의 확산을 위한 극히 작은 응급처치이다. 이러한 관점으로 책상 앞의 지성들은 매우 쉽게 이 주제들과 작업의 균형이라는 필수적인 성격에 유혹되고 그 순수함에 빠져들게 된다. 이들은 책 이외의 다른 것은 모르는 사람들이다. 혁명의 이론화는 단순히 대 교리를 구축하는 것이 아니다. 이러한 이론화는 오늘날의 철학과 사회학의 결과일 뿐이다. 봉기가 일어나는 조건을 분석해 내고 예측 불가능한 사건을 이성으로 분석하기 시작할 때, 주관적 요소를 객관화시키고 혁명 사건의 원인과 이유를 드러내며, 상황이 수습되는 것처럼 기술적인 도식으로 설명할 때, 우리는 결국 이렇게 뒤얽힌 상황을 보게 되며, 이 첫 번째 끔찍한 관점으로 향하게 된다. 현대인은 설명 가능하고 이성적인 것만을 받아들인다. 혁명이라는 야수는 현대인에게 길들인 것처럼 보이고, 철학적 근본성을 뒷받침해 주는 통계비록 이 통계가 비이성적이라 할지라도는 우리를 보통의 정상적인 모습으로 보일 수 있게 해 준다. 그러나 이 모습은 단지 외적으로 드러나는 것일 뿐이다! 사회학이나 혁명의 이론을 세우는 것은, 이 이론들을 통해 구체적 현실을 숨기는 것이고, 이 두 조력자를 비인간화하면서 매혹적인 사상을 널리 퍼뜨리는 것이다. 그러나 이것은 마찬가지로 혁명을 더욱 쉽게 일상화시킨다. 모든 사람은 눈물과 회한이라는 대가를 치르지 않아도 혁명가로 선언될 수 있게 된다.

여기에서 이야기하는 눈물과 회한은 이론으로 설명할 수 없다! 이것이 오늘날 혁명가로 선언되는 수많은 소지식인의 실제 상황이다.

결국, 정확하게 우리 시대에 이러한 이상화를 통한 일상화의 마지막 측면은 축전의 해석을 통해서 나타난다. 혁명은 축전이다. 이것은 비단 오늘날만의 이야기가 아니다. 우리는 생 쥐스트가 이야기하는 축전의 혁명을 잘 알고 있다. 하지만, 그는 다음과 같이 정직하게 이야기했다. "나는 1791년 프랑스 혁명에서 무장한 사람들과 재판장, 그리고 감시자들 이외에 다른 사람들을 찾아볼 수 없다. 도대체 자유민들은 어디에 있는가?" 그리고 "이것은 국회의 잘못이지만, 이 잘못은 결국 어리석은 대중이 원했던 것이다." 우리는 얼마나 혁명적 순수함과 자발적인 축전의 성격에 대한 선언에서 멀어졌는가! 사회학적 분석은 혁명의 축전적 요소를 주장할 수 있고, 유쾌한 해학이나 친절한 민중 봉기214)를 강조할 수 있을 것이다. 그리고 도시를 점령하며 거리로 퍼져 나간 민중의 첫 번째 축전에 의해 특징지은 첫 번째 순간카스트로가 권력을 잡은 1959년 1월 아바나와 같이 몇 주간 지속한 환희와 군중의 즐거움의 장면들과 그다음에 기획된 축전의 순간을 구분할 수 있을 것이다.215) 혁명 기획가들은 축전적 혁명을 유도하고자 민중을 자극한다. 혁명의 관리자들은 축전의 혁명이라는 방향성을 1790년에서 1794년의 축전과 1871년 3월의 꼬뮌 축전을 극적인 '엑소시즘 장면'으로 연출하길 원했다. 이 장면은 두 가지의 기능이 있는데, "소위 혁명의 유산이라는 정치적 형태의 유효성을 민중에게 설득하기에 앞서 민중을 마취시키는 사회적 마술 행위의 기능과, 직접적으로 그 상징을 통해 표현하고 그 참가자들과의 모든 거리를 지워버림으로 자발적인 공동체의 이

---

214) 축제와 같은 혁명의 사상은 성스러움, 외적 허영과 전쟁의 의미(Mauss, Caillois, Bataille와 함께)에 대한 연구의범위 안에서 처음에는 심각한 연구의 일부였다. 그러나 그 이후 이 유사성을, 혁명은 축제라고 멋대로 확장시켰다. 여기에 보편화가 일어났다.
215) 르페브르(Lefèbvre), 『범람 L'irruption』, 1968.

미지를 부여하는 기능"216)을 갖고 있다.

축전은 혁명의 근본적인 행위처럼 보인다. 물론, 혁명은 원초적 축전이다. 그리고 우리는 이것 역시 혁명의 의미 가운데의 하나임을 안다. 또한, 이 축전은 혁명을 세운 사람들 간의 연대이다. 그렇다면, 무엇을 통한 연대인가? 그것은 무엇보다도 고통과 피를 통한 연대이다! 물론, 혁명은 군중이 언젠가 지지할 상징적인 행위이고 항구적인 원리를 가지고 있다는 점에서 축전이다! 그리고 인간이 이 원리들 가운데에서 만들어낸 끊을 수 없는 연결고리를 만드는 행위라는 점에서 그렇다. 여기에서 맹세라는 행위를 예로 들 수 있다. 맹세는 절대성을 창조한다. 각 개인의 의지는 맹세의 형태로 선언하는 순간 일반화된다.217) 이 모든 것은 아름답고 선한 것이다.

혁명에 대한 이러한 언어와 이미지는 사람들 사이에서 계속해서 퍼져 나가게 되었다. 파예218)는 '축전'의 혁명에 대한 그의 저서 마지막 부분에서, 형식주의 안에서 축전이 혁명인지 아니면 혁명에 대한 기록인지를 분별할 수 없으며, '문학적 자취'는 '영원한 폐쇄된 축전'이 된다고 평가한다! 그리고 나는 우리가 여기에서 신화적 작업을 보고 있다고 이야기할 수밖에 없다. 물론, 저항하는 민중 운동은 우리가 아는 노래, 춤, 지방 축전 속에 표현된다. 혁명 정부가 축전을 개최한다는 사실은 잘 알려졌다. 그러나 혁명이 축전이 되려면 친절함과 순수함 등으로 가득해야 하지만, 전쟁 또한 필요하다. 이 전쟁들은 예전에는 신선하고 즐거운 것처럼 알려졌지만, 빅토르 위고는 "이 전쟁들이 축전 속에서 죽게 될 것"이라고 이야기했다. 실제로 1914년의 전쟁 포고는 프롤레타리아를 포함한 민중적 애국주의의 시동을 걸었으며, 이것은 커다란 축전이였다. 그리고 우리는 전

---

216) 데꾸플레(Découflé)에 의해 인용된 뒤비뇨(Duvignaud), p.88.
217) 스타로빈스키(Starobinski), 1789: 『이성의 상징 les emblèmes de la raison』, 1968.
218) 정 피에르 파예(Jean Pierre Faye, 1925년 파리 출생), 프랑스 문학가이자 시인, 철학가.

쟁 그 자체를 통해 나타난 수많은 진정한 축전에 대해서 수없이 이야기해 왔다. 왜냐하면, 사회학적으로 전쟁을 시작하는 축전은 혁명 축전과 전혀 구분되지 않기 때문이다. 이 시대의 좌파 지성인들은 혁명을 위해 호전적인 연설을 하였다. 데룰레드219)는 이와 같은 가치로 축전의 혁명을 평가했다. 그리고 이것은 어둡고 피 흘리는 축전도 있었다는 사실을 잊는 것이다. 네로220)는 예술가이고 가수이며 시인이었으며, 송진을 바르고 불타는 노예들에 의해 밝혀진 큰 밤의 축전을 노래했다…. 그리고 이 순수함으로 가득한 혁명 축전 속에서 트리코퇴즈221)를 떠올리지 않은 이유는, 실제로 그 축전에서 단두대의 극적인 장면들이 연출되었기 때문이다. 9월 혁명에 가담한 사람들에 대해서 이야기하지 않는 이유는, 이 혁명의 순간들에서도 파리 민중이 큰 환희 속에 있었기 때문이다. 여기에서 나는 혁명의 끔찍함을 떠올리게 하려는 의도로 이야기하는 것이 아니다. 그럴 의도도 없고, 이 끔찍함을 정죄하지도 않는다. 나는 단지 일상화를 이야기할 뿐이다. 그리고 혁명을 축전으로 형상화하는 것, 길들이는 것, 안심시키는 것, 이 축전 안에서 혁명의 끔찍한 것들을 제거하고 즐거운 것으로 해석하는 것은, 실제로 혁명을 일상화시키는 것이고, 혁명을 끔찍하지 않은 것으로 받아들이는 것이다. 혁명을 보이스카우트의 놀이나 일반적인 지방 축전으로 여기도록 하여, 혁명을 일반적으로 받아들이게 한다. 그러나 만일 이러한 형태로 아무런 불만 없이 혁명이 이루어진다면, 우리는 이 기만적인 분석과 적용에 대한 대가를 치르게 된다. 혁명이 더는 혁

---

219) [역주] 폴 데룰레드(Paul Déroulède, 1846~1914). 프랑스 시인이자 극작가이며 소설가. 민족주의자이며 국가보복주의자(영토를 되찾기 위한)로 프랑스 민족주의적 우파 설립에 중요한 역할을 하였음.
220) [역주] 로마의 5대 황제.
221) [역주] 프랑스 혁명 당시 국민 의회, 민중 클럽, 혁명 의회의 형성에 큰 영향을 미쳤던 여성 집단을 말함. 폭력과 평등의 열성 지지자로 불렸던 이들은 자코뱅당의 출현과 더불어 사라졌다.

명이 되지 않는다. 우리는 거리로 나가서 축전처럼 저항한다. 우리는 축전을 원한다. 우리는 축전을 즐기며 혁명한다고 믿는다. 그러한 모든 반대자의 항의와 폭력은, 수상을 초청하여 만찬의 자리를 마련한다! 잘 즐기고, 다 함께 잔다. 폭력과 잠자리는 언제나처럼 잘 정돈된다. 그것은 축전이였다. 이처럼 단편적인 분석에 의해 혁명이 자발적인 고안물이 되고 은폐되며 현대화될수록, 말하자면 축전이 될수록, 그것은 더욱 혁명이 되기를 멈춘다. 축전의 수혜자들이 많을수록, 혁명가들은 점점 줄어들게 된다. 혁명에서 축전에 대한 묘사는 잘못되었고, 선전의 미끼로 사용될 수 있다. 그리고 이 축전은 일어나려 하는 혁명의 걸림돌이 되는데, 그 이유는 혁명적 행위는 엄청나게 놀라운 변화를 통해서만 일어나고, 이 변화는 혁명에 연루된 사람들에게 약속된 것이기 때문이다. 축전 이론은 결과적으로 혁명의 근본적인 방해자이다. 오늘날 혁명에서는 자발성을 찬양하며 이 자발성은 절대 포기할 수 없다, 영웅적이고 유쾌한 자발성만을 찬양한다. 그러나 혁명이 수학과 차가운 지성, 전략과 계획, 비판적 작용 없이는 도달할 수 없는 것이라는 사실을 잊었다. 하지만, 혁명적 축전을 이론화시킨 사람들은 혁명의 일상화의 증인인 동시에, 혁명을 대중과 모든 사람의 손에 쥐어 준 장본인이다.

*　　*　　*

마지막으로 간략하게 우리가 계속해서 살펴보는 일상화의 마지막 측면인 '단어의 과장'에 대해서 살펴보자. 우리는 방금 혁명의 축소에 대해서 이야기했다. "안심하고, 두려워하지 마라. 당신이 아는 것처럼 혁명은 커다란 축전일 뿐이다." 당신은 마오쩌둥와 함께 즐기기를 원하는가? 이와 함께 나타나는 상호성은 혁명이라는 단어를 생기 있고 중요한 어떤 변화를 표현하는 데에 혁명이라는 단어를 사용하도록 한다. 우리가 더는 혁명을 할 수 없게 되면서, 마치 혁명이 우리 손안에 있는 것처럼 여기면서 자위해야 한다. 광고는 볼펜이나 자동차의 서스펜션 혹은 통조림 공장의 혁명을 이야기한다. 제품의 통조림 기술은 혁명적이다. 하지만, 이것은 기술 그 이상도 그 이하도 아니다. 빠른 속도의 분류 방식 역시 혁명적이다. 그리고 어떤 주석가는 모랭Morin 부인이 만든 정보의 분석 방식이 혁명이라고 이야기했다. 우리는 쉽게 "의상의 15가지 혁명"지젤 다사이, 222)에 대해서 이야기하고, 사회보장 혁명레지스 드브레, 223)에 대해서 이야기한다. 1968년 6월에서부터 컴퓨터 신호의 기계에 의한 공장 자동화 시스템까지 혁명이라는 단어를 사용한다. 이 단어는 모든 것에 적용되는 단어이며, 모든 것의 자유이용권이다. 그리고 이 시대의 지적 매춘의 단어이다.

로베르 사전프랑스어 사전-역주은 비록 좋은 의도였지만, 이 의미를 완전히 받아들였다. 혁명은 "그것이 무엇이든 근본적 변화에 참여하는 것이며, 우리는 혁명의 과학적 이론, 기술, 과정, 혁명적 대가…에 대해서 이야기한다." 그러나 이것은 이제 실제적인 변화에 대한 이야기가 아니며, 그러한 변화일 것으로 추측하고자 사용한다! 변화의 근본성이라는 부분에서, 현대 문학은 자신의 천박함을 드러내었다.

우리가 대학 지위의 변화에 대해서 이야기할 때, 바로 이것이 '혁명적' 계획이라고 선언하고「르몽드」1968. 10. 17, 체코슬로바키아의 자유화의 조심스러운 시도가 일어날 때 우리는 혁명적 성격에 대해서 찬사를 보낸다…. 그러나 우리는 여기에 덧붙여야 한다. "이것은 우리가 혁명의 일반적 현상이라고 이야기하는 폭력과 분쟁이 없는 혁명이다!"

---

222) [역주] 지젤 다사이(Gisèle d' Assailly, 1904~1968). 프랑스 여류 문학가이자 저널리스트, 줄리아드 출판사의 사장을 역임했음.
223) [역주] 레지스 드브레(Régis Debray, 1940년 파리 출생), 저술가로 프랑스 대학 고위 관료를 지냈으며, 문화·기술 관련 교육 과정을 만들었음.

앙리 르페브르가 우리 시대의 혁명은 "변혁의 총체—목적과 일반적인 결과를 가지고 지배 계급의 소유를 몰수하고 그들로부터 사회 전체의 생산과 경영의 수단에 대한 소유를 몰수하는 것"이라고 선언하는 것은 매우 주목할 만한 것이다. 사민주의는 이와 다르지 않다. 그러나 사민주의와 함께 우리가 얼마나 혁명으로부터 멀어져 있는가! 우리는 이미 경험을 했다. 일상화는 여기에서 여전히 유효하다. 그리고 이것이 정치적 혁명에 관한 것일 때, 우리는 매우 놀랄만한 어휘를 사용하게 된다. 르몽드지는 모스크바와 아바나 사이의 논쟁을 상세히 기술하면서, 다음과 같이 머리 기사를 장식했다. 1968년 3월 20일 "프라우다224)는 혁명이 수출 품목이 아니라고 생각한다." 혁명이라는 단어가 소비 사회에 어떻게 들어왔는지를 이 문장보다 더 잘 설명해주는 문장은 없다! 우리는 혁명을 수입하고 수출한다. 그리고 혁명은 상품이다. 이 단어가 습관적으로 사용됐고, 따라서 이 단어 안에 전혀 혁명적이지 않은 실재를 나타낼 필요가 생겼다. 이러한 대중화 속에서 우리는 일상화의 밑바닥을 볼 수 있다. 그러나 우리는 언제 혁명이라는 단어의 이러한 사용이 불가능한지를 살펴보아야 한다. 만일 광고가 이 단어를 그토록 빈번하게 사용한다면, 그것은 필요에 부합하기 때문이다. 왜 이러한 '일반화—일상화'의 큰 움직임이 있는가? 여기에 우리는 세 가지 이유를 들 수 있다. 첫 번째는 예측 가능하고 보잘 것없으며 그다지 관심 없는 것으로 가득한, 비교적 안정된 사회 속에 존재하는 우리의 상황과 관련이 있다. 어떤 점에서 비교적 큰일을 만나지 않는 20세기 서구 인간에게 폭발적인 사건이 필요한지를 살펴보려면, 모든 간행물에서 감각적 자료가 넘쳐나는 것을 보는 것으로 충분하다…. 무엇인가가 막 일어났을 때, 그 중요성을 부여하고 그것을 조명하며 그 향기를 퍼뜨리고 우리에게 필요한 문을 열어주고자, 이 사건을 극단적인 단

---

224) [역주] 「진리」라는 뜻으로 러시아에서 발간되는 대표적인 일간지.

어로 평가해야 한다. 우리는 자신에게 끊임없이 우리가 이러한 발작 속에 살고 있으며, 칭송과 절대적 사건 속에서 살고 있다고 설득해야 한다. 이와 함께 우리가 회색빛 속에서 따분하게 특징이 없고 반복되는 삶을 살고 있음 또한 주지시켜야 한다. 이 실재의 하찮음 속에 단어의 과장이 자리 잡고 있다. 현실이 더욱 보잘것없을수록 이 특징들은 더 크게 보여야 한다.225) 모든 새로움은 그 변화와 새로움이 기술적이고 규칙적임에도, 우리를 가속과 난폭함 그리고 불확실성 속으로 몰아넣는 혁명이라는 이름을 가져야 한다. 그렇지 않은 것에도 중요성을 부여해야 한다. 가장 슬픈 자에게 찬란한 후광을 입혀야 한다. 그것은 병든 우리 영혼에 절대적으로 필요한 것이다. 혁명이란 너무나 정돈된 세계에 대한 반대급부적 욕망이다. 이것이 가장 보수적인 사람들이 아무것에나 사용되는 혁명이라는 어휘 속에 사는 것을 매우 만족하는 이유이다. 물론, 이와는 반대로 혁명의 개념은 이러한 사용을 통해 완전히 사라진다. 가장 뛰어난 지성들 역시 이 어휘의 과장에서 벗어나지 못한다. 최근의 몇 가지 예를 들어보자. 죠셉 로제226)는 모든 사람이 5월 혁명에 참가한 것처럼 찬양한다. "두 달 동안 일어난 일은 세계 대전 이후 서구 사회의 가장 큰 희망이다. 그러나 지금 일어난 사건은드골의 재집권 히틀러 이후 최고의 위험이다." 이것은 언어의 과장 그 이상도 그 이하도 아니다. 우리는 히말라야라고 불리는 작은 흙 무덤 앞에서 꿈을 꾸고 있다고 믿는다. 또 다른 예를 들어보자. 베델227) 학장은 정 물랭Jean Moulin 클럽시민에게 권력을에 대한 연구를 통해 이것을 '혁명 계획'이라고 선언한다. 그것은 프랑스 내의 작은 자치 단체의

---

225) 사실, 사건들의 하찮음이나 어울리는 단어들의 과장이 우리 시대에 특별한 것이 아니다. 이것은 역사적으로 항구적인 것으로 보인다. 이것은 Dominat 또는 비잔틴의 가장 큰 쇠퇴의 순간에 왕, 귀족, 관료의 명칭이 더 커지고 확장된 것과 같은 것이다. 이것은 자세하게 연구해야 할 역사적 사실이다.
226) [역주] 조셉 로제(Joseph Losey, 1909~1984), 미국 영화감독이자 프로듀서이며 극작가임.
227) [역주] 조르쥬 베델(Georges Vedel, 1910~2002), 공법(公法) 교수.

수를 줄이는 것이고, 커다란 도 단위를 형성하는 것이며, 지역 경제의 자급자족을 위한 것이며… 이것은 땅에 떨어진 혁명이다. 그리고 싸구려 혁명이다. 이 혁명의 프로그램을 100년 전처럼 이야기할 수 있을까? 오늘날 무엇이 다른가! 우리는 이 언어의 남용을 열거하는 것으로 만족하지 않을 것이다. 분명히 두 번째 이유가 있는 것처럼 보인다. 우리가 보는 것처럼, 이제 서구 인간의 견해 속에서 혁명은 긍정적으로 여겨지게 되었음을 인정해야 한다. 이 단어는 더는 걱정스럽거나 끔찍한 것이 아니라 마치 집에서 기르는 애완동물처럼 되었다. 여기에서 우리는 다음과 같은 가치 평가를 하게 된다. 혁명은 선한 것이고, 이 판단은 모든 부르주아의 암묵적인 판단이다. 오랫동안의 지혜를 통해서, 분명히 무의식적인 방식이긴 하지만, 이러한 가치 판단이 혁명 안에 살아남게 되었다. 어떤 이들은 여기에서 죽었다. 부르주아는 혁명을 거쳐 왔고, 그것은 의심할 여지없이 혁명이라는 새로운 화신 안에서 결국 더 강하고 더 정복적이고자 한 것이었다. 그러나 어떤 경우에도 이것만으로 충분하지는 않았을 것이다. 만일 혁명이 가치가 된다면, 그것은 의심할 여지없이 과학과 기술에 의해서 야기된 급작스러운 변화에 대한 적응이며, 진보의 수혜를 받는 것에 관련된 가치이다. 진보를 추구하는 한, 인간이 어떻게 혁명을 거스를 수 있는가? 혁명은 역사적 의미 속에 있는 것이 아닌가? 혁명은 모든 것을 한 발짝 더 빠른 걸음으로 진보시키고 있다. 그리고 1789년의 혁명 덕분에 우리는 전제군주에 대한 혐오를 가지게 되었다. 그리고 그와 마찬가지로 1917년, 그리고 지금, 우리는 이것들에서 특징을 발견하는데… 그것은 우리가 아무 이유 없이 산업 발전을 혁명으로 부르지 않는다는 것이다. 이것이 여기에서 나타나는 진보의 정신인 것이다. 이와 같이 진보의 사실에서 영광을 얻고 싶어 하는 욕구 다음으로, 진보에 대한 신봉이 우리로 하여금 혁명이라는 단어를 모든 것에 그리고 아무 것에나 갖다 붙이도록 하고 있다. 혁명이라는 큰 이미지가 어떤 것이든 상관없이 그 실체를 덮으면서, 우리는 세상이 언제나 진보할 것이며, 이처럼 암시된 변화물론 긍정적인의 속도 속에서 진보의 속도가 더욱 빨라질 것을 확신한다. 진보에 대한 믿음은 우리로 하여금, 이러한 관점을 공유하지 못하고 여전히 고통당하는 사람들에게 진보에 대한 긍정적인 이미지를 주도록 한다.

그리고 세 번째 이유는, 정치적 혹은 사회적 혁명에서, 최대로 확장된 의미 안에서 혁명을 합리화 시킨다. 까뮈는 다음과 같이 이야기하였다. "혁명이라는 이름으로 우리 사회를 이끄는 것 같은 사상들은 실제로 저항이 아닌 합의의 이데올로기들이 되어버렸다." 결국, 우리를 두렵게 하는 것은 저항이고, 격렬한 거부이며, 피의 봉기이다. 부르주아들은 이러한 열정이 계속해서 커져가는 것을 원하지 않는다. 그러나 이것은 혁명이다! 그것은 위대하고 아름다우며 진보주의자이며 질서의 창조자이다! 이것은 혁명과는 완전히 다른 것이다. 왜냐하면, 혁명적 기관들차라리 말하지 않는 것이 나은 몇 가지 유감스러운 사건들을 통해 생기게 된 기관들은 몇 가지 자취를 남기고 난 후에 질서와 안정 그리고 진보의 기관들이 되었기 때문이다. 완전히 황폐화된 독일에서는 어떤 일이 일어났는가? 히틀러 혁명을 통해 2년 내에 경제가 회복되고, 실업이 사라지며, 거리는 정돈될 것이고, 평등이 찾아오며, 범죄는 줄어들 것이다…. 그리고 우리가 1917년의 혁명을 좀 더 살펴보면, 이 역시 같은 관점 안에 있음을 발견하게 된다. 소련 정부가 질서와 진보의 기관이 되는 순간부터, 우리는 몇몇 시대착오적인 전쟁에 대해서 받아들이고 용서할 준비가 되었다. 혁명 이데올로기들은 승인의 이데올로기가 되었다. 만일 우리 시대의 인간들이 단지 승인하고 가입할 대상을 찾는 것이 아니라면, 이들은 무엇은 추구하는 것일까? 그리고 이처럼 가장 강한 축이 현대인의 사고의 방향을 결정한다.오늘날 분명히 혁명은 가맹과 합의 그리고 관례화라는 의미 속에서 작용하는 가장 큰 힘이다. 그리고 이때부터 현대인이 바라는 것과 분명하게 혁명 권력이 현대인간에게 제시하는 것 사이에 근본적인 일치가 생기게 된다. 이것은 그 어휘보다 더 매혹적이기 때문에 더 폭발적인 영향력을 행사한다. 첫 번째와 세 번째 이유 사이에 모순되는 부분은 없다. 그 시대가 어떠하든 인간은 관습을 거스르면서도 관습화를 추구한다. 혁명적 어휘의 사용은 이 두 가지 욕구를 충족시킨다. 이것이 안락함이라는 진흙탕 속으로 이끌린 오늘날의 혁명이, 우리 의견의 정신적 영역의 한 부분에서 긍정적으로 각인되면서, 모든 것의 기초가 되는 이유이다. 혁명은 마치 헌신적인 하인이 보헤미안의 크리스탈 구슬을 조심스럽게 닦고 정리하다가 깨뜨려 버린 것처럼 되었다.

2. 정치적 일상화

일반적 현실에 대한 혁명이라는 단어의 사용과 적용, 그리고 예술 또는 문학이 혁명이라는 믿음은 우리를 혁명의 일상화로 인도했다. 그러나 우리는 또한 혁명이 그 가치를 보존해야 했었던 정치적 틀 안에서 이 현상을 살펴보려 한다. 여기에서 두 가지 측면을 염두에 두어야 한다. 첫 번째 사실은 국가 자신이 혁명이 된다는 것이다. 그리고 혁명적 신화가 언어도단의 나락에 떨어졌다는 사실이다.

*   *   *

모든 시대에 국가는 혁명의 적으로 여겨졌다. 혁명은 현존하는 정치적 기관에 대항하여 일어난다. 이 두 단어는 역사에서 우연한 계기를 통해 만났다. 크롬웰이 혁명에 성공했을 때, 이 혁명을 통해 나온 국가는 혁명적이라 불렸으며, 그것은 아마도 혁명적으로 불린 국가의 첫 번째 예일 것이다.

의심할 여지없이 쥬브넬[228]은 국가가 사회 질서에 대한 변함없는 적대자이며, 사회 속에서 자신의 확장을 가로막는 구조들을 제거하면서 혁명으로 보인다는 것을 명확하게 보여주었다. 국가의 권력은 자연스럽게 사회적 권위들을 뒤엎고 박탈시키는 데에 사용되며, 필연적으로 하층민과 민중, 프롤레타리아와 연합하게 된다. 이 힘은 필연적으로 자신으로부

---

[228] [역주] 베르트랑드 드 쥬브넬 데 위르정(Bertrand de Jouvenel des Ursins, 1903~1987). 프랑스 문학가, 저널리스트, 법률가, 정치학자, 경제학자. 자유주의 사상가로 가스통 베르제와 함께 프랑스 미래학의 지평을 연 학자로 평가됨.

터 파생되는 사회적 질서를 파괴한다. 쥬브넬은 자신의 분석을 통해서 국가가 "자신의 기구를 통해서 구성된 상황을 보증하는 동시에 적법한 방식으로 쇠퇴시킨다"는 사실을 보여준다. "만일 현재의 국가라는 존재 안에서 살펴본다면 국가는 특권층의 보호자이지만, 만일 우리가 미래의 관점에서 살펴본다면 우리는 '고용주'라는 필수적인 적대자를 발견하게 될 것이고, 이 단어 아래에서 모든 사회적 권위의 형태를 이해할 수 있을 것이다." "그리고 이 경향은 국가의 형태를 유지하는 것이 아니라, 권력의 본질을 유지시킨다."229) 그래서 국가는 이와 같은 의미 속에서 항구적인 것이다. 그러나 여기에서 새롭게 혁명의 일상화를 증명해 주는 것은, 국가에 이러한 본성이 있고 국민이 국가에게 이 소명을 인식시켜 준다는 것이다. 그리고 다른 한편으로는 국가가 다른 종류의 혁명을 할 수 없고, 혁명을 독점하여 결국 모든 정치적 권력이 정치적 혁명을 최우선 순위에 두려 한다는 것이다.

    1792년부터 정부는 혁명적이라 불리고, 로베스피에르와 생 쥐스트는 어떤 점에서 정부와 혁명이 연결되어 있는지 설명하고자 이론화 작업을 하게 된다. 그들은 이 이론을 잘 보여주었어야 했는데, 그 이유는 이 이론이 당시에는 전혀 명확한 것이 아니기 때문이었다! 인간은 언제나 그 반대로 생각해 왔다. 로베스피에르는 "법의 규약을 따르고 대중의 자유를 보증하는 권력의 헌법적 질서와, 정형화된 규제 없이 모든 방법으로 빠르게 행동하며 위험과 필요의 존재에서 특별한 행위를 가진혁명적 질서를 구분하게 될 것이다. 그러나 정부는 합법적이고 옳다. 정부는 민중의 구원을 목적으로 한다. 그것은 국가의 절대성보다 민중의 절대성을 더 따른다…. 정부는 법의 권위와 지배를 확언한다. 독단적이지 않고 필요에 따라 움직인다…. 정부는 헌법적 원리와 중단된 인간의 권리 장전을 초월해

---
229) 쥬브넬, 『권력』, 1947.

서 작용하기 때문에 혁명적으로 불리운다…" 여기에서 우리는 혁명적인 정부의 개념이 다음과 같은 구체적인 성격을 가지고 있음을 볼 수 있다. 그것은 조국의 상황과 군사적 위험에 따른 매우 일시적인 기구였다. 그리고 정부의 목적보다 정부를 규정짓는 일련의 행위의 방식으로 법을 초월하여 작동한다. 이러한 특성 안에서 국가는 혁명적인 것이다.

다른 한편으로 국가 또한 혁명의 산물이다. 그러나 국가는 '혁명적 존재'가 되지 못하며, 본질적으로 이러한 방식으로 평가되지도 않는다. 결국, 국민의회는 정직하게 다음의 문제를 제기했다. 국가가 혁명적 방식으로 행동한다는 것은 국가가 더는 법에 복종하지 않는다는 것을 말해준다. 더는 인간의 권리도 행동의 규칙도 없다. 이것이 국가에 제동장치가 없는 이유이며, 테러가 지배하는 이유이다. 우리는 지금까지 이것을 이야기했고, 인식해 왔다. 시대는 변했다. 국가가 혁명적일 수 있다고 여겨지며, 이러한 사고는 일반적인 것이 되었다. 혁명이 역사의 의미 속에 있다는 사실을 받아들이는 순간부터, 혁명이 급작스럽게 나타나지 않는다고 받아들이는 순간부터, 공산주의로의 전환이 더는 마르크스가 바라던 대로 정점에 도달한 자본주의 사회를 일거에 변화시키지 못하고, 오히려 긴 시간의 구축이 되는 순간부터, 이 사회의 생산과 조직의 발전이 정치적 혁명 이후가 아닌 우리가 바라보는 사회 경제적 혁명 이전의 정치권력의 행위의 산물이 되는 순간부터, 즉 이러한 개념의 총체적 변화 때문에 우리는 명백하게 국가가 혁명적이라고 이야기할 수 있는 것으로 보인다. 이것은 국가가 저항을 통해 나온 것이 아니고, 법을 초월해서 작용하기 때문이 아니라, 원래 그 근본적인 존재부터 그러하기 때문이다. 혁명 계급의 손에 있어서, 이 계급으로 나타나는 당과 연결되어 있어서, 최종적인 혁명의 목적이 있어서 공산주의 사회를 준비하며 역사적 혁명 이외의 다른 혁명을 더는 생각할 수 없어서ー역사 이전이라는 조건 혹은 역사를 준비한다는 조건에 따라서, 국가는 혁명적이다.

    국가가 혁명적이며, 더 나아가서 국가가 혁명에 동화되었다는 이 개념은 마르크스 레닌주의에서 나온다. 이것은 완전히 허구이지만, 이것이 일반화된 믿음이라는 사실 때문에, 여론의 동의를 통해 허구가 되는 것을 막았다. 우리는 더는 국가가 혁명적이라는 주장의 엄청난 실수를 생각하지 않는다. 우리는 그저 믿을 뿐이다. 그리고 이 믿음은 구체화한다. 그리고 분명히 이것은 우리가 지금까지 혁명에 대해서 알 수 있었던 모든 것을 변화시킨다. 이제부터 혁명의 유형을 구축하는 것은 국가이고, 국가에 의해서 혁명이 이루어진다. 진정한 혁명과 거짓 혁명의 구분점을 만든 사람은 바로 카스트로이다. "진짜와 거짓 혁명을 구분하는 것은 진정한 약속이고 실천을 위한 선택이다." 다른 그 누구도 혁명을 사유하고, 깊이 연구하며, 방향성을 부여하고, 수단을 제공하는 자격을 얻지 못했다. 오직 국가만이 그 자격을 얻었다. 그리고 혁명의 유일한 형태가 예외적으로 유효함을 보증한다. 국가는 모든 것에, 그 품질을 보증하는 상품에, 그가 허가하는 교육에 혁명을 하는 자격으로 보증서를 부여한다. 국가에 의한 보증만이 유일한 보증이다. 더 나아가서, 혁명적 국가는 모든 국가에서와같이 완전히 혁명적이 되어야 하는 사회에 다시 나타난다. 그래서 우리는 이 보물에 대해 권리를 갖게 된다. "국기를 모욕하는 사람은 모든 문명화된 시민으로부터 신망을 잃어버리며, 법을 거스르는 것이다." 우리가 데룰레드를 이해한다고 믿지만, 그것은 완전한 오해이다. 다음의 문장이 이 오해를 증명한다. "그러나 이 붉은 깃발에 대항하는 자는… 그 스스로 모든 정직한 사람들의 공동체로부터 제외된다."공산당 발의, 체코슬로바키아, 1969년 4월 혁명은 존엄성과 전통을 보장한다. 국가는 혁명의 최고 화신이지만, 이것을 매우 특별한 선언으로 볼 수 없다. 좌파의 모든 지도자는 이처럼 이야기한다. 카스트로는 여전히 "혁명을 원하는 사람들과 그것을 막는 사람들 사이에 진정한 분쟁이 있다"고 이야기한다.230) 당연하게 혁명을 원하는 사람들은 쿠바 정부이다. 정부는 혁명의 목적과 적들을 규정한다. 분명하게 다른 모든 방향은 제외된다. 여기에서도 국가는 예외인가? 이 영역에서도 역시 그렇다. 그리고 그는 이 사실에서 마르크스 혁명가로 자처하는 사람들을 비난한다. "마르크스 사상가들은 묵주와 가톨릭교리 문답집을 전혀 구분하지 않는다. 이것은 혁명 사상에 낙인을 찍는 것이다." 그리고 혁명 사상을 해방한 것도 바로 쿠바 정부이다. 마르크스주의자들 사이에서 이데올로기적 역행이 있었지만, 그것은 교리적이었으며, 이론적이었고, 당의 수장서기관에 관한 것이었으며, 반사회적인 사람, 즉 국가에 저항하는 사람에 관한 것이다. 이제 이 싸움은 정부 장관들 차원에서도 일어나며, 정부 기관들을 움직인다. 반정부적에서 정부적인 것으로 전환할 수 있다고 생각했지만, 결국 이것 때문에 숨이 막히게 된다. 우리는 어떻게 스탈린이 레닌의 정책적 관점을 강조하면서 이러한 사고에 이르렀는지를 안다. 긴밀하게 연결된 국가의 기구와 당의 기구를 분리하는 방식을 통해, 결국 당의 기구가 모든 권위를 차지하고 정부의 겉모습을 조작한다. 당 서기장은 혁명의 기능을 담당하고, 국가의 행위를 지휘한다. 그리고 이 사실로부터 국가 역시 혁명적으로 평가되게 된다. 오늘날 이것은 주의 깊게 살펴보지 않아도 볼 수 있을 정도로 어디에서나 나타나는 현상이다. 그러나 이 현상은 이상한 결과를 가져온다. '혁명적' 국가가 내린 결정은 비교적 혁명적이지 않은 국가와의 대립 관계에 놓일 위험을 감수한다. 그리고 이것은 지속적으로 나타난다 이제 혁명은 국가 간의 차원이 되었다! 여기에서 소련과 중국의 분쟁을 언급할 필요가 없다. 반면에 타 국가에 대한 지속적인 비난은 혁명에 대립된다. 이처럼 중국과 소련은

---

230) 이 문장과 그다음에 이어지는 인용구들은 1967년 8월 아바나 컨퍼런스에서 카스트로의 연설을 발췌한 것이다.

서로 혁명적이지 않다고 비난한다.

이것은 체코 사태1968년 3~9월에서 분명하게도 나타난다. 혁명은 순수하게 소련에, 소련 연방에, 러시아 공산주의 연합에만 나타난다.「붉은별」지8월 24일 자는 "반혁명 사상이 체코슬로바키아 군대에 침투했다"라고 이야기한다. 이 말을 깊이 생각해 보아야 한다. 누가 군대의 역할이 혁명을 수행하는 것이라고 믿었는가! 혁명이라는 성스러운 목적 때문에「새로운 장(場)에 대한 주해 l' Exégèse des nouveaux lieux communs」, 자끄 엘륄 저,「프라우다」지8월 26일는 "레닌주의라는 성화를 파괴하는 것"을 이야기한다. 우리는 레닌주의가 하나의 성화, 종교적 객체, 문화의 중심이 되었다고 이야기할 수밖에 없다. 이것은 국가에 혁명의 정체성을 부여하는 것과 분리할 수 없다.

그래서 우리는 지금부터 혁명적이라 불리지만, 그와는 완전히 반대의 의미가 있는 권력, 정의定義, 행위들을 보게 된다. 오직 국가만이 행위의 잣대로 혁명을 정의한다. 1968년 2월에 카스트로는, 수많은 척결작업 이후에 '작은 균열' 로 불렸던 집단, 좀 더 구체적으로 이야기하자면 쿠바 공산당 내의 에스칼란트Escalante 집단을 제거한다. 에스칼란트 집단은 카스트로보다 훨씬 더 의식적이고 진지한 마르크스주의자로 보일 수 있었다. 그러나 카스트로는 이 부분을 잃어버렸고, 그래서 혁명에 거스르는 것으로 평가된다. 어떤 경우에도 친소련주의자이기 때문에 카스트로는 러시아에 대립하는 행동을 취하지 않는다는 사실을 분명히 밝혀야 한다. 이처럼 여러 혁명의 동기들이 혼합되어 있고, 이러한 자격으로 행동하는 국가와 그 결과 이상한 정책의 혼란이 있다. 이 정책은 전혀 혁명적이지 않다. 카스트로는 앞선 사람들의 예를 따랐을 뿐이다. 국가와 혁명 사이에는 그러한 유사성이 있어서, 지금부터 국가를 대항하는 모든 것은 혁명을 거스르는 것이 된다. 권력 기관과 경찰에의 불복종은 더는 단순한 경범죄가 아니며, 경찰과 서기국 안에 나타난 혁명의 대 여신에 대항하는 정치적 행위가 되게 된다. 여기에는 주저함이 있을 수 없다. 1953년 베를린 저항과 헝가리 저항이 어떤 점에서 혁명을 거스르는 것으로 비판되는지 생각해 보자. 공산주의자들, 노동자들이, 그들의 저항 동기가 다른 곳에서는 어떻게 평가되는지에 상관없이 그들이 사회주의 국가에 대항하여 저항했다는 단순한 사실에서 혁명을 거스르는 것으로 평가된다. 그들은 진정한 마르크스주의자가 될 수 있었으며, 사회주의 국가의 정치적 방향성을 발전시키는 시도를 할 수 있었고, 노동자 계급의 권리를 외칠 수 있었지만, 이 모든 것은 절대적인 국가 앞에서 아무런 소용이 없었다. 그리고 국가가 혁명의 한계와 흐름을 따라가는 것이나 혁명적인 것의 여부를 판단하는 것과 마찬가지로, 국가는 혁명 기구를 설치한다. 이것들을 자세하게 설명하지 않아도, 우리는 1919년 이후에 나타나는 러시아 정치와 혁명 전개 사이의 단순한 혼동을 잘 알고 있다.

코민테른에 속한 공산당들은 러시아 팽창주의의 요원들인가 아니면 공산주의 혁명의 전술가들인가? 이 둘을 동시에 이야기하는 것은 너무 단순화시키는 것이다! 이들은 때로 러시아 팽창주의의 요원이고, 때로는 공산주의 혁명의 전술가이지만, 어떤 경우에도 국가는 최고의 위치에 있었다. 그것은 전제군주, 파시스트, 공화국주의자, 공산주의자와 같다. 어떤 경우에도, 그들의 선언에도 불구하고, 그들은 스스로 전혀 혁명적이지 않았다. 이러한 국가는 자신의 영토에 혁명적 기구들을 설치한다. 소련과 지금 중국의 혁명 위원회가 이와 같다. 문화혁명을 통해 새로운 기구에 설치된 이 위원회들은 이론적으로는 자발적이지만, 실제로는 중국 정부가 설치한 것이다. 혁명의 씨앗을 자신의 영토에 뿌리는 국가를 볼 때 감탄을 금치 못하게 된다! 이것은 질서에 의해 길들고 일상화한 혁명이다. 혁명에서 증오의 대상이었던 국가가 그 스스로 절대적인 혁명이 된다는 반전은 우리에게 가장 큰 경이로움을 맛보게 한다.

*　　　*　　　*

마르크스주의가 준 이 소중한 교훈을 놓칠 수는 없었다. 혁명 과정에 투신하는 모든 사람은 곧바로 자신을 여기에 동화시키며, 모든 곳에서 국가는 진리의 수호자가 된다. 19세기 중반 이후로 시대만 변했을 뿐, 법정에서 혁명으로 고소되고 정죄 당하는 것은 똑같다! 우선 파시스트 혁명과 나치 혁명을 살펴보자. 이것 역시 다른 혁명들과 마찬가지로 진정한 혁명이었다. 그리고 새로운 국가가 나타났다. 독일에서와 마찬가지로 이탈리아에서도 혁명에 대항하는 것을 금지하여 유배와 구금했고, 이것은 곧 국가를 대항하는 것이 되었다! 국가와 혁명을 동일시하는 순간부터 국가 자신이 혁명적으로 정의되고, 그 어떤 것도 국가가 혁명적이지 않다고 주장할 수 없게 된다는 사실을 간과해서는 안 된다. 공산주의자들은 이것이 속임수라고 외칠 수 있을지도 모른다! 그런데 어떤 자격으로 이렇게 외칠 수 있을까? 공산주의자 스스로 한 예를 보여주었다. 티토는 국가가 확장할수록 혁명은 퍼져간다고까지 주장한다. 나도 그것을 원한다. 그러나 나는 지금까지 혁명 국가의 특별한 점을 어느 한 부분도 발견하지 못했다! 적어도 이들은 '노동자 농민의 국가' 라는 단어의 함정에 빠져 있다. 이것은 아무런 내용이 없는 순수한 언어주의와 이상주의로부터 나온다. 오직 국가만이 혁명적인지 그렇지 않은지 평가한다. 이렇게 혁명으로부터 가장 안전했던 중국이 1967년 6월 이스라엘 사건에 대하여, 팔레스타인이 "진정한 민족과 진정한 민주주의 구조를 대변한다. 팔레스타인 사건은 민주주의 혁명이 될 것이다"라고 선언했다. 이것은 주목할 만한 추상화이고 비현실적인 선언이다. 민주적 팔레스타인? 혁명적 팔레스타인? 이것은 기괴하고 우스꽝스러운 것이다. 전혀 그렇지 않다. 혁명적이라고 보증된 중국 정부가 이스라엘 사태를 이처럼 그렸기에 팔레스타인이 혁명적이 된 것이다. 이제 우리는 유일하고 선한 혁명이 어디에 있는지 안다. 이러한 유형의 정의들은 단지 어떤 부분에서 혁명이라는 단어가 그 의미와 내용을 잃어버리는지 나타낸다. 그리고 우리는 프롤레타리아와 객관적 반혁명주의 등을 이야기하는 레닌주의 이론에서 이 지점에 도달할 수 있도록 하는 흐름을 쉽게 볼 수 있다. 그러나 절대적인 신화화 앞에서, 우리는 어쩌면 이 이론들이 이미 혁명의 변절을 의미하는 것은 아닌지, 그리고 혁명이 프롤레타리아의 현실보다는 국가의 필요에 의해서 이미 만들어진 것이 아닌지 질문했어야 했다. 여기에서 멈추지 말자. 우리는 왜 국가적 혁명을 잊었는가? 어쨌든, 마레샬Maréchal 역시 공화국을 전복시키는 혁명을 하였다. 그리고 프랑스의 대다수가 조국에 대항했기 때문에, 이 조국의 절대적 가치를 선언하는 것이 혁명적인 언어라고 이야기할 수는 없다. 그러나 그 이유를 찾아서는 안 된다! 이것도 국가가 혁명적이라고 이야기했기 때문에 당연히 혁명이 된다. 그리고 만일 다른 국가소련같은가 부정한다면, 이것은 소련 연방이 중국을 반혁명적이라고 선언했던 것 이상의 중요성을 갖지 않는다. 우리가 살펴보는 모든 것은 가장 힘 있는 존재들이다. 비시 정부가 지배하는 한, 국가적 혁명은 계속해서 일어났다. 그러나 1944년부터 비시 정부는 없었고, 그래서 더는 혁명이 일어나지 않았다. 이때에 혁명이 핑계였다는 것을 드러낼 수 있었다. 그러나 그 이전에는 불가능했다! 스탈린 또한 마찬가지다. 그의 죽음 이후에 우리는 그가 혁명을 무너뜨렸었다는 사실을 발견한다. 그러나 1953년까지 그의 정부는 기관이었고 표현이었으며 가능한 유일한 형태였다!

그리고 이 모든 것은 계속되었다. 국가의 가장 주요한 기능은 혁명의 존재가 되고 혁명을 하는 것이다. 드골 대통령은 프랑스의 첫 번째 혁명가로 선언되었다. 혁명은 그의 일반적인 이미지이다. 이것에 의문을 제기했을 때, 마셈바 드바231) 대통령이 첫 번째로 혁명 국가 의회를 만들었다. 그러나 이것은 성공하지 못했다! 베트남 남부에서는 1968년에 '정부의 혁명 발전 위원회'가 구성되었다. 브라질 군부가 1964년에 권력을 잡았을 때, 그들은 Revoluçao혁명, 포르투칼어의 시작을 선언하려 하였고, 1966년 아르헨티나 군부 쿠데타 명령의 단어는 바로 Revolucion혁명, 스페인어이다. 우리는 마지막으로 이 세상에 아직 혁명적이지 않은 국가가 존재하는지 살펴볼 것이다. 그리고 의회주의자들은 그들의 국가에 대한 분석을 다시 살펴보아야 하는데, 그것은 오늘날 실제 정치권력의 주요한 역할이 혁명을 일으키는 것이라는 것이 명확해 보이기 때문이다.

혁명이라는 단어는 모든 것에 사용된다! 이처럼 1968년 9월의 국민투표 이후에 아테네 군부정권은 "역사적 필요에 의해서 혁명이 민주적으로 세워졌다"라고 선언하였다. 역사적 필요와 민중적 정당성이라는 주제는 모든 형태를 포괄한다. 모든 좌파의 입장은 여기에 있다. 이러한 표현이 파시스트 장군의 입에서 나올 수 있다고 누가 믿었을까. 그러나 이것은 새로운 것이 아니다. 그리고 멕시코 정부가 자신의 당을 '혁명제도당'이라고 불렀을 때, 실제로 '진정한' 좌파에게 손을 내밀 수 있었다. 모든 사람은 이 단어에 더는 아무런 의미가 없음을 알고 있다.

그렇다면, 어떻게 곳곳에 세워진 국가와 혁명 사이의 관계를 이해할 것이며, 동일화되는 이 관계를 어떻게 이해할 것인가? 마르크스 레닌주의 관점에서는 국가가 혁명에 거스른다는 것이 매우 분명하다. 그렇다면, 다른 이유가 있는 것일까? 이것은 혁명 자신에 관한 결정적 변화에 의해서만 설명될 수 있다. 우리는 이미 이 단어가 현재 대중의 의견 속에서 긍정적인 함축이 있다고 이야기했다. 그러나 이것만으로 충분하지 않다. 우리

---

231) [역주] 알퐁스 마셈바 드바(Alphonse Massamba-Debat, 1921~1977). 1963년부터 1968년까지 콩고 공화국을 이끌었던 대통령.

는 점진적으로 혁명 운동이 결국 민중 의지의 가장 근본적인 표현이라는 확신을 하게 되었다. 선거와 국민투표는 임시방편일 뿐이다. 민중이 직접적으로 자신을 자유롭게 표현하는 곳은 어디에서나 혁명에 의해서 지지가 된다. 그리고 사회주의가 가장 보편적인 사상이 된 이후, 우리 사회에서 가장 공통으로 공유되는 것은-최후의 반동분자들은 이 사회주의의 유효기간을 인식해야 했다, 1789년의 혁명뿐만 아니라 1917년의 혁명이다. 혁명은 순수하게 그리고 단순하게 민중의 의지에 동화되었다. 그래서 우리는 국가가 공공의 의지를 나타낼 때에만 유효하다는 확신 위에 산다. 국가의 합법성은 실제로 국민의 절대성 위에 존재한다. 이 두 흐름을 접목시키는 것만으로도 충분하고, 이 순간 국가는 자신의 출발부터 혁명적 행위에 의해 기초할 때에만 적법하게 보인다. 만일 그러한 적법성이 단지 혁명을 확장시키는 것에서 나온 것이며, 혁명의 이름으로 행동하는 것이라면, 국가는 더욱 혁명적 행위에 기초할 때에만 적법성을 갖게 된다. 그래서 여기에는 국가와 계속해서 새로워지는 적법성 사이에 어떤 간격이나 분열도 없으며, 국민의 의지는 우리가 언제나 의구심을 품는 선거나 국민투표에 의해서 표현되는 것이 아니라 국가의 행위에 의해서 표현된다. 만일 혁명이 국민의 의지라면, 혁명을 하는 국가는 언제나 국민의 동의를 받게 될 것이다. 이것이 삼단논법인가? 물론 아니다. 공통된 믿음과 마음의 동의 그리고 공통의 장에 놓인 그 어떤 정치 이론보다 더 구체적이다. 여기에서 중요한 것은, 이 사고가 어떤 부분에서는 유사하고, 서로 간에 이성적인 교류가 없는 여론 속에서 점진적으로 형성된 것이지만 똑같은 사람을 통해 표현된 것으로, 다른 어떤 표현보다 훨씬 명확한 균형이 있다. 그리고 우리는 정부가 혁명적으로 선언되어야 하는 긴급한 필요에 도달하게 된다. 그렇지 않으면, 시위에 나온 사람들의 눈에 완전하게 합법적으로 보일 수 없다. 이 사람은 혁명이 훌륭하고 유일한 공공의 의지를 표현하는 수단이라는 확신에 가득 차 있지만, 그럼에도 약간의 두려움을 갖고 있다…. 이 모든 저항, 바리케이드시위, 독단적인 정죄들은… 만일 국가가 스스로 혁명을 한다면, 이것들이 얼마나 진정될 수 있겠는가! 우리는 모든 확신과 질서, 수행과정, 계획을 갖게 되며, 혁명은 이제 신경질적인 얼굴이 아닌 단지 냉소적인 얼굴을 보일 것이다. 거리에 나온 사람들은 이것을 선호한다. 이 과정을 통해 혁명은 국가의 본질 자체가 된다. 그러나 이러한 정체성 부여는 우리가 날마다 이야기하는 거짓과 동시에, 혁명의 희석화, 대중화, 진부화, 반전을 증명한다. 과연 국가는 혁명적일 수 있는가? 근본적으로 대조적인 이 두 단어를 연결하려면 국가의 의미와 혁명의 기초를 버려야 한다! "푸루동 232)은, 국가는 절대 혁명적일 수 없으며, 이것은 정부라는 단순한 이유에서 그러하다고 이야기한다.233) 그렇다. 그리고 이것은 물론 단순한 이유이다. 그리고 프루동이 이 말을 한 이후에 아무것도 변하지 않았다. 스탈린의 독재, 마오쩌둥의 거대 독재, 소련 기술주의, 피델 카스트로의 권위적 불균형이 실제로 혁명적이라고 누가 믿을 것인가? 레닌이 보여준 것에도 불구하고, 국가는 어디에 있든 사회주의이든 아니든, 그 기원이 어떠하든 혁명이든 쿠데타든, 본질적으로 혁명을 거스른다. 왜냐하면, 국가는 지속하려 하고, 어떤 대가를 치르더라도 유지되려 하며, 그 자신에 대해 문제제기를 하는 모든 것에 대항해서 싸워야만 하기 때문에 모든 혁명에 대항하게 된다. 그리고 만일 국가가 다른 혁명을 일으키려 한다면, 그것은 적대국을 붕괴시키려는 것이다. 이것이 바로 국가로서 행동하는 것이다. 그리고 그 형태는 절대로 변하지 않는다! "종교에 두 종류가 없는 것처럼, 정부도 두 종류가 있을 수 없다. 정부는 신적

---

232) [역주] 피에르 조셉 프루동(Pierre-Joseph Proudhon, 1809년~1865). 프랑스 저널리스트, 경제학자, 사회학자이자 철학자. 첫 번째 아나키스트로 평가됨.
233) 이 인용과 이 이후 구절들의 인용. 프루동, 『19세기 혁명의 일반적 사상 Idées générales de la révolution au XIXe siècle』.

권리에서 나온다. 종교가 하늘에서 오지 않았으면 종교가 아닌 것처럼 정부 또한 그렇다. 카스트제도나 마오이즘도 동일하다! 234) 민주적인 정부강한 의미에서와 자연 종교는 서로 대조를 이룬다. 적어도 여기에서 정부의 신화화를 보고 싶어 하는 사람은 없다…. 각각의 혁명에서 민중이 진심으로, 그리고 정부의 선善에 따라 개혁했다고 믿는 한, 자신의 사고에 의해 배반당할 수밖에 없었다. 그 자신의 이익을 위해 힘을 사용한다고 믿지만, 실제로 자신에게 대항했던 것이다. 보호자 대신에 독재자를 받은 것이다…"
이러한 대조를 인식하려고 아나키스트가 될 필요는 없다. 마르크스는 여기에 항상 동의했었다. 그리고 이것은 부르주아 국가에만 한정될 수 없다. 이제 우리는 이러한 혁명의 실추 속에서 여론을 통해 움직여 온 혁명의 변화를 살펴보려 한다.

*　　*　　*

이러한 혁명에 대한 정치적 일상화는 혁명 신화도 역시 일상화한다. 이러한 일상화는 실제 일어난 사건과는 완전히 다른 것으로, 언어도단이며 동시에 우리가 쉽게 발전시키는 신화적 세계를 만든다. 그래서 결국 혁명을 다른 것들이나 다른 혁명과 혼동하게 된다.

여기서 우리는 세 가지 사실을 차례로 검토해 볼 것이다. 첫 번째 사실은 가장 표면적으로 나타나는 것으로, 혁명을 통해 나타난 몇몇 기구들을 살펴볼 수 있다. 이 사실은 일반적으로 이 기구들의 행위가 자신들의 주장에 모순됨에 따라 혁명에 대해서 이야기하는 것이 줄어들 때 나타난다. 가장 명백한 예가 노동자총연맹C.G.T.이다. 20년 전부터 이 연맹은 완벽하게 자신의 기구에 적합한 정책, 즉 개혁적이고 관료적인 정책을 수행해 왔다. 그러나 이 연맹은 다른 같은 유형의 수많은 기구처럼 비극적인 결

---
234) 괄호 속의 단어들은 물론 개인적으로 첨부한 것이다.

말을 맞게 된다. 조직이 커질수록 조직의 관리자들이 필요해지고, 이 관리자들은 조합주의라는 이력을 만들어 결국 관료화된다. 이러한 기구들은 다른 방식으로는 존재하지 않는다. 수많은 회원의 수와 실제로 복합적인 행위 때문에 이러한 기구들은 지속하게 된다. 더욱이, 이 조합들은 현재 점점 더 어려워지는 여러 경제 활동에의 참여를 요청받고 있다. 경제자문, 그리고 계획위원회 그래서 이 기구들은 전문가 집단에 의해 대표되어야 한다. 그렇지 않으면, 이 기구들의 주장은 아무런 의미가 없게 될 것이고, 이들의 무능력함으로 아무것에도 개입할 수 없게 될 것이다.

그러나 이 전문가들은 분명하게 프롤레타리아가 아니다. 그들은 경제적인 문제들을 조합주의 관점으로 다룰 것이다. 이들은 더는 혁명가가 아니다. 다른 말로 하자면, 이 관리자들은 노동자적 특성을 잃어버리는 동시에 비록 그들이 노동자 출신이라 하더라도 혁명 정신을 잃어버리게 된다. 이것이 노동자총연맹이 현재 처한 상황이다. 그리고 이 연맹이 더 큰 역할을 감당할수록, 다양한 감독자로 인식될수록, 노동자 계급의 대표로 나타나며 주목받게 된다. 그리고 이 사실들로부터 소위 조직화한 민주주의라고 불리는 게임으로 들어가면서, 쉬지 않고 권력과 대화하게 된다. 그래서 노동자총연맹은 전략과 구조에서 점점 단순한 개혁자가 되고, 결국 사회 구조 혹은 사회가 속해 있는 국가에 대한 본질적인 질문을 더는 던질 수 없게 된다. 이러한 사실에 앞서 혁명적 미사여구와 강경일변도인 행위가 눈앞에 펼쳐질 뿐이다. 노동자총연맹은 의심할 여지없이 가장 극단적인 프랑스 노동자 계급이라는 고객을 지원한다. 그리고 이 고객은 일련의 구호나 행동 방식을 요구한다. 노동자총연맹은 자본주의 구조에 대한 비판을 지속해야 하고, 계급투쟁을 계속해서 선언해야 하며, 투쟁하는 사람의 미래를 약속해야 하고, 프롤레타리아에 의한 권력의 쟁취를 선언해야 하며, 총파업의 위협을 계속해야 한다. 그렇지 않으면, 그들의 가장 큰 고객을 잃어버릴 것이다. 이 연맹은 여전히 큰 축전을 기다리고 염원하는 회원들에 의해 혁명적 언어도단을 계속해서 견지하게 된다. 그리고 이것은 하나의 담론을 이끌 수 있도록 해 주는 기초일 뿐만 아니라 공산주의의 교리이기도 하다. 노동자총연맹은 공산주의자의 연맹이며, 이 이념의 틀 밖에서 연맹에 대해 이야기하는 것은 무의미하다. 그리고 공산주의는 절대적인 혁명적 강경주의로 나타난다. 이 혁명적 강경주의에는 견지해야 할 원리들이 있고, 현대에 사용하기에 이 원리들에서 사용하는 단어들은 너무나 고전적이 되었다. 이 엄청난 폭력의 언어는 어떤 내용도 찾을 수 없는 전형적인 언어일 뿐이다. 우리는 이제 노동자총연맹 서기장의 공식적 선언을 읽을 필요도 없고, 공산당 서기장의 선언을 주의 깊게 살펴볼 필요도 없다. 우리는 이미 그 내용을 알고 있으며, 이미 오래전부터 이 게임에 참여하고 있다. 2, 3년에 한 번씩 나오는 노동자총연맹의 선언을 들으면, 그 선언들은 매번 똑같이 반복될 뿐만 아니라, 대부분 상황과 기회에 대한 환상으로 가득 차 있다. 노동자총연맹은 실제 상황 속에서 개혁적이 될 것이기 때문에, 이 환상은 매우 미묘한 것이 될 수 있다 중요한 것은 노동자총연맹이 혁명적이고, 계급투쟁의 투사이며, 프롤레타리아 연대에 이바지한다는 형식적 선언이다. 공산주의 교리주의는 필연적으로 강령의 연속으로 해석된다. 반면에 이 강령들은 고객의 요구에 대한 응답이다. 그래서… 이처럼 혁명은 행위와는 완전히 다른 어휘에서 나온다. 그러나 이 상황을 파생시키는 마지막 이유는 바로 정치적 좌파가 실제로 무능하기 때문이다. 정치적 좌파 집단에 사람이 없고 혁명 의지가 사라지며 상황과 전략에 대한 정확한 분석이 없어짐에 따라, 행동이나 혁명, 혹은 정치적 지지도를 실제로 안정시킬 수 없게 된다. 그리고 이 모든 것을 완벽하게 박탈당함에 따라, 이 집단에 최고의 보상은 이것은 단순히 프랑스만의 결점이 아니! 혁명에 대해 이야기하는 것이다. 언어는 사물이 존재한다는 감정을 어느 정도는 허락한다. 정치적 좌파가 무능할수록, 그들은 더욱더 강경책을 선언하고 극단적으로 혁명적 논의를 이끈다.

　반면에 노동자총연맹은, 그들이 자신의 조합적 특수성과 조직, 목적 그리고 교리를 저버렸다는 사실에서 정치적 좌파와 긴밀하게 연결되어 있다. 그들이 스스로 독립적이라고 선언하고 정치적이라고 이야기하는 순간부터, 그들이 비정부적 조합주의라고 비난받는 순간부터 정치적 좌파에 의존하고 그 무능함을 공유할 수밖에 없다. 그래서 이러한 관계는 노동자총연맹을 토론과 이성에 기초한 구체적인 요구와 격렬한 토론이라는 이상한 이분법으로 이끈다. 물질적으로 만족하면서 동시에 절대적 혁명 원리라는 구체적 요구에 멈추어 있는 것은 어려운 일이지만, 이러한 사실과 태도들이 언어적 형식주의를 통해 가능하다는 것 또한 분명한 사실이다. 모테는 "전투적인 대조"라는 연구를 통해 조합이 사용하는 언어의 모순에 대해서 이야기한다. "조합은 보수화와 사회적 요구를 움직인다. 이 사실에서 조합은 관리자의 위치에서, 경영자와는 전혀 상관없는 노동자들과는 다른 기능을 갖게 된다. 조합은 특별한 문제의 해결에 전문화되어 있다…. 이 조합주의자들 집단은 실제 문제들의 외적인 부분만을 다루는 함축적 언어를 사용한다. 이들은 현실을 적나라하게 나타내는 표현적이고 남성적인 언어를 사용하는 한편, 다른 한편으로는 실재의 분출에 의해 특징짓는 표현의 유행을 사용한다…. 조합은 이 모순 때문에 갈피를 잡지 못한다. 한 계급 집단과 반목하는 동시에 다른 계급 집단과는 연대한다…. 현대 국가에서 조합주의는 그가 속해 있는 사회의 목적과 근본적으로 목적이 다르지 않다. 비록 우리가 노동자들의 삶의 수준 향상이 국가의 신비주의적 강령인 것처럼 이야기하고, 분명히 그것을 인식해야 함에도, 국가가 이 목적을 향해 나아감에도… 그러나 우리가 본질적으로 빠른 속도로 향상되는 삶의 수준에 근거를 두는 이데올로기를 만들 수 있을까? 국가와 조합 사이의 견해 차이는 본질적으로 여기에 있다."235) 이 불가능성 때문에…, 우리는 이데올로기를 모든 혁명에 나타나는 어휘와 관습적 형태로 바꾸어 놓는다.

＊　　＊　　＊

조금만 더 깊은 수준에서 살펴보자면하지만, 우리가 살펴본 것처럼, 조합들의 내용 없고 비현실적인 미사여구의 표현에서 끊이지 않고 나타나는 동의와 믿음의 현상을 설명할 수 있는 수준에서, 우리가 숨을 쉬고 존재하는 여러 환경 속에서우리가 거의 인식하지 못하는 환경 속에서 혁명적 신화와 같은 존재들은 우리를 분명하게 일정한 태도를 보이게 한다. 부리코236)는 라틴 아메리카에서 볼 수 있는 이러한 속임수를 매우 정교하게 분석했다. 라틴 아메리카는 객관적으로 분명히 혁명적인 상황 속에 있으며, 혁명이 일어날 수 있는 준비가 되어 있다. 하지만, 활자를 통해 알려지는 모든 것, 수많은 지적 저작들을 통해 알려지는 모든 것은 그저 단순한 신화일 뿐이다. "눈먼 집단과 이기적 과두정치에 의해 구성된 국가와, 실제로 잠재적 반란 상태에 있는 국가에 대한 반대라는 신화만큼 널리 퍼진 선입견은 없다…".237) 이런 믿음과 동의는 분명히 착오를 불러일으키고 우스꽝스러운 해석을 낳게 한다. 우리는 지금 농민 봉기나 학생 저항이라면 그 어떤 것도 혁명의 사인, 전조, 시작으로 생각하는 데에 익숙해져 있다. 이론의 여지를 허락하지 않는 믿음과 일반성이라는 특성이 있는 이 신화는 우리로 하여금 혁명을 해석하고 분류하게 한다. 우리가 혁명적 신화 속에 사는 순간부터, 모든 사실을 이 신화라는 색안경을 통해서 해석하는 한편, 다른 한편으로는 모든 것을 신

---

235) 모테(De Mothé), 『르노의 투사 *Militant chez Renault*』, p. 105-138.
236) [역주] 프랑소와 부리코(François Bourricaud, 1922~1991). 프랑스 사회학자, 라틴 아메리카 혁명에 대한 전문가.
237) 부리코(Fr. Bourricaud), 『현대 페루의 권력과 사회 *Pouvoir et société dans la Pérou contemporain*』, 1967.

화 속에 삽입된 혁명적 도식을 통해 분류하기 시작한다. 혁명을 가능하게 하는 환경예를 들어, 프랑스에서는 사회주의 연합당과 모든 극좌파은 종교적 환경과 상당히 비슷한 부분이 있으며, 특별히 신화라는 부분이 그러하다. 우리는 마치 혁명이 당연한 것 같은 신화 속에 살고 있다.종교적 환경에서 하나님과 믿음이 당연한 것과 마찬가지이다 혁명이 마음과 머릿속 중심에 자리 잡고 있기 때문에, 이 모든 것에 그 어떤 비평도 하지 못하고 어떤 질서의 구분도 없이 수용한다. 혁명은 더욱 더 명백하게 보이게 되었지만, 그것은 형식적인 당연함이다. 그 이유는 이 신화가 실제로 존재하지 않기 때문이다! 여기에서의 명백함은 그 어떤 혁명도 낯설거나 멀게 느껴지지 않음을 의미한다. 모든 것은 혁명이라는 의미로 해석되며, 그래서 그 누구도 혁명을 이야기할 수 없으며, 우리는 완전히 다른 구체적인 사실들을 갖다 붙여야 했다. 어떤 것도 명백하게 증명할 필요가 없고, 어떤 실재도 알 필요가 없다. 신화가 실재를 대체한다. 아르노 덩듀Dandieu, 238)는 환상을 가진 개혁가들에게서 이러한 태도가 나타난다는 사실을 강조하였다. "개혁가, 진보가는 제국주의나 헤겔의 변증학이라는 놀이터에서 마음껏 놀면서, 저항을 자신들의 환상에 이용하기도 하고, 다른 사람들이 환상을 갖도록 사용한다. 그는 계급, 인종, 집단을 이야기하며, 당파 갈등과 피 흘리는 반란, 쿠데타, 집단적인 파괴 혹은 건설을 일으킨다. 여기에는 혁명적이지 않은 도식 속에 나열된 혁명의 외적 특성만이 있을 뿐이다…"239) 우리는 특별히 어떤 점에서 이 확고한 확신들, 항구적인 혁명의 생명력, 보편적인 이해 방식이 혁명적 태도, 사상의 확산, 행동의 준비, 혁명에의 접근과는 아무런 상관이 없음을 잘 알아야 한다. 혁명과 유사한 이 모든 것은 혁명을 피해간다. 혁명은 길들인 것이 아니다. 우리는 신화 속에 있다.정치적

---

238) [역주] 1930년대 오드르 누보(Ordre Nouveau, 인격주의)를 주창한 주요한 인물 중의 한 명
239) 덩듀, 앞의 책. p.169.

신화는 길들이지 않는다! 말하자면, 이러한 맥락 속에서, 선전의 수준에서, 신화는 거짓이며 결국 환상이다. 우리가 혁명 신화에 희망을 품을수록 우리는 더욱 신화의 언어와 개념을 사용하게 되고, 그럴수록 일상화의 방법을 통해 혁명의 실제 가능성을 파괴하게 된다.

*　　*　　*

같은 사고의 체계 속에서, 혁명의 일상화는 혁명과 다른 사건들 사이의 혼동을 통해 나타난다. 오늘날 가장 쉽게 볼 수 있는 예는 식민지 해방이다. 해방이 혁명을 가져오거나 혹은 혁명과 같다는 것은 명백한 것으로 보인다. 저항이 끝날 무렵, 우리는 이 표현을 절대적으로 받아들였다. "저항에서 혁명으로." 이것은 혁명의 과정과 변형이었으며, 가야 할 길을 의미했다. 그리고 결과적으로 저항과 혁명의 거리차이를 의미했다. 독일군의 처형을 통해 혁명이 일어난다는 것은 명백한 사실이 아니었다. 해방 이후에 이러한 해방의 환경과 새로운 정치권력의 등장, 연대, 조식, 공동으로 조작한 이데올로기를 통하여 혁명을 시도하는 데에만 무려 3년간의 준비가 필요했다. 이러한 희망은 실패했지만, 그 분석은 훌륭했다. 레지스탕스, 나치에 대한 승리는 혁명이 아니었다. 지금은 그 반대로 식민지 해방이 혁명이다.

우리는 뒤에서 이러한 주장이 유효한지를 살펴볼 것이다. 지금은 단지 이러한 유사성이 서구뿐만 아니라 다른 민족들에게도 공통으로 혁명 사상의 일상화로 해석될 수 있음을 기억하자.

3. 혁명의 신학[240]

이제 혁명의 일상화에 대한 고찰의 마지막 단계를 살펴보자. 기독교 지성들은 혁명에 빠져 들어갔다. 기독교 지성들은 지난 두 세기 동안 정치, 사회, 경제적 영역에서 가장 뒤처지는 데에 익숙해져 있다. 그들은 일반적으로 이러한 현상들정치, 사회, 경제적 현상들이 완성될 때, 현상들의 존재를 인식한다. 그들은 노동자 계급의 인식에 대한 중요성이 감소하기 시작하고, 그들의 권리가 보장됐을 때, 그리고 시간이 얼마간 흘러 그 중요성이 감소하였을 때, 노동자 계급의 중요성을 이야기한다. 기독교 지성인들은 그 사안이 명백해지고, 이목을 끌고, 모든 사람이 언급하고, 그리고 결정적으로 더는 공통의 주제가 아닐 때, 이 사실을 주목한다. 기독교 지성들은 이미 20년 전[241]부터 진보에 뒤처진 사람들로 낙인찍혔고, 우리는 이들이 일반적으로 두 가지 전형적인 반응을 나타낸다고 이야기한다. 첫째로, 이 기독 지성인들이 너무나 일반적인 입장에 설 때, 이들은 극단적인 태도를 보이면서 독단적이 되는 경향을 보이고 있다. 말하자면, 모든 사람이 이 기독 지성인들이 이제 막 발견한 것을 이미 받아들이고 있을 때에, 이들은 뒤처진 상태에 머물러 있지 않으려고 폭탄선언을 한다.

---

240) 여기에 이 문제에 대한 몇몇 참고 문헌들이 있다. 『교회와 사회 église et société』 1966년 호, 『크리스찬의 사회적 윤리 l' éthique sociale chr?tienne』 부분. 리치(Rich)의 저서 『정치적 결정에 대한 신뢰Glaube in politischer Entscheidung』, 1962. 「혁명의 신학 Théologie de la Révolution」誌 특별호, 사회적 기독교 Christianisme social, 1967; "믿음과 혁명Foi et Révolution", 「세상의 형제Frère du Monde」誌 51호, 1968. 골바이져(Gollwitzer), 로치만(Lochmann), 숄(Shaull), 『혁명의 신학Une théologie de la révolution』, 1968. 카도넬, 『예수 그리스도 안에서의 하나님의 죽음Dieu est mort en Jésus-Christ』, 1968.
241) [역주] 저자가 기술하던 1969년대로부터 20년 전.

이처럼 기독 지성인들은 갑자기 그 기저의 모든 요소를 무시한 채, 무관심에서 가장 극단적인 찬양가로 변신한다. 두 번째로, 그들은 그것이 무엇이든 간에, 모든 중요한 새로운 문제를 놓치지 않는 사람이 되고자 서두르는 시도를 하게 된다. 그래서 우리는 그들이 가장 놀랍고 가장 엉뚱한 입장을 취하는 것을 보게 된다. 뒤처지는 것을 염려하지만, 이 새로운 질서에 대해 어떤 고찰도 준비하지 않았기 때문에, 그들은 무지하고, 실제 일어나는 사건에 대해 계속해서 경직된 자세로 있으며, 원인이 아닌 현상에 몰입한다. 이때부터, 그들의 전위적인 태도는 그들로 하여금 계속해서 사회의 결정적인 문제에 대해 나쁜 장난을 치도록 한다. 그들의 전위적 사고에도 불구하고, 그들은 언제나 일어나는 사건들을 가장 마지막에 고려하는 사람들이 된다. 특별히 "교회와 사회 일치 대회"1966년의 작업들에는 이 두 가지 경향의 특징들이 있다. 식민지 해방이 끝났을 때, 기독교 지성들은 더 큰 구호를 내걸었고, 착란적인 반식민주의자가 되었다. 한 테러리스트 집단이 성명을 낼 때, 그들은 그것을 마르크스 선언과 혼동하며, 앞장서서 비난한다. 불행하게도, 3개월이 지나면 우리는 거기에 대해서 잊게 된다. 다른 말로 하면, 기독교 지성들이 어떤 한 문제에 대해 관심을 둔다는 것은, 이 문제가 일반화되었다는 매우 분명한 증거이다. 혁명도 이와 마찬가지이다. 4년 전부터 이것은 분명한 사실이었고, 최근의 시위들은 이 흐름을 증명하고 있다.242) 이처럼 기독교 지성은 오늘날 혁명의 열정을 지니고, 매일 세계에서 일어나는 모든 혁명적 행위에 대한

---

242) 실제로는 그 이전에 이미 혁명에 대한 기독교적 고찰이 있었다. 1900년경의 토미 팔로(Tommy Fallot)는 1946년에(현대 사회의 존재) 혁명 신학을 형성했던 첫 번째들 중의 하나였다고 생각한다. 그러나 이것은 유행하던 혁명의 신학과는 완전히 다른 것이다. 또한, 혁명에 대한 이 모든 저서에서 교회가 언제나 보수적이었다고 읽는 것은 상당히 거슬린다. 이것은 상당한 역사적 무지이며, 그것은 우리가 4~18세기까지의 모든 저항과 혁명에서 교회가 그 중요한 역할을 하거나, 매우 드물게 그 권위 가운데 있거나, 또는 더욱 드물게 여전히 실체로 존재했었다고 말할 수 있기 때문이다. 역사적으로 소수의 성직자들은 언제나 저항하는 가난한 사람들의 편이었기 때문이다.

소식과 정보들이 교회로 흘러들어 간다.

*   *   *

실제로 어떻게, 그리고 왜 그리스도인들이 이 지경이 되었는가? 이렇게 된 과정은 매우 단순하게 보인다. 기독교 지성들은 그들의 관습적인 전통에 따라 사회에 만연한 이데올로기와 사회주의자들의 미사여구를 가져왔다. 그들은 조용하게 계급을 이야기했고, 계급에 의해서 모든 것을 설명한다. 그들은 한편으로 우리 사회에 널리 퍼진 정치화를 받아들였다. 국가가 모든 부분에 영향을 미치게 되면서 모든 것이 정치적이 되었기 때문이다. 이때부터 기독 지성인들의 문제는 인간의 삶이 아니라 사회 변혁이다. 이 사회 변혁이라는 커다란 문제는 현대 사회 속에서 실제로 일어나는 사건들의 사회적 윤리와 신학적 기초가 되었다. 1968년 5월의 파리 수도권파리와 일드프랑스 성직자 선언은 다음과 같았다. "여기에 정치적이지 않은 해결책은 불가능할 것이다." 그 이유는, 그리스도인은 실제 상황을 가치로 변화시켜야 하고, 혁명의 필요를 더욱 정당화시켜야 했기 때문이다. 우리는 이처럼 미화된 선언들을 할 수 있다. "모든 것은 정치·경제적 수준에서 일어난다'모든' 이라는 단어에 주목하자!…. 인간의 역사적 차원이 정치 안에서 특수한 방식으로 표현된다면, 하나님에 대한 인간의 언어는 분명히 정치적 차원으로 이야기돼야 한다…. 기도, 신학, 예언은 정치적일 수밖에 없다."243) 이것은 수많은 선언 중의 하나이다. 그러나 모든 것이 정치적이 되는 순간부터언어적 의미에서 이 의미 없는 공동의 장(場)을 사용하는 순간부터 정치적인 것이 무엇인지를 알아야 한다. 그리고 혁명적 그리스도인의 집단 속에서 우리는 지금까지 찾고 있던 답을 발견하게 된다. 그 무엇과도 바꿀 수 없는, 오직 기독교그런데 어떤 기독교를 말하는가?에만 적합한 태

---

243) 도메르그(R. Domergue), "하나님과 말씀", 믿음과 혁명 誌

도, 즉 사회주의이다. "그리스도인은 혁명적일 수밖에 없다. 실제 상황 속의 인간에 대한 연구와 경험을 통해, 혁명은 사회주의 사상으로 넘어간다. 오늘날의 그리스도인은 사회주의자가 될 수밖에 없다."244) 실제로 이 놀랍도록 궤변적이고 독단적인 단어의 결론에 도달하고자, 저자는 사회주의적 선입견에 서 있는 한편, 다른 한편으로는 시대적 분위기에 편승한다. 이런 인용들을 계속하는 것은 무의미하다. 이것은 전통주의의 극치일 뿐이다.

그러나 이 사회에 만연하는 사회주의에 대한 사회학적 지지를 통해, 필연적으로 모든 정당화正當化의 체계를 구축한다. 이것은 마르크스 사상을 기독교에 적용한 결과이다. 이것이 주교들의 작업이었음을 잊어서는 안 된다! 우리는 매우 조잡하게 고안한 마르크스 사상에 의해 교회와 기독교를 토막낸다. 만일 그리스도인들이 혁명에 동의하지 않는다면, 그것은 그리스도인들이 "우리를 신학적 존재라고 이야기하는 이데올로기적 질서를 주장하고 있기 때문이며, 이 주장은 실제로 사회학적으로 지역화된 교회의 주장일 뿐이다."245) 이처럼 신학은 분명히 다른 신학을 말하는 것이다! 왜냐하면, 혁명적 그리스도인의 순수한 신학이지, 사회학에서 파생된 것이 아니기 때문이다. 하나의 이데올로기에 불과하다. 그리고 이 이데올로기는 교회의 사회학 만능주의의 결과일 뿐이다. 이처럼 신학을 인간적 차원으로 바라보게 되다 모든 신학은 부르주아적인 구성이 된다. 카르도넬246) 신부는 특별히 다음의 사실을 이야기한다.247) 은혜, 그것은 희소성의 경제 신학이고, 하나님은 부르주아

---

244) 블레즈(M. Blaise)의 저서 『혁명적 행위를 위한 그리스도인의 도덕 *Une morale chrétienne pour l'action révolutionnaire*』, 그리고 이미 인용했던 "선언(Manifestation)"에서 다음과 같이 이야기한다 : "인간이 자본주의 시스템 내에서 이익과 돈에 희생된 세계의 논쟁의 완전한 연대를 원한다." 물론 우리는 한 부분만을 보았다!
245) 세상의 형제들 (Frère du Monde), n° 51, p. 65.
246) [역주] 정 카르도넬(Jean Cardonnel,1921~2009). 도미니코 수도회의 수도사이었으며, 가톨릭교회의 극좌파의 입장에 서 있었음. 프랑스 해방주의 신학의 대표적인 인물임.
247) 카르도넬(Cardonnel), 『혁명이 없이는 계시도 없다 *Pas de Révélation sans révolution*』.

의 온정주의에 따라서 주님으로 불린다. 그리고 인격은 부르주아와 똑같이 개인주의의 결과이고, 영적 삶은 세상의 변화지배 계급의 이데올로기이고, 구원은 경쟁적 체제의 표현이다. 반면에 카르도넬 신부는, 진정한 하나님과 수평적 관계의 신학에 대한 선언만이 만연한 사회학 만능주의를 벗겨낼 것이라는 자신의 주장그 어떤 성경적 근거에 대한 기초 없이에 대해서 전혀 의심하지 않는 것처럼 보인다. 결국, 여기에서 우리는 이 혁명적 시도라는 의미 속에 뜻하지 않은 영향을 발견하는데, 그것은 역사에서 더는 아무런 역할을 하지 못하는 그리스도인의 공황 상태를 나타낸다. 역사에는 매우 중요한 의미가 있어서 모든 것이 역사에서 해석되어야 한다. 만일 우리가 역사적 의미 속에 있지 않다면, 우리는 이미 길을 잃은 것이다. 그러나 이제 혁명적 행위만이 분명하게 역사를 만들기에, 이 혁명 행위 속에 투신해야 한다.

그렇지만, 혁명적 그리스도인들 가운데에서 단 하나의 방향성만 있는 것은 아니다. 여기에서 우리는 기독교가 시작된 이후에 기독교가 우리 사회에 다른 것으로 대체할 수 없는 요인이 되었으며, 그것이 관계와 구조를 변화시켰다고 주장하는 그리스도인들을 논하지 않을 것이다. 왜냐하면, 그들에게 변혁의 작업우리가 혁명적이라고 평가할 수 있는은 믿음의 결과이며, 하나님의 개입의 결과이고, 결정적으로 하나님에게 우선으로 행한 다른 행위들 가운데에서 부수적으로 나타나는 것이기 때문이다. 그래서 여기에는 원칙적인 혁명적 위치도 없으며, 드러난 진실이나 영적 삶에 관련된 우월한 위치도 없다. 여기에는 특별히 우리 사회와 관련된 새로운 태도가 없다. 이렇게 기독교가 혁명적이라는 관점에서 이야기하는 것은 혁명의 일상화와는 아무런 관련이 없다. 단지 이 시대의 혁명적 현대 그리스도인들 사이에서 우리는 두 가지 큰 흐름을 발견하게 되는 것으로 보인다.

* * *

　첫째로 우리는 혁명의 신학자들을 보게 된다. 세계에 여러 혁명이 있고, 인간적 관점에서 볼 때 이 혁명들은 합법적인 것으로 보인다. 그런데 혁명에 대한 신학이 가능한가? 현존하는 권력과 결탁해서는 안 되는 기독교와 혁명의 관계를 발견할 수 있는가? 이것은 이제 그리스도인의 혁명적 의지에 대한 문제가 아니다.248) 좀 더 나쁘게 이야기하면, 나는 그것이 혁명 운동의 관점으로부터, 그 이전의 전통주의로부터, 국가, 자본, 식민화 등으로부터 기독교를 다시 찾아오는 것이라고 이야기하고 싶다.

　만일 우리가 이 사고의 커다란 흐름을 매우 간결하게 요약하고자 한다면, 그것은 첫 번째로 하나님이 현대의 혁명 운동 속에 일하신다는 일련의 확신이 있음을 이야기하는 것이다. 오래된 입장이긴 하지만, 이 확신에 의하면 역사적 사건들은 하나님의 일하심으로 볼 수 있다. -하나님은 프랑스를 통해 일하신다! 프랑스를 통해 하나님이 일하신다! 다른 한편으로, 우리는 그러한 세상이 죄의 표현임을 받아들이는 것이고, 동시에 이 역사적 사실들은 "죄악 된 현실에 대한 혁명적 부정否定 가운데에서, 하나님의 부정否定을 사회적 영역에서 듣게 되는 것이다." 여기에 여전히 단순히 전통과는 상반되는 견해가 있다. 전통에 따르면, 죄의 만연에 제동을 걸 수 있는 것은 국가이며, 국가에 의해 세워진 질서는 무질서와 폭력 등에 대한 하나님의 부정否定을 의미한다. "신자는 혁명적 존재가 될 수 있으며, 혁명적이 된 세상의 변혁에 공헌할 수 있게 된다." 한 번 더 이야기하자면, 이처럼 그리스도인에게 혁명

---

248) 내가 『세상 속의 그리스도인』(대장간 역간)에서 지지하고 다른 몇몇 저서에서 나타내는 것은, 제르베(Gerbe, 『기독교와 혁명 Christianisme et révolution』, 1963)가 예수의 도덕이 혁명적이라고 나타내는 것과, 보로보이(Borovoi)가 혁명은 회개와 거듭남에 뿌리를 두고 있다고 여긴 것과 같으며, 혁명은 영적 혁명의 구체적인 증거라고 여기는 것과 같다(Borvoi, 『우리 시대의 사회적 혁명 속에서 신학의 역할 Rôle de la Théologie dans les révolutions socials de notre temps』.

적 행위를 요구하는 것은 바로 세상이다. 그리스도인은 혁명적 행위가 중요해진 사회 속에 있기 때문에, 혁명적 행위를 통해 나타나야 한다! 그리고 신자는 "혁명의 본질이 세상에서 하나님의 절대성을 드러내는 것일 뿐"이라는 사실을 증거해야 한다. 이 도식은 기독교가 혁명의 힘이라고 이야기하는 방향성에 거스르는 것이다.

리치Rich와 더불어 이 사상의 흐름을 해석한 주요한 사람으로는 리챠드 숄[249]이 있다. 그의 눈에 이 시대에서 가장 중요한 것은 혁명적 사실이었다. 전 세계에서 나타나는 집단, 인종 계급들에 대한 문제에 직면할 때, 사회적 혁명이 가장 주요한 문제임을 깨닫게 된다. 그것은 숄이 우리 사회에 극단적인 유연성이 있으며, 기술이 모든 '정의와 행복'의 가능성을 연다고 생각하기 때문이다. 사회 구조는 점점 불안정해지는데, 그 이유는 이 사회 구조가 자신의 거룩한 특성을 잃어가고 있기 때문이며, 인간을 노예화하고 비인간화하는 모든 것으로부터 해방하려 하는 메시아 운동의 탄생을 주장하기 때문이다. 이러한 상황 때문에 숄은 '혁명은 우리의 운명'이며, 그래서 우리는 새로운 정치·사회적 범주를 찾으려 한다. 그리고 이 혁명적 상황은 '교회에 도전'을 준다. "만일 우리가 문화적·종교적 유산의 가장 소중한 가치들을 보전하기를 원한다면, 여기에서 혁명전쟁을 제외할 수 없다. 이 전쟁을 통해서 어떤 결과에 도달한다 할지라도, 이 전쟁을 벗어나서는 책임지는 태도를 보일 수 없다." 이 점에서 사회학적 분석이 얼마나 취약한지를 살펴볼 수 있다. 우리가 살펴보는 이 취약성에 대한 분석은 기술사회의 상황에 대한 엄격한 평가보다는, 세상의 여러 갈등에서 기인한 감정, 사회주의와 혁명 사이의 혼동, 부의 불평등에 관한 감정들을 잘 드러낸다. 그래서 실제 오류를 통해서 신학적으

---

[249] 리챠드 숄(Richard Shaull, 1919년 펜실베니아 출생, 2002). 개신교 신학자로 라틴 아메리카 신학과 해방신학의 선구자.

로 검증하고 윤리학의 기초를 세우는 것이 중요하게 여겨진다. 만일 기독교 윤리가 사회학적 상황에 맞게 적응되어야 한다는 이론을 적용한다면, 사회학적 분석이 정확해야 한다. 그리고 대략적인 '명백함' 과 유사성에 만족해서는 안 된다. 이것은 그 결과가 어떠하든 혁명에 참여해야 한다그의 눈에는 그것이 사실이기 때문이다고 선언하는 것만큼 중요하다. 이러한 과정은 매우 어려운 과정인데, 이 과정은 혁명이 하나의 가치가 되는 것을 의미하고, 그리고 어떤 의미에서는 절대적인 가치가 되는 것을 의미하기 때문이다! 이러한 숄의 사상은 수많은 동의를 받은 만큼 수많은 반론도 있다. 그가 신학적 고민을 계속 해나감에 따라 구체적인 요소들을 발견하게 되었다. 기독교는 혁명적이고, 비신성화하며, 우리를 언제나 행동해야 하는 미래로 인도하고, 메시아사상은 지상에서 잊혀서는 안 된다. 그리고 하나님 나라는 사회적 질서를 평가하는 역동적인 실재이다.

 그러나 곧바로 세상에서 일어난 혁명 중에 최고의 혁명이 다시 나타났고, 자신의 신학적 사상에서 혁명의 특수한 방향성을 끌어내지 못하고, 대신에 메시아적 혁명의 긴장이 수많은 동기가 되어 터져 나오는 모든 사회적 혁명과 혼동한다. 좀 더 간단하게 이야기하면, 그리스도인의 신앙이 혁명적 내용을 담고 있어서, 여러분이 기독교와 아무런 관련 없이 일어나는 모든 혁명에 투신한다. 우리는 혁명이 공통의 가치가 되었음을 보며, 그 결과로 이 가치는 숄의 삼단논법에 주요한 부분이 된다. 결국, 그리스도인이냐 아니냐보다 혁명적이 되는 것이 더 중요해진다. 물론 숄은 그가 이렇게 이야기한 적이 없다고 강하게 주장하겠지만, 이 제안은 실제로 그의 모든 관점 속에 내포되어 있다. 그리고 그는 곧바로 사회의 인격화에 관한 사상과 자신의 신학적 기초의 관계를 발견한다. 그는 그리스도 안에서의 하나님의 행위가 인격화의 행위라고 믿는 한편, 또 다른 한편으로는 혁명의 목적이 인격화임에 동의한다. 그래서 혁명은 하나님의 인도적 행위 안에서 나타난다. 그리고 여기에서 우리는 쉽게 하나님 자신이 더 인간적인 존재를 창조하려고 과거의 구조를 파괴했다고 선언하는 데까지 나아간다. 혁명가들이 일으킨 전쟁의 중심에 하나님이 있다고 선언한다. 이것이 혁명의 본질이라고 이야기한다! 물론, 우리는 소위 하나님의 행위 안에서 인격화라고 부르는 것이 여러 혁명이 추구하는 것과 같은 것인지를 확인하는 것으로 만족하지 않는다. 물론, 알렉산드르 블로크의 시가 이것을 말하지만, 이것만으로 충분한 설명이 되지 않는다! 마찬가지로 우리는 혁명이 일하시는 하나님이 아닌 다른 힘을 통해서 절대 일어날 수 있다고 생각하지 않으며, '세상의 왕'이 세상에 나타나는 혁명에 스며들 수 있다고 추측하지 않는다. 결국, 우리는 그러한 혁명 사이에서 공산주의, 민족주의, 정의당페론주의를 추구하는 아르헨티나 정당-역주, 종족, 프랑스 민족주의를 구분하지 않으며, 이 모든 것을 받아들일 만한 것으로 여긴다. 그럼에도, 마르크스 사상은 특권적인 지위를 갖는다…. 숄은 의식적으로 몇몇 혁명의 결과들에 대해서는 언급하지 않는다. 그는 혁명가들의 시도가 혁명가 혼자서 그리고 그 자신에 의해서 새로운 질서를 창조하는 것처럼 행동하는 것임을 알았다. 반면 그리스도인들은 정치적 투쟁에 한계가 있음을 알아야 한다고 이야기한다…. 그러나 그가 남겨둔 이 여지는 부수적인 것으로, "혁명에 의해 세워진 새로운 사회 질서가 하나님의 선물"이라고 선언하면서도, 이 남겨둔 여지에 대해서는 더 이야기하지 않는다. 그리고 혁명을 이처럼 받아들여야 한다는 사실로부터 우리는 두 가지 난제에 봉착하게 된다. 숄의 사상에서 가장 결정적인 결함은 혁명의 방식이다. 나는 앞에서 실제적인 그리스도인의 윤리에 대한 사고에서 가장 중요한 부분은, 혁명을 이루는 방법과 관련이 있다는 것을 주장하려 하였다. 숄은 이 점에 대해서 단 한마디의 언급도 하지 않았다. 그는 단지 이상적인 방식으로 혁명의 작은 구심점을 형성하여 정치적 게릴라를 만들 가능성만을 목표로 하고 있다. 그리고 그의 눈에 교회는, 만일 교회가 자신의 소명(?)을 심각하게 받아들일 준비가 되어 있다면, "교회는 인간이 혁명에 투신할 수 있는 틀을 만들었어야 했다." 또한 폭력 그 자체에 대해서는, 그리스도인은 비폭력적인 행위에만 참여해야 한다는 벤트란트250)의 사상을 버리고 다음과 같은 사고를 받아들인다. "어떤 상황들은 폭력의 사용을 통해서만 변혁의 과정을 시작할 수 있다. 중요한 것은 폭력이 계획되었는지를 아는 것이 아니라, 폭력이 절대적으로 필요한 순간, 폭력의 사용이 제한된 변화를 위한 지속적인 투쟁의 전략을 통해 나타난 것인지, 혹은 그 폭력이 사회적 질서의 총체적인 파괴를 위한 것인지를 아는 것이다." 우리는 폭력 사용이라는 어려운 문제를 이보다 더 잘 피해갈 수 없을 것이다! 그렇지만, 그의 신학적 관점에서 혁명적 폭력이라는 문제는 근본적으로 문제제기 했어야 했다. 실제로 그는 다음과 같은 질문을 던졌다. "세상에서 나타나는 하나님의 인격적 행위의 특수한 요소는 무엇인가?" 이 질문에 그는 다음과 같이 대답한다. "용서, 자유, 정의, 화해" 그는 혁명적 구조가 각각의 사회계층으로 하여금 경제적이고 민족적인 공동체적 삶의 완성이라는 더 커다란 척도 속에서 참여할 수 있도록 할 때에만, 이 그림을 완성할 수 있다고 덧붙이고 있다…. "그는 폭력이라는 혁명의 수단 자체가 정확히 자신의 관점에 대립하는 것이 아니라고 생각하며, 혁명이 폭력을 통해 일정한 사회적 계층을 제거하는 것이라고 여기는 것 같지 않다.… 그래서 그가 수단의 문제에 대해서 침묵한다면, 기독교 윤리가 자세하게 규정해야 하는 공헌이라는 부분에서 매우 정직해 보이지 않는데, 그 이유는 그가 그 어떤 결과도 이 사회에 부합하다면 적용할 수 있도록 해 주는 상황 윤리 안으로 도피하기 때문이다! 우리는 이 이론이 이상적이고, 신학적으로는 상당히 낮은 수준에 있으며, 실제와는 매우 동떨어

---

250) [역주] 하인즈 디트리히트 벤트란트(WENDLAND Heinz Dietrich, 1900~1992). 신학자.

져 있다고 결론 내릴 수밖에 없다.

이 사상은 웁살라251)에서 열린 에큐메니칼 대회1968년에서 다시 논의되었고, 토마스M. Thomas에 의해서 소개되었다. 이 보고서는 이전의 보고서들과 똑같이 폭력을 정당화하고 있기는 하지만, 좀 더 많은 뉘앙스를 내포하고 있다. "믿음은 혁명 이데올로기로 축소되지는 않지만, 혁명이 더 실제적이고 더 인간적이기 위해 혁명 이데올로기와 역동적인 관계를 맺는다…" "혁명은 역사에서 하나님에 의해 약속된 어느 정도 새롭게 된 종말을 나타내기 위한 시도이다. 그러나 진정한 종말론은 잘못된 메시아주의로부터 혁명을 변호할 수 있다." "복음은 혁명적 전략 내부에서 일어나는 갈등에 대한 화해로 여겨져야 한다." 물론, 이 모든 주장은 훌륭한 주장이다. 하지만, 토마스는 위의 문장의 논지만을 전개했어야 했다.… 그러나 그가 하나님께 돌아오는 것이 정치적이며, 그리스도의 행위가 우리 시대의 혁명 속에서 발견되며, 기독교가 새로운 휴머니즘의 기초를 세우고 혁명을 위해 존재할 때에만 의미가 있다고 선언했어야 했던 이유는, 혁명에서의 폭력이 합법적이고 결국 교회가 언제나 더 강한 자의 편에 있다는 보수주의자의 이데올로기에 동의하기 때문이다…. 이미 진부해지고 이미 실행되어 오류로 드러난 사회학적 혹은 역사적 파편들은, 소위 혁명적이라고 하는 그리스도인들로 하여금 어떤 부분에서 세상을 움직이는 대중적 흐름에 복종하도록 하는지 잘 보여준다.

* * *

두 번째 방향성은 잡지 「세상의 형제들Frére du Monde」 중심으로 나타나는, 더 합리적이고 더 극단적인 작은 집단으로 대표된다. 이 잡지의 편집장인 마이야르252) 신부는 다음같이 이야기하는 데에 주저하지 않았다.

---

251)[역주] 스톡홀름에서 북쪽으로 70km 떨어진 스웨덴의 도시.

"만일 내가 내 믿음이 조금이라도 다른 사람들로부터 나를 분리시키고그 는 자신이 진정한 그리스도인이라고 이야기하지 않았다 나의 혁명적 폭력성이 둔화 하는 것을 인식했다면, 나는 내 믿음을 포기하는데 주저하지 않았을 것이 다." 그래서 그는 숄이 암시했던 것을 더 분명하게 주장하였고, 그것은 말 하자면 혁명이 믿음보다 더 근본적이라는 것이다. 마이야르 신부에게 이 것이 정말로 기독교 믿음과 혁명적 폭력 사이에서의 선택에 관한 문제라 고 이야기할 수 있는가? 나는 이 주장을 이러한 방식으로 해석되어야 한 다고 생각하지 않는다. 그는 단지 혁명에서의 폭력이 기독교 믿음의 가능 한 유일한 표현이며, 만일 내가 믿는 것 또는 믿음을 갖는 것이 폭력을 감 소시키려 한다면, 이것은 내가 믿음의 내용을 오해하고 있음을 의미하고, 따라서 나는 믿음을 버려야 한다고 주장한다. 그것은 폭력에 나를 고정해 놓으면서 분명히 내가 선한 기독교 사상이 있음을 확신하도록 한다고 주 장한다. 이것은 혁명이 없이는 계시도 없다는 카르도넬 신부의 사상으로 다시 돌아오도록 한다. 이 부분에 대해서 좀 더 이야기하기 전에, 마이야 르 신부의 다음과 같은 행동의 동기들이 다른 모든 그리스도인의 동기들 과 같다는 것을 이야기하고 싶다. 가난한 자의 포용, 제3세계와의 연대, 자본주의의 불공정에 대한 비판… 그리고 "제3세계를 사랑하는 것은, 그 들의 혁명을 사랑하는 것이고, 그들의 한 부분을 차지하는 것이며, 그 안 에서 비폭력자로 남아있기를 갈망하는 것이고, 자신의 삶을 살인하면서 바치는 사람들을 판단하지 않는 것이다."

마이야르 신부는 여기에서는 비폭력을 이야기하지만, 다른 곳에서는 다음같이 이야기한다. "폭력은 외부로부터 우리에게 주어진다. 나는 그것

---

252) [역주] 올리비에 마이야르 신부(**MAILLARD Olivier**). 1968년 3월 23~24일에 파리에서 "기독교와 혁명"이라는 주제로 컨퍼런스가 열렸다. 여기에서 '세상의 형제들'에 속한 마 이야르 신부는 제 3세계의 혁명적 상황과 관련하여 "문제는 폭력 행사가 정당성 여부가 아니라, 폭력의 상황들을 어떻게 가정할 것인가의 문제이다"라고 주장하였다.

을 맞닥뜨려야만 한다. 총 잡기를 거부하는 것은 불의의 비극 앞에서 그냥 서 있는 것이고, 비참한 사람들로 하여금 배고파 죽도록 내버려 두는 것이다. 언제나 억압하는 사람들의 폭력이 억압당하는 사람들의 반대급부적 폭력을 일으킨다. 그는 가난한 자들의 폭력이 그들의 유일한 표현이라고까지 이야기한다." 그러나 그는 이 사실을 증명하는 것으로 만족하지 않고 이 사실에 대해 나는 분명히 동의한다 그것을 정당화하며, 이것은 그로 하여금 다음과 같은 결론을 내리도록 한다. "우리는 순수 도덕으로부터 자유로워져야 한다." 다른 말로 하면, 그는 스스로 수단에 대해서 문제를 제기하지만, 폭력을 받아들이는 데에 주저하지 않는다. "우리는 행위를 결정하는 모든 인간을 존중해야 한다." 그 다음은 더는 중요하지 않다. 실천이 중요하다. 그리고 타인과의 연대에 대해서는 믿음의 공동체보다 혁명적 행위가 중요하다. "그리스도인은 본질적으로 자신에 대한 관심보다는 더 보편적인 차원에서 형제들과 관계하는 인간이다. 만일 그가 진정으로 인간을 구원하고 싶다면, 우리는 함께 어떻게 수단의 문제를 풀어갈 수 있을지 알게 될 것이다."

우리는 여전히 성도의 연합이 어떤 의미가 있을 수 있을지 자신에게 질문한다. 분명하게 마이야르 신부의 신학 속에서, 성도들은 예수 그리스도에 의해 성화 된 사람들이 아니라 혁명가들이다. 그의 사상이 이렇다는 사실을 알려면 그가 체 게바라를 진정한 순교자로 소개하는 것을 알아야 한다. 바울이 고린도전서 13장에서 우리에게 이야기하는 사랑과는 매우 거리가 있다! "우리는 국가의 통치에 대항하는 모든 사람에 행해지는 폭력적인 구속의 방식 때문에 큰 충격을 받을 수 있다.253) 조급하게 이 사람들을 정죄해서는 안 된다. 이들은 현명한 사람들이다… 양심의 가책

---

253) 물론, 한 번 더 독재의 정당화를 살펴보자. 여기서 말하는 독재는 어떤 독재를 의미하는가? 그리고 '국가'와 혁명적 부분의 신속한 동화에 대해서 주목하자.

때문에 형제들을 통해 일어나는 세계적인 혁명을 늦춰서는 안 된다. 여기에 진정으로 실천의 선택이 있다. 여기에서 낭만적인 사랑은 거부된다. 진정한 사랑은 정치적·경제적·사회학적 연구를 통해서 일어난다.254) 인간을 그 사회적 발전의 차원에서 사랑해야 한다." 분명히 여기에 그리스도인들이 사랑이라고 부르는 허약함, 초라함, 하찮음과는 다른 정확한 주장이 있음에 동의한다. 그러나 이것은 오류와 거짓을 또 다른 오류와 또 다른 거짓으로 지적하는 것이다. 애석하게도 이것은 좋은 방법이라 할 수 없다.

그리고 다음의 표현은 카르도넬 신부가 이야기한 것과 같은 방향성을 갖고 있다. 그리스도인에게 있어서 유일한 표현의 수단은 혁명이다. 그리고 이 혁명은 극단적인 사상의 혼동과 정치·사회적 조건 사이에서, 그리고 그 속에서 믿음255), 박애, 소망, 부활을 의미하며, 언어유희적 장치와 호언장담을 통해서 정당화하는 것을 의미한다. 분명하게 우리는 복음화가 가난한 자들이 그들 안에 내재 되어 있는 힘을 인식하는 것이고, 그들을 계급투쟁으로 밀어 넣는 것이라고 주장할 수 있다. 그리고 착취에서 벗어나기 위한 인간의 혁명이 예수 그리스도 부활의 증거이며, 대지주를 사랑하는 것이 그들로부터 재산을 몰수하는 것이라고 강력하게 주장할 수 있다. 물론, 나는 이 의견에 동의한다. 그러나 그는 대지주들이 이미 어느 정도 피를 흘리고 있음을 이야기하는 데에 인색하다! "혁명 행위가 온건해질 수는 없다. 오히려 그와 반대로 화해할 수 없는 상황에서 그들의 특권적인 상황에 대한 저항, 즉 원수에 대한 사랑을 통해 승리해야 한다…." 이 선언은 나에게

---

254) 나는 정말로 "까이에 데 프레르 뒤 몽드 誌 *Cahiers des Fréres du Monde*"의 연구와 여기에서 인용한 구절들이 정치적이고 사회학적인 관점에서 너무나 빈약해 보이는지 이야기할 필요를 느낀다!
255) 믿음인가 아니면 신앙인가? 우리는 이것을 잘 알지 못한다. 그 이유는 믿음을 갖는 것은 무시할만한 것이고, 누군가를 믿어야 한다고 설명한 이후에, 그가 정죄했던 무수한 많은 어휘들을 사용하기 때문이다.

적들을 죽이면서도 사랑한다고 이야기했던, 1914년의 전쟁에서 일어났던 수많은 죄가 생각나게 한다.

카르도넬 신부는 종교재판의 전통을 이야기한다. 우리는 그 사상에서 수많은 진부함, 현대적인 관점에서 평범함, 전통주의를 볼 수 있다…. 그는 신격화된 평등을 믿으며, 비폭력을 준비하면서 폭력을 신봉하고, 흉악한 자본주의자들이 사라진 미래를 믿는다. 또한, 쿠바 혁명의 민주적 성격을 믿고, 혁명 지도자가 "공통된 인식의 표현이며, 그가 사람들로 하여금 모이도록 자극하고, 그들의 대변인임을 자처한다"이것은 문자적으로 리더십원칙라고 믿으며, 혁명가들이비그리스도인들이 그리스도의 사랑을 실천한다고 믿는다. 그리고 분명하게 하나님이 초월적이며 우리가 은혜에 의해서 구원받았음을 제외한 모든 사실을 믿는다…. 카르도넬 신부는 마치 중세 가톨릭 신부와 유사하다!

여기에서 우리는 좀 더 자세히 살펴보아야 한다. 마이야르 신부에게 있어서 이것은 더는 기독교적 사랑 안에서 다시 폭력을 사용하는 것도 아니고, 기독교와 혁명을 다시 통합시키는 것도 아니다. 우리는 여기에서 그의 사상 가운데에 가장 흥미로운 점에 도달한다. 그는 그리스도인의 메시지 안에 혁명적 경향이 있다거나 혹은 혁명적 힘이 있음을 보여주기 위해서 기독교적 전제에서 출발하려는 시도가 잘못된 것이라고 이야기한다. 그의 눈에는 예수 그리스도에 대한 복종에서 혁명의 길로 들어가야 한다고 이야기하는 것 또한 잘못된 것이다. 오직 한 인간으로서 혁명에 가담해야 한다. 혁명은 혁명 자신에 의해서만 가치를 가지게 된다. 왜 이러한 배타주의적 입장을 취하며, 왜 기독교와 혁명을 구분하는가? 우리가 지금까지 보아온 것처럼, 다른 모든 것이 이 둘기독교와 혁명을 연결하려 하며, 기독교 안에서 혁명의 동기를 찾으려는 것과는 다르게 기독교와 혁명을 구분하고 서로 간의 배타주의를 이야기하는 것인가? 마이야르 신부의 눈에 이러한 태도는 실제로 그리스도인이 다시 혁명을 지배하려는 의지로 보인 것이다. 혁명을 일으키고 행한 사람은 그리스도인이 아닌 다른 사람이지만, 이후에 그리스도인들은 이러한 인간의 행위를 그들의 구조 안으로 받아들이고 가치를 부여하려고 여기에 참여한다. 하지만, 이것은 부정직한 행위이다. 사람들이 자신의 수고에 대한 대가를 받도록 두어야 한다. 그리스도인은 혁명에서 그 어떤 열매도 가져갈 것이 없다. 그들이 추구하려는 것이 복음에 혁명적 사상을 대입시키는 것이든, 혁명의 신학을 하는 것이든, 그것은 그 열매를 가져오려고 혁명을 이용하는 것이며, 다른 사람의 행위와 혁명이라는 제목으로 자신을 장식하는 것이다. 이러한 의미에서 그리스도인은 혁명을 왜곡한다. 그리고 예를 들면, 사랑과 같은 복음의 강한 요소들이 혁명을 완화하고 약화시키며 무미건조하게 만든다. 그래서 그리스도인은 이 모든 사건 속에서 기독교 사상을 이야기하지 않고 단순히 한 인간으로서 기독교적 동기를 부여하지 않고 혁명에 참여해야 한다. 이러한 극단적인 위치에는 적어도 정직함이란 장점이 있으며, 세상에 일어나는 사건들을 '정당화' 하는 그리스도인의 착란에 빠지지는 않는다. 그러나 우리는 다음과 같이 질문할 수 있을 것이다. "왜, 지금부터, 혁명에 참여해야 하는가?"

마이야르 신부는 혁명이 결정적으로 혁명 자신에 의해 가치를 가진다고 암묵적으로 대답한다. 참된 인간이 혁명에 참여하게 되고, 혁명에 의해서 해방된 인간성에 대한 희망이 존재한다. 그래서 인간으로서 우리는 이 길 외에 다른 길을 갈 수 없다. 혁명은 절대적인 가치로 나타나며, 동기는 필요하지 않다. 그리스도인이 이처럼 행동한다면 근본적인 대답을 찾을 수 있을 것이다. 그리고 여기에서 강조하는 반전은 매우 중요하다. 그리스도인이기 때문에 그리고 그리스도인이 혁명 안에서 행동해야 하기 때문이 만족하는 것이 아니라, 혁명에 참여했기 때문에 그리스도인으로서 크게 만족할 것이다. 이 만족은 타인과의 진정한 만남을 통한 만족이다. 왜냐하면, 완전하고 제한 없는 행동 속에서만 진정한 만남이 존재하기 때문이다. 그래서 만일 그가 혁명에 뛰어든다면 모든 것을 요구하는 절대성, 그리고 혁명에서 행동하는 모든 사람에게서 모든 것을 요구하는 절대성이 분명하게 그들 사이에서의 통합적인 만남을 이끈다. 그리고 자신의 기독교적 믿음이 일으킬 수 있는 조건들을 젖혀두고 자신을 투신할 때에만, 그리스도인은 타인을 만날 수 있다. 그리고 이 순간, 그는 또한 하나님을 만나게 된다.

* * *

이처럼 혁명 신학에 대한 두 가지 주요한 흐름에 대한 묘사는, 어떤 점에서 우리가 일상화의 극치에 도달했는지를 알게 해 준다. 우리는 여기에서 앞에서 다루었던 모순된 모든 관점을 다시 발견하게 된다. 그래서 이것은 단지 그리스도인이 관심이 있는 매우 특징적인 사실들일 뿐만 아니라 그리스도인이 행하는 방법이기도 하다.

선하게 평가된 가치로 전환된 혁명은 이제 믿음으로 평가받는다. 이러한 작업에서 혁명은 믿음과 소망의 대체물로 나타난다. 왜냐하면, 현대 사회에서는 신화로 불리는 예를 들면, 하나님 이러한 믿음과 희망을 품고 사는 것이 우습게 여겨지기 때문이다. 그러나 만일 우리가 소망과 믿음을 이 세상의 구체적인 실체로 나타낼 수 있다면, 우리는 이것들을 다시 소유할 수 있으며, 그리스도인의 겉모습을 잃지 않을 수 있다. 그리고 이것이 가능하다면, 그 이유는 혁명이 성서에 의해 소망과 사랑을 넘어서는 기독교 사랑으로 표현되었기 때문이다.

사회학적인 동시에 신학적인 표현으로서 이 단어혁명는 완전하게 의미 없는 단어이다. 그것은 노동자총연맹이 사용하는 어휘와 같이 아무런 실속 없는 언어도단이며, 그 어떤 의미도 없다. 우리가 정신분석학적 비평의 방법이나 마르크스 혹은 사회학적 비평의 방식을 통해서가짜 프로이트주의, 가짜 마르크스주의, 가짜 사회학이라고 이야기하는 것이 나을 것이다!, 이 단어가 너무나 헛된 것이어서 아무것에나 갖다 붙일 수 있게 될 때까지, 어떻게 정확한 신학적 어휘로부터 멀어질 수 있는지를 살펴보는 것은 매우 흥미로운 일이 될 것이다.

그러나 여기에는 다음과 같은 실제적인 위험이 있다. 혁명이 우리가 사건을 인식하는 근본적인 사고에 뿌리를 내리게 되면, 우리는 이 근본적 사고를 통해 사건들을 인식할 수 있게 된다. 여기에서 우리는 우리가 대중적이라고 믿는 흐름을 따라잡고자 조잡하게 짜 맞추어진 신학을 발견하게 되며, 이것은 계시를 이해하는 데에도, 사회를 이해하는 데에도 도움을 주지 못한다. 이러한 혁명의 신학은 실제로 가장 빠르게 그리스도인의 무감각함을 드러낸다. 그래서 이들은 비판할 수도 없게 되고, 통합할 수도 없게 되며, 단지 두려움과 초신자의 천진함만을 갖게 된다.256)

이 모든 것에서 가장 심각한 것은, 이 신학의 기능을 통해 인간을 잘못된 방향으로 이끄는 것이다. 예를 들면, 숄257)이 다시 제기한 두 가지 경향을 이야기하자면, 이러한 혁명에 심취된 라틴 아메리카 그리스도인들과, 프레이Freil 대통령과 함께한 칠레 그리스도인의 민주 혁명은 조직화을 넘지 못하였고, 다시 기독교적 성격을 갖게 되었다. 그리고 브라질의 "새로운 기독교 좌파" 혁명은 민중의 비극 때문에 마르크스주의로 향하게 되었다. 이것은 내 관점과는 상당한 괴리가 있는 것으로, 결국 그리스도인들이 민중의 비극에는 관심을 두지 말아야 한다는 사상이 되었다. 문제

---

256) 이것은 특별히 더는 실재의 위기 앞에서 교회의 말씀의 영원함을 끊임없이 비판했던, 1968년 5~6월의 생 이브 센터(Centre Saint-Yves)의 유명한 대강당에서 행해진 연설을 떠오리게 한다.
257) 숄(Shaull)의 저작 『교회와 혁명 Egise et Révolution』의 "혁명의 신학 Une théologie de la révolution〔 부분 참고.

는 무엇이 가장 커다란 비극인지를 아는 것이고, 무엇이 사회주의보다 더 근본적인 진정한 혁명의 길이며, 무엇이 그리스도인의 대체할 수 없는 예언적인 언어인지를 아는 것이다. 결정적으로 혁명의 신학은 점점 쇠퇴의 길을 가게 되었다.

이 흐름 앞에서 적어도 이 기초적 제안 중의 하나를 자세하게 살펴보아야 하며, 혁명의 신학이 단순한 이데올로기가 아닌지 질문해 보아야 하고, 혁명에서 교회와 계시 역시 포괄할 수 있는 보편적인 법칙을 도출해 내야 한다. 이것은 "교회와 사회" 콘퍼런스에서 로저 신R. Shinn이 제기한 문제이다. 그리고 찰스 웨스트West, 1913~2003년는 혁명의 신학문자적 의미에서은 거의 불가능함을 주장하면서용서와 화해 신학의 기초에 대해서 분명히 여지를 남겨 두었다.258) 그러나 우리는 그 이상 나아가야 한다.

혁명적 그리스도인들을 이끈 선언들을 살펴보는 것만으로도, 혁명의 일상화가 어떤 점에서 일상화인지를 충분히 알 수 있다. 가장 열성적인 사람들은 그들이 혁명적이라고 믿는 정당이나 운동들과 연대하며, 어떤 사람들은 게릴라 집단에 참여한다.그러나 여기서는 카밀로 토레스259)의 예와 같이, 혁명에 투신하는 그리스도인의 결단은 매우 모호한 성격이다 이러한 결정은 매우 보수적이고, 깊은 고찰을 필요로 하지 않으며, 그리스도인의 관점에서는 어떤 특별한 것을 찾아볼 수 없지만, 위험을 감수하는 결정이라는 사실에서 분명히 존중할 만하다. 그러나 다른 것들은 어떠한가! 교회를 점거하려는 시도, 미사가 진행되는 동안 현수막을 들고 행진하는 것, 기독교 우파 성향의 잡지 사무실에 전단을 뿌리는 것, 유치한 농담. 이 모든 행위는 이 행위에 참여하는 사람들이 스스로 혁명적 행위를 하고 있으며, "교회

---

258) 웨스트(West), 같은 인용.
259) [역주] 카밀로 토레스 레스트레포(Camilo Torres Restrepo, 1929~1966). 사회학자. 콜롬비아 혁명군에 가담하였으며, 콜롬비아 극빈자들의 권리를 대변하였고, 콜롬비아 게릴라에 참여하였음.

와 사회"에큐메니컬 대회를 비판하고 있고, 매우 대담하게 새로운 기독교 믿음을 설파하고 있다고 심각하게 받아들이지 않는다면, 결국 비웃음의 대상이 될 수밖에 없을 것이다. 결정적으로 이러한 일상화의 유일한 증거는, 그리스도인들이 사회적으로 완벽하게 보수화되었다는 것이며, 혁명이 끊임없이 나타나는 주장의 방식 가운데에서 가장 진부하고 순진하며 의미 없는 것이 되었다는 사실이다.

제5장. 진정으로 필요한 혁명

1. 이 시대에 필요한 혁명이 존재하는가?

우선 의미를 살펴보자. 필요는 필요의 체계를 목표로 하고, 이 필요의 체계는 법의 집행이나 메커니즘에 따라 나타나게 되며, 여기에 인간의 자유는 존재하지 않는다.260) 요약하자면, 혁명은 사회적 권력 획득 경쟁과 역사적 환경에 의해서 나타난다. 우리가 비판했던 역사적 의미의 혁명에 대한 모든 해석은, 어느 정도 이러한 흐름사회적 권력 획득 경쟁과 역사적 환경 속에 있다고 볼 수 있다. 그러나 여기에서 우리가 이 시대에 필요한 혁명에 대해서 이야기할 때 이러한 의미로 이야기하는 것이 아니다. 여기에서 필요라는 단어는 더 모호하고 불확실한 다른 의미가 있을 수 있다. 예를 들면, 바라는 것이 아니면 개연적이라는 의미가 있을 수 있다. 어쩌면 우리는 여기에서 그 어떤 의미도 발견할 수 없을지도 모른다. 필요는 여기에서 우리를 정언적 도덕 앞으로 가져다 놓는다. 이것은 꼭 필요한 것이다. 상황들이 혁명에 호의적이고, 유행이 혁명에 대해서 이야기하며, 어느 정도 혁명적인 교리가 있기 때문에, 혁명을 해야 하는 것은 아니다. 이 필요를 윤리적인 명령으로, 그러나 가정적으로 증명해야 한다. 지금부터 우리는 여기서 이야기하는 '필요'라는 것이 존재하는지 살펴보아야 한다.

우리는 진보의 과정 속에 있으며, 모든 것은 괄목할만하게 혹은 조화롭게 발전하고, 과학과 기술은 언제나 안전, 지식, 행복이라는 더 큰 가치 속에서 뒤엉켜 버렸고, 인간보다 우위에 서게 되었으며, 길게는 급속한 경제 발전에 의해서 사라지게 될 실제적 불평등에도 불구하고 인간 사이

---

260) 나는 『원함과 행함』(1963)에서 이 단어를 이러한 의미로 사용하였다.

에서 평등이 추구되고, 질서와 정의가 점점 더 지배적이 된다. 문화는 점점 더 넓은 층에 퍼져 나가게 되고, 곧 지구라는 행성은 모든 사람에게 글자를 쓸 수 있게 하고, 정보를 제공하며, 여가를 누릴 수 있도록 할 것이다. 질병은 정복되고 치유되었다. 의심할 여지없이 모든 사람은 도덕의식을 이야기한다. 현대인은 더 감정적이고, 가난한 사람들에게 동정심을 가질 준비가 되었으며, 불의를 지적할 준비가 되어 있고, 평화를 추구할 준비가 되어 있다. 역사 속의 어떤 인간도 종교적, 성적 낡은 터부로부터 소중한 자유를 얻으면서, 악과 전쟁에 대항한 적이 없었다. 유사 이래 인간은 지금과 같은 대작을 만든 적도 없으며, 창조성의 수준은 미를 추구하면서 인간이 한 번도 닿지 못했던 높은 수준에 도달했다. 왜 이런 조건에서 우리는 혁명이 필요하다고 이야기할 수 있는가? 아무도 부인할 수 없는 진보는 이 모든 것을 설명하기에 충분하다.

 이와는 반대로 우리는 혁명을 혼란과 무질서를 통해서 현대 사회에 의해서 보증된 발전의 이 모든 가능성을 위협하는 분노의 사건으로 여겨야 할 것이다. 이처럼 혁명의 절대성을 거부하자. 물론, 문자적으로 인간을 분노하게 하고 요구하도록 하는 단순하고 직접적인 동기가 여전히 실재하는 것은 사실이다. 우리는 불의가 넘쳐나는 세상에 살고 있지 않은가? 빈부의 차이는 더 심화하였다. 그리고 우리는 가장 부유한 국가들에서도 비참한 사람들이 존재하며, 흑인과 포르투갈인, 그리고 생존에 필요한 1,000달러 이하를 소유한 백인들이 존재한다는 사실을 잘 알고 있다. 그리고 또한, 가진 자와 가지지 못한 자들 간의 불평등도 존재한다. 우리는 지금 인간을 혁명으로 이끄는 요소들 가운데에 있다는 사실을 애써 주장할 필요가 없다. 분배의 불평등, 권력의 편향은 분명히 견딜 수 없다. 그리고 인종차별과 더불어 은밀한 결정을 내리는 보이지 않고 베일에 가려진 어둠의 존재에 의해서 자신의 선택권을 빼앗기는 것 또한 견딜 수 없다.

그리고 우리는 어떤 이유에서 이처럼 억압을 당하는지 또한 이해하지 못하며 단지 그 결과만을 받아들인다. 그래서 그 원인으로 체카러시아 공안기구, 게슈타포, CIA, S.R, 식민주의, 제국주의, 사회주의, 유대인과 K.K.K.를 가리켜야 했다. 또한, 나 자신의 운명이 나 자신과 하나님에 의해서 이끌린다고 이야기하는 대신에 알 수 없는 힘을 이야기해야 했다. 이러한 감정은 실제적인 경험일 수도 있고, 또는 상상에 의한 경험일 수 있다. 그러나 어쨌든 이것은 좌절의 경험이다.

여기에서 우리는 저항의 근원, 어쩌면 혁명의 근원을 발견하게 된다. 대도시의 거리에서 상인들이 몰락하는 가운데 이리저리 떠도는 사람에게 혁명은 분명히 필요할 것이다. 제3세계에서 기아로 죽어가는 사람에게, 그리고 상품의 유통으로부터 소외된 사람들에게 혁명은 필요하다. 자신의 피부 색깔 때문에 길거리에 나설 수 없었고 학교에 갈 수도 없었으며 극장에 들어갈 수 없었던 사람들, 모욕을 당하고 린치를 당한 사람들에게, 집총을 거부하고 이웃을 사랑하길 원했지만 강제로 징집당하고 전쟁에 참여한 사람들에게, 이 모든 사람에게 혁명의 동기는 충분하며, 내적인 차원에서 그 필요는 즉각적으로 나타난다. 나는 분명히 이 부분을 과장하거나 축소하지 않을 것이다. 우리가 흥분해서 이야기하는, 기아로 고통받는 인류의 75%뿐 아니라, 나머지 25%도 기아로 고통받고 있으며 수입이 거의 없는 사람들이 있다. 30억 명의 사람이 한 사람의 가치보다 못하다. 이 모든 것이 실제 상황이다. 미국 기업들에 의한 인디언들의 착취 역시 마찬가지다. 그러나 분노를 다스려야 한다. 분노로 혁명하는 것이 아니다. 그것은 기껏해야 선전일 뿐이다. 이 상황에 직면하여, 우리는 객관적인 태도를 보이기도 하는데, 그것은 불의에 대항한 것이며, 불평등에 대항한 것이고, 대기업에 의한 절대적인 착취에 대항하여 일어나는 것이다. 그러나 이것은 실제로 아무런 의미가 없다. 이러한 시위는 각각의 사회에, 각각의 집단에, 각각의 시대에 가치가 있어서 좋은 행위임은 분명하다. 그러나 이 문제는 계속해서 남아 있고, 이런 의미에서 아무런 의미 없는 주장일 뿐이다. 일반성은 의미를 상실하게 한다. 혹은 우리는 우리의 삶에서 즉각적으로, 직접적으로 그리고 깊이 있게 이 사건들을 느끼게 될 것이다. 왜냐하면, 이것이 실제 상황이며 우리는 인간이 '이 모든 것'에 대항하여 일어나는 것이 적절한 것임을 이해하지만 받아들이지 않기 때문이다. 그러나 '이 모든 것'이 필요한 혁명, 말하자면 이 시대 인간의 운명을 분명하게 바꾸는 혁명과는 전혀 맞지 않는다. 우리는 오늘날 다음 같이 이해하기 어려운 상황 속에 놓이게 된다. 혁명이 요구와 육체를 가진 인간의 실제적 상황에 맞는 저항의 동기로 여겨지는 것은, 다른 계획 속에 있는 필요한 혁명에 어떤 의미도 갖지 못한다. 우리가 제국주의와 식민주의를 폐지하기에 이르렀다면, 그리고 인간의 배고픔을 해결하는 데에 이르렀다면, 그리고 지적 목마름이 해소되며 위로부터의 평등함이 이루어졌다면, 우리는 아직 필요한 혁명의 첫발을 내딛지 못한 것일 수도 있다. 왜냐하면, 혁명은 다른 방향성에서 나오기 때문이다. 나는 분명히 '이 모든 것'을 포괄해서는 안 되며, 기근과 전쟁의 광기 속에서 아무 이유 없이 죽어가는 어린 아이들에 대해서 이야기해서는 안 된다고 주장하는 것이 아니다. 우리는 분명히 이러한 것들과 싸워야 한다. 그러나 이것은 혁명과는 아무런 상관이 없다.

    우리는 현재 무니에가 다음과 같이 기술했던 시대1944년에 살고 있지는 않다. "이 필수불가결한 혁명에서 우리는 다음의 주요한 흐름이 있음을 알고 있다. 자본 권력의 팽창, 프롤레타리아 계급의 소멸, 노동자 공화국의 정착, 그리고 새로운 민중 엘리트의 형성…" 우리는 무엇보다도 이 '혁명'은 분명히 피할 수 있었고, 이러한 변혁이 일어났던 자리에 여전히 혁명을 야기될 수 있는 문제들이 그대로 남아 있으며, 그리고 우리가 더는 결정적인 문제들을 직면하고 있지 않다는 사실을 보았다. 무니에는 혁명이 무엇보다도 경제적이어야 한다고 분석하였으며, 그 혁명을 다음의 위치에 두었다 "경제 위기를 통해서 나타나게 된 혁명은, 그 첫 번째 표현에서 물질주의일 수밖에 없다. 이러한 물질적인 필요를 부정할 수 있을까?" 이것은 분명히 사실이다. 그러나 그는 운명이라는 의미에서 필요라는 의미를 받아들였다. "우리의 의지가 아닌 역사의 보이지 않는 움직임에 의해서 혁명이 광범위하게 나타나고 있다…" 어떻게 우리가 여기에서 초월한 것처럼 행동할 수 있을까? 무니에의 이 말은 분명히 사실이다! 그러나 정확하게 이야기하면, 이것은 우리가 시행해야 하는 혁명이 아니라, 일어나는 혁명이다. 혁명은 항상 비참함과 고통에 대한 외침의 표현으로 필수불가결한 것이지만, 더는 인간 앞에 놓인 새로운 가혹함에 대해서 우리가 선택해야 하는 것이 아니다. 그것은 비참함의 원인으로 여겨지는 것에 대항하여 싸우는 것으로, 더는 혁명이 아니다. 부의 분배에서 불공정의 원인에 대항해서 싸우는 것은 더는 혁명적인 것이 아니다. 왜냐하면, 혁명의 실제적인 문제는 다른 곳에 있으며, 그 필요는 더는 혁명의 원인이 아니기 때문이다. 이러한 비극, 불공정, 이 모든 것은 전 세계가 인식하는 문제이며, 실제로 이미 해결된 문제이다. 그러한 문제를 해결하기 위한 기술을 통해서 이 문제 해결의 방식은 서서히 나타나는 것처럼 보이며, 수많은 사람이 용기를 가지고 이 문제를 항구적으로 다루고 있고, 그것을 해결하려고 뛰어들고 있다. 오늘날 우리 비극은 이전보다 명백하지 않으며 의식적으로 느껴지지도 않는다. 인간의 조건이 더는 비극적이지 않다.

울만Ulmann, 261)은 다음의 글에서 정확하게 이야기하고 있다. "물질적인 혁명이 최고의 가치라면, 큰 대가를 치른 혁명과, 수단과 방법을 가리

---

261) [역주] 앙드레 울만(André Ulmann, 1912~1970). 프랑스 저널리스트, 파시즘에 대항하여 투쟁하였으며, 냉전시기에 활동함.

지 않은 혁명에서… 우리는 불만족을 이야기하는 데에 만족할 것이다. 그리고 극도의 원한을 통해서 적대관계가 태어나게 될 것이다…. 그러나 우리는 매우 뿌리 깊을 수 있는 불만족비록 그것이 제거된다 할지라도과는 다른 것을 통해서 상처를 받았다. 우리는 불만족이 아닌 다른 곳에서 우리가 해결해야 할 것을 보게 된다. 이 시기는, 인간의 노력 아래에서 그 어떤 대가를 치르더라도 혁명적 상황을 만드는 것에서 온 것이 아니라, 우리가 우리에게 유리한 것을 선택하는 것한테서 온 것이다…. 분명히 혁명적인 일이 일어나는 것은 중요하다…. 그러나 모든 불만족을 가진 사람들과 자본주의의 피해자들을 한데 모으는 것으로는 충분하지 않다. 이들은 처음부터 그리고 자신들이 일으키는 저항의 속성을 스스로 선택해야 한다. 오직 우리가 일으키는 저항의 이유와 자본주의의 인위적 세계 속에서 더는 견딜 수 없다는 구체적인 강령, 그리고 이러한 고통의 상황을 뛰어넘는 기술적 방식 위에서만, 우리의 총체적 혁명이 일어나게 될 것이다."「에스프리」, 1933 이것이 바로 오늘날 필요한 혁명이다.

  이 문제는 사회적·정치적·경제적 구조의 문제보다 훨씬 더 깊은 문제이다. 새로운 사회주의, 새로운 자본주의, 새로운 의회를 통해서는 그 어떤 문제도 해결할 수 없을 것이며, 단지 쳇바퀴 돌듯, 같은 사이클을 회전하는 원을 그릴 뿐이다. 그것은 다른 힘의 위협을 받는 인간 전체가 움직이고 있기 때문이다. 그리고 인간의 경험이 이처럼 즉각적으로 증명되지 않는다는 데에 어려움이 있다. 인간은 이러한 위협을 기근처럼 겪지는 않는다. 우리 사회의 모든 것이 더 모호해지는 것과 마찬가지로, 인간의 모든 것에 놓인 위험은 오늘날 더욱 그 모습을 찾아보기 어렵다. 그리고 우리는 너무나 빈번히 겉모습을 현상의 본질로 여긴다. 중세에 페스트는 사타구니 림프선종으로 여겨졌고, 이 병을 극복하려면 사타구니 림프선종을 다스리고 절개해야 했다. 현대 의학은 전혀 다른 원인을 발견했다.

마르크스는 인간의 비극에 대해서 경제적 구조의 문제의 원인을 찾고자, 더 근본적이고 더 명백한 방식을 택했다. 그러나 우리 사회는 여전히 변하고 있다. 그리고 혁명에 대해서는 놀랍게도 수많은 방식이 있었다. 모든 영역에서 현대 사회가 복합성과 상징성에 의한 모호한 특성이 있는 한, 혁명은 역행하는 것처럼 보이며, 곧바로 더 감각적이 된다. 이것은 혁명이다. 왜냐하면, 피부 색깔이 사회적 장벽을 만들기 때문이다. 아니면 사주가 노동자들의 노동력을 착취하기 때문이다. 혹은 기근이 있기 때문이다. 우리는 정확하게 중세에 있었던 혁명 동기로 다시 돌아온 것이다. 다른 한편으로, 이것이 혁명의 필요성을 나타낸다. 그리고 우리가 이론적 토대를 만들 때, 우리는 기초적 자료들과 경험을 통해서 혁명적 교리를 찾으려 한다. 추상적이 되어가는 사회의 일반적 발전과, 실제적인 혁명 교리사르트르의 교의를 최고로 놓는다!의 구체적이고 원초적인 특성 사이의 불협화음은 이러한 오류들을 증명하기에 충분하다. 이 혁명적 사상은 현존하는 사회와는 아무런 관련이 없고, 단지 비극적이고 비인간적인 상황에 적용된, 시대에 뒤떨어진 전형적인 유형일 뿐이고, 그 자체로는 혁명과는 아무런 관계가 없다. 혁명적 필요는 다른 곳에서 찾아야 한다.

그러나 그것이 '필요'에 관한 것일 때, 이것은 인위적으로나 독단적으로 구축될 수 없다. 이것 역시 경험, 실제적인 사건에 기초하고 있어야 하지만, 우리가 문제의 근본을 다룰 때, 그다지 극적으로 느껴지지 않을 수도 있으며, 소수자들 세계의 문제일 수 있다. 왜냐하면, 혁명이 필요하기 위해서는 다음의 두 가지 조건을 만족해야 한다. 한편으로 인간은 이 불가능성이 정확히 어디에 있는 것인지는 모르지만, 지금처럼 더는 계속 살 수 없다고 느껴야 한다. 다른 한편으로는, 사회의 근본적인 구조가 폐쇄적이며, 다시 말하자면 사회가 실제적인 필요를 만족하게 할 수 없고 가능함을 향해 열려 있지 않기 때문에, 더는 발전할 수 없음을 말한다. 그래서 어떤 환상도 가져서는 안 된다. 어떤 방식이 갈등의 증폭과 긴장의 해소에 의해서 사회를 변화시킬 가능성이 있는 한, 이 변화에 관심이 있는 집단들은 어쩌면 수많은 시행착오와 실제적인 저항을 통해서, 결국 이 방식을 찾을 것이다. 그러나 갈등의 통제는 혁명 없이 가능할 것이며, 혁명은 일어나지 않을 것이다. 인간은 진정한 혁명보다는 전쟁을 추구할 것이다. 이것은 실제로 일어날 수 있다. 이것은 또한 축전 안에서 나타날 수 있다. 물론, 축전을 추구한 것은 아니다. 종종 순간적인 흥분, 열정적인 찬사, 상황적인 사건에 대해 반응하면서 더욱더 저항할 준비가 되겠지만, 이 순간에 혁명하는 것은 아니다. 그리고 이것이 필요한 혁명은 더더욱 아니다. 이처럼 우리 시대에는, 우리가 앞에서 살펴보았던 것보다 더 명백한 불편함이 많은 문제를 발생시킬 수 있지만, 이것이 근본적인 혁명으로 이끌지는 않는다. 그 이유는 그것을 유발하는 일반적인 구조가 폐쇄되어 있지 않기 때문이다. 이 구조는 오히려 계속해서 진화하고 있다. 모든 구조적인 요소는 사회적 부조리 문제의 해결, 세계 기아의 문제, 제국주의의 감소 등의 의미로 향하고 있으며, 이 구조적 요소들의 발전은 가능할 뿐만 아니라, 명백한 것으로 받아들여지는 이 목적들에 의해서 주요한 축으로 여겨지게 된다. 이러한 이유로 말미암아 오늘날 느껴지는 고통이 어떤 것이든, 혁명이 일어나기 위한 두 번째 요소는 존재하지 않게 된다. 이와는 반대로 매우 특수하게 폐쇄적으로 보이는 더 본질적이고 근본적인 구조가 있다. 이 구조는 불변하는 것이 아니라 자신의 의미 속에서 자기 자신의 방식으로 발전하며, 자신 외의 그 어떤 것에도 의존하지 않고, 더 인간적인 목적, 부드러운 방식으로 파생된 그 어떤 것도 받아들이지 않으며, 단지 자신의 내재적 논리만을 따른다. 이것은 국가와 기술이다. 그리고 국가와 기술의 구조들은 필요한 혁명의 두 번째 조건에 맞는다. 여기에 첫 번째 조건 역시 존재하는가? 분명하게, 비록 국가주의나 관료주의 혹은 소비사회, 억압적인 사회, 비인간적인 기술사회에 대립하는 논의가 있더라도, 인간이 이러한 구조들을 거부한다고 이야기할 수는 없다. 이 모든 것은 심각한 것이 아니다. 그 이유는 이 구조들이 인류 전체가 명확하게 받아들인 것이 아니기 때문이며, 이와는 반대로 이 모든 환경과 기술의 진보라는 영광을 국가에 요청하며 수많은 것을 소비하는 데에 만족하기 때문이다. 그럼에도, 우리를 걱정하게 하는 소문이 존재하고, 이 소문은 우리가 여전히 필요한 것으로 느끼는 혁명에 대해서 이야기할 수 있다고 생각하게 한다. 이 사실에서 걱정스러운 소문이 어떤 사람들에게는 혁명을 시도해야 하는 정언적인 명령이 되었을 것이다. 이러한 걱정은 두 가지 차원에서 나타나는 것으로 보인다. 인간은 우리 사회에 존재하는 모든 것이 아무런 이해 없이 그 의미를 상실했음을 경험한다. 인간은 자신에게 생존의 조건을 증명하지만, 이것이 삶의 조건은 아니다. 왜냐하면, 이러한 공동의 계획 가운데 확장과 발전 간의 이율배반이 나타나기 때문이다.

*　　*　　*

인간의 과학이 발전하고, 힘이 더욱 커질수록, 자신의 역사와 삶에서 의미를 발견하기가 더 어려워진다는 첫 번째 관점을 잠시 생각해 보자. 종교가 사라지고 성스러운 것이 벗겨질 때, 인간은 과학이 우리에게 어떠한 안정감도 주지 못한다는 가장 큰 불안을 느끼게 된다. 안전과 행복이 증가함에 따라 불안은 계속해서 증폭하기만 한다. 인간은 매번 인간 불안에 대한 해결책이 되리라 생각했던 새로운 문제를 제기했다. 그리고 매번 발견한 해결책은, 해결책이 없는 또 다른 문제일 뿐이었다. 우리가 두 세기 전부터 행하는 이 엄청난 모험은, 우리로 하여금 우리가 해야 할 일들의 헛됨보다, 우리 만족과 취미의 하찮음보다, 우리 삶의 가치와 방식에 대한 불확실함의 사실보다 더 문제의 해결을 요원하게 한다. 다른 누구보다도 서구 인간은 자신의 삶을 잃어버렸다는 감정이 있다. 그 이유는 자신의 목적이 실현되고 모든 것이 변할 것이라는 확실함으로 매진할 수 있는, 가깝고 명백한 목적이 더는 자신에게 있지 않기 때문이다. 아니면 살아 있는 모든 것에 의미를 부여할 수 있게 하는 성스러운 것을 상실했기 때문이다. 무엇보다도 우리가 겪는 이 의미와 가치의 상실이 물질적 결핍보다도 더 명백하게 보이기 때문이다.262) 책임과 결정, 그리고 참여에 대한 실제적이고 현실적인 요구는 앞서 이러한 의미의 상실에 비하면 아주 작은 것일 뿐이다. 그래서 극단적인 고행의 경우를 제외하고는, 인간은 공허함과 무의미함 속에서는 살 수 없다. 우리는 역사의 의미를 삶의 의미로 대체하려 하였지만, 거대한 선전의 노력에도, 이 작업은 결정적으로 성공하지 못했다. 현재로서는, 그리고 앞으로도 나는 오랫동안 이 작업이 성공하지 못하리라 생각한다. 그것은 인간에게 인간적인 모험이 가치 없는 개인적인 모험으로부터 스스로 만족하려 한다는 사실을 아는 것으로 충분하지 않기 때문이다. 이것이 일반적인 소시민이 느끼는 감정이 아닐까? 이 문제를 형이상학의 틀 안에서 이야기함 없이, 실재에 근거하기 위해서, 우리는 일반적으로 이 감정이 서구의 보편적인 감정이며, 역사의 흐름 속에서 점점 더 개인화되는 인간의 결정적인 진보로 보이고, 이것이 아프리카와 남미 민중이 이루고자 했던 진보와 유사하다고 이야기한다…. 그래서 우리는 현대 인간이 그 안에서 살아가는 불안, 두려움, 도덕적 불확실, 꿈같은 찬사를 버리지 못하는 것이다. 그러나 우리는 인간이 행함을 통해 인생의 의미를 부여한다고 이야기하는 것으로 충분하다고 이야기하지만, 결국 아무런 문제도 해결할 수 없다. 분명히 말하면, 만일

---

262) 이 주제에 대해서 근본적인 고찰을 다루는 리쾨르(Ricoeur)의 저작과 카스텔리(Castelli)의 저작을 참고할 것.(예를 들면, "탄식의 시대와 현대인 삶의 조사"와 같은 저작)

의미가 각자의 창조적 영역이었다면, 이것은 가능했을 것이다. 그러나 이러한 의미의 구축은 단지 광적인 도피처일 뿐이다. 우리 삶의 의미는 개인적인 상상이 될 수 없다. 분명히 공통의 확신에 있으며, 그것을 확실하게 하려면 공통으로 이해될 수 있어야 한다. 그것은 상식의 결과이다.263) 그래서 의미는 독단적으로 만들어질 수 없다. 그리고 인간이 의미 없이 살 수 없다면, 혼자 스스로 균형도 만족도 줄 수 없다. 몇몇 예술가들과 고행자, 그리고 몇 가지 요인들은 예외로 하자…! 우리 문명은 이와 같은 수많은 장애물을 넘어왔다. 여전히 개인적인 삶을 추구하는 사람들이 있지만, 이 문명 속에서 더 살아갈 어떤 이유도 찾지 못하는 사람들에게, 수많은 잡지와 취미가 넘쳐남에도, 삶이 따분한 사람들에게… 이것은 충분하지 않다. 이처럼 조직된 사회에서, 이처럼 존재하고 그 특권과 환상의 날개를 펼치는 인간은, 사회 안에서 이렇게 존재하는 것에 의미와 가치를 부여하는 것이 불가능함을 알게 된다. 그 의미와 가치는 그래서 점점 사라져가는 운동에 떨어져, 바람에 날아가는 금빛 가루와 같은 기술적 실재를 덮어버린다.

* * *

공동의 계획이라는 차원에서는 조금 다른 문제가 있다. 우리는 두 가지 측면을 추가로 볼 수 있다. 한편으로는, 모든 노력과 모든 자원을 빨아들이는 대중의 생산-소비-소통이라는 엄청난 기계는 결국 실패하게 된다. "프롤레타리아의 비참함에 대한 어떤 양적인 개선도, 계층의 통합이라는 어떤 환상도 그 불만에 대한 지속적인 치료제가 될 수 없다." "오늘날 자본주의의 풍요는 실패했다."264) 국제상황주의자들에 의한 분석은

---

263) 카스텔리. 이 상식은 내가 비판했던, 정확히 의미의 상실을 나타냈던 평범함과는 반대되는 의미이다.
264) 기 드보르, 『스펙터클의 사회』, no 114-115. 1967.

분명히 여기에 적절하다. 이들은 생산 소비의 발전, 삶의 질의 향상, 소비의 증대를 통한 비참함의 해소, 이 모든 것이 '생존'이라고 부르는 것을 조직한다는 사실을 보여주었다. 어떤 의미에서 산업 발전이 이루어지기 전까지는, 인간은 물리적인 사형수였다. 생산성은 이러한 인간에게 생존을 허락하였다. 그러나 이 생산성이 어떤 대가를 요구하였는가? 어쩌면 우리는, 이전 사회에서 사형선고를 받았던 사람이 이 시대의 사람보다 더 온전하게 살았다고 이야기할 수 있지 않은가? 이때부터 인간의 커다란 문제에 대한 대답으로 제시되었던 미국 자본주의, 조합주의, 소련의 사회주의는, 생존을 연장하고 조직하는 것 외에는 아무것도 아닌 것이 되었다. 이 문제는 삶의 문제이다. 여기에 핵심이 있다. 그리고 산업의 발전이 이 핵심적인 문제를 푸는 데에 아무런 도움을 주지 않기 때문에, 아니면 그것을 더욱 어렵게 만들기 때문에, 혹은 그 문제를 더 복잡하게 만들기 때문에, 그래서 우리는 자본주의의 풍요로움이 실패했다고 이야기할 수 있다.

그래서 혁명은 어디에서, 어떻게 그리고 언제 이 사회의 인간이 생존할 수 있을지를 아는 것이 되었다. 그러나 이것은 통렬한 반성 없이 이루어지지 않는다. 그래서 너무나 빈번하게 경제적 성장, 발전, 진보 사이에서 정체성과 지속성을 세워주는 사상을 과학적이지 않고 실재에 맞지 않는 것으로 여기고 거부해야 했다. 후진국 혹은 개발도상국에서의 문제의 해결책은 성장이며, 성장은 필연적으로 발전을 수반한다고 이야기하는 것은 당연한 것이 되었다. 또한, 너무나도 빈번하게 여기에 진보를 덧붙인다. 그러나 이 어휘의 사용에 커다란 오해가 있다. 한편으로 우리는 극단적으로 성장과 진보만을 주장하고, 진보의 척도로 생산성을 이야기하는 사람들을 보게 된다. 그리고 우리가 사회적 진보를 이야기할 때, 이 사회적 진보는 부차적인 만족거리에 불과하다. 그래서 결국 그것은 소득 방식의 발전, 그 분배의 개선에 지나지 않는다. 이러한 의미에서 무엇이 우리 사회에 수많은 고통을 안겨주는지, 무엇이 문제의 근본적인 몰이해를 나타내는지를 주장하는 것은 무의미한 일이 되었다. 실제로 이러한 주장들의 지배적인 경향은, 혁명을 필요불가결하게 만든다. 프랑수와 페루265)에게 성장이란, 체계와 구조의 변화를 수반하지 않는 경제적 체제 내의 양적 증가를 나타낸다. 국제적 신뢰에 의해서 경제적 삶이 보장되는 후진국에서는, 이 국제적 신뢰가 생산을 증가시킬 수 있고, 생산의 증대는 성장이 될 것이다. 그리고 이것은 국가적 수입의 증대가 될 것이다. 그러나 이것은 경제 권력에서도, 그리고 예를 들면 농업 생산에서도, 아무런 변화를 가져오지 못할 것이다. 만일 우리가 제품의 양을 늘리면서 농산물의 국유화, 생산의 다양화, 농업 분야의 근대화를 이룩했다면, 여기에 발전이 있었을 것이다. 그러나 이것은 마치 모든 것이 경제적인 문제 안에 있으며, 한 국가의 발전이 단지 경제적 사건인 것처럼 생각하는 우물 안에 갇히게 된다. 놀랍게도 마르크스 사상을 받아들이지 않는 경제학자들이, 경제 이외의 모든 분야에서 마르크스를 경제학의 최고봉처럼 여기는 관점을 받아들인다. 반면에 여기에서 필요하고 결정적인 것으로 보이는 것은, 바로 다음의 세 단어 사이의 차이, 더 나아가 이 단어들 사이의 대조를 살펴보는 것이다. 경제적 성장은 순전히 경제적인 사건이다. 그러나 한 국가의 발전, 그리고 '진보' 그 긍정적인 의미에서 봤을 때에는 인간적인 사건이다. 이것은 소렐이 이야기한 것과 마찬가지로 개인적인 동시에 집단적인 사건이다. 구체적인 부분에서, 라누266)의 연구에 따르면 사르데냐 섬을 예로 들 수 있다. 그것은 우리에게 '외딴 섬에 행한 위험한 선행'에 대해서 이야기한다. 모든 질서의 경제적 '개선'은 한편으로는 성장이

---

265) [역주] 프랑수와 페루(François Perroux, 1903~1987). 프랑스 경제학자.
266) [역주] 모리스 르 라누(Maurice Le Lannou, 1906~1992). 프랑스 지질학자.

라는 단어로 해석되지만, 동시에 프랑수와 페루가 이야기하는 발전의 의미이기도 하다. 이 개선은 말하자면 지난 반세기 이후 집단적인 산업의 주입과 함께 구조적인 변화를 의미하며, 이전의 농업을 포기하면서 집중적으로 양의 사육을 확장시키는 것 등을 말한다. 여기에 구조적인 변화가 있다. 생산의 증가를 이야기하는 '발전'은 사르데냐 섬 경제의 '총체적인 불균형'을 가져왔다. 라누는 다음과 같이 이야기 하였다. "이 기간은 분명히 사르데냐 섬의 실제적인 저개발 기간이었다." "그 섬은 스스로 사회적 삶의 기초를 놓을 수 있어야 했다. 그러나 그들이 심어 놓은 사회적 기관들은 보호라는 부정적 반응을 가져왔다."267) 이처럼 드러난 경제 성장과 실제적이고 사회적이며 인간적인 저개발 사이에서 이러한 대조가 나타난다. 저개발은 실제로 경제적 성장에 의해서 나타난다. 나는 이전에 노동자 조건의 악화와 이에 따른 산업 성장에 의한 서구 사회의 역행을 보여주려 하였다. 이 예들이야말로 제3세계 경제 발전의 선구자들이 숙고해야 할 것이다. 실제로 나는 여기에 지속이 아닌 대조가 있다고 확신한다. 이것은 사회학자들여기에 경제학자들을 덧붙였어야 했고, 일반인도 덧붙여야 했다!이 변화와 성장, 진보를 혼동한다고 이야기하는 피에르 란츠268)를 떠올리게 한다. 우리는 "사회적 보수주의, 경제적 성장, 그리고 산업의 발전이 만나는" 환경 속에 있다. 그리고 우리가 오직 경제적 성장만을 받아들인다면, 우리는 사회적 침체에 대해서는 더는 관심을 두지 않게 될 것이다. 그리고 나는 여기에 인간적으로 퇴보했다는 주장을 덧붙였을 것이다. "우리는 종종 과거 형태를 보전하면서도 경제적 성장을 이루는 것을 보게 된다.… 우리는 더는 진보와 혼동된 최적화된 성장의 관점에서 이 성장에 각각의

---

267) 라누(Le Lannou)의 논문 "영역의 이동", p. 149와 그 이후, 그리고 "사르데냐 섬의 목축과 농민의 예"
268) 란츠(P. Lantz), "사회학의 시대", 인간과 사회誌 제 3, 1967. 우리는 다른 곳에서도 밀(Mills)의 "사회학적 상상"과 같은 현상을 발견한다.

사회 계층이 적응하는 것을 보지 못할 것이다…. 이 모든 것은 성장 이데올로기에 의해서 평가되며, 이 성장 이데올로기는 실제로ipso facto 도덕적 발전을 수반했어야 했다. 발전을 일으키는 유기적 연대는 개인주의에 따라서 혼란을 겪게 된다…." 이 구체적이고 근본적인 연구는 결정적으로 성장과 개발이라는 관점을 통해서 나타난 변화가, 변화 자신과 더불어 사회의 정체성을 강화하며, 이 변화에 대해서 절대로 문제를 제기하지 않는다는 것을 보여준다. 그리고 사회가 이러한 변화가 나타나는 어떤 유형에서도 벗어나지 않게 됨에 따라, 우리가 구조적인 변화를 추구할 때에도 여러 관례화를 가져오게 된다. 이 구조적 변화는 항상 특별히 양적 성장을 이야기하는 일반적인 모형에 적합하다. "성장이라는 개념의 위험성은 사상과 실재 사이의 혼동을 일으키고, 이것은 서로 정당화하도록 허락한다." 자, 이것이 내 눈에 혁명이 필수불가결하고 필요한 것으로 보이는 이유이다. 성장을 향해 뻗어 있는 길에서 벗어나야 한다. 비록 다 가보지 못했다 할지라도! 여기에 필요가 있다.

 그러나 우리 사회의 인간 상황에 대한 분석의 모든 자료와 이 사회의 주요한 힘들이 혁명이 필요불가결하다는 사상을 주장함에도, 우리는 계속해서 혁명을 주장해야 하는가? 우리의 사회학자들이 끊임없이 이야기하는 한 가지 방식이 있다. 인간은 사회적인 차원이 아니라 생산적인 차원에 있다는 것이다. 여기서 필요한 것은 인간이 이 사회에 적응하는 것과 동시에 충분히 활용할 수 있도록 변화해야 한다는 것이다. 그래서 이것은 정 뒤비노의 이데올로기, 혹은 그를 따르는 수많은 흐름과 같은 이데올로기적 방향성이며, 이 이데올로기에 따르면 인간은 심리학적으로 사회적 상황에 적응해야 한다.269) 이 두 경우에서 우리는 기술적 진보가 탁월하다는 명백함과, 새로운 사회와 이 새로운 사회의 탁월함에서 출발

---

269) 정 뒤비노(Duvignaud), 『20세기에 진입하기 위해서』

하며, 진보에 뒤처진 인간에 대해서 이야기한다. 과학과 진보라는 관점에서 인간은 모든 낡은 사상의 잡동사니, 케케묵은 감정, 신앙, 이성, 수 세기 동안 내려온 도덕과 함께, 최고의 수준에 있지 않다. 혁명의 유일한 문제는 인간을 혁명화하려는 데에 있으며, 결국 그 환경에 완벽하게 동의하도록 강제하는 데에 있다. 우리는 여기에서 하나의 옵션을 추가해야 한다. 이 옵션은 우리에게 사물의 증식과 완벽함, 권위 그리고 인간의 모호하고 불확실하며 영광 없는 과학과는 다르게! 존재 사이의 옵션이다. 실제로 이 둘 사이의 조화는 없다. 이것은 앞의 내용을 다시 반복한다. 그리고 우리는 질 떨어지는 인간의 모든 그럴듯함에 대항하여 선택한다. 우리는 절대적으로 인간이 직면해야 했던 기술을 통해 이룩한 실재의 훌륭한 상태에 비하여 인간의 낙후된 사상을 거부한다. 그리고 우리가 이 도박을 할 때, 우리가 어떤 이름으로 이야기하는지, 어떤 가치를 받아들이는지 알지 못한다. 왜냐하면, 이것은 원래 전통적 인본주의에도 맞지 않으며, 기술이 인간에 종속되어야 한다고 이야기하는 내용 없는 전통적 틀에도 맞지 않기 때문이다.270) 이것은 우리가 명백하게 예측 가능한 사회의 수많은 변화를 거부하기 위해 불확실함이라는 위험을 받아들인다는 차원에서는 혁명적 태도이다. 이 도박이 예측 가능한 발전의 유일한 대안이다. 그것은 한편으로는 기술과학이 뒷받침한 기술로, 여기에 인문학을 포함한 모든 과학이 포함된다. 그리고 오늘날은 특별히 인문학이 이를 뒷받침한다(이 거의 무한하게 준비하고 실현할 것이라는 예측을 받아들이는 것이고, 어떤 차원에서는 우리가 예견할 수 있음을 받아들이는 것이다. 그리고 다른 한편에는 인간의 부적응, 그 옴짝달싹 못함, 예측 불가능함이 있다. 여기에는 어떤 화해의 가능성도 없다는 사실을 인식하고 이 둘 가운데에서 선택해야 한다. 결국, 여

---

270) 나는 『부르주아의 변이』에서 휴머니즘을 비판하였고, 『기술 혹은 세기의 쟁점』에서 기술이 인간에 복종할 수 있는 가능성에 대해서 비판했다.

기에서 핵심은 혁명적 결정에 있다. 여기에 다른 선택은 있을 수 없다. 의미의 상실로 말미암아, 그리고 성장과 진보의 대립 때문에 선택이 필요해진다. 그러나 이 선택은 인간으로 하여금 의미 없는 삶에 적응하도록 하고, 성장을 진보와 동일시하며, 분명하게 보수주의자가 될 수 있게 한다. 아니면 그것과는 반대에서 출발하여 혁명적이 될 수 있게 한다. 그리고 우리는 또 다른 방식을 통해 혁명을 인간 자신과 동일시하는 경향을 다시 보이게 된다. "인간 사회는 사회적 질서와 동시에 개인적 의식을 나타나게 한 이 폭력적 창조자 위에 세워졌다. 이러한 의미에서 혁명은 인간 자신이다." "혁명은 인간성의 해방이다."271) 또한, 이것은 까뮈가 "나는 반항한다. 그래서 우리는 존재한다"라고 선언할 때 견지하는 것이다. 혁명은 인간 자신이다. 나는 혁명적 행위를 통해서 인간이 행동한다고 생각하기 때문이다. 인간이 자신을 둘러싼 환경에 대해 질문할 때, 그가 있는 모든 환경에 대해서 그 구조와 가치 안에서 질문할 때, 인간은 다른 방식으로 존재하게 되고, 이 환경을 변화시키면서 변화한다. 오늘날 인간의 환경은 바로 기술이다. 분명히 이것은 완전히 자연적이라고 이야기할 수 없다. 그리고 인간은 그 자신 안에 수면제(vis dormitiva, 272)처럼 작용하는 혁명적 덕목이 있다고 이야기할 수 없는데, 이것은 본능도 필요도 아니다. 인간은 선택에 의해서, 도박에 의해서, 어리석은 행위저항을 표현하는 이 행위가 비인간적인 조건에 대항한 부정일 때에도를 통해서 혁명으로 들어간다. 그러나 인간이 지금까지 갖지 못했던 의미를 부여하려 하는 이 결정 안에서이것은 어리석은 행위지만, 자신의 존재 전체를 거는 행위를 통해서 의미를 부여하려는 이 결정을 통해 결국 인간은 존재하게 된다. 다른 방식으로는 존재할 수 없고, 다른 곳에서도 존재할 수 없다. 이처럼 우리 시대의 혁명은 인간에게 주어진

---

271) 아롱과 덩듀(Aron et Dandieu), 앞의 책. p.9-14.
272) [역주] 설명되어야 할 지점에서 논리가 끝나는 것을 뜻함.

새로운 상황이것의 두 가지 자취를 우리는 이미 살펴보았다에 의해 필요하게 되었지만, '존재'를 위해 인간을 혁명으로 밀어 넣으려 했던 인간적 본성에 의해서는 혁명의 어떠한 필요도 발견할 수 없다. 이러한 차원에서 우리는 여전히 불확실한 결정을 하게 된다. 그것은 객관적으로 필요한 것이다. 그러나 인간이 오늘날 이 과정을 겪게 될 것이며, 부름 받은 이 소명을 받아들일 것이라는 것 외에는 어떤 것도 보증하지 못한다. 그래서 이 태도가 단순한 포기나 개인적인 좌절이 아닌 혁명적인 차원에서 생각되어야 한다면, 이것은 우리 각자가 집단적인 사회 속에 있고, 이 사회에서 자신을 분리할 수 있다고 주장하는 것은 거짓이기 때문이다. 그리고 이것은 인간에 대한 문제 제기 속에 있어서, 여기에 관련되지 않은 것처럼 행동하는 것은 잘못된 것이다. 우리는 우리 시대 공통의 운명에 따를 수밖에 없다.

그러나 이 운명은 혁명을 보편화하는 나팔수들을 믿도록 하는 것이 아니다. 이것은 혁명을 거스르고 통합을 의미한다. 우리는 싫든 좋든, 우리를 하나로 묶는 공동체 속에 있지만, 이 공동체를 직면하기를 거부한다. 여기에 내가 이야기하는 '필요'라는 요소가 개입하게 된다. 운명이 아닌, 운명에 대항한 싸움을 바라보아야 한다.

2. 필요한 혁명의 특성들

 이 특성들은 우리가 역사의 흐름 속에서 혁명의 특성으로 파악해 낸 것들과 동시에 우리 시대의 근본적인 구조로 인식하는 것의 결과이어야 한다. 그 즉시, 우리는 결정적인 문제에 직면하게 된다. 혁명은 역사적 의미 속에 있어야 하는가? 이 부분을 바로 조명해 보자. 분명하게 역사를 떠나서 혁명을 이야기할 수는 없다. 이것은 우리가 오늘날 거의 모든 사람이 이야기하는 것처럼 혹은 천년왕국주의자들이 이야기하는 것처럼 혁명의 형이상학 속의 함정으로 다시 빠지는 것이다. 분명히 이것은 역사 속에 있는 혁명일 수 없다. 그리고 이것은 더는 혁명이 역사적인 것에 대항해야 한다고 선언하는 문제가 아니다. 그것은 한편으로 혁명이 앞으로 어떻게 될지 알지 못하기 때문이고, 다른 한편으로는 혁명이 역사에서 사라졌거나 성공했기 때문이다. 혁명은 어떤 경우에도 '역사를 써 내려가는 데에' 공헌할 것이며, 그 일부분이 될 것이다. 그러나 무엇인가에 대항하는 부정否定은 곧바로 스스로 방어해야 할 것이다. 그리고 오늘날 마르크스주의의 변형에서 나온 이 끊임없는 시도는 과거로, 그리고 과거의 사건으로 돌아가서 성취된 혁명으로 여겨지고, 그 영향이 역사의 흐름에 미치게 되어, 결국 다음과 같이 결론지을 수 있다. "혁명은 그래서 역사의 흐름 가운데 있었다." 혁명을 하는 사람에게, 성취하는 사람에게, 그 누구도 혁명이 분명하게 실현된 역사의 흐름에 있었다고 이야기하지 못하도록 할 수 없을 것이다. 그리고 이러한 의미에서 마르크스주의자들의 계산은 완전히 허위이다. 우리가 던질 수 있는 유일한 질문은, 그 어떤 장애도 없다는 가정에서 사건들의 개연성 있고 예측 가능한 의미에 대한 질문이다.

사건의 흐름 속에는 분명히 어떤 필요, 운명적어도 외적으로 나타나고 느껴지는, 사건의 확장에 의해 주어진 의미, 실제 사회의 힘의 연결이 존재한다. 그리고 우리는 이러한 것들에 의해서 결정을 내리게 된다. 혁명은 오늘날 이 필요의 의미 속에 있는가? 단지 겉으로 드러난 역사적 운동의 가속일 뿐인가? 아니면 다른 것인가? 그리고 곧바로 인간 자유에 대한 요구가 언제나 가장 고귀한 차원에서, 가장 비밀스러운 차원에서, 혹은 가장 높은 차원에서, 가장 절대적인 차원에서 있었고, 그렇게 있길 바랐다고 보인다. 그리고 혁명은 운명의 강화도 될 수 없고, 단순히 역사의 강한 흐름을 가속하는 것도 될 수 없다. 혁명을 일련의 사건들의 흐름 속에서 인간 자유의 원초적 폭발로 설명하려는 데에 근본적인 거짓이 있다. 이것이 마르크스주의의 용서할 수 없는 음란한 행위이다. 그리고 인간으로 하여금 역사의 메커니즘에 복종하면서, 저항하고 자유를 얻을 수 있다고 믿게 하는 것 또한 근본적인 거짓이다.

만일 우리가 혁명을 경험하지 않고, 혁명이 역사의 일반적이고 특별한 의미라고 단언하는 것을 포기한다면, 우리는 우리 시대의 몇 가지 특별한 현상을 고찰하는 것으로부터 출발해야 한다. 우리는 혁명가들의 가치 판단에서 빼놓을 수 없었던 다양한 개연성을 쉽게 발견할 수 있다. 왜냐하면, 여기에는 가치 판단의 구색을 갖추기만 하는 혁명과 혁명적 사상이 존재하지 않기 때문이다. 모든 혁명적 행위는 인간적 개념으로부터 출발한 윤리적 선택을 가정한다. 그리고 언제나 다음의 질문에 대한 대답이 있다. 인간에게 무엇이 선한가? 이 대답을 보지 않고, 받아들이지 않으며, 순전히 과학적이기만 한 혁명적 사상과 객관적인 행동이 있을 수 있다고 믿는 것은 초보적인 과학주의의 함정에 빠지는 것이고, 혁명이 열정적이라는 사실을 알지 못하는 것이다. 마르크스는 이것의 좋은 예이다. 그러나 혁명적인 사고를 심각하게 만드는 것은, 바로 혁명적 분석이 윤리적 선택이 가능한 가장 엄격한 분석에서, 가장 정확한 분석에서, 가장 최소한의 분석에서, 현대 인간과 그 환경의 실재에 대한 가장 명석한 분석에서 이루어질 때에만 유효할 수 있다는 사실이다. 이 예측 가능한 변화의 어떤 것들은 바람직하게 여겨지지만, 다른 것들은 그렇지 않다. 첫 번째 경우에말하자면 탈식민화, 사회주의화 혁명가들은 이 변혁의 실현을 위한 행동이 필요한데, 이것은 우리가 이미 이야기했던 것처럼 상당한 가능성의 효과를 수반하고 있다. 이 변혁들이 앞으로 수십 년 후에 거의 분명하게 실현될 것이기에, 이 변화는 실제 혁명가들의 눈에 명백하게 보인다. 많은 사람이 열정을 가지고 이 질문을 던졌다. 이 변화들은 혁명 행위에 뛰어들 필요 없이, 혁명가들이 그들의 힘과 에너지 그리고 지성을 바치지 않아도 일어나게 될 것이다. 여론이 혁명의 목적을 중요하게 받아들일 때, 혁명이 추구하는 정치경제적 조건들이 실현되게 될 때, 변화를 위한 기초적인 운동들이 일어날 때, 그저 이러한 것들이 일어나도록 내버려 두는 것으로 충분하다. 이것으로 우리는 그 목적에 도달할 수 있을 것이다. 여기에 도달하는 것은 익명의 대중일 것이다. 혁명적 관심은 다른 곳에서 나타나야 한다. 그러나 가능하지만 달갑지 않은 운동들이 있다. 예를 들면, 관료화, 중앙화, 소비사회 등등이다. 이때, 혁명 행위는 이 운동을 가속하거나 역사의 흐름 속으로 들어가려는 목적이 없고, 오히려 이 경향들을 없애고, 이 경향들에 대항하여 싸우고, 사회가 그러한 방향으로 흘러가는 것을 막는 목적이 있는 것처럼 보인다. 이처럼 역사의 예측 가능한 흐름에 대항한 혁명이 진정한 혁명에 부합하는 필요한 혁명이다. 그러나 이 사실과 함께 혁명은 진정한 역사의 힘이었는데, 그것은 혁명이 역사를 해방했기 때문이다. 이것이 바로 모든 혁명의 결과이다. 1789년의 혁명을 이야기하면서, 마돌273)은 다음같이 이야기하였다. "그들이 행하려 했던 것은 별로 중요하지 않다. 그리고 그 결과들이 이것을 주목하는 사람들의 기대에 부응했다면, 진실은 그들이 역사를 해방시켰다는 것이다. 완전하게 착취된 국가에서 그들은 아무도 예측할 수 없었던 새롭고 전대미문의 힘을 꺼낸 것이다. 약속의 땅에 최종적으로 정착하고 마찰을 일으키지 않는 것보다, 지상 낙원에 다시 돌아오는 것보다, 어쩌면 가치를 새롭게 하고 소생시키는 것이 혁명이다. 혁명가들은 마녀들이다. 그들은 메마른 바위를 때린다. 여기에서 물이 솟아난다."274)이것은 앞에서 살펴보았던 혁명의 조건에 대한 정확한 대답이다. 이 대답은 폐쇄된 사회에서만, 더는 갈등을 중재할 수 없는 구조 안에서만 나타난다. 오늘날 혁명을 사회주의, 식민화, 제국주의 등의 단어로 사용하는 것은, 사회 구조들을 좀 더 폐쇄적으로 만들고, 이미 지나간 문제들에 힘을 쓰는 것이며, 역사를 지우는 것에 일조하는 것이다. 그것은 예측 가능한 진보를 미리 계산하는 것이며 다시 말하자면, 폐쇄적인 사회가 진보하지 않는 사회가 아니다. 이 사회는 자신의 논리 안에서 점점 더 모든 창조와 독립에 대해서 부정적으로 진보한다. 정확하게 이 혁명이 필요이고, 폐쇄이며, 그래서 본질적으로 자유의 부정否定이기 때문에, 이러한 필요에 대항해서 일어나는 혁명이 본질적으로 필요한 혁명이라는 사실을 인식하는 것이다.

＊　　＊　　＊

우리가 다시 견지하기 원하는 두 번째 특성은 분명히 첫 번째 특성으로부터 파생된다. 혁명은 분명히 부정적이며, 반대적이고, 분리의 행위이다. 그것은 무엇에 '대항하는' 것이다. 나는 혁명이 가치를 유발한다는 것을 잘 알고 있다. 그리고 의심의 여지없이, 혁명 행위는 가치에 의해 평가

---

273) [역주] 자끄 마돌(Jacques Madaule, 1898~1993). 가톨릭 지성인으로 저술가이자 정치인.
274) 마돌(Madaule), "역사의 한계에 다다른 혁명", Esprit, 1939.

되어야 하고, 내가 '자유'를 이야기할 때 이미 하나의 가치를 평가한 것이다. 어쨌든 내 눈에는 혁명은 다른 것 그리고 그 이상이 될 수 있다 그러나 그것은 도달해야 할 목적보다는 행위를 평가하는 수단이며, 도덕적 실현이다. 예를 들자면, 혁명가가 정의正義를 이야기할 때, 그는 정의를 실현할 것으로 믿지 않아도 되고, 공정한 사회를 만들 것으로도 믿지 않아도 된다. 그는 정의에 따라서 자신의 행위를 평가하게 된다. 이 연습 안에서 정의가 나타날지도 모른다. 그 목적에 관해서는 구체적이고 실천적일 수밖에 없으며, 이상적일 수는 없다. 이 혁명가가 추구하려는 정의는 정당한 방식을 통해서 나타나게 되는 것이지, 실현하려고 하는 이상향의 이데올로기 구축을 통해서 이루어지는 것은 분명히 아니다. 유토피아만큼 혁명을 거스르는 것은 없다. 실상이 없던 혁명의 발아래 있기를 거부하여 자신의 노선을 변경했던 프랑스의 거짓 혁명가들탈 마르크스주의자 또는 신 마르크스주의자은, 급작스레 유토피아의 가치를 발견하고는 위대한 사회주의의 아버지 푸리에275)를 통해 기쁨을 느끼게 되었다. 혁명은 가치를 위해서 이루어지는 것도 아니며, 이전보다 더 지혜롭고 더욱 더 완벽한 사회-경제-정치적 메커니즘을 구성하려고 이루어지는 것도 아니다. 그것은 '대항하기' 위해서 행해진다. 사실에 대한 증명은 여기에서만 이루어지지 않는다. 나는 혁명이 부정적이어야 하고, 파괴적이어야 한다고 믿는다. 이 부분에 대해서는 다시 의문을 제기해야 한다. 혁명은 오직 혁명이 다시 목적하는 것에서, 거부하는 것에서, 자신을 정당화하고 자신의 가치를 발견하게 된다. '긍정적인' 혁명은 절대로 최선의 질서를 위해서 나타나지 않는다. 그것은 이상적이며, 꿈속에 있다. 좀 더 좋게 이야기하면, 개혁주의 안에 나타난다. 그 외의 다른 방식으로는 존재할 수 없다. 우리가 긍정적이길 원

---

275) [역주] 프랑수와 마리 샤를르 푸리에(François Marie Charles Fourier, 1772~1837). 프랑스 철학자. 칼 마르크스와 프리드리히 엥겔스로부터 로버트 오웬과 함께 비판적 유토피아적 사회주의자로 평가됨.

하는 혁명은 역사나 가치, 사상적인 운동 혹은 민주적 과정과 점진적인 변화를 통해서 일어난다. 이것은 혁명이 아니다. 그것은 붕괴시키려 했던 사회적 메커니즘을 통해서 빠르게 다시 나타난다. 이것은 민주 사회의 비극이었고, 그 이후에 유고슬라비아식 민주적 공산주의의 비극이 되었다. 오직 인간의 추문을 거부하는 혁명만이 혁명이 될 수 있다. 이것은 저항에 그 뿌리를 두고 있으며, 역사적 순간의 의지 안에서 행해진다. 왜냐하면, '대항하는' 혁명이 저항이라는 진정한 근원을 발견하기 때문에, 이 진정한 근원 없이는 혁명이 있을 수 없다. '긍정의' 혁명은 존재하지 않는다. 약속된 아름다운 가치를 위해서나, 혹은 단순히 사람들에게 매우 명확하게 보이는 장애물을 치우려고 저항하지 않는다. 우리가 역사를 통해서 설명하고자 했던 저항과 혁명의 관계는, 필요한 혁명에서 언제나 진리이다. 그 관계가 최고의 갈등, 최고의 불행, 실제 인간의 가장 근본적인 불안을 일으키는 목적처럼 분명하게 여겨지려면 모든 이상주의를 버려야 한다. 그리고 이미 이야기했던 것처럼, 그 외적인 모습에도 불구하고, 기근도, 전쟁도 실제 근본적인 적이 아니다. 기근과 전쟁은 바꿀 수 없는 적의 외적인 모습일 뿐이다. 실제로 인간의 저항은 이러한 외적인 모습에 대항하여 매일의 일상 속에 감추어져 있지만, 터져 나올 준비가 되어 있는 자신의 불안을 그 기저에서부터 한순간에 터져 나오게 할 수 있다. 실제로 터져 나오는 저항의 가장 진정한 기초 위에서, 그 목적의 이론적 정의가 충분하고, 우리가 결국 최종적으로 무엇에 대항하여 행동해야 할지를 명확하게 구분하게 될 때, 혁명은 폭발할 수 있다.

* * *

세 번째 특성은, 만일 혁명이 '대항하는' 것이라면, 이 혁명은 실제 사회의 구조라는 기능 안에서 생각돼야 한다. 여기에서 두 가지 요소를 고려해야 한다. 무엇보다도 혁명은 구조 위에서 이루어져야 한다. 그것은 사건, 극적 연출, 일상성, 실제성을 넘어서야 한다. 이것은 마르크스가 현상들을 설명하는 더 근본적인 것, 외적으로 나타나는 현상의 일반적인 이유, 정치적 감동 뒤에 숨어 있는 실재를 찾았을 때 이미 분명하게 보았던 것이다. 그래서 그는 경제적 요소와 계급투쟁을 발견하면서, 정치적·민주적·사회적 모든 무대 연출에 설명 가능한 하나의 체계를 제시하였다. 그 시대에는 그 이상 나아가는 것이 불가능했으며, 그 이유는 무엇보다도 새로운 구조가 아직 자리 잡지 못했기 때문이다! 우리는 이 작업을 다시 해야 한다. 만일 우리가 혁명을 시도하려 한다면, 우리는 분명히 피상적인 것, 예를 들면 갈로아 체제에 대항하여 싸우는 것이나, 경찰의 만행에 대항하여 싸우는 피상성에서 벗어나야 한다. 그러나 오늘날 이것은 그 어떤 시대보다 어려우며, 분명하게 우리가 스펙터클의 사회, 실제의 사회에 사는 한 그러하다. 우리가 실제로 정보의 홍수 속에 파묻히게 됨에 따라, 이 수많은 정보에 의해서 난사 당한 우리의 가여운 뇌는 절대로 근본적인 것을 견지할 수 없었을 뿐더러, 그 어떤 구조도 구상할 수 없었을 것이다. 아니면 분명히 심리학적 관점에서 그럴 수 없었을 것이다 그리고 우리가 이미지의 세상에서 살도록 하는 지속적인 스펙터클에 의해서 공격당하는 한, 이 모든 광경이 단순한 중국 그림자의 작용이며, 분명히 아무런 관심도 없는 대학의 개혁, 지방자치제, 생고방Saint-Gobain사社, 조합의 발전, 북대서양조약기구NATO의 붕괴, 팔레스타인 분쟁, 러시아 함선의 대서양 출현, 달 착륙과 인공 심장의 발명이 그토록 흥분된 사건이라고 선언하는 것은 매우 고통스러운 일일 것이다. 이 방향의 어떤 것에서도 혁명이 발전할 수 없다. 여기에서 혁명은, 이러한 환상 뒤에서다른 곳에서는 실재이지만 대중매체에 의해서 환상적이 마술이 된 이 빛나는 환상이 그 주의를 끄는 능력에 의해서 숨기고 그 파편적 실재 안에서 드러낸 구조들을 분별해 낸다. 이 구조에서 혁명적 충격이 나타나야 한다. 당신을 공격하는 텔레비전 화면에 대항하여 그 힘과 사상을 낭비하는 것은 무의미한 짓이다. 매우 슬프게도 나는 모든 현대의 혁명 운동이 텔레비전 화면 위에서 그 숨이 끊어지는 것을 보고 있다.

만일 이것들이 구조들에 대한 공격이라면, 여기에서 말하는 구조는 여전히 이 세상, 이 사회의 구조이어야 한다. 우리가 보아온 이름에 걸맞은 역사적 혁명을 이야기하는 혁명적 계획은 이 상황에 적합했다. 우리는 실제 환경의 근본적 실체를 살펴보면서, 적절한 행동을 찾는 위험을 감수하였다. 본질은 어제, 그 이전의 사회에 머물러 있지 않은 것이다. 이것은 쉬운 것이 아니다. 한 가지 예를 들자면, 마르크스에 의해 세워진 혁명적 범주는 분명히 1850년의 사회에 정확하게 부합했다. 그러나 오늘날 우리가 싸워야 하는 이 시대의 구조가 계급투쟁이며, 혁명의 꿈속에 사는 것으로 여기는 것은, 어떤 사람에게는 1871년에, 그리고 다른 사람에게는 1917년에 잠든 이후에 혁명적 꿈속에 사는 것이다. 우리는 꿈속에서 행동하며, 전쟁의 악몽을 꾸고, 우리가 노래하는 미래를 생각한다. 내 친구여, 그러나 해는 뜨지 않았다오. 당신은 완전히 어두운 이론의 밤 속에 있다오. 실제로 혁명 사상을 통해 나타난 이 재앙은 바로 한 세기 전 사회의 분석에 집착하게 하고, 50년대 혁명적 모형에 집착하게 한다.

*   *   *

우리는 계속해서 이처럼 제3세계와 가난한 나라의 문제들, 전 세계의 기아의 문제로 혼란스러워하고 있다. 그리고 이것은 우리가 이야기한 것처럼 본질적인 동시에 비극적인 인간적 문제이지만, 혁명과는 아무런 관계가 없다. 이것은 혁명적 사실도 아니며, 이 불안한 상황을 해결해 줄 사회주의의 조직도 아니다. 우리는 필요한 경제적 기술적 변화의 순간에 와 있지만, 이 변화는 어떠한 방식으로도 사회주의에 도달하지 못했고적어도 이 단어를 아무것에나 적용한다, 이것으로 혁명 행위는 몇몇 예외를 제외하고는 큰일을 해내지 못한다. 미 제국주의를 라틴 아메리카 국가들의 비참함의 원인으로 이야기하는 것은 매우 단순한 설명이다. 이것은 혁명을 만족하게 할 수는 있지만, 그 이상은 될 수 없다. 제국주의가 후퇴하고 붕괴할 때, 분명히 그 어떤 것도 해결되지 않을 것이다. 이것은 아프리카 식민 권력의 붕괴에도 불구하고 아무런 문제도 해결되지 않았던 것과 같다. 분명히 저개발국가 문제의 해결은, 예를 들면 독립한 국가들 안에서 권력을 가진 소수 특권층의 제거를 내포한다. 그러나 이것은 진정한 혁명이 아니다! 그리고 우리 현대 사회에 직면하여 필연적 혁명은 잘 나타나지 않는다. 이브 라코스트276)는 분명히 소비에트 연방 공화국에서 일어난 사건을 모형화하는 것은 매우 어려우며, 피해야 할 주요한 오류 중의 하나는 집단적 산업화 과정에 있는 제3세계에 이 모형을 적용하는 것이라는 사실을 강조하였다.277) 그는 분명히 일어나야 할 개혁을 보여주었고, 이것은 매우 넓은 차원에서 실현 가능한 것이다. 나는 그의 연구에 대해서 다시 언급하지 않을 것이다. 여기에서 명확한 것은, 이러한 국가에서 토지 개혁을 허락하는 관점에서는 쿠데타가 필요할 수도 있다는 것이다. 그러나 위생의 발전, 산아제한, 구매 능력의 향상은 진정한 혁명을 내포하고 있지 않다. 이것은 큰 영역을 작은 규모의 소유지로 나누는 것과 다르지 않다 다른 말로 하면, 진정으로 필요한 혁명을 생각하는 사람들에게, 이 같은 질문을 통해서, 그리고 이 사실에서 혁명을 생각할 수 없다. 계급투쟁 대신에, 세상

---

276) [역주] 이브 라코스트(Yves Lacoste, 1929년 9월 7일 출생). 알제리 출신의 지리학자, 지리정치학자.
277) 이 문제들에 대해서는 특별히 다음의 저작을 참고하라. 뒤몽(Dumont), L' Afrique noire est mal partie; 이브 라코스트(Yve Lacoste), 『저개발의 지리학 *Géographie du sous-développement*』, 1966, 그리고 륄리에르(Rullière), 『라틴 아메리카의 토지개혁 *La réforme agraire en Amérique latine*』, 1968.

을 프롤레타리아 국가와 제국주의 국가로 나누는 사고는 큰 기삿거리가 되지 못한다. 가난한 국가들과 제3세계가 우리 사회 내에서 1900년대의 자본주의 사회에서의 프롤레타리아와 같은 역할을 할 것으로 믿는 것은 매우 심각한 환상이다. 왜냐하면, 그 관계가 같지 않고, 사회의 구조와 목적 또한 같지 않기 때문이다…. 제3세계 국민으로 하여금 이러한 역할을 바라는 것은 잘못된 혁명인간 전체에게과 막다른 골목제3세계 국민에 대하여으로 이끄는 것이다. 이것은 막이 내려진 극장에서 이미 종영된 작품을 연기하게 하는 것이다. 새로운 배우들이 빈 극장에서, 꺼진 샹들리에 조명 아래에서, 내려진 막 뒤에서, 그 작품을 다시 연출하도록 요구받는 것이다. 이미 경제적 발전이 이루어진 국가에서는 이것에 도달하기 위해서 혁명적 행위가 필요하지 않다. 이것은 제3세계 국민에게 중요한 모든 문제가 이미 인식되고 받아들여졌기 때문이다. 노동자 계층의 문제에서와같이 우리는 이 문제들이 잠재적으로 해결되었다고 이야기할 수 있다. 나는 이것이 해결되었다고 이야기하지 않고, 단지 모든 사람이 잠재적으로 그 중요성에 동의하였다고만 이야기한다. 잠재적으로 모든 사람은 제3세계를 그러한 환경에서 벗어날 수 있도록 도와야 한다는 데에 동의한다. 모든 사람은 이러한 의미에서 희생을 감수하고 실제적인 길을 찾는 데에 동의한다. 모든 사람은 이것을 위해서 자신들의 체계의 조정을 받아들인다. 물론, 아직 정치적 혹은 자본주의적 이기주의, 이 방향성에 제동을 거는 차이들, 이 국가들을 도우려는 순수한 시도를 어렵게 만드는 자본주의 혹은 사회주의의 구조, 기술의 부족함이 남아 있다. 그러나 나는 역사를 통해서, 이 문제 해결에 대해 확신을 하고 의지를 갖는 순간부터, 이 장애물이 더는 오래 버티지 못할 것을 확신한다. 강한 공동의 힘이 하나의 의미로 쓰이게 될 때, 이 흐름을 따르려고 더는 혁명에 대해서 이야기할 필요가 없다. 그것은 약한 제방을 드러내고, 그 제방의 구멍을 메울 것이다. 제국주의는 더는 주요한 관심거리가 아니다. 왜냐하면, 제국주의가 그 특권과 이익을 지키고자 한다면, 제3세계의 문제를 긍정적으로 해결해야 하기 때문이다. 그것은 마치 사주가 혁명을 피하고 자신의 위치를 지키려고 경제적 구조와 함께 노동자의 조건을 개선해야 하는 것과 같다. 그래서 더는 이러한 수준에서, 이러한 방향성에서, 이러한 분석에 따라 혁명의 문제를 생각해서는 안 된다. 그 낡은 도식을 유지하는 것은, 그 목적이 실제로 더는 존재하지 않기 때문에 이제 불가능한 혁명을 무한히 반복하도록 정죄하는 것이다. 이미 30년 이전에 유사한 분야에서 덩듀는 정확히 다음과 같이 이야기하였다. "혁명의 문제는 강한 임금법이 더는 작동하지 않는 순간에 계급으로부터 독립적으로 제기된다…. 진리는 이 진리를 가장 확신하는 사람들에게 아니면 가장 명석한 혁명가들에게 지속적으로 받아들여져서, 복음이 변화되어 새로운 지위를 구축하도록 한다. 사회적 부분에 대해서 더는 엄격하게 적용하지 않는다는 이 철칙은, 여전히 그 자신의 무게와 정신에서 명성을 유지한다. 모든 사람은 여기에 향수가 있다. 그리고 이 철칙이 그들이 받는 억압을 쉽게 설명해 주었던 프롤레타리아에게 이 향수는 더욱 특별히 남아 있다."278)

혁명은 바로 이 사회 구조에 대항한다. 이것은 우리로 하여금 또 다른 특성을 보게 한다. 그것은 혁명이 저항과 관련이 있다는 것이다. 그래서 저항은 언제나 사회의 소외된 부분에서 나오며, 가장 제거되고, 가장 착취당하고, 가장 고통받는 집단이 붕괴하면서 나온다. 마르크스는 자신의 지배와 피지배계급 이론을 형성하면서 이것을 분명히 분석하였다. 착취당하는 계급만이 저항할 수 있고, 그래서 이들만이 혁명적일 수 있다. 그리고 그 전쟁은 착취가 뿌리 깊을수록 더 총체적이 되고, 더 배타적이며, 더 근본적이 된다. 혁명은 분명히 싸워야 하고, 붕괴시켜야 하는 권력과

---

278) 아롱과 덩듀(Aron et Dandieu), 앞의 책, p.48.

는 정반대의 것을 통해서만 올 수 있다. 그러나 이 진지한 분석은 마르크스의 분석에서와 마찬가지로, 사회가 실제로는 여러 적대 집단에 의해서 나누어지고, 집단 간의 내부적 갈등이 더는 현실로 나타나지 않으며, 표면적으로만 작은 충돌로 나타나는 견고한 구조를 갖지 못했을 때에만, 이 분석이 적용 가능하다. 다른 한편으로, 정확히 우리 사회는 지난 반세기 동안 이러한 점에서 근본적인 변화를 경험했다. 사회학자들이 '보편적' 사회(가족과 부분적 사회에 대립되는 국가, 계급, 보편적 사회라고 부르는 의미에서 가 아니라, 능동적으로 포괄적이고 강하게 통합적인 사회라는 의미에서 보편적이 되었다. 이것은 겉으로 가장 적대적인 세력을 포괄하면서 발전한다. 사회는 집단적이 되고 집단화된다. 그리고 추상적이 된다. 그것은 보이지는 않지만, 매우 특별하게 안정적으로 구축되어 더 근본적으로 구조화되고 견고해진다. 우리가 살펴볼 이러한 조건 속에서 혁명은 이제 착취 계급에 대항하는 피착취계급의 전투라고 주장할 수 없다. 이 전투도 마찬가지로 전체주의적 사회를 견고하게 하는데 공헌한다. 이 전투는 전체주의적 사회에 긍정적이다. 그러나 혁명은 언제나 피공격자의 반대편에서 나와야 하기 때문에, 만일 피공격자가 진정으로 전체주의적이라면, 그에게 적대자가 될 수 있는 유일한 실재는 개인뿐이다. 보편적이고 포괄적인 사회는 모든 부분이 잘 정돈되어 있고, 각 부분은 전체를 지지하는 역할을 하는 동시에 전체에 의해서 지지가 되는 방식으로 구조화되는 경향이 있다. 이러한 보편적인 사회는 분해될 수 없다. 마르크스는 이것을 이미 알았지만, 그 시대의 사회는 아직 보편화를 경험하지 못했고, 여기에 철학의 큰 부분이 녹아 들어갔다. 철학은 언제나 전체주의적인 의도가 있었다. 우리는 언제나 총체적 질서의 핵심 열쇠인 지적 체계를 추구했다. 오늘날 이 작업은 더는 지적 영역에서 행해지지 않지만(이와는 반대로 부분적으로 작은 부분에서 터져 나온다, 포괄적으로 하나로 통합된 사회 체제의 모든 부분의 '결합-연결'에 의해 실제로 실현된다. 나는 우리 사회를 상당히 불균형적이며, 많은 결함이 있는 하위 체계의 총체로 묘사하는 르페브르의 견해에 전혀 동의하지 않는다. 반대로 그 체계는 끊임없이 통합하면서 강화되는 경향을 보이고 있다. 모든 하위 체계에는 공통의 이유가 있다. 상호적이고 복합적인 상관관계가 있다. 그것은 부자연스럽고 거북한 보편성도 아니고, 우연한 질서도 아니다. 오히려 진정으로 사회의 모든 요소를 점진적으로 흡수하며 견고하게 성장해 간다.279)

과학적 지식이 늘어가고, 기술적 합리성이 날개를 펼쳐감에 따라, 이전 사회의 잔재들은 사라지게 되고, 사회의 각 요소는 더 정확하게 자리매김하게 되고, 더 조화롭게 된다. 물론, 이것은 완성된 것은 아니며, 여전히 시대에 뒤떨어진 것이 있고, 양식에서 벗어난 것도 있으며, 결함도 있다. 그리고 이 새로운 체계에 본질적으로 적응하지 못한 개인이 있다. 너무나 기쁘게도 말이다. 그러나 합리성의 경향은 사회 내부에 잘 자리 잡았고 이제는 과거로 돌이킬 수 없을 것이다. 그 경향은 우리 행동의 방식과 우리의 비전에 잘 맞는다. 이 보편성은 우리가 사회 전체를 다루지 않고서는 하나의 요소를 건드리거나 다룰 수 없으며, 비판할 수도 없음을 보여주려 한다. 이와는 반대로, 우리가 어떠한 요소들에 대한 비평을 검증할 때, 그 어떤 비평도 살아남을 수 없다. 우리는 이것을 1968년 5월에 대학에서 보았다. 우리는 오늘날 더는 자본주의를 던져 버리고 과학과 기술을 보전한다고 이야기할 수 없다. 아니면 유럽 민족주의를 비판하지만, 아프리카 민족주의를 받아들이는 것처럼 이야기할 수는 없다. 또는, 국가를 비판하면서 도덕적 가치를 지키는 것처럼 이야기할 수 없다. 그것은 분명히 사회의 각 요소가 모든 것을 내포하는 원초적 사회쉽게 말하면, '원시적' 시기 이후의 '부족' 사회인 것이다. 그러나 이 사실로부터 혁명은 또한 보

---

279) 내가 『부르주아의 변이』에서 분석한 "동화의 힘*pouvoir d'assimilation*"과 부합한다.

편적이 되어야 한다. 부분적인 혁명은 절대 고려될 수 없었다. 마르크스는 이것 역시 분명하게 단언하였다. 그러나 그가 매우 특별한 방식으로 혁명의 과정을 고려하는 순간부터, 기적적으로 시스템이 되어버린 인간적프롤레타리아 범주를 생각하는 순간부터, 이 체계를 거스르는 마르크스 자신의 사상은 부르주아 이데올로기로 다시 나타나지 않았고, 모든 것은 모순되었다. 이것이 사회주의가 고통스러운 개혁주의와 보편화의 과정에 힘을 쏟는 이유이다. 보편적 사회 앞에서, 우리가 특정 부분에 대한 혁명분배나 참여, 대학 등의 혁명을 할 수 있다고 기대해서는 안 되며, 또한 우리의 한 부분에 대한 혁명이 이후에 사회의 나머지 부분으로 확장될 것으로 기대해서도 안 된다.예를 들자면, 문화 혁명의 메커니즘 사실, 특정 부분에 대한 혁명이나 전략적으로 계층화된 혁명은 사회 시스템 속으로 흡수될 것이고, 혁명에 의한 새로운 충격과 또 다른 사람의 희생에 의해서 일반적으로 향상된 사회 속에 통합될 것이다. 우리가 몇몇 부패와 비참함에 대항하여 작은 사회적 문제나 혹은 국가적 문제로 싸우는 한, 이 혁명은 완전히 실패할 것이다. 보편적 사회에서는 보편적 혁명이 필요한 것이다. 모든 것은 이미 구축되어 있다. 그래서 모든 것은 검증돼야 하고, 그 이유를 밝혀야 한다. 문화 혁명은 존재하지 않으며, 오직 총체적인 혁명만이 가능한 것이다.

이제부터 우리는 정확히 보편적 사회 이후에 나타나는 통합의 현상에 도달한다. 물론, 우리는 세상이 더 통합적이 되는 동시에 분리된다고 이야기할 수 있다. 그러나 우리는 이 사회에 통합되지 못하는 요소들을 보전해야 하는데, 이 요소들은 겉으로는 불균형적으로 보이는 것들을 이어주는 과거의 요소들도덕, 전통 종교, 인간화로 축소된 집단, 이성…이며, 그 이유는 우리가 더는 전통적인 균형을 볼 수 없기 때문이다. 우리는 사회가 분열하고 있다는 느낌을 받는데, 그것은 세대 간의 관계가 가족의 틀 안에 있지 않거나 혹은 과거의 문화가 붕괴하기 때문이다. 또한, 우리는 그것들을 대체할만한 것들을 보지 못하기 때문이다. 우리는 이 순간부터 사회가 붕괴한다고 생각한다. 그러나 이것은 완벽하게 기만적이다. 왜냐하면, 통합은 다른 방식, 좀 더 이성적이고 자발적이며 복잡한 방식에 따라온다. 그리고 다른 도식에 따르면, 더는 근본적으로 인간적이고, 진정한 집단 운동을 통해서 나오는 '가치'나 심오한 '문화'를 따를 필요가 없어 보이는데, 왜냐하면, 사회심리학적 방식, 선전과 광고, 정보는 통합을 위해 충분하고, 잘못된 가치와 문화에 필요한 모든 것을 제공하기 때문이다. 더욱이, 업무의 조직, 소비 속으로의 편입, 스펙터클에 대한 만족, 행정적인 예측은 사회의 각 구성체에게 서로에 대한 통합을 보장하며, 이 사회가 지금까지 실현하지 못했던 그런 체제통합적인 체제 안에서의 개인의 통합을 보증한다. 그리고 이것이 구조주의와 객관성이 꽃피우는 이유이다. 그 결과로 혁명은 정치 혹은 경제적 형태에 대한 공격으로 만족하지 못할 수밖에 없게 된다. 혁명은 분명하게 동화할 수 있는 구조가 만나는 곳, 즉 사회 체제에 의해서 개인이 통합되는 메커니즘의 연결점에서 나타난다. 사회학적인 것에서 심리학적인 것을 분리해 낼 수 없으며, 사회의 여러 제도에 대한 신뢰를 거두는 것은 불가능하다. 혁명은 개인적인 차원에서만 이루어지고, 통합적인 체계에 대한 개인으로서 가능해진다. 왜냐하면, 개인만이 모든 질서를 자신과 동일시할 수 있기 때문이다!280) 개인만이 사회 전체를 거스른다. '원시 공동체'와 집단에 대해서 개인을 구분해 낼 수 없었던 첫 번째 시대에서와같이, 우리는 이 지점으로 다시 돌아오게 된다. 그러나 이제는 완전히 다른 구조를 갖게 되었다. 과거의 마술은 현대의 계산과 인식으로 치환되었다. 보편적인 사회, 통합적인 사회, 추상적인

---

280) 나는 『정치적 착각』(대장간 역간)에서 다른 방식을 통해, 똑같이 개인에서 시작하는 모든 사회 정치학을 목적으로 하는 결과에 도달하였다.

사회-우리는 이러한 이미지와 모호한 사고의 세계 속에 산다. 우리는 실재를 인식하기 위해 수많은 작업을 필요로 하게 된다. 실재는 인간과 인간 자신의 환경 사이의 일차적인 관계에 의한 사실이 아니다. 어떤 사람에게는 기계에 의해서, 또 어떤 사람에게는 제도나 기구를 통해서, 또 다른 사람에게는 이데올로기의 투영을 통해서, 그리고 다른 사람에게는 '기나긴 관계'의 중재의 작업들을 통해 나타난 사실이다. 우리는 더는 구체적인 누군가와 절대로 관계를 맺을 수 없다. 노동자는 더는 제품의 원료와 관계를 갖지 못하고, 이제 기계 그 자체와도 큰 관계를 갖지 못한다. 시민은 더는 권력을 집행하는 기구와 관계를 맺지 못하고 오히려 수많은 기관과 절차들의 미로와 관련을 맺게 된다. 휴가를 떠나는 사람은 더는 자연과 관계를 맺지 못한다. 한편으로는 광고 문구들에 의해 제시된 휴가 제품과 관계를 맺고, 다른 한편으로는 기관적 체계상업적 혹은 국가적와 관계를 맺는다. 이것은 일반화와 대중매체라는 방식을 통한 추상화이다. 이 두 작용은 맞물려 있다. 그리고 일반화는 민주화의 성장을 통해서 나타나고, 무엇보다도 우리에게 모든 것을 실현할 수 있게 해 주는 수많은 방식에 대한 광고를 통해 나타난다. 더는 전쟁을 일으키는 왕이 존재하지는 않지만, 아무도 원하지 않는 이 전쟁은히틀러조차도 이 전쟁을 원하지 않았다! 몇 가지 조건들이 만나게 되면서 일어난다. 노동자를 억압하기 원하는 사주는 없으나, 그 추상화에서 긴급하면서도 근본적이고 이해할 수 없는 경제적 필요가 있다. 이때부터 저항은, 만일 이 저항이 군인들로 그들의 장군에 대해 저항하도록 한다면 어리석은 것이 된다. 그들은 여기에서 아무 의미 없는 존재가 된다. 저항은 모든 운동가, 관료와 군인을 전쟁 발발의 필요에 대항해서 일어나도록 해야 했었고, 이것은 모두에게 주어진 현실이다. 똑같이 착취당하는 노동자와 실업자들은 사주의 초상을 불태우거나 사주를 그의 사무실에 감금시키면서 아무것도 공격하지 않는다! 그들은 모호한 필요에 의해 학대당한 개인으로서 혁명적인 질문을 던졌어야 했다. 모든 것이 모호해진 조정된 체계에서는 어떤 것에 대한 책임자는 없으며, 우리가 유죄라고 단정할 수 있는 기관도 없다. 그래서 혁명은 모든 중재된 것, 인간과 인간 사이를 보여주는 모든 것, 그리고 인간과 사회 사이를 보여주는 모든 것을 깨뜨리도록 주장한다. 그러나 이것은 새롭게 발견된 자발성의 결과가 될 수 없으며, 분노를 넘어서는 폭발도 될 수 없다. 이 시도는 모두 환상을 가지고 일어난다. 혁명을 위해서 가련한 가면 무도회와 뼈만 남은 에로티시즘을 사용한다. 추상적인 대중매체의 세계는 이 이론에 의해서 추상화를 넘어서 그 이상 나아갈 때에만 혁명에 종속될 수 있다. 이러한 사회의 특성은 혁명이 정확하고 엄격한 이론의 결과로만 나타나도록 한다. 상황주의자들은 이것 역시 정확하게 보았다. "혁명 조직은 이 사회에 대한 단편적인 비판일 뿐이다. 다시 말하자면, 분리된 권력의 어떤 형태, 세상의 어떤 점에서도 타협하지 않는 비판을 이야기하고, 소외된 사회적 삶의 모든 측면에 대항하여 보편적으로 선언된 비판을 말한다…. 프롤레타리아 혁명은 이제 대중으로부터 인식되고 받아들여져야 하는 인간 실천의 지성이라는 필요, 즉 이론에 전적으로 달렸다…." 무엇보다도 비평적 이론화가 필수적이다. "비평이론은 그 자신의 언어로 의사소통되어야 한다. 반대의 어휘는 마치 이 어휘가 그 속의 내용처럼 그 형태에서 변증법적이어야 한다. 이것은 전체성의 비평이며, 역사적 비평이다…." 그리고 드보르[281]는 혁명이 가져야 하는 단일적 혹은 일반적 특성을 이 이론의 필수 불가결성과 연결했다. 동시에 총체적인 문화에 대한 비판과 사회적 전체성에 대해 비판을 하였다. "이 통합된 이론

---

281) 드보르, 앞의 책. p.99 이후, 그리고 p.164 이후.
　　[역주] 기 드보르(Guy Debord, 1931년~1994년). 프랑스 저술가, 영화감독, 혁명가. 『스펙터클의 사회』(1967년)를 통해 자신의 사상을 소개하였으며, 국제상황주의(1957~1972)의 주요한 이론가 중 한 명임.

적 비평만이 연합된 사회의 실행에 대항할 수 있다."

결국, 이 사회의 이 마지막 특성이 우리로 하여금 혁명의 목적을 분간해 낼 수 있도록 해 준다. 우리가 사는 세계는 실제로 너무나 견고하다. 이 주제에 대해서 너무나 많은 오해가 있다. 일반적인 사람뿐만 아니라 대부분의 사회학자들에게도, 우리는 변화가 가속되는 사회에 있으며, 모든 것이 너무 빨리 변하고 진화하며, 그 변화가 끊이지 않는다는 사실을 받아들인다. 계속적인 기술의 진보가 있으며, 농경사회에서 산업 사회로의 급격한 전이가 있고, 엄청난 민주적 혹은 경제적 성장이 있다. 비행기는 매년 더 커지고 빨라지며, 정치 제도는 더욱더 혼란 속으로 빠져가는 동시에 전통적 가치에 의해 분별할 수 없는 마그마 속으로 녹아 들어간다. 이데올로기와 철학, 미학은 발생하지만 수년 안에 사장된다. 혁명은 곳곳에서 일어나고, 가치나 성스러움을 발견할 수 없는 사회 속에서 논쟁이 주가 된다…. 반면에 이 모든 것은, 그것이 사실일지라도, 우리 자신이 가속되는 리듬 위에 살 때에만, 그리고 매일 수백 개의 폭발적인 정보를 받을 때에만 중요성이 있게 된다. 말하자면, 우리는 세상의 가속된 변화가 사실이며, 이것이 이 사회의 주요한 특성인데, 왜냐하면 이것으로부터 우리가 정보를 얻고, 이것이 우리에게 주어진 음식과 대중매체의 스펙터클이기 때문이며, 이것만이 우리의 행위에 맞기 때문이다. 우리는 언제나 더 빠른 속도로 움직이고, 언제나 더 많은 사람을 보며, 더 많은 사건을 기억한다. 전화기에서 딕터폰282)으로 변화하는데, 그것은 우리가 빠른 속도에 '존재하기' 때문이며, 우리가 이 사회의 속도가 변화의 증거라고 여기고, 이 변화가 특징이라고 여기기 때문이다. 불행하게도, 우리는 스펙터클에 의해 야기된 환상, 말하자면 실재 앞에 있다.283) 왜냐하면, 이 빠른

---

282) [역주] 말을 이후에 받아 쓸 수 있도록 녹음이 가능한 전화.
283) 이것이 왜 '변화가 가속되는' 사회에서, 그리스도인의 존재보다 우월한 위치에 있는 범교회회의(에큐메니컬 회의)의 소위 '전문가' 들이 신학적 관점에서와 사회학적 관점 모두

변화는 현실의 표면적인 현상이기 때문이다. 이러한 방식의 변화는 눈에 가장 잘 보이는 것이지만, 가장 중요하게 보이는 것은 아니다. 그러나 우리는 가장 폭발적이고 가장 이벤트적인 것을 지속적인 것보다 더 중요하게 여기는 경향이 있다. 지속적인 것은 첫눈에 인식할 수 없다.

또 다른 더 근본적인 태도그러나 자주 나타나는 태도는 아니다는, 기술이 주는 가장 효율적인 행위의 방식을 분명하게 원하고 사용한다는 조건에서, 사회적 구조들이 유동적이라고 이야기하는 것이다.284) 이처럼 경제적 혹은 계획적 기술에 대한 사용은 그 구조가 억압적이 될 때까지 이 구조를 유연하게 만든다. 물질적·제도적·문화적 구조는 이제 추상적이기를 거부한다. 그러나 한편으로 효과적인 수단이, 다른 한편으로는 부의 증대가 사회 구조의 자발적 재구성을 허용한다. 이 태도는 무엇보다도 우리가 본질적으로 너무나도 변화되는 사회 속에 있다는 장점이 있으며, 또한 행위의 자발적 특성을 주장한다는 장점이 있다. 그러나 의심의 여지없이 구조 자체에 대한 문제에는 오해가 있다. 이 구조 중의 일부를 유연하게 하면서[이것은 분명히 가능한 것이다], 우리는 어쩌면 실제로 더 근본적이고 더 결정적일 수 있는 다른 요소들의 힘과 무게를 분명히 강화시키지 못하게 되지 않을까? 그래서 무엇이 근본적인 요소인지를 아는 것이 핵심이 된다. 나는 근본적인 구조가 기술이고, 이것에 다른 결정적인 요소들이 달렸다고 믿는다.그리고 나는 이것을 드러내길 원한다 다른 결정적인 요소들은 국가, 도시, 교통수단, 조작, 조직이다. 다른 한편으로 이 현상의 관점에서, 중요한 변화나 완전히 항구적이고 예측 가능하고 언제나 같은 의미가 있는 변화는 없다. 국가는 어떤 부분도 덜 국가적이고, 덜 강하며, 덜 지시적인 적이 없었다. 기술은 퇴보한 적이 없었다. 모든 것은 점점 더 기술에 의존하

에서 착각을 범하는 이유이다.
284) 특별히 다음의 문헌을 참고할 것. 정 끌로드 그루손(Cl. Gruson), 『프랑스 계획경제의 기원과 희망』, 1967.

게 되었다. 그래서 우리는 분명하게 빠른 속도로 변화하는 사회에 대해서 이야기할 수 없다. 이 변화는 두 가지 부분에 영향을 미쳤다. 첫 번째 부분은 제3세계로, 이들은 그들의 제도와 가치, 전통을 서구 사회, 국가, 기술, 도시 등에 적응시키고자 유동성있게 빠르게 대처하지 못했다. 두 번째 부분은, 형태에 관한 것이다. 물론, 표면적으로는 많은 변화가 있지만, 이러한 변화는 단지 변형일 뿐이다. 이 변형은 어떤 기초적인 요소, 어떤 구조에 도달함 없이 제도적 이데올로기적 표현의 수정일 뿐이다. 국가가 미국식 의회를 가지든지, 아니면 러시아식의 의회를 가지든지, 문제는 의회의 문제가 아니라 국가의 문제이다. 기술이 강압적으로 적용되든지, 아니면 심리학적 요구에 의해 적용되든지, 혹은 복지의 미끼 혹은 근본성에 의해 적용된다 하더라도, 이러한 기술이 변화시키는 것은 매우 작다…. 겉으로 볼 때 이농현상은 근본적인 변화이다. 현재에 이 현상은 실제로 일어나는 현상이 아니다. 실제로 사회가 도시화와 산업화의 의미 속에 갇혀 있었던 19세기 중반의 문명에는 문명의 단절 현상이 있었다. 그러나 그 이후로는 아무런 변화가 없다. 이것이 현재 나타나는 흐름이고 발전하는 힘이다. 여기에서 사회적 구조는 변화하지 않았다. 지금 우리가 보는 모든 것, 그리고 우리 눈에 혼란으로 비추어지는 모든 것은 실제로 이 변화 속의 내용이다. 지금부터 우리는 모든 것이 변하고 우리 사회가 놀랄 만한 것으로 뒤섞여 있다는 인상을 받게 되고, 그래서 우리는 암흑의 게임, 완전히 일반적인 것과 예견 가능한 것의 조합, 백 년 전 출발한 힘의 이성적 발전, 폐기된 형태와 완전히 자리 잡은 구조를 주장하면서 눈에 보이는 균형을 보게 된다.

이와는 반대로 이 구조들이 상당한 안정성에서 나온다는 사실을 염두에 두어야 한다. 우리 사회는 놀랄만하게 견고하고, 계속해서 강화되어간다. 매번의 경제, 재정, 지성, 관료체제 등의 수정에 대한 요구는 실제로 다양한 기술적인 강화를 낳게 되고, 이 다양한 기술의 조합은 기술적 현상을 나타낸다. 이 기술적 현상은 절대로 퇴보하지 않으며, 그 이유를 묻지도 않는다. 분명하게 이것은 변화를 낳는다. 그루손285)은 이 구조들을 언급하면서, 이 '딱딱한 껍질'이라 부르는 것을 유연성 있게 할 수 없다고 이야기한다. 오랫동안 사회는 동굴 속에 단단히 갇혀 있었다는 인상이 있었다. 다른 말로 하자면, 이 견고함은 외부로부터 주어졌다. 나는 이 변화가 20년 전부터 내재화되었다고 생각한다. 이 딱지는 골격이 되었다. 그리고 그 결과로 이제는 제한적이고 불평등하게 여겨지지 않는 모든 영역에서의 기술의 발전정교화은, 이제 필수적인 것으로 그리고 변화의 축으로 여겨진다. 그러나 이것은 항구성, 견고성, 지속성 중의 그 어떤 것도 배제하지 않았으며, 오히려 그 반대가 되었다. 이 변화가 심리학적 조작에 의한 것이든, 또는 관료적 조직에 의한 것이든, 도시적 조직에 의한 것이든, 이 사회 체제 속으로의 내재화는 우리 구조를 더 지속적인 동시에 더 열망하는 구조로 만든다. 그래서 세계를 전복시키는 것에 대해서 이야기하는 것은 완전히 환상을 갖고 이야기하는 것이 된다. 혁명적 문제는 분명히 존재하는 체제 전복의 문제가 아니라, 오히려 이 전복이 전형적이고 피상적이라는 데에 있다. 혁명은 근본적인 구조에, 그 발전에 대한 대안 없음에, 그 견고성에 대해서 공격했어야 했다. 그래서 그것은 유연성을 다시 찾고, 정확한 조직에 대한 목적을 다시 발견하는 것이 된다. 그리고 이것은 언제나 의구심을 갖는 사람들에 의해 거부되는 두 가지 요소를 가져오는 것을 의미한다. 이 두 가지 요소는 개인적 판단의 독단성과 열정적 지지자이다. 이것은 분명히 기술에 대항하는 표현이며, 어쩌면 여기에 진정한 혁명적 의미가 있을 수 있었다. 그리고 두 가지 요소는, 한편으로

---

285) [역주] 정 끌로드 구르손(Claude Jean GRUSON, 1910~2000). 프랑스 국가 재정 기구와 행위 규제 위원회를 거쳐 재정부장관과 국립경제연구소장을 역임하였음

는 지적인 영역의 길이고, 다른 한편으로 감각적 계획의 길을 의미한다. 그러나 이것은 엄격하게 개인적 결정으로, 개인적 역사로의 회귀를 내포하고, 명백한 집단적 역행의 위험을 내포하고 있다. 그리고 우리 사회 구조의 특별한 안정성-견고성 앞에서, 만일 혁명이 이 근본적인 엄격함에 대항하여 일어난 것이 아니라면, 만일 혁명이 변화하고 유동적이며 불확실한 무엇을 세우는 것에 대항한 것이 아니라면, 그리고 그 결과로 더 비효율적이라면, 이것은 절대 혁명이 아니다. 그러나 이것이 의미하는 것을 잘 생각해야 한다! 분명히 말하면, 개인적 판단의 독단성과 열정적 지지자들을 다시 세우려고 근본성을 공격하는 것은, 현대 시詩의 표면적 비이성이나 격조 높은 클럽의 격에 어울리는 발정이 난 사람들과는 아무런 관계가 없다. 여기서는 어떤 점에서 혁명이 이 근본적인 구조들을 흔들었어야 했는지, 아니면 우리가 허락할 수 있는 법칙을 흔들었어야 했는지를 살펴보는 것만으로 충분하다. 우리가 체계에 대항한다고 믿는 믿음은 단순한 행진이고 아무런 대가 없는 만족일 뿐이다.

우리는 결국 혁명이 어디에서 일어날 수 있는지를 다시 질문해야 한다. 혁명이 정확하게 이 사회의 기능에 의해서 일어나야 한다면, 다른 모든 혁명이 본질에 접근하지 못했어야 한다면, 이 혁명은 서구에서만 일어날 것이다. 만일 혁명 전략이 인간 파괴의 가장 발전한 형태에 대해서 발전해야 한다면, 사회의 이러한 형태와 유형이 존재하는 곳에서만 이 전략을 생각하는 것이 가능하고, 행하는 것이 유용할 것이다. 적어도 이것이 가능하다면 말이다. 다른 한편으로, 모든 사람은 제3세계에서 혁명의 가능성이 가장 클 것으로 여길 것이다. 그러나 이러한 국가들은 기술, 산업, 문명과는 거리가 있다는 특징이 있다. 그 결과로 이 국가들에서 터져 나오는 혁명은 근본적인 문제들을 공격하지 못한다. 여기서 실현되는 것은 분명히 일련의 독립, 가능한 삶의 수준 향상 등이 될 것이다. 이것은 혁명이 아니다. 왜냐하면, 이 국가들은 분명히 혁명이 공격해야 하는 환경과 구조들을 알지 못하기 때문이다. 그리고 우리가 이 문제를 심각하게 고려하길 원한다면, 이것을 유럽에서, 유럽 문명의 기능에서 생각해야 한다. 여기에 미국과 유럽을 포괄해야 하며, 이제는 러시아까지 포함해야 한다. 러시아는 이 구조들과 거의 비슷한 수준에 도달하였다. 그리고 우리가 이 극단적이고 발전한 상황을 통해서 혁명적 행위를 적용시킨다면, 분명히 아시아나 아프리카 대중이 이해할 수 없는 목적에 도달하고자, 이들을 선동할 수 있는 어떤 희망도 품을 수 없게 된다.

만일 이 문제가 서구 사회의 가장 발전한 지점의 문제라면, 이 서구 사회의 가장 발전한 지점 안에서, 서구 사회에 대하여, 그리고 그 결과들은 원인에 대해서 유럽에서는 명확하지만, 라틴 아메리카나 아프리카에서는 그 결과라는 똑같은 주제에서는 볼 수 없다! 혁명 사상을 발전시켜야 한다. 아메리카 인디언들과 아프리카 등지에서의 혁명은 아라에르 가르드arrière-garde:후위, 아방가르드의 반대말-역주에 있으며, 이것은 말하자면 이미 시대에 뒤떨어진 상황에 대한 것이다. 물론, 나는 아프리카나 라틴아메리카로 하여금 그들 문제의 해결을 돕지 말자고 이야기하는 것이 아니다! 그러나 혁명적 행위에 의해서 그들이 이 해결점에 도달하는 것은 아니다. 그리고 이 국가들에서만 유일하게 필요한 혁명이 터져 나올 위험이 있는 것은 아니다. 서구 사회의 가장 발전한 유형에 따라 이루어진 혁명은, 아시아나 아프리카 등지에서 그 혁명의 결과들을 가져올 것임을 이해해야 한다. 무엇보다도 본질적으로어쩌면 또한 그리고 게다가 서구 기술문명과의 일련의 관계의 문제들을 해결하는 차원에서가 아니라, 이 국가들이 자신들의 발전 모델로 유럽 국가를 선택함에 따라, 그리고 이 유럽의 가치를 그들의 가치혁명적 가치!의 정상에 올려놓음에 따라 나타난 것이다. 우리는 나세르와 프란츠 파농286)에서 이 부분을 명백하게 볼 수 있다. 그러나 이 문명의 가치, 실현,

일반적 방향성이 공격을 받음에 따라, 이 반대급부에 의해서 제3세계 민중은 수정된 선택을 할 수 있었다. 전적으로 기술에 의존하는 사회의 근본적 구조라는 관점에서 서구는 그 모델이다. 이 유럽 모델에 의해서 나머지 세계가 발전한다. 이 주제에 대해서 어떤 환상도 가져서는 안 된다. 중국에서도, 다른 것을 찾기 위한 그들의 노력에도, 이미 이러한 유형들을 따라야 했다. 이 지배적인 유형을 깨뜨리려면 지성인들은 정치가 가장 중요한 요소임을 계속해서 이야기해야 한다. 모든 것이 변화되려면 정치 형태를 변화시키는 것으로 충분하다. 그러나 우리는 여기에서 일종의 순수한 상태의 축귀를 발견하게 된다. 우리가 사실에 대항하여 아무것도 할 수 없는 한, 우리는 꿈을 꾸고, 실제에 근거하지 않는 교리를 만들어 내며, 이러한 차원에서 투쟁하고, 우리가 무엇인가를 변화시킨다고 스스로 세뇌시킨다. 사회에서의 기술의 최고 위치가 근본적으로 부정되지 않는 한 그리고 단지 가치에 가정적으로 복종하지 않는 한, 서구 유형이 모든 다른 민족이 추구하는 유형으로 제시될 것이다. 그리고 그 결과로 서구의 발전에 따라 그 나머지 세계가 발전할 것이다(표면적 특징인 신식민주의, 제국주의 등의 문제를 제기하지 않고 말이다). 그리고 그 결과로 혁명은 이처럼 생각될 것이다. 혁명은 서구의 것이고, 그 외의 것은 아무것도 아니다. 지금까지의 것들을 간단하게 정리하면 다음과 같다 :

혁명은 '대항하여' 일어나야 하며, 요구되는 상황, 거짓 혁명적 상황에 의해서 일어나서는 안 된다.

혁명은 가장 진보된 문명에 대항해서 일어나야 하며, 가장 분명하게 예측되는 그들의 미래에 대항해서 일어나야 하고, 이미 지나간 상황 속에서 무너진 권력에 대항해서 일어나는 것이 아니므로, 서구 안에서만 생각

286) [역주] 프란츠 파농(Frantz Fanon, 1925~1961). 프랑스 정신과 의사이자 작가. 『검은 얼굴과 하얀 가면』(1952) 저술. 이 책으로 흑인성과 식민주의 심리학이라는 용어가 등장함. 알제리 민족해방전선에서 활동함.

될 수 있다. 이 서구 문명의 궁극점결국 보편적이 되는에서 혁명을 사고해야 한다. 이 혁명을 시행하기 전에 혁명에 대해서 생각해야 한다. 어떤 경우에도 가장 명확하게 나타나는 것은, 오늘날 혁명이 분명한 필요를 발견하지 못한다는 것이다. 혁명은 더는 급작스럽게 나타나는 저항의 결과도 아니며, 인간에게 주어진 고귀한 필요도 아니다. 만일 이 시대에 필요한 혁명이 있다면, 이것은 오래 사고하고 시도할 때에만 가능한 것이다. 더는 긴급하게 나타나는 혁명적 필요는 존재하지 않는다. 혁명은 오랫동안 금욕을 실행하고, 철저한 의지를 실천한 사람에 의해서만 필요하게 여겨질 수 있다. 아니면 '혁명적' 행위는 선전의 결과나 '행위'만이 될 것이고, 어떤 부분에서도 혁명적이 될 수 없을 것이다.

3. 혁명의 목적

우리 시대의 문명은 여러 가지 특성으로 이야기될 수 있다. 산업사회, 소비사회, 거대사회, 풍요의 사회, 억압의 사회, 대중매체의 사회, 관료주의 사회, 서비스 사회, 부르주아 사회, 계급사회 등등. 그러나 이 모든 것은 현대 문명의 파편적이거나 혹은 부분적인 특징으로 볼 수 있다. 좀 더 깊숙이 살펴보면, 더 결정적이고 더 특징적인 요소들이 있음을 발견할 수 있다. 우리 사회는 근본적으로 기술 사회이고 국가적인 사회이다. 우리 사회의 모든 특성은 이러한 기술과 국가적 특성에 맞닿아 있다. 그래서 만일 우리에게 필연적으로 일어날 수밖에 없는 혁명이 존재한다면, 그것은 기술화와 국가화의 사실 위에서만 존재할 것이다. 우리가 도식적으로 열거했던 모든 '거부拒否'의 목적은 기술적 현상의 결과이며, 일련의 기술들을 적용한 결과의 내용물이다. 마찬가지로 혁명의 특성이 점점 사라져 가는 모든 사회의 특징은 현대 사회의 기술적인 특징과 깊은 관련이 있다. 사회적이고 경제적인 다른 모든 혁명그리고 특별히 계급투쟁에 의해 중심적 위치를 차지하게 된 혁명은 실제로여기서 내가 사용하는 실제라는 단어는 영원한 진리가 아니라는 것을 말한다! 피상적이고, 부적합하며, 우연한 것이다. 이러한 혁명들은 힘을 들여 조직하고 노력한다 하더라도, 그 노력의 대가를 얻기 어려울 것이다. 왜냐하면, 이 혁명들은 목적에 혼란을 가져오게 되고, 결국 그 어떤 것도 변화시키지 못할 것이며, 아니면 기술의 가장 큰 수혜자가 될 지도자를 변화시키지도 못하고 기술적 진보의 일정한 흐름도 변화시키지 못할 것이기 때문이다. 그래서 오늘날 우리가 직면하는 결정적인 문제들 앞에서 이러한 사회적이고 경제적인 혁명들을 통해서는 진정으로 혁명에 대해서 이야기하기에는 부족하다는 사실을 발견하게 된다.

그러나 우리 사회는 기술적이라고만 할 수는 없다. 기술의 총체가 처음에는 병렬적으로, 이후에는 끊임없는 확장의 영역에서 발전하는 동안, 국가의 권력도 발전하였다. 우리는 이 국가의 발전이 진정한 역사의 의미를 발견하지 못한 마르크스의 오류라는 사실을 분명히 보았다. 이 두 현상이 함께 사회 전체에 퍼져감에 따라, 이들은 필연적으로 다시 연결되고 동화된다. 우리는 "정치가 언제나 기술에 명령한다"고 생각할 수 없으며, 계급의 거대구조 속에서 국가를 배제할 수 없다고 생각한다. 이 두 체계는 서로를 통해 수정되었다. 기술은 모든 정치의 조건이 되었다. 국가는 근본적으로 기술화되었다.[287] 국가에 대항하지만, 기술을 비난해서는 안 되는 혁명은 없다. 기술 사회의 위험과 종속에 대항하여 국가의 구조를 해체하려는 시도가 내재하지 않은 혁명은 없다. 단순한 정치적 혁명은 필연적으로 우리가 지금까지 깊게 살펴보았던 혁명의 결과인 국가의 강화를 가져온다. 그리고 단순히 삶의 방식에 대한 혁명은 체계를 조정하는 힘을 그대로 남겨 두게 했을 것이다. 왜냐하면, 이 체계는 두 가지 차원에서 구조화되기 때문이다. 첫 번째 차원은 자연적이고 무의식적인 차원이다. 기술 성장의 체계는, 사회를 기존의 방식으로 구성하려하지 않고 조용하게 사회 속에 반영되고 나타난다. 두 번째로 의식적이고 의지적인 차원에서는 국가적 체계가 기술을 최고로 조합하고 사용할 수 있도록 사회를 조직화한다. 왜냐하면, 현대 국가는 더는 단순히 '정치권력'의 표현도, 계급이나 사회적 범주의 표현도 아니기 때문이다. 국가는 보편화되고 유일화되며 포괄적인 사회의 동력이 되었고, 동시에 이 사회의 동력과 분리할 수 없는 표현의 형식이 되었다. 그러나 국가와 기술의 결합은 인간을

---

[287] 이 관계에 대해서, 엘륄, 『기술 혹은 세기의 쟁점』, 1952, 『정치적 착각』(대장간 역간)

변화시키려는 정신적인 방식과 심리학적인 방식으로 작용한다. 이러한 것들은 혁명이 맞닥뜨려야 하는 세 가지 대립하는 존재이며, 혁명은 힘과 구조 이 두 가지에 대항하여 일어나야 한다. "혁명은 이렇게 일어나야 한다." 이 외의 모든 다른 방향의 혁명은 헛되거나 풍자적일 수밖에 없을 것이다. 국가의 문제는 오늘날 가장 결정적인 요소가 되었다. 그 이유는 국가가 기술 발전에 부합하는 유일한 존재이기 때문이다. 우리는 이미 여러 번 기술의 발전이 경제적 발전과 마찬가지로 구조에 대해 다시 문제 제기하는 것을 보여주었고, 경제적 합리성과 기술적 합리성 사이에 상반된 것이 있을 수 있다는 사실을 보여주었다. 경제는 기술에 의해서 발전해야 한다. 경제는 이처럼 개인적 자본주의가 사라지는 원인이다. 이와는 반대로 기술은 언제나 국가의 입맛에 맞추어 행동하며, 국가의 존재 안에서 자신의 힘을 확인하고 국가 발전을 강화한다. 오늘날 요구되는 혁명은 이 점에서 국가에 대항하는 전통으로 다시 돌아가야 한다. 그래서 프루동, 바쿠닌 그리고 마르크스의 몇몇 글들이 주장하는 중요한 내용 중의 상당 부분은 오늘날 더는 받아들여지지 않는 것으로 보인다. 오늘날 국가에 대항한다고 선언하는 것이 수치스러운 것으로 여겨지는데, 그 이유는 국가가 한 세기 전부터 완전히 다른 힘과 규모를 갖게 되었기 때문이다. 마르크스는 다음과 같이 기술했다. "국가는 사회의 자원으로부터 양분을 공급받음으로 기생하고, 자유로운 심판자를 무력화시킨다…." 파리 꼬뮌 엥겔스는 다음과 같이 기술했다. "자유로운 사회는 사회와 그 구성원 사이에서 국가의 존재를 인내할 수 없다." 이상적 사회주의 이와는 반대로, 우리는 오늘날 국가는 더는 기생하는 존재가 아니고, 오히려 세상과 경제적 삶, 그리고 행복의 중요한 열쇠이며, 사회와 구성원 사이의 관계를 통해서 형성되기보다는 오히려 이 둘을 포괄한다는 사실을 매우 명확하게 보고 있다. 국가는 여전히 불완전하지만, 우리가 원하는 것은 오직 국가가 완벽해야 한다는 것

뿐이다! 말하자면, 우리는 더는 국가의 쇠퇴를 볼 수 없게 되었다. 그래서 국가에 대항한 혁명 계획은 갈수록 그 당위성을 잃어가지만, 이에 반해 점점 더 필연적이 된다. 그러나 여기에는 혁명적 국가의 전체적인 비판을 내포하거나, 아니면 사회주의를 건설해 가거나 프롤레타리아 독재를 구축해 감에 따라 쇠약해져 가는그러나 여전히 국가인 과도기적인 국가에 대한 비판을 내포하고 있다. 우리는 이미 이 부분에 대해서 살펴보았다. 바쿠닌은 다음과 같이 이야기하였다. "프롤레타리아의 필연적인 혁명 정치는 국가의 파괴를 목적으로 해야 한다. 우리는 국가를 보호하려 할 때, 국제적 연대에 대해서 이야기할 수 있다는 사실을 잘 이해하지 못한다. 적어도 우리는 보편적 국가에 대한 꿈을 꾸는데, 이것은 다시 말하면 보편적 노예제도이다…. 근본적으로 국가는 이러한 연대와 거리가 있으며… 우리는 더는 국가 안에서 그리고 국가에 의해서 프롤레타리아의 자유나 실제 국민으로의 권력 이양을 이야기할 수 있다고 생각하지 않는다. 국가는 지배를 원하며, 모든 지배는 대중의 예속을 가정한다…." 그는 분명히 마르크스가 제안한 독재를 비판한다. "나는 마르크스가 공동의 보편적 독재를 구축하지 않으려고 어떤 노력을 기울였는지를 살펴보았다…. 그리고 모든 국가에서 대중의 봉기를 조정하고 이끌면서, 첨단 기술의 혁명을 통해 독재가 구축되는 것을 보지 않으려고… 같은 독재가 세워진다는 그 하나만으로도 혁명을 죽이는 데에 충분했을 것이다…." 현대에서 이것은 그 어떤 순간시대보다도 사실이다. 그리고 더 비현실적이라고 이야기하기 어렵다. 근대 국가는 지금과 같은 존재가 되면서, 혁명에 맞서는 가장 잔인한 존재 중의 하나가 되었다. 모든 형태의 국가주의는 인격의 파괴자이다. 국가는 추상적이 될수록 더 억압적이 된다. 그리고 인간은 엄격하지만, 결정적으로 비인간적 질서의 구축에 의해서 이유 없는 무질서에 도달하게 되고, 국가를 위해 모든 사회의 실제적인 문제점들을 해결하려는 노력을 멈추게 된다. 문제는 여기에 있다. 언젠가 국가가 돌이킬 것이고 자유롭게 되거나 혹은 개인주의를 지향할 것이며, 인간에 복종할 것이라고 바라보기는 어렵다. 이것은 죽을 때까지 싸우는 것이며, 어쩌면 이미 진 싸움을 하는 것이다. 또한, 오늘날 혁명의 규모와 위험, 그 파급 효과를 알아야 한다. 그리고 이것은 국가의 권력이 민족주의의 성장과 관련이 있는 것과 같다. 민족주의의 종말. 이것은 시대에 뒤떨어진 선언이다! 그러나 오늘날 우리는 역사상 그 어떤 순간보다도 민족주의의 종식을 이야기해야 하는데, 그 이유는 오늘날의 세계가 지금처럼 민족주의가 성행한 적이 없었기 때문이다. 이 관점에서 사회주의 실패를 이야기해야 한다. 그래서 우리는 더는 민족적 사회주의를 구축하지 않으며, 우리가 사회주의라 부르는 모든 국가는 극단적인 성향을 띠게 된다. 그래서 놀라운 사실은, 1944년 당시에도 1918년의 혁명에 의해 형성된 국가들이 여전히 존재하고 있었다는 사실이다. 만일 우리가 혁명적 관점을 그처럼 견지하지 않았다면, 우리는 소련 연방을 쉽게 해체할 수 있었을 것이다. 그러나 몇몇 지역의 국경선을 수정하는 것으로 이러한 민족적 국가들을 지켰다. 그리고 공산주의는 오히려 민족주의를 강화시키기만 하였다. 고무우카[288]는 누구보다도 민족주의자였다. 그가 점점 더 소련으로부터 독립적이라고 느낄수록, 그는 민족주의로부터 점점 더 자유롭지 못했다. 소련에 의해서 유지된 사회주의 공화국의 민족주의는 이제 소련에 대항하여 방향을 전환한다. 체코슬로바키아의 최근의 혼란은 마르크스주의의 혼란과는 아무런 상관이 없으며, 단지 민족주의적인 사건이다. 소련 자신은 모든 일에서 무엇보다도 민족주의적 국가로 행동함에도, 쿠바와 체코슬로바키아의 민족주의에 엄중한 경고를 보내는 것1968년 4월은 매우 모순적인 태도이

---

288) [역주] 브와디스와프 고무우카(Gomulka; 1956~1970). 폴란드 공산당 초대 중앙위원회 서기.

다. 사회주의 진영에서의 민족주의의 승리는 추상적인 이상을 위해 모든 것을 쉽게 움직이게 한다. 공산주의는 민족주의를 하나의 수단으로 여기고 있다고 믿었지만, 이 믿음은 민족주의라는 우상과 그 구조의 능력을 과소평가한 것이다. 오히려 민족주의가 근본적인 실체가 되었고, 공산주의는 가치를 부여하고 국가를 발전시키기 위한 가장 효과적인 수단으로 축소되었다. 민족주의는 결국 이데올로기적 힘과 공산주의 혁명의 힘을 파괴하였다. 1968년 3월에 있었던 공산주의 '정상회담'은 이것을 고통스럽게 고백했다. 우리는 마찬가지로 마오이즘의 근원이 마르크스의 사상보다 더 민족주의적이었다는 사실을 보여줄 수 있었다.289) 또한 북부 베트남의 저항이 공산주의 저항라기보다는 민족주의적 저항이라는 것은 분명한 사실이다. 그리고 아프리카는 민족주의적 저항의 가장 전형적인 유형이다. 이전에 아프리카 국가들은 존재하지 않았다. 식민정책의 힘이 종족, 왕국, 영역의 모든 부분을 섞어 놓았고, 지질학적, 언어학적, 인류학적, 정치적 관점에서 우스꽝스러운 국경선을 그었다. 그러나 해방이 되자, 완벽하게 인위적인 이 요소들이 민족주의적 열정으로 분노하고 달려들었다. 그들은 이처럼 유럽식의 이데올로기와 함께 식민주의적인 구조를 적용하며 국가를 조직하려 하였다! 아프리카 민족주의는 유럽이 아프리카에 준 가장 좋은 선물이다. 그리고 이것은 과거의 식민지배자들에 대항하는 아프리카의 총체적인 전통을 보여준다. 그들은 19세기 초부터 민족주의자와 같은 열정을 가졌고, '민족적 영역'과는 어떤 부분에서도 분리되지 않으려 했다. 카탕가Katanga에 대항한 전쟁, 카메룬 분리주의자들에 의한 억압, 바이프라Biafra와 남수단 민족들 사이의 잔인한 학살, 팔레스타인 분쟁은 민족주의적 착란의 결과에 불과하다. 그러나 이것들은 우리에게 민족주의가 언제나 민족주의일 뿐임을 기억하게 해 준다. 우리가

---

289) 스튜어트 레이놀드 슈램(SCHRAM Stuart R), in Preuves, n° 198.

두 개의 민족주의를 이야기한다면, 그 하나는 유럽의 오래된 국가의 민족주의로 이것은 비난받을 만한 것이다. 또 다른 하나는, 갓 해방된 민족의 건설적이고 자유로운 민족주의다. 나는 이 두 가지 종류의 민족주의 사이에 사회적이고 심리학적이며 정치적 정체성이 있었다고 설명했으며, 그 차이들은 과도기적이며 부차적이라고 수차례 설명하였다. 나는 민족주의의 결과가 언제나 민족주의 그 자체라는 것을 보여주었다. 사회주의 국가의 위기, 비아프라의 학살은 이러한 예측의 정확한 증거이다. 그러나 어떤 사람도 우리 시대의 가장 근본적인 믿음이 되어 버린 민족주의를 감히 공격하지 못한다. 그 실패를 덮고자 공산주의와 실제 '혁명가들'은 제국주의를 타도해야 할 목적으로 지목한 것이다. 비록 이러한 제국주의가 분명히 실재하는 것이고, 대항하여 싸워야 하지만, 지금은 혁명의 실패를 은폐하기 위한 알리바이가 되었다. 이것은 로자 룩셈부르크와 레닌이 분석하지 못한 것이다. 오늘날의 주요한 적으로 제국주의를 지목하는 것은 현실을 은폐하는 것이다. 그러나 좌파는 다른 방식을 취할 수 없다. 자신들의 사고의 틀인 동시에 구축의 틀이 되어버린 민족주의를 다시 문제 삼을 수 없다. 오늘날의 모든 마르크스주의는, 그 경향이 어떠하든 민족주의에 따라 정복되었다. 오늘날 민족적 현상 속에서의 인간의 소외는, 마르크스가 이 문제를 이야기한 시기보다 더 심화하였다. 이것은 다시 혁명투쟁의 목적이 되어야 한다.

국가와 국가의 성장, 끝없는 전체주의, 국가 종교와의 연합그 안에서 모든 혁명이 생각되고 조직돼야 한다을 이야기할 때, 우리는 분명히 국가화된 사회의 한 단면일 뿐인 소위 탄압의 사회를 포괄한다. 그러나 탄압의 사회라는 사상을 내가 비난하는 것은, 이것이 분명히 하나의 사상이라는 것이다. 이 분석이 너무 깊은 문제를 다루기에, 이론보다는 조직가들 의해서 더 특징짓는 근대 국가의 경직성과 잔인성에 대한 구체적인 비난을 피할 수 있다.

두 번째 현상이 현상에 의해서 혁명이 요구되고 생각돼야 한다은 기술의 발전과 기술 사회와 기술화된 사회로의 변화이다.290) 여기서는 이 현상이 소비 사회와 풍요로움, 그리고 조직화를 내포한다는 사실을 이야기하는 것만으로 그칠 것이다. 그리고 기술적 성장을 위한 대가가 너무 과중하다면, 우리는 다시 이 긍정적인 측면들에 대해서 문제 제기를 하게 된다.

오늘날의 진정한 혁명은 조직의 확장과 개선에 대항하여 나타난다. 나는 이 표현이 관료 사회에 맞는다고 생각한다. 오늘날, 모든 거짓 혁명가는 더 부르주아적인 태도를 보이면서 관료주의에 대항한다. 결국, 지난 세기부터 끊임없이 기관과 지주, 관료들에 대항한 것은 부르주아들이었다. 여기에서 퀴볼의 유산291)을 다시 언급해야 하는가? 그러나 문제시해야 하는 것은 조직적 부패나 완전한 기능마비, 그리고 융통성 없음이 아니다. 조직은 관료주의와 같은 역할을 하지만, 유동성과 정교함, 지성, 외적인 적응이 모든 것은 그 작용에서 조직적 틀을 공고하게 하고 더 큰 효율성을 보장한다을 가지고 관료주의를 대체한다. 인간에 의해서 만들어진 좋고 건전한 조직을 이야기하고자 관료주의의 여러 스펙트럼을 분석했던 크로지에292)의 연구는 논란의 여지가 많아 보인다. 더욱이 1968년의 고등관료학교 E.N.A.의 개혁은 결국 과학적인 조직을 낳게 될 것이다.

기술을 문제시하는 것, 그것은 또한 풍요로운 사회를 문제시하는 것이며말하자면, 허구적으로는 유용하지만 동화될 수 없고 공격적인 것으로 가득 차 있으며, 이것은 분명히 인간에게 커다란 즐거움과 만족을 가져다주지만, 잘못된 편리함을 낳고, 욕망을 죽이면서 잘못된 성취를 낳는다, 나아가 모든 것이 단지 소비의 대상이며, 소

---

290) 엘륄, 『기술 혹은 세기의 쟁점』.
291) [역주] 앙리 베르제 감독의 1969년 영화 Messieurs les ronds de cuir에서 인용됨.
292) [역주] 미셸 크로지에(Michel Crozier, 1922년 11월 6일 생뜨 므누 출생). 프랑스 사회학자로 조직 연구에 있어서 통계학적 분석의 틀을 구축함.

비가 가치와 의미 그리고 정당화가 되는 사회를 문제시하는 것이다. 종교의 소비, 여가의 소비, 혁명의 소비… 논란이 되는 것은, 이러한 지위로 축소되는 소비자의 다음과 같은 상황이다. 소비 외의 다른 것은 불가능하며, 모든 것은 소비를 위해 제공된다. 이것은 또한 풍요로운 사회의 다른 면이다. 그러나 이러한 사회의 유형을 고발하는 것은, 금욕과 선택, 가난 함영적이고 지적인 동시에 물질적인을 내포하고 있다는 사실에 주의를 기울여야 하며, 나는 소비 사회를 거부하는 우리의 젊은이들이 그들의 차와 욕실, 그들의 음반과 앰프를 포기할 준비가 되어 있다고 확신하지는 않는다…. "정말로 중요한 것은 이러한 물건들을 가진다는 사실이 아니라… 수동적인 상태로 축소된 사회의 지위와 방향성이다"라고 이야기하면서 문제들을 제쳐놓지 말자. 미안하지만, 개인들의 이러한 방향성이 우리가 삶에 즐거움을 주는 이 수많은 것을 우리의 소유가 되도록 하고, 그래서 필연적으로 생산자는 더는 생산하지 않고 사회는 더는 이러한 방향성을 갖지 않을지도 모른다!293) 개인항의하는 사람 역시과 사회적 상태 사이의 암묵적 관계를 절대로 잊어서는 안 된다. 똑같이 소비 사회를 비난하는 많은 사람은 사드 후작사디즘에 정통한 지성인들이다. 이것은 그들의 작품이고, 아니면 인간을 소비의 대상으로 나타낸 것이다. 사드를 이야기하는 순간마다 거짓 혁명을 나타낸다.

  기술 사회에 대항한 혁명은 동시에 모든 것이 대중매체의 광경이 된, 상황주의자들294)에 의해 철저하게 분석된 스펙터클의 사회에 대항한 혁명이다. 이것은 영화나 텔레비전의 문제가 아니다! "스펙터클은 이미지를 모아 놓은 것이 아니라 이미지에 의해서 중재된 개인들 사이의 사회적인 관계이

---

293) 예를 들면, 보들리아르의 책, 『사물의 체계 Le Systéme des objets』, 1969. 그러나 어떤 방식으로도 이것은 소비자가 요구한다고 이야기하려 하지 않을 것이다! 만일 개인이 광고의 압력에 저항하려는 경향을 보였다면, 만일 소비를 거부했다면 - 그렇다면 그는 요구했었어야 했다!"
294) 드보르, 『스펙터클의 사회』

다." 그러나 기술 국가의 힘의 결합은 인간에 의해서만 실현될 수 있으며, 결국 인간만을 변화시킨다. 그래서 이것은 결정적으로 가장 쉽게 사용할 수 있도록 고장 내고 버리는 것을 멈추는 방식으로, 도구와 존재하는 인간 사이의 거리를 줄이는 것이다. 그러나 인간은 여기에 준비가 되어 있지 않다. 그리고 수단으로서의 기술적 체계인 국가는 이러한 의미에서 조정자의 역할을 갖게 된다. 이것은 오늘날 인간의 진정한 소외이며, 물화物化인 것이다. 만일 혁명이 인간적이어야 한다면, 인간의 열정적인 거부에서 그 근원을 찾는다면, 인간으로 존재하도록 하는 진리를 위한 것이라면, 이것은 그 반짝이는 순간일 뿐이고, 그 소외에 대항한 것이며 100년 전에 마르크스가 묘사했던 것은 더는 아니다. 그래서 혁명은 이러한 물화物化, 그리고 약간은 매우 짧은 식견을 가진, 물질의 체계와 소비 사회를 멸시하는 사람의 혁명이 아닌에 대항한 것이다. 만일 혁명이 국가에 대항한 것이라면, 이것은 국가가 그 기원에서부터 악의 조상avitum malum이 아니고, 권력에 대한 욕망potestatis cupido이었기 때문이 아니다. 그것은 홉스나 헤겔이 경험하지 못했지만 예견했던, 완전히 새로운 것이다. 만일 그것이 기술 사회의 형성에 대항하는 것이라면, 이것은 기술이 원래 나쁜 것이기 때문이 아니다. 이렇게 이야기하는 것은 매우 어리석은 것이고, 나는 이처럼 이야기한 적이 없다. 그것은 원래 기술이 그렇기 때문이 아니라, 사회의 새로운 구조이기 때문이다. 그래서 혁명이 이러한 방향성으로 나아가야 한다면, 근대 국가와 기술 사회의 조합은 필수적이다. 그리고 이 조합은 필연적으로 소외된 인간과 물질화된 인간을 낳게 되고, 그 외에 다른 것을 생산할 수 없게 된다. 이것은 그 외의 다른 것들은 이미 연구된 것으로 여기고, 이러한 근대국가와 기술의 조합의 차원을 개략적으로 언급한다.295)

이러한 관점에서, 혁명은 인간에 대한 집단의 확장에 대항하여 일어나

---

295) 엘륄, 「선전」(대장간 역간), 「기술 사회에서 인간관계의 상징 *L'Année sociologique*』, 1965.

야 한다. 나는 여기서 분명히 사회의 일반적인 문제를 목표로 하는 것이 아니고, 사회에서 점점 더 받아들여지는 방향성을 목표로 한다. 이 방향성에 따르면, 인간은 그가 있는 집단 없이는 아무 가치를 가지지 못한다. 이것은 공동체, 기업인간이 존재하는 삶의 환경의 이데올로기이며, 업무적인 집단과 집단적 여가를 의미한다. 오늘날 지적 혹은 과학적 작업은 '공동작업'을 통해서만 가능하다고 주장하는 것, 교회나 정당에서 '팀' team을 만들기 원하는 것, 인간만으로는 아무것도 할 수 없다고 선언하는 것, 이것들은 단지 사회주의자의 방향에 적응하는 것이 아니라, 우리 시대와 같은 기술 사회의 발전 조건에 적응하는 것이다. 즉, 이러한 요구들에 자신을 맞추는 것이다. 그리고 이것은 놀랍게도 혼란스러운 사상들을 나타내고 있다. 우리는 이 운동을, 개인을 집단에 편입시키는 것으로 소개하며, 혁명적으로 선언한다. 그래서 우리는 사회 구조적 기능의 절대적 요구에 따른 가장 전통적인 태도를 보인다. 지금 우리 사회의 사상은 이 사상에 따르면 분명히 몇몇 특수한 사람들의 이해보다는 보편적 이해를 우위에 두고 있으며, 사회적 필요들만을 고려하고(개인적 필요가 아니다), 개인이 집단에 의해서만 자아실현이 가능하다는 등 신화적 질서로 보일 뿐이다. 이것은 표면적으로 공통의 기업 성공을 위해 개인적 희생에 대한 전통적이고 신화적인 사상의 합리적이고 과학적으로 보이는 잔재일 뿐이다. 이것은 이피게네이아296)적인 사건이다. 그리고 매일 저녁 죽는 태양은 다시 살려면 신선한 피가 필요하고, 이 사실에서 인간의 희생이 필요하다고 이야기했던, 우주진화론에 따라 살았던 아즈텍 문명과 같은 것이다. 그 희생자들은 반항하지 않았다. 당연하게 태양의 존재가 모두에게 절대적으로 필요했고, 태양을 다시 살게 했던 것은 거대 집단이었다. 그래서 집단이 개인의 사적인 삶을 지배했던 것일까? 분명히 희생자는 혼자가 아니었는데, 그 이유는 그 희생자를 통해서

---

296) [역주] 이피게네이아(Iphigeneia) 신화.

민족 전체가 생존했기 때문이다. "모든 백성이 죽는 것보다 혼자 죽는 것이 낫다"라는 격언이 있다. 그리고 이것은 정확하게 히틀러의 추종자들이나 공산주의자들의 선언"한 세대 혹은 두 세대의 희생을 통해서 우리는 분명히 지상낙원을 건설할 것이다"에서 볼 수 있는 신화주의를 다시 만난다. 그러나 미국 심리 사회학자들이 집단을 떠난 개인의 모든 특수성을 부인할 때에나, 사회주의자들이 사회적 필요를 거부할 때에도 이 신화주의를 다시 만나게 된다. 이것은 신화의 가장 오래된 원형으로 거슬러 올라가는 것이며, 그 외형에도 불구하고 전혀 이성적이지 않다. 혁명이 있다면, 그것은 분명히 집단과 공동체라는 수단을 통해서 전체적 사회 체제로 인간을 통합시키는 것에 대항한 것이다…. 그래서 이 통합은 특별히 모든 가능한 기억들 위에서 발전하는 심리학적 기술특별하게 가장 무결한 사회적 조력자에서부터 가장 안심시키는 선전에까지을 통해서 이루어진다. 혁명은 스펙터클에 연관된 심리-사회적 조작에 대항하여 방향을 정해야 한다. 스펙터클의 사회의 형성에서 자발적인 부분도 발견되지만, 또한 인간의 통합을 위해 주어지는 행동도 발견된다. 그것은 선전에 관한 것이고, 심리학적 행동이며, 대중적 관계일 뿐만 아니라, 소유하지 못하는 정보의 착란적 증폭이다. 왜냐하면 혁명은 인간에게 잘못된 비전을 제시하면서 순전히 허구적인 세계에 그를 가두어 놓기 때문이다. 그리고 이것은 너무나 놀라워서 문화의 사회를 거스르는 것으로 여겨지고, 사회 내의 예술적 지적 창조 역시 더는 소비, 환상, 가벼움, 분산, 신화화되지 않고자 그 무게와 진지함, 그리고 결정적인 능력을 잃어버렸다. 그리고 18세기 말과 마찬가지로 혁명은 문화가 제시하는 것에 대항하는 것이 아니라 문화 자체에 대항한다. 그리고 열렬한 저항자들이 혁명의 이러한 틀을 받아들일 준비가 되어 있다는 데에 주목하자. 그러나 이들은 제3세계와 진보를 '지지'하는 사람들이기 때문에, 이들은 열렬하게 '저개발국' 민족들의 문맹을 퇴치하는 일을 한다. 이것은 전통이 아니다. 여기에서 문화에 대해 다시 문제를 제기하는 것은, 글과 문자화의 효용성에 대해서 문제를 제기하는 것이다! 만일 우리가 우리 문화를 거부한다면, 이러한 문화의 형성 조건들을 다른 곳에서 재생산하기를 바라면 안 된다. 여기에서 균형을 잡아야 한다. 바로 이 순간에 이러한 입장이 혁명적이 되지, 모나리자에 수염을 그릴 때에 혁명적이 되는 것이 절대 아니다.

결국, 혁명은 여전히 인간에 대한 인간의 지배에 대항하여 일어날 것이다. 여기서 근대 이데올로기의 수많은 측면을 기억해야 했다…. 여기서 몇 가지 제목을 들자면, 국가 안에 있는 확신과 희망에 대항하여, 모든 것을 조정하려는 국가에 대한 요청, 그리고 어떤 것들이 작동되지 않을 때 국가에 대항한 시위가 있다. 이 시위는 '국가적 실재'를 가치로 변화시키는 것에 대항한 것이며, 진보와 효율성이라는 이데올로기에 대항한 것이다. 그리고 이성적으로 그리고 도덕적인 해이에 대항하여, 그러한 경향과 열정 그리고 취향으로 나가도록 내버려 두는 것이다. 인간을 그대로 내버려 둘 때, 축전의 기회가 있다 하더라도 절대 혁명을 준비할 수 없다! 또한, 증가하는 소비와 안락함의 요구에 대한 것이다. 이데올로기, 이 세상이 꿈꾸는 이데올로기, 즉 "보편적 추상화와 환상의 효과적인 독재에 의해서 적법하게 나타나는 보편적 환상"드브르에 대한 것이고, 이 환상이 종교적이든 정치적이든, 혹은 철학적이든 미학적이든, 초현실적이든 혹은 사회주의이든, 파시즘적이든 혹은 생산주의적이든, 진보에 대한 믿음이거나 아니면 기술에서 과거의 행복에 대한 향수적 도피이며… 그리고 역할 이론에 대항한 것이다! 현재 통용되는 이 사상은 존재할 수 있는 가장 혁명에 대립된 것이고 전통적이다. 분명히, 우리는 아직 어떤 고통스러운 상황에 있다. 인간이 하나의 역할 또는 자신의 역할이 있고, 결국 모든 것이 이 역할에 녹아 들어간다 하더라도, 우리는 빠르게 이 고통의 순간에 도달한다! 그러나 사장된 인간성을 다시 살릴 수는 없으며, 자신의 역할로 축소된 인간은 더는 설 자리가 없다. 이 역할에 대한 매우 정확하고 개략적인 심리학적 연구이 연구는 인간과 사회 간의 관계의 문제를 해결한다에 반혁명과 반인륜이 자리 잡고 있다. 그러나 오늘날 모든 것은 과학 아래에 감추어진다. 그리고 과학에도 불구하고 인간은 자신의 역할을 거부해야 하며, 혁명은 이 역할에 대항하여 작동해야 한다. 다른 말로 하자면, 방금 했던 이야기와 함께, 혁명은 단지 조직, 기관, 방식, 구조에 대항하는 행위가 아니라, 똑같이 이 사회의 인간, 그 행위와 믿음에 대항한 것이기도 하다. 인간에 대항하는 것이기도 하지만 인간을 지지하는 것이기도 하다. 이것은 같은 운동이다. 인간을 돈과 민족, 일, 국가 혹은 사회주의에 붙잡아두는 것은, 그가 사랑하는 것들에 얽매이는 것이다. 사랑받는 것이지만, 얽혀 있는 것이다 마지막으로 테러로 해결하는 혁명의 이데올로기를 살펴보자.297) 일용할 양식과 같이 혁명을 바라보고, 죽음의 위험을 감수하면서까지 혁명을 하는 것은 어리석은 도박이다. 반면에 여기에 믿음을 두고 환상을 가지며, 혁명을 꿈꾸고 끊임없이 이야기하며, 작은 집단 속에서 신중하게 폭력을 계획하는 것, 혹은 이와는 반대로 혁명을 가장 명백하며 가장 낡은 것으로, 그리고 실재의 가장 일상적인 것으로 여기는 것, 이러한 것들을 사회학 대상으로 다루는 것은 또 다른 것이 된다. 그리고 이러한 경우들 속에서 혁명이 나타난다면, 이 몽상가들과 과학자들은 테러리스트가 될 것이다. 이제는 고전이 된 테러에 대한 분석에는 혁명 이데올로기테러라는 귀신에 사로잡혀 있는 인간의 연약함 때문에 테러리즘에서 끊임없이 나오는 이데올로기의 차원이 빠져 있다. 혁명은, 만일 현대 사회 속에서 행해져야 한다면, 보편화한 혁명 이데올로기에 대항해서 실행되어야 한다. "혁명 이론은 이제 모든 혁명 이데올

---

297) 많은 저작이 있지만 다음의 저작을 참고하자 : 메를로 퐁티, 『휴머니즘과 테러 *Humanisme et tereur*』, 클로소프스키 Klossowsky, 그리고 최근의 저작, 앙리 르페브르, 『현대 세계의 일상성 *La vie quotidienne dans le monde moderne*』, 1968.

로기의 적이 되었고, 그 스스로 자신의 상태를 알고 있다."드보르

*　　*　　*

나는 이제부터 나를 향하여 쏟아질 반대, 비난을 잘 알고 있다. "당신은 부정적인 목적만을 살펴보았다. 당신은 무엇에 대항해서 혁명이 일어나야 했는지를 말했지만, 그 이상을 이야기하지 않았다. 그리고 왜 그것이 일어났어야 했는가에 대해서도 이야기하지 않았다." 나는 여기에 대해서 쉽게 대답할 수 있을 것이다. 만일 내가 '무엇 때문에'에 대해서 이야기하지 않았다면, 나는 분명하게 그리고 더 분명하지 않게왜냐하면, 나는 끊임없이 이 두 가지 차원에서 이야기했기 때문이다 '누구를 위해서' 혁명이 일어나야 했었는지를 이야기했기 때문이다. 그러나 이것을 떠나서, 만일 내가 긍정적이고 건설적인 부분에 대해서는 아무런 이야기도 하지 않았다면, 그것은 구체적으로 두 가지 이유에서이다. 첫 번째는 분명히 혁명의 형식에 대한 것이다. "기술은 모든 행위의 수단이 되었다." 다른 말로 하자면, 지난 두 세기 동안의 혁명 운동이 빈번하게 권력에 대항하여 일어났던 것과 마찬가지로, 계속해서 더 큰 권력의 창출에 도달하였고, 결국 국가의 구성에 일조하였다. 마찬가지로 오늘날 모든 혁명적 행위행위가 더는 기술적인 것 외에는 아무것도 아니므로는 몇몇 기술을 완성하는 것일 뿐이며시가전(市街戰)은 현 상황에서 개인에게 즉각적인 결정에 자율권을 허락하면서 더욱 더 잘 통합시킬 수 있는 기술이다. 이것이 히틀러 군대의 이상이었다, 기술 사회를 발전시키는 것이다. 우리가 이 시대에 요구되는 혁명을 구별해 내고 실행할 기회가 줄어든 이유는 잘 짜인 행위나 긍정적인 행위 때문이 아니다. 나의 두 번째 이유는 독자들이 이미 인식하고 있을 것이다. 필요한 혁명은 정치적 혹은 사회적인 관습적 방법을 통해서는 실현될 수 없는 일반성과 깊이라는 특성을 통해 나타난다. 어떤 구성의 변화도, 어떤 부분의 구조도, 어떤 경제적 재구

성도, 어떤 계급투쟁도 진정한 혁명의 길에서는 발전할 수 없을 것이다. 우리는 언제나 이 모든 것을 할 수 있다. 그리고 실제로 이것들을 실행하는 동안에, 잠자는 사람을 깨우지 않고 좀 더 편안하게 꿈을 꿀 수 있도록 하는 작은 변화들이 나타난다. 우리는 언제나, 분명하게 위대한 이상이라는 이름, 말하자면 구경꾼들을 즐겁게 해 주는 큰 운동들을 일으킬 수 있다. 그리고 이 운동의 무더기 속에 사회적 체계 속으로 더 잘 통합되고자 선언하는 부드러운 관심과 존중할만한 가치들이 있는 것 또한 분명한 사실이다. 그러나 우리는 오늘날 살아있어야 할 혁명에 멀리 떨어져 있지도, 가까이 근접하지도 않고 있다.

"처음 계획할 때, 처음 긍정적인 행위를 할 때, 적어도 실현할 가치를 선언하자." 이것은 분명히 아니라고 이야기할 수 있다. 지나간 가치들의 창고정의, 진리 등는 이미 충분히 채워졌다. 여기에 무엇을 더 덧붙일 수 있을까? 새로운 가치를 제시하는 것은 아무런 도움을 주지 못한다. 이것은 여전히 알리바이이다. 이것은 정확히 다른 존재의 방식이며 '관련되어 있다고 느끼는' 방식이 아니다(!). 새롭게 실현해야 할 가치는 없다. 단지 기념비적인 폭력, 내가 부정적으로 느끼는 변화에 대항하여 조직할 방어만이 있을 뿐이다. 매번 이 주장을 되풀이해야 하는가? 전염병에 대항하여 싸우는 의사는 그가 '대항하는' 사람이기 때문에 부정적인 사람인가? 내가 혁명이라 부르는, 무엇인가에 대항하는 것에서 이 대항하는 대상이 부정적인 한, 나는 무엇인가에 대항한 싸움은 긍정적이라고 믿는다. 그래서 긍정적이 되려면 새롭게 형성할 가치도, 참고할 프로그램도 없다. "그런데 이것이 순전히 방어적인가? 그래서 보수주의자인가?" 여기에 중요한 단어가 빠져 있다! 물론 아니다! 여기에서 나는 여전히 보수가 가능하다고 믿지 않는다. 정복만이 가능하다. 그 이상을 넘어서야 한다. 의사의 예를 다시 들어보자. 환자는 질병과 싸우면서 과거의 건강한 상태로 돌아갈 수 있는가? 아니다. 의사는 환자의 육체가그리고 그 마음이! 변화되었고, 새로운 균형이 회복된 건강 안에서 나타나지만, 더는 이전과 같은 상태가 아니라는 사실을 잘 알고 있다. 더 나아가서, 질병에 대항하여 싸우는 것은 새로운 처방을 발견하도록 자극하고, 새로운 치료제를 고안하도록 자극하며, 그 결과로 이러한 전투의 자세는 완벽하게 긍정적이고 '진보적인 것'이다. 이 싸움만이 실제로 진보적인 유일한 것이다! 현대의 모든 진보주의는 사회의 실제 상황에 대한 유약한 반응이다. 유일하게 받아들일 수 있는 점은, 기술 국가 체계에 의해서, 인간을 향한 공격 속에서 우리 각자가 방어해야 하는 것은 인간이며한편으로는 과거의 유령이 아니고, 다른 한편으로 적응된 미래주의자의 마술적 그림자도 아니다, 인간 스스로 방어해야 한다는 것이다. 그리고 이 공격은 인간에게 재앙이다.인간으로 하여금 더욱 '인간답게' 만드는 최고의 선이 아니라, 조작을 통해서 널리 퍼지는 기술이라는 이름을 갖는 최고의 환상이다 이것이 이 시대에 필요한 혁명이 어떤 가치도, 어떤 프로그램도, 어떤 전략도 가지지 못하는 이유이다. 그러나 이 혁명에는 매우 구체적인 목표가 있다.

4. 혁명의 궁극적 목표

이것은 결정적으로 분명히 기술 사회의 출현을 의미하고, 그 결과 현상의 단일성에 대해 문제 제기를 하게 된다. 여기에 모든 것이 달렸다. 기술사회는 그 나타나는 형태공동체적 봉건주의, 반계획적인 자급자족 등가 어떠하든, 분명히 치러야 할 대가가 있다. 기술 사회에 대항한 혁명은나는 기술에 대항한 것이라고 이야기하지 않는다. 여기에 매우 주의해야 한다! 모든 영역수익, 생산성, 적응, 통합 등에서 효율성의 감소, 개인 행복의 퇴보, 공동 생산 체계의 축소와 대중문화의 점진적 소멸을 각오해야 할 것이다. 우리가 이 네 가지 대가를 치를 준비, 즉 오늘날 필요한 유일한 혁명을 위한 준비가 되어 있지 않다면, 어떤 환상도 가져서는 안 된다. 그래서 이것을 받아들이려면 먼저 사회적 통념 속에 나타나는 몇몇 이데올로기들을 펼쳐 놓아야 한다. 그러나 이 혁명 안에서 인간은 자신을 발견할 위험을 감수하고, 역사를 발견할 위험을 감수한다. 드보르는 이것을 다음과 같은 멋진 말로 표현하였다. "보편의 추상적 의지인 이데올로기와 그 환상이 현대 사회 속에서 보편적 추상화와 환상의 효과적 독재에 의해서 적법하게 나타날 때, 그것은 더는 작은 부분의 자발적 투쟁이 아니라 그 승리이며… 모든 그 내부의 논리가 전체적인 이데올로기를 향해 이끌었던 이데올로기는… 이제 역사에 대항하여 움직이지 않는 스펙터클 속에서 성취되었다."[298] 이것은 원래의 이데올로기 자체라기보다는 단지 기술 사회에 맞는 기술 사회의 이데올로기이다. 이때부터, 혁명 계획은 세 가지 방향성을 가지게 된

---

[298] 드보르, 앞의 책, p.171.

다. 나는 다른 여러 곳에서 회자하는 이 세 가지 방향성을 이야기하는 것만으로 만족하지 않을 것이다. 무엇보다도 첫 번째 방향성은 개인 자율의 재발견이다. 나는 자주 비판되고 가치절하 되는 이 단어가 유효하다고 생각한다. 오늘날 그 어떤 것도 개인에게 의식을 다시 부여하는 것보다 더 필수 불가결한 것은 없다. 그래서 공동체, 집단, 정치, 사회적 이상 등을 거부하는 어떤 열등감도 느껴서는 안 된다. 나는 이 모든 것이 각각의 가치를 지닌다는 사실을 잘 알고 있다. 그러나 나는 주어진 역사적 상황을 보려 한다. 바로 우리의 역사적 상황을 보는 것이다. 그리고 나는 여기서 그리고 지금, 오직 하나의 가치만이 효율적이고 필요하다고 주장하는데, 그것은 개인의 가치에 대한 재발견이고, 그 유일성이다. 나머지 모든 것은 이미 기술화된 체계 속에 통합된 전통주의이다. 그래서 이것은 똑같이 철학의 거대구조를 대표하는 개인에 대한 문제라기보다는, 오직 타인, 자신의 운명, 자신의 환경에 직면한 인간 존재라는 가장 단순하고 순수한 사실에 대한 문제이다. 이 사실만을 인식하고, 이 척도로 모든 것을 평가한다. 이 목적이 없다면, 다른 어떤 것도 불가능하다. 그리고 제도적 혹은 경제적 주장은 도피이며 알리바이이다. 나는 다른 책에서299) 어떻게 기술화된 국가의 정치적 영역 안에서, 시민으로 돌아가는 것만이, 각 개인의 시민화에 의한 민주적 인간 형성이, 구체적인 동시에 혁명적인 대답이 될 수 있다는 사실을 보여주려 하였다. 실제로 이 주장은 사람들이 꺼리는 것, 즉 각 개인에게 직접적이고 즉각적인 책임을 요구하기 때문에, 그리고 최고의 효율을 가져오지 못하는 것처럼 보이기 때문에, 큰 주의를 끌지는 못했다. 분명하게, 만일 우리가 기술의 마술적 영역에서 벗어나려 한다면, 우리는 효율적이지 못한 방법들만을 발견하게 될 것이다. 그러나 이 비효율성이 실제적이고 심오한 가치를 나타낸다. 그러나 인간으로 하

---

299) 『정치적 착각』(대장간 역간), 제8장.

여금 우리가 사는 사회 속에서의 개인이 되도록 요구하는 것은, 분명히 사회주의에 불평하는 퇴폐적인 부르주아 계급의 낡은 이미지를 떠올리게 한다. 그리고 나는 근본적으로 이러한 요구와는 다른 뿌리가 있으며, 여기에서 말하는 개인은 어떤 부분에서도 내가 이야기하는 개인이 아니다. 그러나 이것 역시 모든 현대적인 논쟁말하자면, 기술에 맞는 이데올로기에 너무나 대항하는 것이어서, 결국 그 어떤 결과도 불러오지 못하며젊은이들은 사회 속에서 개인으로서 사고하지 못하는 것으로 보인다, 수많은 오해를 불러일으킨다. 책임 있는 인간으로 행동하도록 요구되는 각 개인은 붕어빵처럼 찍어내는 수천 가지 예들에 적당한 작은 복제품이 된다.300) 여기에 동의할 때, 혁명을 위한 유일한 목적은 의식의 발전이 된다. 기술은 몇 가지의 지적 작업, 과학적 발견, 자발적 관찰의 결과이다. 기술 사회는 예측하지 못한 결과들로 이끄는 수많은 기술의 비자발적 조합을 통해 기술의 차원을 넘어선다. 기술을 정복하려는 목적과 더불어, 기술 사회를 지적 작용을 통해 해석하고 해체하기 위한 노력은, 상황 인식에 따른 자발적 노력일 뿐이다. 그래서 기술 사회와 대중문화 속에 사는 인간은, 다른 어떤 것보다도 의식의 쇠퇴라는 특징을 갖는다. 공통적인 유형, 조작, 너무 과중한 책임 앞에서의 후퇴, 전문화의 폐쇄성… 어떤 기술적 혹은 과학적 수정도 의식적 작업만으로는 나타나지 않는다.301) 마찬가지로 어떤 혁명도 사회의 일반적 차원에서 오직 개인적 의식의 성장을 통해서만 나타날 수는 없다. 과거에 순수하게 자발적인 혁명이 있었다거나, 혹은 사회 속의 인간

---

300) 분명히 나는 여기서 동시에 존슨 대통령의 "위대한 사회 Great Society"와 마오쩌둥의 "주조이론"을 암시하고 있다.
301) 여전히 이 의미 속에서 라누(Le Lanou)는 강하게 '자발적 지질학'을 주장했으며, 다른 한편으로 추상적이고 이론적이며 기술적인 지역 개발에 대해서 반대하였다. "인위적인 작업에 의한 자발적인 지질학은 자주 그 취약성을 나타낸다. 우리는 지금 자발적 산업화로 이끌 수 있는 기초적이고 단계적인 창조에 대해서 고민해야 한다." 자, 여기에 실제 결정적 효과를 나타낼 수 있는, 경향과는 상반되는 것이 있다. 하지만, 너무나 불확실하다!

이 어떤 부분에서는 그러한 의식을 갖지 못했다고 이야기하는 것은 어떤 도움도 주지 못한다. 과거는 오늘이 아니다. 인간이 대항하여 싸우도록 요구되는 억압은, 이제 명확한 계산과 의지의 억압이다. 명석함과 지식만이 이것에 대항할 수 있다. 이제 우리는 이성적인 조직의 단계로 넘어왔다. 혁명은 더는 비이성의 산물이 될 수 없고, 더 커다란 고정된 체계의 산물이 된다. 혁명이 일어나려면 그에 반하는 것을 행동하는 것만으로는 충분하지 않기 때문이다! 우리가 도달한 단계는 폭발적인 비이성이 기술적이고 통합적이며 노련한 계산에 의해서 매우 빠르게 정복당하는 단계이다. 예를 들면, 자발적인 힘을 이성적으로 이용하는 선전의 기능이다. 또한, 보편적 사회는 초현실주의나 실존주의의 결과를 이용하는 방법을 알고 있다. 이 사회보다 허술한 다른 모든 사회는 이 사회에 종속된다. 단지 의식적 현상에 머물러 있는 것은, 기술적 체계 안으로 들어가는 것과 이 체계를 사용하는 것에 대해서 스스로 정죄하는 것일 뿐이다. 그러나 이러한 차원에서 행동하면서도 효율성의 역할론을 추구하는 데에 위험이 도사리고 있다. 그래서 우리는 이러한 사회를 공격하는 동시에 이 사회에 동화되길 원한다. 이 사실로부터 사회에 대한 정확한 의식을 갖는 것은 사회의 메커니즘과 경향들을 발전시키는 것이며, 사회의 비판할 부분과 취약한 부분을 찾는 것을 의미하는 것으로, 이 모든 것을 통해 사회 자체를 최대한 적응시키고 개혁시키는 방향으로 이끌 수는 있다. 그러나 유일한 해결책은 이 단계를 넘어서는 것이다. 이러한 실재에 대해 의식하는 것만으로는 충분하지 않다.302) 좀 더 나아간다 하더라도 이러한 의식은 단지 시작에 불과하다. 이 의식은 필수적이다. 그것이 없이는 아무것도 될 수 없지만, 이것은 시작점에 불과하다. 그리고 의식적으로 행해지는

---

302) 우리는 기술이나 국가에 대한 수많은 연구를 알고 있다. "그렇다! 우리는 이 주제를 매우 잘 알고 있다. 그러나 무엇을 해야 하는가?" 이렇게 주장했던 사람들은 너무나 동떨어지고 일반적인 관점으로 진부하고 깊이 없는 몇몇 사상들을 제시했을 뿐이다.

자발적 행위에까지 도달해야 한다. 그래서 이것은 상황에 대한 인식이며, 치러야 할 대가에 대한 의식이고, 그 결과로 성공에 도취하지 않고 의식적으로 엄격하게 통제하여 이 모든 것을 넘어서는 것이다. 의식화와 이론적 지침이 혁명적 관점에서 다시 과학적인 지점으로부터 출발하여, 의식적으로 명확히 요구되는 행위 안에서 표현되어야 한다. 그러나 혁명적인 것이 개인을 다시 발견해감에 따라, 그 결과는 더는 어떤 주요한 원인, 주요한 상태, 행동하는 소수자의 상태가 될 수 없다. 우리가 이 차원에 머물러 있는 한, 우리는 분명히 전문가들이 사회적·경제적·정치적 개혁다른 모든 것이 여기에 포함되어야 하는데, 그 이유는 이것들이 실제로 그들에게 '가능한' 최선이기 때문이다을 실행하는 기술사회의 관점에 있다. 만일 우리가 대중을 이용하여, 조작을 통해 소수 집단을 이용하여, 전위아방가르드를 이용하여 혁명 정당을 구성한다면, 만일 우리가 말라파르트303)의 방식, 트린키에304)나 러트웍305) 방식의 쿠데타 기술, 아니면 레닌의 혁명 전술을 사용한다면, 우리는 기술 체계만을 강화시키게 된다. 이 사회에 대한 봉기조차도 기술에 복종하는 것이며, 일반적인 방향에 제동을 걸 수 없고, 기술을 통해 사회를 다시 인식해야 할 것이며, '혁명을 한다'는 인상을 줄 때에도 여전히 이러한 기술 체계의 힘만을 발전시킬 것이다. 의식의 성장은 혁명적 관점에서 혁명 운동 구성원 모두에게 그리고 각 개인에게 중요한 사건이 되어야 한다. 그들의 찬양, 용기, 폭력, 과격주의 때문에 혁명적인 것이 아니라, 바로 이러한 의식의 성장이라는 사실에서 그들은 혁명적인 것이다. 많은 사람에게 이것은 더욱 더 명백해 질 것이다. 그러나 이러한

---

303) [역주] 크루지오 말라파르트(Curzio Malaparte, 1898~1957). 이탈리아 저술가, 저널리스트.
304) [역주] 로제 트린키에(Roger Trinquier, 1908~1986). 프랑스 군 장성으로 2차 세계대전, 1차 인도차이나 전쟁, 알제리 전쟁에 참전함. 그의 저서 『현대 전쟁』에서 혁명진압이론으로 알려져 있음.
305) [역주] 에드워드 러트웍(Edward Nicolae Luttwak, 1942년 루마니아 출생). 미국 경제학자이며 역사학자. 전략과 지리정치학의 전문가.

견해에 동의하는 사람들 역시 이것이 상징하는 사상적 배경을 갖고 있지 않다! 이들은 모든 정보가 이러한 의미에서 작용하기만 한다면, 이 정보들을 받아들이는 사람들이며, 고통과 자비로 감동하는 사람들이며, 그 구호를 계속해서 외쳐대는 사람들이고, 일련의 사건들을 기계적으로 해석하는 사람들이다. 예를 들면, 계급 사회의 도식 다른 말로 하자면, 이들은 레닌이 정확하게 지적했던 소시민쁘띠부르주아의 행태를 취하는 사람들이다. 이와는 반대로 우리 사회에서 의식이나 의식적 행위에 의지하는 것이 의미하는 것을 아는 사람들은, 혁명의 각 구성원이 이 의식에 도달해야 한다는 생각 때문에 두려워서 물러설 것이다. "이것은 불가능하다." 처음 볼 때는 실제로 그러하다. 그러나 혁명이 원래 그런 것이며, 이것이 아니면 아무 의미가 없는 것이라고 설득돼야 한다. 그래서 이 의식이 개인적 행위가 되어감에 따라 또 다른 태도관조의 태도와 연결돼야 한다.

기술 사회에 대항한 최고의 지점, 즉 진정한 혁명적 태도는 제동을 거는 행위라기보다는 관조의 태도가 될 것이다. 관조는 우리의 연대적 사회의 빈틈을 채운다. "관조의 기술은 사물을 낳는다. 그러나 그것을 사물로 받아들이지는 않고 표식으로 받아들인다. 이 표식은 다른 실재를 발견하기 위한 출발점이다…. 옥타비오 빠스306)는 관조가 과학과 기술에 의해 제공된 또 다른 발견의 기술이어서, 발견을 향해 기술한다고 주장한다. 관조는 기술이 인간에게서 빼앗아 갔던 차원의 폭을 회복시키며, 물체에는 상징적 실재를 회복시켜 주고, 작품에는 존재의 기능을 회복시켜 준다. 관조는 오늘날 살아있기 원하는 인간에게 인간성의 열쇠이며, 이 관조의 깊이 있는 태도에서부터 행위는 의미를 회복하고 기구와 물체들과는 다른 방식으로 인도될 수 있다." 이 태도에서 인간은 오늘날 자신을 다

---

306) [역주] 옥타비오 빠스 로마노(Octavio Paz Lozano, 1914~1998). 멕시코 시인, 작가, 저널리스트, 외교관. 초현실주의, 실존주의 작가로 1990년에 노벨문학상을 수상.

시 발견할 수 있다. 만일 당신이 이 사회에서 진정으로 혁명적이고 싶다면 다시 한 번 나는 여기서 항구적인 가치나 영원한 진리를 발견한 것처럼 이야기하지 않는다, 관조적이 되라. 자, 여기에서부터 체계를 흔들 수 있는 개인의 힘이 나온다.

분명하게, 많은 사람이 개인적인 직관으로 혁명이 필요하다고 이야기한다. 그 이유는 사람들이 이 문제를 개인적인 차원에서 다시 인식하기 때문이다. 좋다. 그러나 오늘날 가장 자주 나타나는 혁명의 방향은 비이성적이고 열정적이며, 무의식과 에로스적이며 "혼돈하고 공허하며formless and empty"307) 폭발적이고, 축전과 욕망의 전체성 등의 극치이다. 이것은 지적인 형태를 보인다. "이것이 이성화되고 관료적이며 암울하고 개인에 대해 부정하는 사회에 관한 것이기 때문에… 그래서 이와는 반대로 해야 한다!" 그러나 이것은 겉으로 드러나는 모습일 뿐이다. 이러한 형태의 사회는 그러한 폭발에 대해서 어떤 감동도 받지 않는다는 사실을 알아야 한다. 이 사회는 이것들을 완벽하게 이 사회 안에 포괄할 수 있으며, 그 힘을 잡을 수 있고, 시뮬라크르simulacre의 상태로 축소할 수 있고, 그 첫 번째 목적의 상태로 돌려놓을 수 있으며, 보상과 안전장치의 시스템으로 만들 수 있다. 오늘날 에로스나 열정으로 호소하는 것은, 실제로 축전이 사회적 힘을 공급하는 역할을 했던 '원초적' 사회의 체계를 다시 낳는 것이다. 거의 1년 동안, 각자의 행위, 위치, 의미, 관계는 분명하게 조직되었다. 모든 것은 구조였다. 그러나 이것은 너무나 반대급부적이었고, 동시에 너무나 소모적이었다. 그래서 불만에 대한 차단을 해제하는 동시에 "위대한 시대", 원시의 혼란 상태로 빠져 들어갔고, 그래서 생명의 힘을 저장하는 창고를 다시 만들어야 했다. 그래서 그것은 모든 것이 반전되

---

307) [역주] 저자는 이 표현을 창세기 1장 2절의 "혼돈하고 공허하다(tohu bohu)"는 표현을 쓰고 있다.

고, 반대적이 되고, 폭발적이 된 축전이었다. 그러나 우리가 그 지위와 역할을 분명히 알고 있었던 이 축전은 그 시작과 끝이라는 한계에 갇혀 있다. 결국, 축전 역시 이성화되었다. 이러한 이성화가 오늘날 혁명을 하고자 비이성적 폭발이 필요하다고 믿는 사람들을 위협하는 것이 되었다. 실제로 이처럼 선언된 축전은 사물과 시간을 소비하는 방식일 뿐이다. 이것은 실용적 가치가 그 지속하는 가치를 박탈한, 지적이고 거짓 혁명의 형태를 띤 헌신일 뿐이다. 이것은 그 한계에 내몰린 소비사회의 우아하고 퇴폐적인 취향이다. 축전에 의해서 이 사회를 움직일 수 있는 것처럼 말하는 것은, 마치 우리가 열어야 할 문에 자물쇠를 잠그는 행위와 같은 것이다. 우리 사회의 다양성은 이러한 축전을 통해 우리를 망각으로 몰아넣으며, 시간을 낭비하도록 한다. 그리고 모든 것의 의미가 상실된 사회 속에서, 어떤 의미도 추구하지 않으며, 존재와 표현, 영원한 것과 역사적인 것, 상징과 그 상징의 대상 사이의 불일치를 없애는 운동의 작업을 지속한다. 이처럼 축전은 혁명과는 매우 큰 거리가 있으며, 기술 사회를 용인하고, 현실을 인내하고 즐기도록 하는 최고의 존재이다.

프로이트가 혁명의 출발점과 지지점을 사회적 관계로 확장된 가족적 불만족에서 오는 성생활의 억압에서 나오는 것이라고 할지라도, 우리는 프로이트가 다음의 영역을 얼마나 신중하게 다루었는지를 알고 있다. 프로이트는 헤르베르트 마르쿠제의 기괴한 상상에 기댄 적이 없는데, 그 이유는 프로이트가 끔찍한 부르주아였기 때문이 아니라, 무의식이 확실한 가치가 아니었기 때문이었고, 억압이 필수 불가결한 것이기 때문이었으며, 혁명에 대한 어떤 회의주의가 있었기 때문이었다. 그에게 있어서 혁명은 '삶의 변화'를 가져올 수 없었는데, 억압과 죄의식의 같은 구조의 반복이 외적으로 다른 사회적 화신아바타들을 통해서 계속해서 나타나기 때문이다. 이 틀은 실재에 맞는 것으로 보이며, "프로이트-마르쿠제적 종합"은 유행에 뒤처진 어휘가 되었다. … 이 어휘는 다른 모든 무의미하고 위험한 어휘들처럼 버려졌다. 왜냐하면, 이것들이 혁명의 힘을 가져오려고 성적 폭발을 취하고, 단지 잔인성 표현 안에서 혁명의 과거를 감추면서, 혁명을 폐차장으로 견인해 가기 때문이다. 마르쿠제의 성공은 성적 고정관념의 발산을 통해서 혁명의 과거를 감추는 것일 뿐이다. 그가 이야기하는 에로스에 대해서 살펴보자. 그것이 무엇에 관한 것인지를 알 수 있어야 하며, 아니면 적어도 사상의 불확실성에 대해서 말할 수 있어야 한다. 에로스, 성생활프로이트의 생식적 의미에서, 혹은 예술, 유흥, 창조적 직관을 포괄하는 미적-성적 혼합, 아니면 그 존재의 본능그리고 우리는 이성과 본능 사이의 낡은 전쟁 속으로 다시 떨어진다, 아니면 결국 "문명에 의해서 억압되는 모든 것…" 혁명이 에로스를 통해서 나오며, 그 자유를 얻게 될 것이라는 주장 앞에서 무엇을 이야기할 수 있을까? 그러나 분명히 성적 폭발과 비이성적 폭발을 유도하는 요구는 젊은이들을 설득할 수 있을 것이다. 어떻게 혁명의 과정에서 모든 논의를 사라지게 하는 무의식적인 성적 행위에 대한 허용이 가장 효율적인 선동의 유형이 선전은 히틀러가 이야기한 것처럼 허리띠 아래를 붙잡는 것이다이라는 것을 이해하지 못할 수 있을까? 그와 더불어 최고의 민중 선동의 기만이라는 사실 또한 어떻게 이해하지 못할 수 있을까? 이 방식을 통해서 자발성을 이야기하는 것은 혁명에 대한 몰상식적인 후퇴를 하는 것이다. "모든 동물은 성교 이후에 쓸쓸함을 느낀다"308) 이것이 우리가 인내할 수 있는 모든 것이며, 적어도 강력한 억압적 정권에 의해서 다시 야기될 수 없는 폭발적인 비이성의 모든 것이다. 그리고 우리는 이미 이것의 좋은 예를 보았다.

실제로 우리 시대에는 엄청난 비이성적인 운동이 있었고, 가장 큰 공공축전의 기획자가 있었으며, 가장 큰 비이성적 발산바로 국가 사회주의이 있

---

308) [역주] 라틴어 격언. "Post coïtum animal triste."

었다. 그것을 잊어버리도록 허락하는 나치즘의 '인종 분류'와, 실제 존재의 의미에 대한 인식을 거부하는 지성인들의 프로이트적 검열로부터 탈출해야 했다. 이 외의 다른 것들로는 "나치즘, 독재, 학살, 수용소, 인종차별주의, 히틀러의 광기"가 있다. 이것이 나치즘의 거의 모든 것을 이야기한다.309) 나치즘이 관료주의에 대항했고, 기성세대에 대항했으며 젊은이들을 지지했고, 고착된 계급에 대항하여, 자본주의에 대항하여,310) 소시민들의 특성에 대항하여, 안락과 행복에 대항하여, 소비사회에 대항하여, 전통적 도덕에 대항하여, 본능과 욕망, 열정과 경찰에 대한 증오분명히 그렇다!에 의해서, 권력을 갖고 더 상위의 자유를 창조하고자 일어났음을 다시 이야기해야 한다…. 나는 다음의 글을 읽었다. "성난 사람들은 아무 대답도 하지 않고, 그들을 따르는 사람들도 그러하며, 앞으로 나올 사람들도 그렇다. 그들의 행동과 언어의 자유는 낡은 속박을 벗어버린다. 나는 단지 그들의 행동과 말이 이 순간에 진실인지만을 판단한다…. 나는 누구에게서도 위임을 받지 않았으며, 내가 단언하는 것은, 나는 이것이 대학생들이 생각하는 것이라고 믿는다는 것이다…. 이것은 과학에서의 이미지와 마찬가지로 그들의 이미지를 형성한다…."311) 이것은 나로 하여금 35년 전 뒤로 돌아가서 히틀러에 대한 알퐁소 드 샤또브리앙

---

309) 나치즘의 정확한 역사는 처음부터 다시 종합적으로 기술되어야 한다. 시어러(Shirer)와 같은 저자의 책들은 어떤 가치도 없다.
310) 이것은 계급투쟁에서의 부르주아 계급의 도구라고 볼 수 있는, 공산주의에 대항한 자본주의자들에 의해 만들어진 나치즘의 교리적이고 초보적인 해석이, 비록 이 해석이 가장 확실한 사실들에 대치된다 할지라도, 어떤 점에서 명백한 것으로 볼 수 있는지 살펴보는 예외적인 관점이다. 히틀러는 자본주의자들과의 연합을 체결한 이후에도 자신의 사상과 모순되는 것들을 유지하고 견지하였다! 양대 전쟁의 시기에 가장 통찰력 있는 지식인들은 국가 사회주의가 분명히 본질적인 혁명이었음을 의심하지 않았다. 이것은 히틀러 체제와 자코뱅 체제 사이의 정확한 부합성을 모든 차원에서 살펴본 루지몽(D. de Rougement)의 저작들이 잘 설명해 주고 있다. 그리고 이것은 매우 훌륭한 프랑스 혁명 전문가인 라브루스(R. Labrousse)의 주장과도 일치한다. 여기에서 단지 두 문장만을 인용하는 것으로도 이것을 쉽게 이해할 수 있을 것이다.
311) 끌로드 르포(Claude Lefort), in 『La Brèche』, 1968, p.47.

Alphonso de Chateaubriant, 312)의 산문을 읽고 있다는 착각을 하게 한다! 무척 미안하지만, 마르쿠제의 사상은 그 시작부터 히틀러의 사고에서 특별한 영향을 받은 것이라고 이야기할 수밖에 없다. 자, 여기에 유일하고 커다란 비이성적 혁명이 있으며, 이것은 대축전이다. 더 나아가면, 가장 큰 축전이다! 우리는 이 축전이 허락한 것, 즉 국가의 강화, 기술의 강화, 선전의 강화 등을 알고 있다. 그리고 이러한 의미 속에서 모든 혁명의 방향성은 같은 방식으로 나오게 될 것이다.

이것이 비이성과 혁명적 신화를 요구하는 것을 볼 때, 테러를 보게 되는 이유이다. 히틀러가 우리에게 보여주었던 것과 다른 최종적인 이유는 없다. 비이성적인 격분이 이러한 이유에서 나타날 때에는 매우 치명적이다. 에로스에 어떤 내적인 덕목은 없다. 드러난 적도 없고, 인간이 전혀 알지 못했던 가장 큰 집단적 불행에만 사용된 수많은 어두운 힘의 위험만이 있을 뿐이다. 마르쿠제가 준비한 것은 바로 새로운 나치즘이다.

그래서 상상을 통한 비이성적 격분과 자유에 대한 요구를 근본적으로 거부해야 하는데, 그 이유는 우리가 이러한 어휘들에 따라 움직여서는 안 되기 때문이다. 그리고 상상이 이성에 반하는 것이 아니고, 꿈과 망상을 초월하는 상상은 지속적인 결과를 가져오고 보편적인 형태를 구성하며, 이성은 창조적이 되려고 상상이라는 근원을 통해 풍성해져야 한다고 설명해서는 안 된다.313) 이 상상은 이론적으로는 가능하지만, 실제로는 착란에 불과하다. 왜냐하면, 이러한 상상은 축전, 에로스, 욕망과 더불어 나타나기 때문이다. 그리고 이러한 경험에 근거하지 않은 소원은 무능함에 대한 소원이며, 진정한 혁명을 포기하기 원하는 소원이다. 우리는 아무것

---

312) [역주] 알퐁스 반 브레덴벡 드 샤또브리앙(Alphonse Van Bredenbeck de Chéteaubriant, 1877년 3월 25일~1951년 5월 2일). 프랑스 문학가. 제 2차 세계대전 당시 프랑스를 점령한 나치에 부역함. 전후 오스트리아로 피신하였으나, 체포되어 사형을 언도 받음.
313) 꾸드레(Coudray), in *La Brèche*, p. 102.

도 가능하지 않다는 확신 속에서 이러한 행동을 취하고, 그래서 우리는 인간으로 하여금 무엇인가를 넘어서길 바라면서 격노하도록 유도하며, 그 열정이 흘러나오도록 하고, 그가 보는 장애물을 부수도록 한다. 원인에 대한 절망 속에서 우리는 축전과 에로스를 통해 우리 자신을 발견하고, 이미 패배자가 된다…. 왜냐하면, 이것은 인간으로 하여금 그의 열정과 비이성적 극치를 발산하면서, 진정한 자유의 구축이 가능하다는 신뢰를 주기 때문이다! 그리고 우리가 지난 세기부터 거리에 나선 사람들이 했던 행위가 자신에게 주어진 수많은 가능성을 행한다고 생각할 때에 그렇다! 문을 열고, 계급을 타파하며, 불만을 해결하고 무의식과 비이성적으로 행동하라. 그러면 당신은 가장 잔인한 상태에서, 그리고 가장 경멸적인 시도 속에서, 자신을 발견하게 될 것이다!

 이 축전의 이데올로기, 이러한 혁명 수단으로서의 축전에 대한 믿음도 역시 앞에서 언급한 축전으로서의 혁명에 대한 해석에서 온다. 개략적으로, 무의식에서 우리는 이러한 믿음을 발견하게 된다. "만일 혁명이 축전이라면, 축전을 벌여라. 그러면 이것이 혁명의 시작이 될 것이다." 그러나 이것은 우리가 실제 믿는 것인 양 단어, 그림자, 주름장식 그리고 반짝이 옷 뒤로 한 번 더 숨는다. 우리는 이미 그 거짓에 대해서 이야기했다.

 또한, 비이성은 실제 사회에 대항하여 완전히 비효율적이며, 우리가 이미 지적한 여러 방식에 의해서 결국 기술사회의 고착을 통해서만 터져 나올 뿐이다. 필요한 의식은 분명히 이와는 반대의 것, 말하자면 더 지배적인 것, 고행, 진지한 이성, 강한 의지를 내포한다. 이것은 착란의 현상이 아니라 확신과 견고한 열정이다. 혁명의 관점에서 오늘날 우리가 가져오게 될 첫 번째 투쟁은 이성의 투쟁으로, 비이성에 대항하는 동시에 이성주의에 대항하는 것이고, 모든 '숭배', 헤겔의 국가, 국가의 나치즘, 기술의 세계에 대항하는 것이다. 엠마뉴엘 베를르는 다음같이 기술하였다.

"우리가 이성의 적이라고 선언할 때부터 우리는 전쟁과 연합하게 된다. 그리고 인간 소외와도 연합하게 된다."

"평화 그리고 혁명 또한!는 지혜의 효과이다. 이 지혜는 '사물'에서, '초자아'에서, '기쁨의 원리'에서, 그리고 '죽음의 원리'에서 나오는 것이 아니다. 오히려 왜곡된 인간으로 하여금 그의 욕구와 잘못된 꿈을 통해서 세계의 존재세상이 실제로 존재하는 대로!를 인식하게 해 주는 실제의 원리로부터 나온다."

이처럼 인간은 기술 사회의 차원에 있어야 하고, 그 스스로 기술사회의 차원을 넘어서야 한다. 한편으로 이것은 자연스럽게 공동의 가치를 창출하게 되고, 혁명의 결과가 아닌 이 공동의 가치는 혁명의 동기가 되고 근원이 되며, 그 의미가 될 가치를 창출하게 될 것이다. 인간은 선택한 몇 가지 가치를 기준으로 자신의 혁명 방향과 더불어 자신의 동기를 발견하게 될 것이다. 오늘날의 혁명 행위는, 정확히 우리가 제기한 문제가 이미 사라진 사회 속에서는, 어떠한 것도 문제를 제기할 수 없다. 기술사회에서, 집단 생산과 소비의 사회에서, 아버지, 경찰, 성직자, 교수의 권위에 도전하는 것은 기괴한 일이다. 이것들은 권위의 표면적 형태일 뿐이다.[314] 5월의 혁명가들은 빈 껍데기에는 매우 격렬한 공격을 퍼부었지만, 실제 공격해야 할 대상은 매우 조심스럽게 내버려 두었다. 모든 가치는 분명히 검증되었다. 이것은 가치들을 다시 창출하는 것이었다. 분명하게 상상은 이때에만 의미가 있으며, 집단적 무의식의 발로에서 발견한 것이 아니다. 여기에 더 많은 용기를 가져야 하고, 전통주의는 버려야 한다. 모든 검증을 뛰어넘는 명백함을 발견했어야 하며, 단지 잔존하는 견고한 구조가 가질 수 없는 명백함을 되찾아야 했다. 그러나 이 검증은 상실한

---

314) 미처리히(Mitscherlich)의 중요한 저작 『아버지 없는 사회를 향하여 Vers la société sans pères』, 1969.

가치의 겉모습에 대한 검증이라기보다는, 실제로 가치 자신에 대한 문제 제기였어야 했고, 그 자신에 대한 비판이었어야 했다.

*　　*　　*

역사적으로 우리가 지금까지 살펴본 것들을 시도했던 교리적 방식을 찾아보기란 매우 어려운 일이다. 이러한 방식에 대해서 두 가지 사상이 있다면, 그것은 인격주의와 오늘날의 상황주의로 볼 수 있다. 그러나 이것은 현대인의 삶에 대해서, 그리고 자기 관리의 현대적 구호로, 혁명의 언어를 이야기해야 할 것이다.

나는 여기에서 인격주의에 대해서 자세하게 설명하지 않을 것이다. 이미 이 주제에 대해서는 수많은 글이 있었다. 여기서는, 이 사상이 처음 나왔을 때에, 그 혁명적이었던 첫해에,315) 이 인격주의가 기술 현상을 이미 핵심 현상으로 간주하면서이것은 특히 아롱과 덩듀, 샤르보노, 올리비에316) 등과 같

---

315) 원래의 인격주의는 「에스프리」 잡지에 지속적으로 나타난 무니에의 진보적인 새로운 사상의 방향성에서 이후에 실제로나타난 것과는 상당히 차이점이 있다. 이 인격주의는 점진적으로 세워진 철학적 교의가 아니라, 혁명적 교의였다. 그것은 무니에 사상의 중심에 있지 않았고, 에스프리와 다병송 팀, 라크루와(Lacroix), 뚜아(Touard), 필립(Philipp)의 사상에도 있지 않았다. 또한 오드르 누보(Ordre Nouveau,1930년에 창간되었고, 에스프리는 1932년에 창간됨)와 함께 로베르 아롱, 덩듀, 루지몽, 슈발레, 마르크, 올리비에, 이자드와 같은 인물들이 1932에서 1937까지 활동을 했다.
분명히 에스프리 운동과 오드르 누보 사이에는 차이가 존재했다. 에스프리가 더 '정신적인' 방향성을 견지했다면, 오드르 누보는 더 회의적이고 지루했다. 전자가 법치국가를 신봉하며 강하게 민주주의를 주장했다면, 후자는 새로운 방향을 추구하면서 시들은 정치의 꽃을 집어 던지면서 민주주의에 대한 비판을 가했다. 그러나 이 둘은 모두 개인주의였다. 1944년 이후 출간된 에스프리의 텍스트들을 통해, 그리고 1940년 이후에도 마찬가지로, 이 첫 번째 시기의 개인주의를 정의하는 것은 불가능하다. 무니에의 개인주의에 대한 저서, 『정신적 수단의 기술』, 1934(이것은 아마도 매우 강한 어조로 쓴 책일 것이다), 덩듀, 『방식에 대립하는 주장』, 1929, 아롱과 덩듀, 우리가 이미 언급한 책, 『필연적 혁명』, 1933, 루지몽, 『인간의 정치』, 1934, 샤르보노 엘륄(Charbonneau-Ellul), 『개인주의 선언을 위한 명령』, Cahiers des amis d'Esprit, 1934, 『자유를 위하여』, 새질서 선언, 1936. 무니에, 『개인주의 선언』, 1936.
316) [역주] 알베르 올리비에(Albert Ollivier, 1915~1964). 프랑스 역사학자, 문학가, 저술가이며, 정치인. 프랑스 레지스탕스 운동에 참여함.

은 사람들의 경향이다 이 사회 전반에 대한 비판을 가하려 했던 것을 주목하고 싶다. 이것은 현대 사회의 많은 부분에 대한 비판이었는데, 특히 파시즘, 공산주의, 자유민주주의, 자본주의, 그리고 특별한 사회주의에 대한 비판이었다.

인격주의는 원래 가치가 있다고 여겨지고, 자신의 목적이 있는 혁명을 비판하는 데에 중요한 장점이 있었다. 이러한 현상이 본질이 되어버린 유형의 혁명은, 그 운동이 멈추었을 때, 유괴의 행위, 오브제로의 전락, 전체주의적인 사회라는 결과만을 나타내기 때문이다. 이와는 반대로, 혁명에는 실제로 윤리, 타인에 대한 '배려'만이 있을 뿐이며, 타인특별히 지정된 사람이 아닌 모든 사람의 권리와 그 존엄성만을 인식하도록 한다.

그리고 우리는 혁명의 본질을 세우려 하였다. "우리의 작업은 이미 일어난 혁명에 대한 재시도도 아니고, 이미 구축된 정신적 가치들을 회복시키려는 것도 아니다. 오히려 점진적으로, 이것들이 명확한 미래를 가져올수록, 사회에 남아있는 구시대적인 정신이 과거로 역행함에 따라서, 그 제도에서와같이 인간에게 유용한 시대를 알리는 자명종의 역할을 해야 하는 시기가 익어감에 따라… 또한 정신적 운명에 대해 관심을 두는 사람들과, 우리 시대에서 이러한 관심에 대한 경계는, 마치 이 관심을 통해서가 아니라 이것들이 대항하여 나아갈 세상으로부터 이것들을 지켜야 하는 것과 마찬가지로, 진리와 정의의 유일한 가치가 되기를 원하는 것이다…"무니에, 1944 그래서 우리는 이후에 나타나는 진부한 좌파 지성인에 대해서 동의하지 않았던 것이다. 인격주의는 혁명적 행위를 목표로 했지만, 공동체의 기능에 따라서 인간이것은 개인에 대립하는 것이었다의 자격을 구분하는 경향을 보였다. 혁명적 행위는 제도를 목표로 하며, 실제적인 정치-경제적인 정확한 이론에서 출발한 인간적 차원에서 취하여진 엄격한 행위로만 여겨질 수 있었다.

1932년 6월에 루지몽은 다음과 같이 기술하였다. "1932년 인간의 휴머니즘은 혁명이다…. 이것은 정신적인 모험을 허락하고 불러일으킬 수 있는 단 하나의 분위기였다…. 어떻게 방어할 수 있는가, 아니면 공격을 통해서 방어해야 하는가? 아니면 정신적이고 일시적인 정체성을 포함하는 전반적인 삶의 경제를 구축하려는 노력을 통해서 방어해야 하는가? 그렇지 않다면, 이 휴머니즘 위에 가장 고귀하고 가장 현대적인 가치를 노력을 통해서 방어해야 하는가?" 여기에는 도덕이 필요하다. 그리고 우리는 다음같이 이야기할 때에만 이 도덕을 받아들일 수 있다. "당신이 생각하는 것을 행하며, 행하는 것을 생각하라." 부르주아의 윤리적 형태는 이와는 반대이다. "모든 사람과 같이 행하고, 당신이 지금까지 감히 행하지 못한 것을 생각하라." 지금까지 베르나노스는 인격주의를 전혀 받아들이지 않았지만, 이러한 차원에서 인격주의의 흐름을 받아들일 수 있었다. 그는 『로봇에 대항한 프랑스』, 『무엇을 위한 자유인가?』 등의 저서에서, 이 문제가 어떤 점에서 '자유와 이성'이라는 혁명의 큰 두 개의 축을 가진 문명을 완전히 다시 만들어야 하는 문제인지를 보여주고 있다.

이것은 모든 혁명을 포괄하고 있다. 정신적 혁명, 인격주의 혁명 그리고 공동체적 혁명이다. 혁명은 인격의 차원에서 행해졌어야 했다. "이 시작은 자신의 참여에 대해서나 혹은 현존하는 무질서에 대해서, 그의 존재와 그가 섬겨야 하는 존재 사이의 분리에서 오는 간극에 대한 것이다. 또한 그 이후에 모든 연대하는 사람의 계속되는 회심 속에서 꽃피우는 언어, 몸짓, 하나의 규범 안에 있는 원리와의 분리에 대한 잘못된 인식에서 파생된 것이다. 그리고 무엇보다도 각 개인에 대한 저항을 통해서 시작된 것이다."무니에, 1936 왜냐하면, 모든 것이 이 규범으로 귀결되어야 하기 때문이다! 사르트르 이전에 이미 인격주의의 중심에 이러한 것이 존재하고 있었음을 기억해야 한다! 그리고 덩듀가 제시한 이분법적 원리를 통해서 일반적 방향을 정의할 수 있었다. 인간 존재는 창조와 개인의 확인이라는 목적이 있으며, 이성주의나 오토마티즘 등의 이름을 가진 경제와 사상, 힘의 다양한 수단을 갖고 있다. 이 수단들이 목적을 감추거나, 이 목적을 수단으로 치환하는 것을 허락해서는 안 된다. 그래서 이성화된 부분과 창조적인 부분 사이의 한계를 명확하게 그어야 한다. 그리고 이것은 행동의 영역이 다른 창조적 영역을 자유롭게 하고자, 이성화될 수 있고 극단적으로 기계화될 수 있었던 전체 사회를 위해서 가치가 있다. 그래서 프롤레타리아 조건을 없애는 것은, 더는 행동하는 인간으로 이성에 따라서 살도록 강요하는 것을 의미하는 것이 아니고, 각 개인이 이 두 가지에 참여하도록 하는 것을 의미할 것이다. 각 개인은 오토마티즘을 통해 가치를 지니지 못하며, 다른 한편으로 창조적 작업 속에 놓이도록 자극을 받는다…. 이 원리는 언제나 유효한 것처럼 보이며, 이것이 마치 새로운 것처럼 소개하는 현대 작가들에 의해 이러저러한 형태를 보이게 된다! 이 시기에는 오직 인격주의만이 혁명의 정확한 문제들을 보는 한편, 다른 한편으로는 현대 사회의 문제들을 볼 수 있었다. 이것이 실패하였다면, 그것은 분명히 구체적인 규범 때문이며, 문화와 이데올로기적 시위로 바뀌었기 때문이고, 현대적 차원에서 혁명 행위를 시작할 만한 능력이 없었기 때문이다. 그러나 이 순간에 작용했던 진지한 의식화마르크스주의가 1914년부터 지금까지 할 수 있었던 것을 초월하는 의식화를 잊어서는 안 된다.

두 번째 언급해야 할 운동은 오늘날의 국제상황주의317)이다. 이 운동은 인격주의의 전제와는 근본적으로 반대의 이데올로기에서 출발한다. 인격주의가 강한 기독교적 영향을 받았다면, 상황주의는 극렬한 반기독교적 특성이 있다 이

---

317) 이 운동은 1958년에 잡지 「국제상황주의 *Internationale Situationiste*」를 통해서 나타났다. 그 이론은 상당히 발전하였고, 1~9호까지 운동의 전반적 사상에 대한 새로운 형식을 제안하였다. 주요한 저서 : 기 드로르, 「스펙타클의 사회」, 1967, 바네겜(Vaneigem), 「젊은 세대를 다루는 기술」, 1967.

운동은 실제로 그 비판에도 불구하고, 그 근원에서부터 본질적으로 혁명적이며, 초현실주의와 같은 방법을 취한다. 그러나 오늘날 초현실주의는 결국 상황주의에 통합된 것으로 보인다. 이 부분은 인격주의와 같다. 초현실주의의 지속을 위해서는 어떤 내부적인 개혁의 힘이 필요했던 것일까? 반면에 상황주의는 현존하고 있다. 이 운동은 기술 사회가 무엇보다도 전반적인 사회이며, 일반적 혁명을 내포하고 있으며, 모든 부분에서 자칭 혁명적이라고 하는 정치 운동의 실제 혁명적 긴급함이 사라졌음을 인식하고 있다. 특별히 공산주의, 사회주의, 무정부주의에 대한 드보르의 비판은 끔찍할 만큼 정확한 것이다. 이 상황주의는, 상상이 필요할 때 개인적 결정에 호소한다는 큰 장점을 가지고 있으며, 우리가 지적한 비이성적 취약성이 전혀 없다. 그것은 분명히 현대인의 삶에 대한 비판 속에서 개인의 규범에 대한 것이며, 새로운 삶의 가능성의 창조에 대한 것이다. 전체주의적이고 조직화하였으며 이성화된 사회에서 무질서가 터져 나오도록 하여, 이러한 요소들을 다시 구성하도록 한다. 이것은 '구축된 상황', '구체적이고 의식적으로 단일적인 환경의 집합적 조직과 이벤트 게임의 집합적 조직에 의해 구축된 삶의 순간'의 사상 속에 나타난다. 상황주의자들은 '기본적인 진부성'에 대한 문제제기를 하며, 이것은 우리 사회에서 받아들여지는 대부분의 믿음에 대한 것이다.

"혁명 운동은 시간과 공간의 조직여기에 인간이 놓일 수 있으며, 이 안에서 인간이 산다을 근본적으로 변화시키는 운동이다. 그리고 단지 재산에 관한 법률의 형태나 지도 계급의 사회적 기원을 변화시키는 것이 아니라, 이 순간부터 끊임없이 조직을 새롭게 결정할 수 있는 방식을 근본적으로 변화시키는 것이다." 우리는 혁명이 가져야 하는, 행위와 이론 간의 직접적인 관계, 각 상황 속에서 가능한 발의, 모든 타협의 거부, 혁명 속의 문화 통합, 언제나 새롭게 나타나는 비판의 필요성에 대한 엄격한 이론적 특성을 이야기하는 것이다. 상황주의자들은 스펙터클의 사회, 표류, 남용, 생존과 삶 사이의 배치와 같이 근본적인 개념들을 조명하였다. 여기에서 진보는 「에스프리」지에서 이야기했던 것과는 반대의 의미로 이루어진 것으로 보인다. 말하자면, 상황주의자들은 매우 문화화된 환경의 부분을 차지하는 것처럼 보이며, 그들의 사상은 파리 지성인의 작은 저항 세력의 표현으로 나타날 수 있는 문화, 영화, 간행물이 큰 축을 이룬다. 그러나 그들이 발전할수록, 문화적 현상은 더욱더 총체적 시각에 통합되며, 그 이론은 점점 더 근본적으로 혁명적이 됐다.

그들의 운동은 현대인의 삶에 대한 비판에 매우 직접적으로 연결되어 있다. 그렇지만, 여기에서 혼동하면 안 된다. 분명히 우리가 저 앞에서 개인이 다시 발견됨으로 혁명이 나타날 수 있으며, 이것은 현대인의 삶에 대한 비판을 내포하며 혁명의 씨앗을 심는 것을 의미한다.

현대인의 삶 속에 숨겨 있는 이 씨앗이, 근대 혁명의 근원에서부터 요구됐던 것이다. 우리는 이 혁명의 시민이 어떻게 19세기 사회의 사적 개인으로 변화됐는지 알고 있으며, 이 시기에 정치적 자유의 열망이 인식, '마음', 최고의 자유의 장소인 '의식'의 내부 영역으로 숨어들어 갔는지 알고 있다. 이것은 물론 유행하는 것이었다. 생 쥐스트는 이미 이렇게 선언했다. "민중의 자유는 개인의 삶 속에 있다. 그것을 침해해서는 안된다." 이 표현은 괴벨스[318])의 어떤 미사여구보다 더 훌륭한 표현이다!

실제로 여기에 수많은 오해를 할 수 있었다. 한편으로는 우리는 이것을 과거로의 회귀라고 해석할 수도 있다. 사회는 그러하고, 혁명은 불가능하며, 나의 혁명은 내 인격의 차원에서 이 신중한 행위 안에서 일어날 것이다. 각자는 작은 개인적인 혁명을 한다. 이 개인은 단지 그 이웃이 사

---

318) [역주] 파울 요제프 괴벨스(Paul Joseph Goebbels, 1987~1945). 나치의 선전 및 미화를 담당했던 인물. 독일 국민을 선동했던 달변가. 히틀러의 최측근으로 독일 패망 후 자살함.

는 것과는 다른 잡지를 산다고 주장할 수 있을 것이다…. 그리스도인들에게 피난처는 더욱 사적인 영역이 될 것이다. 왜냐하면, 이것은 복종에 대해서 어떤 종류의 특수성도 나타내지 않는 내적인 삶이 될 것이기 때문이다. 이것은 너무나 명백해서 우리는 이것을 중요하게 생각하지 않을 수도 있다. 그러나 다음의 측면은 더 나쁜 상황을 만들 것이다. 인간이 체제에 대해서 더 불만족해지면, 그는 '사회적-정치적-경제적' 삶에서 더 기계적이 되고, 더욱 이러한 지위의 인간으로 인정받으려 할 것이며, 사적이거나 혹은 내부적인 삶에서 더욱더 독립을 요구할 것이다. 그는 동시에 더 많은 서비스를 할 것이다. 여기에서부터 그는 자율을 원하겠지만, 그의 자율은 단지 그가 사용하는 이 서비스의 확장 안에서만, 그리고 그에게 매우 끔찍하게 불만스러운 어떤 한계들을 넘는 의지 안에서만 작동할 것이다. 그러나 그는 분명히 비교적 약한 장애물들을 선택한다. 이것이 문화적 차원에서 혁명적이라 불리는 행위에 대해서 의문을 갖는 이유이다. 이 행위는 자신의 위치에 아직 위협을 가하지 않는 것은 그 어떤 것도 공격하지 않는다. 개인에게 이것은, 예를 들면 종종 우리가 우리의 선을 넘어서는 가능성, 혹은 도덕이나 사회적 측면에서의 독립적 행위, 속박에서 벗어날 수 있도록 하는 것으로 여겨지는 에로티즘, 마약 등의 차원에서 자신의 자치를 요구하는 것을 말할 것이다. 이것은 환상일 뿐이다. 이 모든 행위는 여전히 기술 사회대중매체와 소비의 측면 내부에 있다. 왜냐하면, 그것은 소비에 관한 것이고, 텔레비전이나 자동차와 같은 동기에서 나온 것들이기 때문이다. 마약 등을 통해서 자유를 찾는 것은, 자신을 사회에 의해서 생산된 유형에 계속 맞추어가는 것이다. 왜냐하면, 사회는 전통적 도덕과 개인의 보전을 미친 듯이 비난하기 때문이다.

 그리고 몰르319)는 현대인의 일상에 대한 비판에 의한 혁명과, 사생활

---

319) 아브람 몰르(Abraham Moles, 1920~1922). 프랑스 정보통신학의 선구자. 자끄 풀린과 함

속에서의 이 혁명에 대해서, 다음과 같이 이야기했다. "자유와의 거리는 기술적 인공지능이 점차 수백만의 회로에 전원을 공급함에 따라 거의 제로 상태가 된다." 그리고 인간이 자신의 사생활 속에서 발견해야 할 기술의 축 안에서, 그리고 새로운 상황들이라 불리는 것들을 적용함으로 인간이 새로운 자유를 추구해야 한다고 생각했다. 여기서 그는 여전히 큰 실수를 저지른다. 상황들은 사회심리학적 분석을 통해서, 그리고 매우 완성된 기술적 수단을 통해서 여러 종류로 만들어질 수 있을 것이다. 자유는 수많은 낯선 것들에게서 오는 것이 사실이지만, 규범과 터부의 위반 등으로부터는 오지 않는다. 이 모든 주장은 기술사회가 개인뿐만 아니라 사회 전체에 제시한 문제들에 관해서는 완전히 무의미한 것이다. 그리고 여기에서 우리는 개인사적인 인간 존재을 그 '자체'였던 것처럼 분리할 수 없다. 몰르가 제안한 것은 미국 전자기기와 "Do it yourself!"의 표어로 대표되는 기술의 단순한 완성이다. Cf. 국제상황주의, Internationale Situationniste, n°9

우리가 이 상상 속에서 사회에게서 벗어나려 할 때, 우리는 아무것도 비난하지 않는다. 더욱이 결국 인간을 더 큰 종속으로 이끄는 이 탈출로부터 더 많은 자유를 얻을 수 있기 때문에, 더 많은 불만을 받아들일 준비가 될 것이다. 이러한 혁명적 행위는 너무나도 헛된 것이다. 이것은 반대로 더 확장되는 자유와는 다른 길을 가고 있다. 에로티즘이나 마약은 처음으로 자유의 행위로 여겨질 수 있게 되었지만, 절대 혁명의 과정이 될 수 없고, 자유로운 삶의 방식도 될 수 없다. 이것은 끊임없이 기계화된 자율의 환상 아래에서, 지배적인 복종의 확장 아래에서 붕괴하여 갈 뿐이다. 그 결과로 현대인의 삶 속에서 혁명의 형태이 형태로부터, 그리고 이 형태를 통해서는 극단적으로 모호해지고 의심스러워진다. 이 형태가 무엇을 의미하는 것인지, 그리고 어떻게 일상성에 대한 비판320)이 그러한 엄격한 과

께 모포폰(morphophone)을 개발했음.

정을 요구하며 이 사회에게서 오는 모든 것에 대한 고발을 가져오는지 분명하게 지적해야 한다. 이것은 다른 한편으로 개인적 관계의 의미 없는 심리 사회학적 연구와는 아무런 관계가 없는 혁명적 출발이며, 우리가 새로운 균형 속에서 개인-집단사회의 관계를 균형 잡을 수 있다고 여기는 혁명적인 출발에 관한 것이다. 만일 여기에서 일상의 삶이 중요하다면, 그것은 무엇보다도 우리 시대의 기술 사회가 양식을 포기하면서 단지 일상성을 만들었기 때문이고, 다른 한편으로 이 사회의 특수성에 대해서는, 결국 현대인의 일상의 삶이 / 현대인의 삶 속에서 반영되며 / 현대인의 삶에 영향을 주고 / 현대인의 삶을 통해서 표현되기 때문이다. 이러한 차원으로 다시 생각하는 것은 이미 모든 결과를 통해서 그리고 인간에 대한 단일성을 통해서, 이 문명에 대해 비난을 하는 것이다.

"일상인quotidianus 역시 인간인가? 그것은 실제로 인간 존재의 질과 소유를 재발견하려 하고, 일상성에서 출발하여 일상을 넘어서는 자동장치이다." 그리고 다음의 문장에 깊이 동의할 수밖에 없게 된다. "문화 혁명은 다음의 요소들을 전체적이고 완전하게 개조하려는 기초적이고 근본적인 요구에서 필수적인 조건이고 시작점이다. 작품, 창조, 자유, 허가, 양식, 사용가치, 인간 존재, 생산적 이데올로기와 경제적 이성주의, 그리고 경제주의에 대한 심각한 비판 없이는 알 수 없는 참여, 통합, 창조성… 등의 신화적이고 거짓 개념에 대한 것들이다."[321] 분명히 그렇다! 그러나 여전히 일상적 혁명에 대한 가능성이 도시적 삶 속에서 만남과 분리, 자연적 순환의 자유와 함께, 이 도시적 삶이 예측할 수 없는 시간이고, 욕망의 장소와 시간이며, 테러리즘에 이의를 제기하는 것이고, 수동적으로 창

---

320) 르페브르(H. Lefebvre), 『일상성에 대한 비평(2권) *Critique de la vie quotidienne*』, 1948~1963, 모더니티 입문 *Introduction à la modrenité*, 1954. 『현대세계의 일상성 *La vie quotidienne dans le monde moderne*』, 1968.
321) 르페브르(H. Lefebvre), 『현대세계의 일상성 *La vie quotidienne dans le monde moderne*』

조적 활동의 변화를 제외하면서 나타난다는 사실 때문에 실망하게 된다. 축전과 운동으로 특징짓는 도시적 삶은, 스펙터클과 상징의 소비와 대립되는 의미를 갖는다.322) 이것은 낯선 이데올로기이며, 구성적 이야기이고, 자신의 환경에 대해 이야기하는 도시적 인간의 신화로 보인다! 이 개방성은 바닥에 떨어진 고귀한 양식의 지위에도 불구하고, 전혀 혁명적이지 않으며, 우리가 가져올 수 있는 결론과도 아무런 관련이 없다. 결국, 모든 일상성의 분석, 일상성에 대한 고찰은, 오늘날 혁명이 무엇이 돼야 하는지, 그리고 어떻게 생각돼야 하는지를 알려면 필수 불가결한 것이라는 사실을 기억해야 한다. 각각의 이론이 있으면, 각각의 시도가 있고, 사회에 대한 각각의 다른 이해를 하게 된다. 그 가치는 유동적이며, 그 대답은 불확실하고, 그 실천은 존재하지 않지만, 그러한 부드러운 휴머니즘과 가장 숭고한 가치의 관점에서, "비인간적으로 선언된 가혹함"의 홍수 속에서, 이러한 인식의 출현은 이미 경이로운 것이 되었고, 그것이 다시 나타난다 할지라도, 희망의 근원이고 신성함을 유지한다.

＊　　＊　　＊

혁명의 '정의'에 대한 지금까지의 긴 여정은 지적 유희가 아니었다. 우리는 이야기된 것이 아니라 받아들여진 것을 찾아내려 했고, 관념 속에서 그 해석을 찾으려 했다. 그리고 우리는 빠져나오기 어려운 딜레마에 빠졌었고, 혁명의 열정적인 이미지와 차가운 이미지이성적 이미지들을 발견하였

---

322) 이 주제에 대해서 라누(Le Lanou)는 일상의 혁명이라는 관점에서 더 혁명적으로 보인다. 그는 다음같이 기술하였다. "자발적 지리학은 거주자에 대한 배려라는 특징을 갖고 있다." 그리고 '지역화'를 비판하면서, "지역화는 인간적 가치를 위해서가 아니라 국가 경제의 커다란 영역을 찬양하는 수단으로써 매우 빠르게 진행되었다." 바로 여기에 문제가 있다. "인간은 점점 더 거주할 것을 생각하지 않고, 점점 더 특성 없는 집단 속으로 흘러 들어가는 생각을 하게 된다."(그리고 지속적인 운동 속에서) 그리고 정확하게 말하자면, 그것은 모든 것을 나누는 상황주의자들의 원하지 않는 방식으로 다시 귀결된다. "각각의 상황은 고유의 방향성을 내포한다." 바로 이것이 일상 속 혁명의 문제이다!

다. 첫 번째 이미지는 감정, 극치, 비극, 낭만에 대해서 이야기하지만, 대중매체를 통해서 보이기에는 '취약한 정의'를 가지고 있다.323) 너무 불확실하고 모호해서 그 계획은 잘못 이야기되었고, 그 전술은 표류한다. 두 번째 이미지는, '강한 정의'에 대한 것으로, 구체적이고 엄격한 틀이 있으며, 계산하고 예측하며 실패에 대비하고 희생되어야 할 부분이 계산된 것으로 감정은 그 출발점이 아니다. 만일 첫 번째 이미지가 민중을 일으킬 수 있다면, 그것은 어떤 주제에 관한 것이고, 그리고 무엇에 대항한 것인가? 그것은 언제나 수많은 사회적 변이를 일으키는 데에 뒤졌으며, 그 기억과 그 기억이 파생시키는 것에 대해서만, 살아있는 유령에 대항하여 그 분노를 폭발시킨다. 두 번째 이미지는 민중을 냉소적으로 이용한다. 이 이미지는 첫 번째 실재의 수준에 있지만, 언제나 최종적인 진리를 거부하며, 현시대에 가혹해지는 경향이 있다. 그래서 더는 인간이 어디에 있는지, 누구인지 알지 못하며, 결국 여기에서 벗어나게 될 것이다. 그러나 첫 번째 이미지는 어떤 면에서제한적인 의미에서 혁명이 아닌데, 왜냐하면, 그것이 항상 우리를 감동시키지 못하기 때문이다. 두 번째도 혁명적으로는 큰 의미를 가지지 못하는데, 그 계산은 인간을 새로운 공허함으로 몰아가며, 그 효율성이 더는 인간적 여유를 허락하지 않기 때문이다.

그리고 우리는 이것을 지나 민중의 분노와 함께, 기술을 통해 이루어진 혁명의 또 다른 극단과 순전한 추상화에 맞는 무기력한 친밀성지금은 길들인으로 넘어왔다. 만일 이것을 받아들여야 한다면, 매클루언324)의 다음의 말은 옳다고 볼 수 있다. 이 해석을 통해 가능한 최대한의 분석을 해야 하며, 오늘날 고려할 수 있는 유일한 혁명은 단절된 언어로의 치환, 영상

---
323) 강한 정의는 엄청난 자료를 가지고 있으며, 매우 설명적이고 엄격한 틀이 있음을 말하는 반면, 취약한 정의는 그 반대를 의미한다.
324) [역주] 마셜 매클루언(Marshall McLuhan, 1911~1980). 캐나다 미디어 이론가, 문화비평가.

이미지로의 치환, 전기 신호에 의한 연결된 영역에 의해서 우리의 머리뇌, 이해 그리고 사회에 대한 비전의 변화이다. 이것이 정말로 사실이라면, 우리는 여기에서 무엇을 할 수 있을까? 그러나 우리는 혁명의 몰상식한 사용에 의해서, 이 혁명에의 통속적인 요구가 혁명을 아무것도 아닌 것으로 만들어 버렸다는 데에서 불편함을 느낀다. 혁명의 이러한 몰상식한 사용은 그 어떤 문제도 해결할 수 없다. 그리고 우리는 이와는 반대로 마지막 혁명이 일어나야 하는 상황 속에 있다. 이 혁명이 최종적인 이유는, 만일 혁명이 필요하다면 이 혁명 이후에 다른 혁명이 가능하지 않기 때문에 마지막 혁명인 것이다. 또한, 그것이 최종 직전의 진리를 맞닥뜨리게 하기에 최종적이다. 자, 우리는 환상적인 정치 혁명의 시도와, 정확히 우리가 대항하여 저항하는 기술혁명의 의무 사이의 분리에 대해 대답을 해야 한다. 그래서 폐기된 낡은 개인주의에 대해서, 그리고 지금까지 혁명으로 그려졌던 모든 것에 대해서, 완전히 새롭고 강한 거부와 주장이 있어야 한다. 우리는 더는 그 어떤 누구의 유산도 받을 수 없다. 어떤 누구의 이론도, 행위도 따라갈 수 없다 이제 이 모든 것은 다시 시작되어야 한다.

내용요약

제1장 _ 저항에서 혁명으로 : 역사를 거스르는 혁명
1. 저항

역사 속에서 저항을 살펴보면 언제나 참을 수 없는 감정과 비난이라는 두 가지 요소를 발견하게 된다. 저항은 역사적 의미에서 반동적인 동시에 계몽적이었다. 역사 속에서 저항하고 반항하는 사람들은 모두 그들이 견딜 수 있는 한계에 도달하여 저항하기 시작했다. 그리고 이들은 우리가 진보라고 부르는 것들에 대항했다. 이들의 저항에 미래에 대한 비전도 계획도 없어서 대부분은 실패로 끝났으며, 간혹 성공하더라도, 새로운 국가 체제를 세우거나 개선된 미래의 대안을 주지 못했다. 이들의 저항은 '새로움'과 진보에 대한 것이었다.

또한, 저항에는 비난의 대상이 있어야 한다. 이 비난의 대상은 국가나 왕과 같이 추상적인 존재가 아니라, 저항하는 사람들의 가시권 내에 있는 구체적인 인물들이었다. 그리고 이러한 저항에서는 전통적인 마르스크주의자들이 이야기하는 계급투쟁이 나타나지 않는다. 우리는 대부분의 저항에서 계급 간 연대를 살펴볼 수 있으며, 특별히 18세기 이전에는 사회적 계급이 있었다고 보기 어렵다. '자유' 역시 저항의 원인이라고 이야기하기 어렵다.

역사적인 사건들을 살펴볼 때, 저항은 오히려 저항에 적합한 상황과, 이 저항을 촉발시키는 계기가 만날 때에 일어나는 것으로 보인다. 여기에서는 특별히 인간의 존재가 결정적이고 중요한 역할을 하게 된다.

2. 저항에서 혁명으로

저항과 혁명을 구분하는 데에서 폭력의 정도나 성공의 여부가 그 잣대가 될 수 없다. 저항이 개연성 있는 미래에 대한 거부인 것과 마찬가지로, 혁명 역시 미래에 대한 거부이다. 혁명의 목적을 명확하게 정의하는 것은 매우 어렵다. 단지 혁명에서 거부排否라는 특성만을 발견할 수 있을 뿐이다.

저항과 혁명을 구분할 수 있도록 해주는 요소는 이론과 기구이다. 혁명은 새로운 사회가 아닌, 새로운 조직을 만들려는 시도이다. 그리고 혁명 행위에 선행하는 이론과 계획, 그리고 프로그램이 있어야 한다. 여기에서 국가는 혁명 사상을 가장 잘 구체화하는 존재이며, 저항을 유발하고 혁명으로 변화시키는 중요한 존재이다.

저항은 구체적인 지향점이 없지만, 혁명은 하나의 이데올로기에서 출발하여 혁명 계획을 세우며 프로그램으로 구체화한다. 혁명은 과거를 다시 발견하고 그 출발점으로 돌아가려는 구체적인 목표를 갖게 된다. 그리고 이 목표를 실현하려면 이론적인 수준에 도달해야 하고 이 사상을 구체화하려면 조직화가 필요하다. 저항은 조직과 목표, 관리자를 통해서 혁명으로 넘어간다.

3. 두 가지 추가적인 이미지

1381년 영국에서 일어난 왓 타일러의 저항은 전설적인 농민저항으로 평가되지만, 실제로 여러 계층이 연대된 저항이었다. 이 저항 역시 관료들에 대한 저항으로 부르주아와 농민, 기사나 성직자들까지 연대하여 저항을 일으켰다. 그러나 이 관료들은 '진보주의자'들이었으며, 이 저항 역시 과거로의 회기를 목적으로 한 것이었다. 지도자인 왓 타일러가 이 저항을 정치적인 성격으로 전환하려 했을 때, 지지세력의 이탈로 말미암아 결국 혁명에 실패하고 만다. 지도자의 죽음은 곧바로 혁명 운동을 붕괴시켰다. 민중들이 견딜 수 없었던 것은 진보였다.

일본의 메이지 유신은 역사상 최초의 '기술-국가적 혁명'으로 평가된다. 이 혁명의 결과로 일본은 중앙화되고 기술화된 국가가 형성되었고, 근대적인 체제가 형성되었다. 그러나 이 혁명에는 수많은 관리자는 있었지만, 혁명 계획을 세우고 이끌만한 사람은 없었고, 게다가 민중들의 저항을 통해서 일어난 사건도 아니었다. 이 두 가지 예는 우리가 생각하는 "저항-혁명"의 개념에 모순이 있음을 보여준다.

제2장 _ 역사 속의 혁명 : 신화와 모형(1789년의 혁명)

저항과 혁명을 역사 속에서 해석하고 고찰해 볼 때, 그리고 혁명을 정의하려 할 때, 혁명의 두 가지 주제, 혁명의 신화와 모형의 문제를 발견하게 될 것이다. 이것은 우리가 혁명을 정의定義하려는 시도를 통해서 나타날 것이다.

1. 절대화 : 근본적인 혁명

혁명의 역사에서 1789년의 프랑스 혁명은 첫 번째로 일어난 전반적인 혁명으로 평가되는 동시에 성공한 혁명의 드문 예이다. 마르크스는 1789년의 프랑스 혁명을 계급투쟁 이론과 혁명 이론을 동시에 발견할 수 있는 유일한 혁명이라고 평가하고 있으며, 이 혁명을 통해 이전의 혁명과 이후의 혁명을 구분 짓는 기념비적인 혁명으로 보고 있다. 프랑스 혁명을 살펴볼 때 여기에는 자유에 대한 신화가 자리 잡고 있으며, 갈등 이전의 자연국가로 회귀하고자 하는 목표를 살펴볼 수 있다. 그러나 혁명을 통해 사회적 조약이 시작되었고, 법이 지배하는 것이 가능해졌으며, 각 개인은 자신의 권리를 주장하게 되었다. 따라서 혁명은 더는 역사적인 것이 될 수 없게 되었고, 이성적 체제의 구축이 목표가 되었다.

일반적으로 혁명은 부르주아에 의해서 일어난 것으로 생각되어 왔다. 부르주아는 혁명을 통해 자신들의 정치적 목적이나 상업적인 목적을 달성하려 하였고, 다른 한 편으로는 관리자 혹은 새로운 사회 구도나 이론을 창출할 수 있는 사람으로 여겨져 왔다. 그러나 민중의 무력시위가 없다면 부르주아의 저항 역시 혁명으로 넘어갈 수 없었을 것이다. 그리고 부르주아의 이성주의는 무엇보다도 혁명을 추상화시켰고, 국가를 통해 이성을 기구화하기 위해 혁명을 했다. 결국, 혁명의 목적은 정돈된 국가 체계를 실현하는 것이 되었다.

프랑스 혁명 이전의 저항들은 새로운 체제, 진보, 국가적 조직에 대항한 것인 반면에 프랑스 혁명은 국가와 자유가 연합된 것이었다. 따라서 국가는 자유를 보증하고, 나아가 헌법이 자유를 보장한다고 사고하게 되었다. 이렇게 추상화된 혁명은 사회적 문제의 해결을 목표하게 되었고, 혁명은 자유를 제도화시켰으며, 결국 국가는 모두가 바라보는 종교가 되었다.

2. 신화와 모형

프랑스 혁명 이후에 혁명은 하나의 신화가 되었다. 우리는 신화를 역사로 받아들이려 하며, 선전의 도구가 되기도 한다. 성공한 혁명은 사람들에게 긍정적인 이미지로 각인되며, 이것은 신화가 되고 신앙의 대상이 된다. 인격화된 혁명은 인간을 위한 신화가 되었고, 혁명을 이해할 수 있는 이성적인 틀은 완성되지 못했다. 종교가 사라진 자리에서 혁명은 모든 사상을 통합시키는 절대적인 존재가 되었고, 1789년의 프랑스 혁명은 혁명을 통해 정의와 평등이 지배하는 천국이 실현될 것이라는 신화를 심어 주었다.

신화가 나타나려면 오랫동안 이론이 다듬어져야 하고 이데올로기가 준비되어야 한다. 아울러 그 위에 혁명적인 사건이 집중적으로 일어나므로 사람들이 혁명 속에 일어났던 신화들을 분석해내고 의식적으로 받아들여야 한다. 이 혁명의 신화를 통해 마르크스주의, 무정부주의, 국가사회주의 등의 사상이 나타나게 되고, 혁명은 통속화될 것이다.

혁명가들에게 신화가 존재 이유라면, 모형은 전략의 방식이다. 역사 속에서 수많은 혁명의 흐름 가운데 혁명의 보편적 유형을 찾으려는 시도는 불가능한 것이며, 혁명 현상의 모형화는 혁명의 다양한 현상을 잘 반영하지 못한다. 이러한 혁명의 추상화와 모형화는 결국 혁명을 "변질" 시키게 된다.

3. 혁명의 정의定義

"산업혁명"이라는 단어에서 혁명이라는 단어의 사용은, 사회의 엄청난 변화의 범위와 폭이 혁명에 필적할만한 효과가 있었다는 것을 의미한다. 이때부터 산업혁명은 절대화되었고, 혁명은 산업혁명과 같이 기술적 또는 과학적 발전을 통한 경제적 사회학적 구조의 변화를 가져오는 것을 가리키게 되었다. 그러나 사회 구조의 변화만으로 혁명을 설명할 수는 없다. 혁명은 폭력적인 압력과 사회적 관계 시스템의 변화라는 더욱 넓은 의미에서 정의되어야 한다. 번햄은 혁명을 사회, 경제, 정치기관 속에서의 근본적인 변화, 지도 계급의 변화, 지배적인 믿음과 이데올로기의 병렬적 변화로 정의하며, 그 특성은 빠른 사회적 변화, 즉 사회가 빠른 속도로 혼란의 시기를 지나쳐서 "전환"되는 것을 의미한다고 말한다. 무니에는 혁명 운동에서 부패의 시간을 허락해서는 안 되고, 혁명의 남발을 제어해야 하며, 혁명을 통해 사회적 죄악을 제거한다는 윤리적 관점을 이야기한다. 까이으와는 혁명을 단절적인 사건으로 정의하였고, 사회 구조의 기저에 있는 자발적인 운동이 저항세력이 제기하는 화합적 논쟁과 만나게 될 때 혁명적인 사건으로 발전하게 되는 것으로 보았다. 쥬브넬은 혁명을 정치적인 현상으로 규정하며, 종속관계에 대한 거부로 정의한다.

그러나 혁명적인 사건들은 위와 같은 혁명의 정의定義들에 부합하는 경우가 거의 없다. 사회가 혁명을 인식할 수 있으려면 사회적 불의를 인식할 수 있어야 하고, 이 불의에 대해서 문제를 제기할 수 있어야 한다. 사회적 불평등에 대한 인식은 절망의 폭발로 나타나며, 사회의 세속적 관점은 법률적 개혁으로 나타난다. 이 둘이 만날 때에 혁명은 저항으로부터 분리되고, 역사 속으로 들어오게 된다.

혁명을 유형화시키고 신화화시키려는 시도는 혁명을 역사 속에서 역사를 특징짓는 사건으로 이해하게 하였다. 이러한 시도를 통해 혁명은 역사 속의 혁명에서 벗어나 역사적 의미 속의 혁명으로 변화되게 되었다.

제3장 _ 역사 속의 혁명 : 변질된 혁명(1789년 이후의 혁명)
1. 일반화된 혁명

헤겔은 1789년의 혁명을 통해서 역사-혁명의 이데올로기를 도출한다. 마르크스는 혁명에서 객관적 환경을 살펴보았고, 혁명 과정에서 자동성에 대한 관점을 가지고 있었다. 혁명에서 역사적인 진보에 대한 적절한 환경이 구축되지 않는다면, 사회 체제는 일정 수준의 진보를 경험할 수 없게 된다. 아울러 혁명의 자동성은 이데올로기적 신앙에서 나오는 것이다. 마르크스는 혁명이 역사를 움직이는 힘이고, 역사의 필연적인 산물이기 때문에 혁명은 성공할 운명을 지닌다고 주장한다.

마르크스는 혁명에서 모든 비이성적인 부분들을 제거하려 하였고, 결국 저항을 혁명의 조건에서 제외했다. 그러나 저항은 혁명의 기초적인 요소이고, 저항하는 순간이 객관적으로 혁명적인 순간일 때에 혁명이 되는 것을 볼 수 있다. 마르크스주의자들이 저항을 비난하고, 인간적인 것을 제거하고, 운명에 대한 분노와 저항을 무시함에 따라, 혁명은 객관적 세력의 산물이 되었고, 이 객관적인 세력들과 이 세력들의 거대한 필요들이 혁명에서 지배적인 역할을 하게 되었다. 결국, 혁명 속에 인간은 사라지게 되었다.

혁명의 이성화는 결국 혁명에서 가치를 상실하게 하였다. 그러나 혁명은 역사의 필수불가결한 요소이고, 역사를 통해서 정당성을 부여받는 역사의 원동력이다. 혁명은 과거로의 회기가 아니라, 외부로 나타나는 개혁이다. 혁명은 이러한 방식으로 역사와 관계를 맺는다.

2. 일반화의 결과

혁명이 역사적인 의미 속에 있다는 것은, 혁명이 이론과 전술에 대한 것임을 의미한다. 마르크스주의는 혁명을 "유형화" 시키고, 이 유형 속에 포함되지 않은 것에 대해서는 애써 그 혁명적 의미를 무시해왔다. 마르크스는 혁명을 교리-이론으로 설명하기 때문에, 여기에는 민중의 자발성은 개입할 여지가 없다. 교리를 통해 혁명은 역사적인 의미를 갖게 되고 정당성을 부여받기 때문에, 교리는 자신의 비신화화를 통해 혁명에서 결정적인 지위를 갖게 된다.

마르크스주의자들의 교리에 대한 불일치 때문에 언어권력이 등장한다. 교리는 선전의 도구로 사용되고, 혁명에서 연설에 최고의 지위를 부여하기 때문이다. 마르크스주의자들의 교리 논쟁 속에는 혁명의 내용과 수단에 대한 논의가 빠져 있으며, 이러한 논의는 현실의 변화, 혁명의 실재 앞에서 나타나는 수정주의를 통해 나타나며, 결국 마르크스주의자들은 혁명의 몇몇 중심적 요소들을 거부하게 된다. 교리를 통해 혁명은 통속화되고, 교리는 수장적인 지위를 잃게 되며, 결국 전술만이 남게 된다.

초기 마르크스 사상에서 전술은 혁명의 성공을 위한 가장 효과적인 수단이었으며, 행위의 기준을 찾는 것이었다. 결과가 과정을 정당화한다는 논리 때문에 결과와 전체주의적 전술만을 신봉하게 되고, 전술에 대한 신봉은 당을 통해 혁명을 주도하게 된다. 그러나 전술은 힘으로 대체되고, 폭력이 일반화되었다.

이러한 과정은 교회의 역사에서도 찾아볼 수 있다. 교회는 하나님과의 관계를 중재하기 위한 다양한 방법을 만들어냈지만, 반면에 진정으로 하나님을 찾던 사람들은 교회의 조직과 균형을 거부했다.

3. 역사의 의미는 무엇이었는가?

혁명이 역사 속에서 생각되기 시작하면서 이론과 전술로 축소되었고, 혁명은 결국 변절할 수밖에 없었다. 아울러 지난 세기에 일어났던 혁명적 사건들은, 자본주의의 경제 사회적 발전의 분석을 통해서 혁명의 가능성을 볼 수 있다는 마르크스 사상의 범위를 넘어서 나타났다. 혁명이 전술과 기술에 관한 것이 되는 순간, 혁명은 전반적인 사회에, 근본적인 목적에, 그리고 경제적 구조에 일어나는 것이 아니라, 정치권력에 대항하여 나타나게 된다. 혁명은 국가를 벗어날 수 없었고, 국가가 목표가 되었다. 사회주의 실현을 통해 국가의 모든 기구가 변화될 수 있다고 생각하는 순간부터 혁명은 변절하게 된다.

1789년 이후의 모든 혁명은 국가를 강화시키는 결과를 가져왔다. 마르크스주의자들은 일반적인 사회 구조 내에서 국가가 종속적인 존재가 아닌 지배적인 존재라는 사실을 보지 못했고, 계급투쟁이나 근본적인 사회적 실재의 표현이 아닌 모든 사회적 실재의 원인이라는 사실을 깨닫지 못했다. 그러나 모든 이데올로기가 국가와 관련되면서, 국가는 혁명의 결과가 되었고, 혁명은 인간이 아닌 권력을 위해 일어나게 되었다. 마르크스의 잘못된 해석 때문에 마르크스 방식의 혁명은 변절할 수밖에 없었다.

제4장. 혁명의 일상화

두려움과 고통의 상징이었으며 종교처럼 받아들여졌던 혁명은, 이제 사회 모든 영역에서 요구된다. 이전의 혁명은 위대한 것, 위험한 것을 요구하는 것이었다면, 오늘날의 혁명은 소비사회에서 소비되는 대상이 되었다. 혁명이 역사 속으로 들어오고, 분석할 수 있고 계산된 사건이 되면서부터, 혁명은 일상적 사건이 되었다.

1. 어휘에 대한 고찰

혁명이라는 단어의 남용 때문에 혁명은 일상화되었다. 혁명의 일상화는 산업혁명으로 거슬러 올라간다. "산업혁명"이라는 단어에서 혁명이란, 사회 체제의 근본적인 변화를 의미한다. 기술은 근본적으로 혁명을 거스르는 것이지만, 기술을 통해 파생된 변화는 사회의 모든 것을 변화시켰다는 인상을 주게 된다.

오늘날 우리는 혁명적 예술의 존재를 받아들인다. 우리는 아무 예술에나 혁명이라는 단어를 갖다 붙이지만, 소위 혁명적이라 부르는 예술은 사실 혁명과는 상관이 없다. 여기에 혁명적 의식은 존재하지 않고, 예술 작품은 선전의 도구로 전락하게 된다. 아울러 혁명과 축전을 혼동하여, 낮은 수준의 예술을 혁명적이라 부르게 된다. 예술은 혁명의 전조 단계도, 사회에 대한 심도 있는 반론을 제기하는 수단도 아니다. 오히려 극단적 표현의 예술을 통해 사람들은 사회의 진정한 문제를 잊게 되고, 오히려 혁명적 의식이 파괴되는 현상을 발견하게 된다. 다른 한 편으로, 예술의 기념비적인 발전이나 기술적 발전을 혁명으로 이야기함으로써, 혁명을 근본적으로 일상화시키고 있음을 알 수 있다.

문학 역시 혁명을 일상화시키는 도구가 되었다. 사회주의 국가에서는 문학 자체의 의미를 고려하기보다는 혁명의 부속품으로 가치절하하고, 선전을 위해 남용한다.

또한, 혁명은 혁명을 이상화시킴으로 일상화된다. 혁명의 절대적 위치와 혁명의 신화화는 혁명이 지급해야 할 피의 대가를 상실하게 하였고, 결국 혁명을 보편화했다. 마르크스는 혁명을 추상적으로 만들고 그 이론을 정립하기 위해서, 구체적 현실을 은폐했고, 혁명을 매혹적인 사상으로 포장하여 보편화하했고, 결국 혁명을 일상화시켰다.

축전 역시 혁명을 일상화시키는 중요한 역할을 하게 되었다. 축전을 통해 혁명의 심각함은 사라지고, 아름답고 선한 형태의 일상화가 나타나게 된다. 따라서 차가운 지성, 전략과 계획, 비판이 사라진 혁명은 대중의 손에 일상화의 이름으로 쥐어지게 되었다.

마지막으로 혁명이라는 단어를 과장하면서 혁명은 일상화되었다. 기술의 발전이나 변화의 사건을 혁명이라 칭하기 시작했고, 이것은 소비사회의 영역에까지 들어오게 되어서, 혁명은 수입하고 수출하는 상품이 되었다. 결국, 혁명의 의미를 최대한 확장시켜서 사회적 합의의 이데올로기로 만들어 놓고, 진보적 질서를 만듦으로 인해 혁명의 본디 의미에서 완전히 벗어나도록 한다.

2. 정치적 일상화

정치적 틀 안에서 혁명의 보편화를 살펴볼 때, 우리는 국가가 혁명 자체가 된다는 사실을 발견하게 될 것이고, 또한 혁명의 신화가 언어도단에 의해서 그 지위를 상실한다는 사실 역시 보게 될 것이다.

로베스피에르는 처음으로 혁명적 정부의 개념을 사용하고, 마르크스는 국가가 혁명적이 될 수 있다는 믿음을 갖게 하였다. 국가와 질서에 의해서 길든 일상화된 혁명이, 혁명의 적대자였던 국가를 혁명의 주체로 탈바꿈시키는 현상을 발견하게 된다. 그러나 국가는 절대로 혁명적일 수 없으며, 자신의 지속을 위한 끊임 없는 투쟁 때문에 결국 혁명을 거스를 수밖에 없다.

혁명이 정치적으로 일상화됨에 따라, 혁명의 신화 역시 일상화되며, 혁명을 여타의 것들과 혼동하도록 한다. 그리고 혁명은 신화와 환상 속에서 질식하게 되고, 나아가 실재 혁명의 가능성마저 차단된다. 혁명 사상의 정치적 일상화는 슬로건과 환상만을 가져다줄 뿐이다.

3. 혁명의 신학

오늘날 교회는 혁명 현상에 대해서 관심을 두게 되었다. 교회 내에 혁명이 일상화된 사회에 만연하는 사회주의에 대한 추종이 유입되면서, 마르크스의 사상이 교회를 토막 내게 되며, 기독교인은 혁명 이외의 다른 의미 있는 행위를 발견하지 못하게 된다.

오늘날 혁명적 신학자들의 사고에는 두 가지 큰 흐름이 있는데, 첫째는 하나님이 현대의 혁명 운동 가운데에서 일하신다는 확신이고, 다른 하나는 죄악된 현실에 대한 부정否定으로서 혁명에 투신하는 것이다. 이때 그리스도인은 자신의 정체성보다는 혁명의 여부를 더 중요하게 여기게 된다. 그리고 필연적으로 혁명의 방식과 그리스도인의 윤리 사이의 갈등에 부딪힐 수밖에 없게 된다. 아울러 성도와 혁명가를 혼동하는 흐름 역시 발견할 수 있다. 이 흐름은 복음 안의 혁명적 가능성이나 복음의 전제에서 혁명을 시도하려는 것이 아니라, 오히려 혁명의 열매만을 신학으로 가져오려는 것이고, 혁명으로 신학을 장식하려는 시도이다. 이 시도 가운데에서 그리스도인은 혁명을 왜곡하게 된다. 이러한 그리스도인의 혁명은 혁명적 조직을 이루지 못하고 한계에 부딪히거나, 마르크스주의로 바뀌어서, 결국 그리스도인이 민중의 비극으로부터 눈을 돌리는 결과를 가져오게 되었고, 혁명의 신학은 점점 쇠퇴하게 되었다.

제5장_진정으로 필요한 혁명
1. 이 시대에 필요한 혁명이 존재하는가?

우리는 진보하는 것으로 보이는 현대 사회에서 혁명의 필요 여부를 다시 질문하게 된다. 우리는 생산성, 즉 경제적 성장을 진보로 여기고, 한 국가의 성장을 경제적인 틀 안에서만 사고한다. 우리는 경제적 성장만을 받아들이고, 사회적 퇴보에 대해서는 어떤 걱정도 하지 않으며, 경제적 발전만으로 모든 것을 정당화하려 한다. 여기에 이 시대에 진정한 혁명의 필요성이 있다. 인간은 자신을 둘러싸는 기술사회라는 환경에 대해서, 그리고 그 구조와 가치에 대해서 실문하게 될 때에야만 혁명적이 될 수 있다. 이것은 혁명을 일상화시킴으로 진정으로 혁명을 가로막는 우리 시대의 흐름에 대항하는 것이다.

2. 필요한 혁명의 특성들

진정한 혁명은 예측 가능한 역사에 대한 거부였고, 그러한 혁명이 역사를 해방했다. 무엇인가에 대항할 때에만 혁명은 저항이라는 진정한 근원을 발견할 수 있게 된다. 분출되는 저항, 그리고 목표와 이론적 정의, 그리고 저항의 대상을 명확하게 할 때에야만 혁명은 나타날 수 있다. 또한, 혁명은 실제 사회의 구조에 대해서 이루어져야 한다. 오늘날의 사회는 스펙터클과 정보의 홍수 속에 있으며, 이 가운데에서 우리는 그 환상 뒤에 숨어 있는 구조들을 분별해 내고, 그 구조에 대해 혁명을 해야 한다.

그러나 현대 사회는 보편적 사회이고, 이 보편적 사회에서는 보편적 혁명이 필요하다. 오늘날의 혁명 문제는 체제의 전복에 대한 문제가 아니라, 이러한 저항이 피상적이고 전형적이 되었다는 데에 있다. 우리는 현대 사회에서의 혁명의 가능성에 대해서 다시 한번 질문해야 하고, 과거의 틀 혹은 서구 유럽의 틀에서 벗어나야 할 필요성 가운데에 있다. 그렇지 않다면 혁명은 단지 선전의 도구로 전락하게 될 것이다.

3. 혁명의 목적

현대 사회는 근본적으로 기술사회이고 국가사회이다. 기술 향상의 체계는 사회 구조의 변화 없이 사회 안으로 스며들게 되고, 국가는 기술을 극대화하기 위해서 사회를 조직화한다. 그래서 혁명은 이 힘과 구조 두 가지에 대해서 일어나야 한다. 마르크스가 제국주의를 타파해야 할 대상이라고 규정했다면, 오늘날에는 민족주의가 혁명 투쟁의 목표가 되어야 한다. 또한, 혁명은 기술 사회를 대항하여, 이 사회 조직의 확장과 개선에 대항하여 일어나야 한다. 국제상황주의자들은 이것을 스펙터클에 대항한 혁명이라고 명명하였다. 오늘날 이미지에 의해서 중재된 개인들 간의 사회적 관계를 지칭하는 스펙터클은, 기술과 인간 사이의 관계를 규정하고, 국가는 이 둘 사이의 중재자 역할을 하게 된다. 결국, 인간은 진정으로 소외되게 되고, 진정한 물화(物化)가 나타나게 된다. 현대 사회에서 혁명이 일어나야 한다면, 그것은 일상화된 혁명 이데올로기에 대항하여 일어나야 할 것이다.

4. 혁명의 궁극적 목표

기술 사회에 대항한 혁명에서 우리는 모든 영역에서 효율성의 감소, 개인 행복의 감소, 공동 생산 체계 구축의 감소, 대중문화의 점진적 소멸을 감수할 수 있어야 한다. 그리고 혁명은 기술 사회의 이데올로기에 대하여 나타나야 한다. 이제 혁명을 통해 개인의 자율이 재발견될 수 있고,

이성적 조직적 억압에 대항하여 명석하고 지적인 혁명이 필요하다. 여기에서 진정한 혁명을 위해 인간은 관조의 태도를 보일 수 있다.

기독교 영향 아래 있었던 인격주의는 기술 사회를 주요한 현상으로 이해하였고, 혁명 자체를 목적으로 했던 혁명들의 비판을 통해, 혁명의 본질을 추구했다. 이들은 정신적 혁명, 인격주의 혁명, 공동체적 혁명을 포괄하고 있으며, 혁명이 인격의 차원에서 이루어져야 한다고 주장했다. 그러나 이 운동은 구체적인 규범과 문화와 이데올로기적 시위로 변화되면서 변질하였고, 이 시대에 맞는 혁명 행위를 시도할 만한 능력이 없었기 때문에 결국 실패했다.

반면에 국제상황주의는 반기독교적인 성격을 갖고 있었으며, 무정부적, 초현실적인 극렬한 특성이 있었다. 상황주의자들은 문화화된 환경에 대한 근본적인 질문을 던지며, 이것은 현대인, 그리고 개인의 삶에 대해 비판하고 있고, 이것으로부터의 혁명을 주장한다. 현대 기술사회가 일상성을 만들었고, 이 일상성은 현대인의 삶을 통해 나타난다. 따라서 현대에 반드시 필요한 것은, 도시의 삶 가운데 축전과 운동이 아닌 스펙터클과 소비로 상징되는 일상성에 대한 분석과 고찰이다. 결국, 우리는 혁명에 대한 추상화, 통속적인 요구, 몰상식한 사용을 벗어 버려야 하며, 이러한 상황이 바로 혁명이 일어나야 하는 상황임을 인식해야 한다.

엘륄의 저서 연대기순

- *Étude sur l'évolution et la nature juridique du Mancipium*. Bordeaux: Delmas, 1936.
- *Le fondement théologique du droit*. Neuchâtel: Delachaux & Niestlé, 1946.
  ⋯▸ (『법의 신학적 기초(가제)』, 강만원 옮김(대장간, 출간 예정)
- *Présence au monde moderne: Problémes de la civilisation post-chrétienne*. Geneva: Roulet, 1948.
  ⋯▸ 『세상 속의 그리스도인』, 박동열 옮김(대장간, 1992, 2010(불어완역))
- *Le Livre de Jonas*. Paris: Cahiers Bibliques de Foi et Vie, 1952.
  ⋯▸ 『요나의 심판과 구원』, 신기호 옮김(대장간, 2010)
- *L'homme et l'argent* (Nova et vetera). Neuchâtel: Delachaux & Niestlé, 1954.
  ⋯▸ 『하나님이냐 돈이냐』, 양명수 옮김(대장간. 1991, 2011)
- *La technique ou l'enjeu du siècle*. Paris: Armand Colin, 1954. Paris: Économica, 1990.
  ⋯▸ (E)*The Technological Society*. Trans. John Wilkinson. New York: Knopf, 1964.
  ⋯▸ (『기술 또는 세기의 쟁점』, 대장간, 출간 예정)
- *Histoire des institutions*. Paris: Presses Universitaires de France, plusieurs éditions (dates données pour les premières éditions);. Tomes 1-2, L'Antiquité (1955); Tome 3, Le Moyen Age (1956); Tome 4, Les XVIe-XVIIIe siècle (1956); Tome 5, Le XIXe siècle (1789-1914) (1956). ⋯▸ (『제도의 역사』, 대장간, 출간 예정)
- *Propagandes*. Paris: A. Colin, 1962. Paris: Économica, 1990
  ⋯▸ 『선전』하태환 옮김(대장간, 2012)
- *Fausse présence au monde moderne*. Paris: Les Bergers et Les Mages, 1963.
  ⋯▸ (대장간 출간 예정)
- *Le vouloir et le faire: Recherches éthiques pour les chrétiens*: Introduction (première partie). Geneva: Labor et Fides, 1964.
  ⋯▸ 『원함과 행함』(솔로몬, 2008)
- *L'illusion politique*. Paris: Robert Laffont, 1965. Rev. ed.: Paris: Librairie Générale Française, 1977.
  ⋯▸ 『정치적 착각』, 하태환 옮김(대장간, 2011)
- *Exégèse des nouveaux lieux communs*. Paris: Calmann-Lévy, 1966. Paris: La Table Ronde, 1994. [reproduction de la couverture]. ⋯▸ (대장간, 출간 예정)
- *Politique de Dieu, politiques de l'homme*. Paris: Éditions Universitaires, 1966.
  ⋯▸ 『하나님의 정치와 인간의 정치』, 김은경 옮김(대장간, 2012)
- *Histoire de la propagande*. Paris: Presses Universitaires de France, 1967, 1976.
- *Métamorphose du bourgeois*. Paris: Calmann-Lévy, 1967. Paris: La Table Ronde, 1998. [reproduction de la couverture] ⋯▸ (대장간, 출간 예정)
- *Autopsie de la révolution*. Paris: Calmann-Lévy, 1969.
  ⋯▸ 『혁명의 해부』, 황종대 옮김(대장간, 2013)
- *Contre les violents*. Paris: Centurion, 1972.
  ⋯▸ 『폭력에 맞서』, 이창헌 옮김(대장간, 2012)
- *Sans feu ni lieu: Signification biblique de la Grande Ville*. Paris: Gallimard, 1975.
  ⋯▸ 『머리 둘 곳 없던 예수-대도시의 성서적 의미』, 황종대 옮김(대장간, 2013)
- *L'impossible prière*. Paris: Centurion, 1971, 1977.

- ⋯▸『불가능한 기도』, 신기호 옮김(대장간, 출간 예정)
- *Jeunesse délinquante: Une expérience en province.* Avec Yves Charrier. Paris: Mercure de France, 1971.
- *De la révolution aux révoltes.* Paris: Calmann-Lévy, 1972.
- *L'espérance oubliée, Paris*: Gallimard, 1972.
  ⋯▸『잊혀진 소망』, 이상민 옮김(대장간, 2009)
- *Éthique de la liberté,.* 2 vols. Geneva: Labor et Fides, I:1973, II:1974.
  ⋯▸ (대장간, 출간 예정)
- *Les nouveaux possédés Paris*: Arthème Fayard, 1973.
  ⋯▸ (E)*The New Demons.* Trans. C. Edward Hopkin. New York: Seabury, 1975. London: Mowbrays, 1975. . ⋯▸ (대장간, 출간 예정)
- *L'Apocalypse: Architecture en mouvement.* [Paris:] Desclée 1975.
  ⋯▸ (E)*Apocalypse: The Book of Revelation.* Trans. George W. Schreiner. New York: Seabury, 1977.⋯▸ (대장간, 출간 예정)
- *Trahison de l'Occident.* Paris: Calmann-Lévy, 1975.
  ⋯▸ (E)*The Betrayal of the West.* Trans. Matthew J. O'Connell. New York: Seabury,1978.
- *Le système technicien.* Paris: Calmann-Lévy, 1977.
  ⋯▸『기술 체계』, 이상민 옮김(대장간, 출간 예정)
- *L'idéologie marxiste chrétienne.* Paris: Centurion, 1979.
  ⋯▸『기독교와 마르크스주의』, 곽노경 옮김(대장간, 2011)
- *L'empire du non-sens*: L'art et la société technicienne. Paris: Press Universitaires de France, 1980.
  ⋯▸『무의미의 제국』, 한택수 최인옮김(대장간, 2013년 출간 예정)
- *La foi au prix du doute: "Encore quarante jours.." .* Paris: Hachette, 1980.
  ⋯▸『의심을 거친 신앙』, 임형권 옮김(대장간, 2013)
- *La Parole humiliée.* Paris: Seuil, 1981.
  ⋯▸『말의 굴욕』(가제), 박동열 이상민 공역(대장간, 2013년 출간예정)
- *Changer de révolution: L'inéluctable prolétariat.* Paris: Seuil, 1982.
  ⋯▸『인간을 위한 혁명』) 하태환 옮김(대장간, 2012)
- *Les combats de la liberté.* (Tome 3, L'Ethique de la Liberté) Geneva: Labor et Fides, 1984. Paris: Centurion, 1984.
  ⋯▸『자유의 투쟁』 (솔로몬, 2009)
- *La subversion du christianisme.* Paris: Seuil, 1984, 1994. [réédition en 2001, La Table Ronde]
  ⋯▸『뒤틀려진 기독교』박동열 이상민 옮김(대장간, 1990 초판, , 2012년 불어 완역판 출간)
- *Conférence sur l'Apocalypse de Jean.* Nantes: AREFPPI, 1985.
- *Un chrétien pour Israël.* Monaco: Éditions du Rocher, 1986.
  ⋯▸『이스라엘을 위한 그리스도인』(대장간, 출간 예정)
- *Ce que je crois.* Paris: Grasset and Fasquelle, 1987.
  ⋯▸『내가 믿는 것』대장간 출간 예정)
- *La raison d'être: Médutation sur l'Ecclésiaste.* Paris: Seuil, 1987
  ⋯▸『존재의 이유』(규장, 2005)
- *Anarchie et christianisme.* Lyon: Atelier de Création Libertaire, 1988. Paris: La Table Ronde, 1998

- ⋯▸『무정부주의와 기독교』, 이창헌 옮김(대장간, 2011)
- *Le bluff technologique*. Paris: Hachette, 1988.
  - ⋯▸ (E)*The Technological Bluff*. Trans. Geoffrey W. Bromiley. Grand Rapids: Eerdmans, 1990. ⋯▸『기술의 허세』(대장간, 출간 예정)
- *Ce Dieu injuste..?: Théologie chrétienne pour le peuple d'Israël*. Paris: Arléa, 1991, 1999.
  - ⋯▸『하나님은 불의한가?』, 이상민 옮김(대장간, 2010)
- *Si tu es le Fils de Dieu: Souffrances et tentations de Jésus*. Paris: Centurion, 1991.
  - ⋯▸『네가 하나님의 아들이라면』, 김은경 옮김(대장간, 2010)
- *Déviances et déviants dans notre societé intolérante*. Toulouse: Érés, 1992.
- *Silences: Poèmes*. Bordeaux: Opales, 1995. ⋯▸ (대장간, 출간 예정)
- *Oratorio: Les quatre cavaliers de l'Apocalypse*. Bordeaux: Opales, 1997.
  - ⋯▸ (E)*Sources and Trajectories: Eight Early Articles by Jacques Ellul that Set the Stage*. Trans. and ed. Marva J. Dawn. Grand Rapids: Eerdmans, 1997.
- *Islam et judéo-christianisme*. Paris: Presses universitaires de France, 2004.
  - ⋯▸『이슬람과 기독교』, 이상민 옮김(대장간, 2009)
- *La pensée marxiste*: Cours professé à l'Institut d'études politiques de Bordeaux de 1947 à 1979 Edited by Michel Hourcade, Jean-Pierre Jézéuel and Gérard Paul. Paris: La Table Ronde, 2003.
- *Les successeurs de Marx*: Cours professé à l'Institut d'études politiques de Bordeaux Edited by Michel Hourcade, Jean-Pierre Jézéquel and Gérard Paul. Paris: La Table Ronde, 2007. ⋯▸ (대장간, 출간 예정)

기타 연구서
- 『세계적으로 사고하고 지역적으로 행동하라』(*Perspectives on Our Age*: Jacques Ellul Speaks on His Life and Work.), 빌렘 반더버그, 김재현, 신광은 옮김(대장간, 1995, 2010)
- 『자끄 엘륄-대화의 사상』(*Jacques Ellul, une pensée en dialogue Genève*), 프레데릭 호농(Fréderic Rognon)저, 임형권 옮김(대장간, 2011)
- 『자끄 엘륄입문』신광은 저(대장간, 2010)
- *A temps et à contretemps: Entretiens avec Madeleine Garrigou-Lagrange*. Paris: Centurion, 1981.
- *In Season, Out of Season: An Introduction to the Thought of Jacques Ellul*: Interviews by Madeleine Garrigou-Lagrange. Trans. Lani K. Niles. San Francisco: Harper and Row, 1982.
- *L'homme à lui-même: Correspondance*. Avec Didier Nordon. Paris: Félin, 1992.
- *Entretiens avec Jacques Ellul*. Patrick Chastenet. Paris: Table Ronde, 1994

대장간『자끄 엘륄 총서』는 중역(영어번역)으로 인한 오류를 가능한 줄이려고, 프랑스어에서 직접 번역을 하거나, 영역을 하더라도 원서 대조 감수를 원칙으로 하고 있습니다.
이 일은 한국자끄엘륄협회의 협력으로 이루어지고 있으며, 총서를 통해서 엘륄의 사상이 굴절되거나 왜곡되지 않고 그의 삶처럼 철저하고 급진적으로 전해지길 바라는 마음 가득합니다.